Münsterische Beiträge zur Rechtswissenschaft –
Neue Folge

herausgegeben von

Prof. Dr. Michael Heghmanns
Prof. Dr. Ingo Saenger
Prof. Dr. Fabian Wittreck

Band 89

Tabea Hamburg

Das Wiederaufleben von Rechten im Zuge der Harmonisierung der urheberrechtlichen Schutzfristen in Europa

Nomos

Die Veröffentlichung erfolgt mit Unterstützung des Freundeskreises Rechtswissenschaft, Verein zur Förderung der juristischen Ausbildung an der Universität Münster e. V.
www.freundeskreis-rechtswissenschaft.de

Freundeskreis
Rechtswissenschaft

Die Deutsche Nationalbibliothek verzeichnet diese Publikation in der Deutschen Nationalbibliografie; detaillierte bibliografische Daten sind im Internet über http://dnb.d-nb.de abrufbar.

Zugl.: Münster (Westf.), Univ., Diss. der Rechtswissenschaftlichen Fakultät, 2024

ISBN 978-3-7560-0191-0 (Print)

ISBN 978-3-7489-5110-0 (ePDF)

Onlineversion
Nomos eLibrary

D6

1. Auflage 2025

Meinen Eltern

Vorwort

Die vorliegende Arbeit wurde im Wintersemester 2023/2024 von der Rechtswissenschaftlichen Fakultät der Universität Münster als Dissertation angenommen. Das Manuskript wurde im Februar 2024 abgeschlossen und berücksichtigt Rechtsprechung, Literatur und Gesetzgebung bis Ende Januar 2024.

Mein Dank gilt in erster Linie meinem Doktorvater, Herrn Prof. Dr. *Thomas Hoeren*. Für das angeregte Thema ließ er mir den notwendigen Freiraum und ermutigte mich stets, meine eigenen dogmatischen Ansätze zu entwickeln. Er gab mir wertvolle Impulse für die thematische Ausrichtung der Arbeit und hat mich in allen Stadien der Erstellung der Arbeit in optimaler Weise begleitet und unterstützt.

Herrn Prof. Dr. *Thomas Dreier* danke ich für die zügige Erstellung des Zweitgutachtens und seine wertvollen Anregungen.

Ich danke Herrn Prof. Dr. *Fabian Wittreck*, Herrn Prof. Dr. *Michael Heghmanns* und Herrn Prof. Dr. *Ingo Saenger* für die Aufnahme in die Schriftenreihe „Münsterische Beiträge zur Rechtswissenschaft. Neue Folge".

Das *Ernst Ludwig Ehrlich Studienwerk* hat diese Arbeit und mich persönlich ideell und finanziell durch ein großzügiges Promotionsstipendium gefördert. Es hat mir ermöglicht, meine Promotion fokussiert abzuschließen. Danken möchte ich insbesondere den ELES-Mitarbeiterinnen und Mitarbeitern sowie meinem Vertrauensdozenten, Herrn Dr. *Nicholas R. Palenker*. Ihre Unterstützung und ihr Zuspruch haben mir dabei geholfen, die Herausforderungen meines Promotionsvorhabens zu bewältigen. Dem *Ernst Ludwig Ehrlich Studienwerk* bleibe ich in tiefer Dankbarkeit verbunden.

Danken möchte ich außerdem dem *Freundeskreis Rechtswissenschaft Verein zur Förderung der juristischen Ausbildung an der Universität Münster e.V.* für seinen großzügigen Druckkostenzuschuss.

Mein Dank gilt Herrn Prof. Dr. *Johann Kindl* sowie seinem gesamten Lehrstuhl-Team für die schöne Zeit an seinem Lehrstuhl und ein in jeder Hinsicht menschliches sowie wissenschaftlich anregendes Arbeitsumfeld.

Dr. Marieke Klomp, Maximilian Dammann, Anne Schanze und *Cara Fahrinkrug* gilt mein herzlichster Dank für die tatkräftige Unterstützung bei der Fertigstellung meiner Arbeit.

Der größte Dank gebührt gewiss meinen Eltern, *Alexandra und Gabriel Hamburg,* die immer für mich da sind. Sie haben mir das Vertrauen gegeben, um mein Promotionsvorhaben bewältigen zu können. Ihr Beitrag zum Gelingen meiner akademischen Ausbildung ist unermesslich. Ihnen ist diese Arbeit gewidmet.

Münster, im Februar 2025 *Tabea Hamburg*

Inhaltsverzeichnis

A. Einleitung

Das Wiederaufleben von Rechten nach Art. 10 Abs. 2 Schutzdauerrichtlinie[1] wird als komplexester Bestandteil der Schutzdauerrichtlinie bezeichnet.[2] Die Schutzdauerrichtlinie harmonisierte die Schutzfristen des Urheberrechts und der verwandten Schutzrechte in der Europäischen Union. Sie führte zu einer entscheidenden Stärkung dieser Rechte.[3] Die harmonisierten Schutzfristen finden gem. Art. 10 Abs. 2 Schutzdauerrichtlinie auf alle Werke und Gegenstände Anwendung, die am 01.07.1995 in mindestens einem Mitgliedstaat geschützt waren. Es kam vielfach zu einem Wiederaufleben von Rechten.

Welche weitreichenden Folgen dies für die Dauer des Urheberrechts und die Zugangsinteressen von Nutzern haben kann, sei an folgendem Beispiel illustriert: Ein leidenschaftlicher Sammler historischer Fotografien möchte eine 1949 erschienene Fotografie des berühmten Fotografen *Henri Cartier-Bresson* auf seiner Website veröffentlichen. Die Schutzdauer für Lichtbildwerke betrug zu der damaligen Zeit in Deutschland 25 Jahre ab dem Erscheinen des Werks.[4] Diese Schutzfrist war im Jahr 1974 abgelaufen und die Fotografie damit gemeinfrei geworden. Im Jahr 1985 ist die Schutzdauer für Lichtbildwerke in Deutschland auf 70 Jahre ab dem Tod des Urhebers verlängert worden.[5] Die Verlängerung hat jedoch keinen Einfluss auf diese Fotografie, da für sie der Schutz bereits abgelaufen war. Nach § 137f Abs. 2 UrhG finden die Vorschriften des UrhG in der ab dem 01.07.1995 geltenden Fassung jedoch auf alle Werke und Gegenstände verwandter Schutzrechte Anwendung, die zu diesem Zeitpunkt nach dem Gesetz eines anderen Mitgliedstaates der EU oder Vertragsstaates des Abkommens über den Europäischen Wirtschaftsraum noch geschützt waren. Sofern die Foto-

---

1 Richtlinie 2006/116/EG v. 12.12.2006, ABl. 2006 L 372, 12-18 (zit: Schutzdauerrichtlinie).

2 *Maier*, RdMuE Bd. 2 (1994), 49 (76).

3 ErwG 10-12 Richtlinie 2006/116/EG v. 12.12.2006, ABl. 2006 L 372, 12 (12-13); *Dreier*/Schulze, UrhG Vorbemerkung zu §§ 64 ff. UrhG Rdnr. 8; *Jehoram*, IIC 1994, 821 (834).

4 *Dreier*/Schulze, UrhG § 137f Rdnr. 8; *Schulze/Bettinger*, GRUR 2000, 12 (13); s. auch § 68 UrhG i.d.F. v. 9.9.1965.

5 Art. 1 Nr. 8 Gesetz zur Änderung von Vorschriften auf dem Gebiet des Urheberrechts v. 24.06.1985, BGBl. 1985 I 1137 (1139); *Schulze/Bettinger*, GRUR 2000, 12 (13).

grafie in einem einzigen Mitgliedstaat am 01.07.1995 noch geschützt war, leben die Rechte daran wieder auf. *Henri Cartier-Bresson* ist erst im Jahr 2004 gestorben,[6] somit erlischt der Schutz erst im Jahr 2074.

Auch die Rechte von Tonträgerherstellern konnten in Deutschland wieder aufleben und es konnte zu einer starken Ausweitung des Schutzes kommen.[7] In anderen Staaten der Europäischen Union waren die Auswirkungen noch größer und Rechte lebten in noch mehr Fällen wieder auf.[8] Das Wiederaufleben von Rechten erschwert den Nutzern den Zugang zu Kulturgütern, die bereits gemeinfrei und damit zu einem Kulturgut der Allgemeinheit geworden waren.[9] Für Museen, Bibliotheken und Archive können sich im Umgang mit historischen Fotografien Schwierigkeiten ergeben. Insgesamt berührt das Wiederaufleben von Rechten die Zugangsinteressen der Nutzer sehr.

Vor diesem Hintergrund ist es das Ziel der vorliegenden Arbeit, zu untersuchen, in welchen Fällen in den Mitgliedstaaten gem. Art. 10 Abs. 2 Schutzdauerrichtlinie Rechte wieder aufleben. Darauf aufbauend bezweckt die Arbeit, die Auswirkungen des Wiederauflebens von Rechten auf die gutgläubigen Verwerter vormals gemeinfreier Werke und Gegenstände verwandter Schutzrechte herauszuarbeiten.

Das Wiederaufleben von Rechten im Zuge der Harmonisierung der Schutzfristen des Urheberrechts und der verwandten Schutzrechte in der EU nach Art. 10 Abs. 2 Schutzdauerrichtlinie und § 137f Abs. 2 UrhG wird rechtsdogmatisch untersucht. Der Schwerpunkt der Untersuchung liegt auf dem europäischen Recht, und zwar auf Art. 10 Abs. 2 Schutzdauerrichtlinie, der das Wiederaufleben von Rechten vorschreibt. Darauf aufbauend wird die Umsetzung von Art. 10 Abs. 2, 3 Schutzdauerrichtlinie im deutschen Recht gem. § 137f UrhG behandelt. Die Umsetzung in anderen Mitgliedstaaten ist jedoch nicht Gegenstand der Untersuchung.

Art. 10 Abs. 2 Schutzdauerrichtlinie knüpft an die Rechtslage am 01.07.1995 in den Mitgliedstaaten an. Das Recht der Mitgliedstaaten ist Tatbestandsvoraussetzung der Norm. Zugleich trifft die Mitgliedstaaten die Pflicht, die Vorschrift in nationales Recht umzusetzen. Folglich wirken

6 *Montier,* Cartier-Bresson, Henri, in: *Beyer/Savoy/Tegethoff (Hrsg.),* Allgemeines Künstlerlexikon - Internationale Künstlerdatenbank - Online, https://www.degruyter.com/database/AKL/entry/_10154948/html (zuletzt abgerufen am 15.01.2024).

7 *Dreier*/Schulze, UrhG § 137f Rdnr. 8; Fromm/Nordemann/*Dustmann,* UrhG § 137f Rdnr. 14; *Gaillard,* Rdnr. 223.

8 *Schack,* Rdnr. 548.

9 *Gaillard,* Rdnr. 223-225.

mehrere Ebenen der Normenhierarchie zusammen. Aus diesem Zusammenwirken ergeben sich komplizierte Rechtsfragen. So ist unklar, unter welchen Voraussetzungen die Fristen auf Werke und Schutzgegenstände aus Staaten anwendbar sind, die der EU nach dem 01.07.1995 beigetreten waren. Die Verständnisse der Mitgliedstaaten von der Werkeigenschaft und von der Eigenschaft als Inhaber bestimmter verwandter Schutzrechte unterschieden sich voneinander. Zum Beispiel herrschte in Deutschland ein anderes Verständnis vom Begriff „ausübender Künstler“ vor, als in Frankreich.[10] Diese Rechtsfragen sind in der vorliegenden Arbeit zu lösen. Dadurch soll Klarheit für Personen geschaffen werden, die ältere Werke und Gegenstände verwandter Schutzrechte verwerten möchten.

Bislang ist das Wiederaufleben von Rechten nach Art. 10 Abs. 2 Schutzdauerrichtlinie und § 137f Abs. 2 UrhG noch nicht in monographischer Form untersucht worden. Die Schutzdauerrichtlinie selbst ist Gegenstand von Beiträgen.[11] In diesen wird erkannt, dass sich aus dem Übergangsrecht und der zeitlichen Anwendbarkeit der Schutzdauerrichtlinie zahlreiche, schwierige Fragen ergeben.[12] Eine umfassende Auseinandersetzung mit diesen Fragen unterblieb jedoch bislang. Diese Lücke möchte die vorliegende Arbeit füllen.

Das Wiederaufleben von Rechten nach Art. 10 Abs. 2 Schutzdauerrichtlinie hebt die rechtsbeendende Wirkung des Fristablaufs zugunsten einer schnellen Harmonisierung der urheber- und leistungsschutzrechtlichen Schutzfristen in der EU wieder auf. Ein solches Konzept war bei Schaffung der Schutzdauerrichtlinie ungewöhnlich, die meisten Bestimmungen über

---

10 Loi Nr. 2016-925 v. 07.07.2016, Art. 9, https://www.legifrance.gouv.fr/codes/section_lc/LEGITEXT000006069414/LEGISCTA000006161643/#LEGISCTA000006161643 (zuletzt abgerufen am 23.04.2022); *Beining*, S. 32.

11 Als Gegenstand von Dissertationen *Beier*, Die urheberrechtliche Schutzfrist, München 2001; *Benabou*, Droits D`Auteur, Droits Voisins et Droit Communautaire, Brüssel 1997; *Gaillard*, Die Schutzdauerverlängerungen in der Urheberrechtsnovelle 2013, Köln 2016; *Juranek*, Die Richtlinie der Europäischen Union zur Harmonisierung der Schutzfristen im Urheber- und Leistungsschutzrecht, Wien 1994; von Aufsätzen *Dietz*, GRUR Int 1995, S. 670-686; *Jehoram*, IIC 1994, S. 821-838; *Klett/Flechsig*, GRUR Int 2009, S. 895-90; *Maier*, RdMuE Bd. 2 (1994), S. 49-81; *Vogel*, ZUM 1995, S. 451-458; zum Wiederaufleben des Schutzes bei gemeinfreien Fotografien *Schulze/Bettinger*, GRUR 2000, S. 12-18; zum Richtlinienvorschlag der Kommission *von Lewinski*, GRUR Int 1992, S. 724-733.

12 *Benabou*, S. 400-402; *Dietz*, GRUR Int 1995, 670 (684); *Emilianides*, EIPR 2004, 538 (541); *Juranek*, S. 42-43; *ders.*, in: *Dittrich (Hrsg.)*, 41 (43-44); *Maier*, RdMuE Bd. 2 (1994), 49 (76).

die Verlängerung urheberrechtlicher Schutzfristen sahen vor, dass die neuen Fristen nur auf Werke und Schutzgegenstände Anwendung fanden, die nach den alten Bestimmungen noch geschützt waren.[13] Eine Ausnahme bildete der Einigungsvertrag zwischen der Bundesrepublik Deutschland und der DDR, nach dessen Bestimmungen die Fristen des Urheberrechtsgesetzes der Bundesrepublik Deutschland mit der Einigung auf alle in der Bundesrepublik Deutschland und der DDR vor der Einigung geschaffenen Werke und Gegenstände verwandter Schutzrechte Anwendung fanden.[14]

Mittlerweile diente das Wiederaufleben von Rechten nach Art. 10 Abs. 2 Schutzdauerrichtlinie als Vorbild für die Anwendbarkeit der Schutzdauer für Musikkompositionen mit Text nach Art. 10 Abs. 6 UAbs. 1 Schutzdauerrichtlinie.[15] Die Harmonisierung von Fristen in der Europäischen Union im Bereich des Immaterialgüterrechts und außerhalb von diesem schreitet voran.[16] Es steht zu erwarten, dass der Europäische Gesetzgeber anlässlich der Harmonisierung von Fristen auch in anderen Bereichen Rechte wieder aufleben lässt. Die vorgenommene Auslegung des Wiederauflebens von Rechten nach Art. 10 Abs. 2 Schutzdauerrichtlinie greift somit über den Untersuchungsgegenstand der Arbeit hinaus. Sie kann als Orientierungshilfe bei der Auslegung von weiteren Übergangsvorschriften dienen, die ein Wiederaufleben von Rechten vorsehen.

Grundlage der weiteren Untersuchung bilden die Entstehungsgeschichte der Schutzdauerrichtlinie und die Gründe für die Harmonisierung der Schutzdauer des Urheberrechts und bestimmter, verwandter Schutzrechte in der EU (Abschnitt B.).

Im Hauptteil der Arbeit (Abschnitt C.) wird das Wiederaufleben von Rechten nach Art. 10 Abs. 2, 3 Schutzdauerrichtlinie und § 137f Abs. 2, 3 UrhG näher betrachtet. Die Untersuchung orientiert sich an der Reihenfol-

---

13 s. Art. 11 Abs. 1 Richtlinie 2006/115/EG v. 12.12.2006, ABl. 2006 L 376, 28 (31); Art. 18 Abs. 2 Berner Übereinkunft zum Schutz von Werken der Literatur und Kunst, Pariser Fassung v. 24.07.1971, BGBl. 1973 II 1071 (1075-1076) (zit.: RBÜ); Art. 21 Abs. 2 Internationales Abkommen über den Schutz der ausübenden Künstler, der Hersteller von Tonträgern und der Sendeunternehmen v. 26.10.1961, BGBl 1965 II 1245 (zit.: Rom-Abk; ohne Art.: Rom-Abkommen); *Beier,* S. 204-206; *Juranek,* S. 42-43; *Melichar,* in: Ders. (Hrsg.), Urheberrecht in Theorie und Praxis, S. 100-104.

14 Anlage I, Kapitel III, Sachgebiet E Abschnitt II Nr. 2, § 1 Abs. 1 und 2 Vertrag zwischen der Bundesrepublik Deutschland und der Deutschen Demokratischen Republik über die Herstellung der Einheit Deutschlands – Einigungsvertrag v. 31.08.1990, BGBl. 1990 II 889 (892, 963).

15 *Walter,* in: FS Wandtke, 357 (367-368).

16 *Schack,* Rdnr. 145-147, 148, 155-159.

ge der Tatbestandsmerkmale in Art. 10 Abs. 2, 3 Schutzdauerrichtlinie und in § 137f Abs. 2, 3 UrhG.

In Deutschland genießen Tonträgerhersteller erst seit dem 01.01.1966 Schutz, daher war es möglich, dass bestimmte Tonträger in Deutschland zu keinem Zeitpunkt geschützt waren.[17] Aus diesem Grund ist zu untersuchen, ob § 137f Abs. 2 UrhG auf Werke oder Schutzgegenstände anwendbar ist, die in Deutschland niemals geschützt waren (Abschnitt C.II.). Zunächst ist zu prüfen, ob Art. 10 Abs. 2 Schutzdauerrichtlinie das Anwenden der Schutzfristen auf Gegenstände vorgibt, die in einzelnen Mitgliedstaaten zu keinem Zeitpunkt geschützt waren. Wie zu zeigen sein wird, setzt Art. 10 Abs. 2 Schutzdauerrichtlinie anders als § 137f Abs. 2 UrhG lediglich voraus, dass der Schutz am 01.07.1995 in einem der Mitgliedstaaten bestanden hat.

Im Zentrum steht die Frage, unter welchen Voraussetzungen ein Werk oder Gegenstand verwandter Schutzrechte am 01.07.1995 nach dem Gesetz eines anderen Mitgliedstaates der EU oder eines Vertragsstaates des Abkommens über den Europäischen Wirtschaftsraum geschützt war (Abschnitt C.III.). Bis zur Harmonisierung der Schutzfristen durch die Schutzdauerrichtlinie waren die Staatsverträge auf dem Gebiet des Urheberrechts maßgebend für die Art und Weise, in der einzelne Mitgliedstaaten Werke und Gegenstände verwandter Schutzrechte aus anderen Mitgliedstaaten zu schützen hatten. Hierzu sind zunächst die Verpflichtungen zum Schutz aus den Staatsverträgen (Abschnitt C.III.1.) und anschließend die Auswirkungen des Diskriminierungsverbots aus Gründen der Staatsangehörigkeit auf die Schutzdauer und den Schutz der Staaten untereinander (Abschnitt C.III.2.) in den Blick zu nehmen. Zu erörtern ist vor allem, ob die Wirkungen des Diskriminierungsverbots aus Rechtssicherheitsgründen zeitlich eingeschränkt werden können (Abschnitt C.III.2.c).

Art. 10 Abs. 2 Schutzdauerrichtlinie stellt auf das Bestehen des Schutzes am 01.07.1995 in einem der Mitgliedstaaten ab. Seit diesem Zeitpunkt sind einige Staaten (zum Beispiel Rumänien und Bulgarien) der EU beigetreten. Ebenso ist das Vereinigte Königreich (im Folgenden: VK) aus der EU ausgetreten. Zu untersuchen ist folglich, ob die harmonisierten Schutzfristen auch auf Gegenstände Anwendung finden, die am 01.07.1995 in Staaten geschützt waren, welche später der EU beigetreten sind (Abschnitt C.III.3.). Gleichermaßen ist zu überprüfen, ob zu den Mitgliedstaaten nach Art. 10 Abs. 2 Schutzdauerrichtlinie auch das VK zählt, obwohl dieses später aus der EU ausgetreten ist (Abschnitt C.IV.1.).

---

17 *Klett/Flechsig*, GRUR Int 2009, 895 (896).

Der Austritt des VK aus der EU hat weitreichende Auswirkungen auf die vereinheitlichte Schutzdauer von Werken und Gegenständen verwandter Schutzrechte in der EU. Wie zu zeigen sein wird, sind beispielsweise die Vorgaben der Schutzdauerrichtlinie für die Berechnung der Schutzdauer bei Miturheberschaft mit Austritt des Vereinigten Königreichs für dieses nicht mehr bindend. Dadurch können sich Schutzfristenunterschiede ergeben. Die Auswirkungen des Austritts des VK aus der EU auf die vereinheitlichte Schutzdauer von Werken und Gegenständen verwandter Schutzrechte in der EU werden herausgearbeitet (Abschnitt C.IV.2.-3.). Die Arbeit konzentriert sich dabei auf die urheberrechtlichen Bestimmungen des Rechts der Europäischen Union.

Dem Wortlaut von Art. 10 Abs. 2 Schutzdauerrichtlinie zufolge finden die Schutzfristen auch in dem Fall auf ein Werk oder einen Gegenstand verwandter Schutzrechte Anwendung, wenn am 01.07.1995 für diesen die Schutzkriterien der Vermiet- und Verleihrechtsrichtlinie erfüllt waren. Aus diesem Grund ist herauszuarbeiten, was die Schutzkriterien der Vermiet- und Verleihrechtsrichtlinie beinhalten und welche Funktion dem Verweis zukommt (Abschnitt C.III.4).

Was die verwandten Schutzrechte betrifft, spricht Art. 10 Abs. 2 Schutzdauerrichtlinie von „Gegenständen, die [...] im Bereich [...] verwandter Schutzrechte geschützt waren." Dies ist nicht auf verwandte Schutzrechte beschränkt, über welche die Schutzdauerrichtlinie Bestimmungen trifft. Folglich ist zu untersuchen, auf welche verwandten Schutzrechte die Fristen der Schutzdauerrichtlinie nach Art. 10 Abs. 2 Schutzdauerrichtlinie anwendbar sind.

Nachdem die Voraussetzungen für ein Wiederaufleben von Rechten dargelegt wurden, ist herauszuarbeiten, wer Inhaber der wieder auflebenden Rechte ist (Abschnitt C.V.1.). Das Vertrauen der Nutzer wird durch das Wiederaufleben von Rechten stark beeinträchtigt. Mithin sind der Vertrauensschutz und die Wahrung wohlerworbener Rechte in besonderer Weise zu beachten. Daher werden die Anforderungen der Schutzdauerrichtlinie an den Schutz der Nutzer herausgearbeitet, die gemeinfreie Werke und Gegenstände verwandter Schutzrechte gutgläubig verwertet haben (Abschnitt C.V.2.-3.).

Im Ergebnis bietet die vorliegende Untersuchung Aufschluss über das Wiederaufleben von Urheber- und Leistungsschutzrechten in der EU nach Art. 10 Abs. 2 Schutzdauerrichtlinie, § 137f Abs. 2 UrhG. Sie klärt über die Konsequenzen des Wiederauflebens von Rechten für die Nutzer auf. Mithin erleichtert sie Interpreten und anderen Personen, die ältere Werke und Gegenstände verwandter Schutzrechte verwerten möchten, das Nutzen dieser Gegenstände.

B. Die Harmonisierung der Schutzdauer des Urheberrechts und bestimmter verwandter Schutzrechte in Europa

I. Kompetenz zur Schutzfristenharmonisierung

Zum Zeitpunkt der Schutzfristenharmonisierung gab es im EWGV[18] keine ausdrückliche Regelung über das Urheberrecht und die verwandten Schutzrechte.[19] Das Treffen von Entscheidungen auf dem Gebiet der Kultur war Sache der Mitgliedstaaten.[20] Es stellte sich die Frage, ob das Urheberrecht und die verwandten Schutzrechte in den Anwendungsbereich des EWGV fielen und der europäische Gesetzgeber die Kompetenz zur Harmonisierung der Schutzdauer hatte.

Das Urheberrecht und die verwandten Schutzrechte können sich auf den freien Waren- und Dienstleistungsverkehr auswirken.[21] Der freie Waren- und Dienstleistungsverkehr (Art. 30 EWGV, jetzt: Art. 34 AEUV und Art. 59 EWGV, jetzt: Art. 56 AEUV) sowie das Verwirklichen des Binnenmarkts (Art. 8a Abs. 1 EWGV, jetzt: Art. 26 Abs. 1 AEUV) zählen zu den Kernzielen des europäischen Gemeinschafts- bzw. Unionsrechts.[22] Der europäische Gesetzgeber konnte damit Regelungen über das Urheberrecht und die Leistungsschutzrechte treffen, um den freien Waren- und Dienstleistungsverkehr zu gewährleisten und dadurch die Errichtung und das

18 Vertrag zur Gründung der Europäischen Wirtschaftsgemeinschaft v. 25.03.1957, BGBl. 1957 II 766 (zit.: EWGV).

19 BGH, Urt. v. 25.06.1992, Az. I ZR 155/90, Rdnr. 19, WKRS 1992, 15809, https://research.wolterskluwer-online.de/document/b4c1f1f4-21f4-4a61-8c02-79c48495294d (zuletzt abgerufen am 06.02.2024); *Firsching*, UFITA Bd. 133 (1997), 131 (169); *Jorna/Martin-Prat*, EIPR Vol. 16 (1994), 145 (145); *Schack*, Rdnr. 145.

20 *Beier*, S. 174.

21 Die Aktion der Gemeinschaft in [sic!] kulturellen Bereich. Mitteilung der Kommission an den Rat, KOM(77) 560 endg., S. 19; EuGH, Urt. v. 20.10.1993, Rs. C-92/92, C-326/92, Rdnr. 22, GRUR 1994, 280 (282); EuGH, Urt. v. 20.01.1981, Rs. 55/80, 57/80, GRUR Int 1981, 229 (230); *Walter*/von Lewinski/*Riede*, Principle of Non-discrimination Rdnr. 2.0.6 ; *Jorna/Martin-Prat*, EIPR Bd. 16 (1994), 145 (145).

22 EuGH, Urt. v. 20.01.1981, Rs. 55/80 und 57/80, Rdnr. 8, GRUR Int 1981, 229 (230); *Walter*/von Lewinski/*Riede*, Principle of Non-discrimination Rdnr. 2.0.5-2.0.6.; *Beier*, S. 165; *Jorna/Martin-Prat*, EIPR Bd. 16 (1994), 145 (145).

Funktionieren des Binnenmarkts sicherzustellen, siehe Art. 100a EWGV[23] (jetzt: Art. 114 AEUV).[24]

Der EWGV ließ aber die Eigentumsordnung in den Mitgliedstaaten unberührt, Art. 222 EWGV (jetzt: Art. 345 AEUV). Über den spezifischen Gegenstand[25] des Eigentums (zu dem in diesem Sinne auch das Urheberrecht und die verwandten Schutzrechte zählen)[26] durfte sich das Gemeinschaftsrecht nicht hinwegsetzen.[27] Es fragt sich, ob das Vereinheitlichen der Schutzdauer den spezifischen Gegenstand des Urheberrechts und der Leistungsschutzrechte betraf. Was dieser umfasste, bestimmte sich nach dem Inhalt der durch die nationalen Rechtsordnungen gewährten Rechte.[28]

Soweit die Schutzdauer – wie durch die Schutzdauerrichtlinie geschehen – gleich blieb oder verlängert wurde, griff das Vereinheitlichen der Schutzdauer nicht in das von den Mitgliedstaaten gewährte Recht ein. Das Vereinheitlichen der Schutzdauer ließ damit die Eigentumsordnung in den Mitgliedstaaten unberührt. Der europäische Gesetzgeber hatte daher die Kompetenz für die Harmonisierung der Schutzdauer, diese stützte sich auf Art. 100a EWGV (Maßnahme der Rechtsangleichung, die dem Errichten und Funktionieren des Binnenmarkts dient; jetzt: Art. 114 AEUV) sowie auf Art. 57 Abs. 2[29], Art. 66 EWGV (Vorschrift, die den freien Dienstleistungsverkehr sichern soll; jetzt: Art. 53 Abs. 1, Art. 62 AEUV).[30]

Mit dem Vertrag von Lissabon schuf der europäische Gesetzgeber in Art. 118 AEUV eine ausdrückliche Kompetenz für unionsweit einheitliche Rechtstitel des geistigen Eigentums.[31] Die gemeinsame Handelspolitik der Union (im Verhältnis zu Drittstaaten) umfasst die handelsbezogenen As-

---

23 Eingefügt durch Art. 18 Einheitliche Europäische Akte v. 17. und 28.02.1986, ABl. 1987 L 169, 1 (8).

24 Die Aktion der Gemeinschaft in [sic!] kulturellen Bereich, KOM(77)560 endg., S. 19; *Juranek*, S. 21-23; *Jorna/Martin-Prat*, EIPR Bd. 16 (1994), 145 (145).

25 Für dieses Verständnis EuGH, Urt. v. 08.06.1971, Rs. 78/70, GRUR Int 1971, 450 (454); *Schack*, Rdnr. 152.

26 EuGH, Urt. v. 20.01.1981, Rs. 55/80 u. 57/80, Rdnr. 9, GRUR Int 1981, 229 (230); *Schack*, Rdnr. 152.

27 EuGH, Urt. v. 08.06.1971, Rs. 78/70, GRUR Int 1971, 450 (454); *Firsching*, UFITA Bd. 133 (1997), 131 (219); *Schack*, Rdnr. 152.

28 *Schack*, Rdnr. 152.

29 idF v. 01.07.1987, Art. 6 Abs. 6, 7, Art. 16 Abs. 2 Einheitliche Europäische Akte v. 17. und 28.02.1986, ABl. 1987 L 169, 1 (5, 7).

30 Richtlinie 93/98/EWG v. 29.10.1993, ABl. 1993 L 290, 9 (9); *Gaster*, ZUM 1996, 261 (263 f.); *Schack*, Rdnr. 156.

31 Grabitz/Hilf/Nettesheim/*Stieper*, Losebl. (Stand: Mai 2022) AEUV Art. 118 Rdnr. 1; *Fischer*, S. 72; *Schack*, Rdnr. 156.

pekte des geistigen Eigentums, Art. 207 AEUV. Es bestehen keine Zweifel mehr an der Kompetenz des europäischen Gesetzgebers auf dem Gebiet des Urheberrechts.[32]

II. Gründe für die Harmonisierung

Ausgangspunkt für die Harmonisierung der Schutzdauer des Urheberrechts und der verwandten Schutzrechte in Europa war das Ziel der Stärkung des Binnenmarkts.[33] Der Binnenmarkt ist ein Raum ohne Binnengrenzen, in dem der freie Verkehr von Waren, Personen, Dienstleistungen und Kapital gewährleistet ist (Art. 26 Abs. 2 AEUV). Geistes- und Kulturgüter sollen innerhalb des Binnenmarkts frei zirkulieren können.[34]

Zuvor sahen die internationalen Konventionen lediglich eine Mindestschutzdauer des Urheberrechts und der verwandten Schutzrechte vor, über welche die Mitgliedstaaten hinausgehen konnten.[35] So bestanden Unterschiede in der Schutzdauer zwischen den einzelnen Staaten der Europäischen Wirtschaftsgemeinschaft.[36] Insbesondere bei den verwandten

32 Grabitz/Hilf/Nettesheim/*Stieper*, Losebl. (Stand: Mai 2022) AEUV Art. 118 Rdnr. 2; *Walter*/von Lewinski/*Riede*, Principle of Non-Discrimination Rdnr. 2.0.6.

33 ErwG 3 Richtlinie 2006/116/EG v. 12.12.2006, ABl. 2006 L 372, 12 (12); Initiativen zum Grünbuch. Arbeitsprogramm der Kommission auf dem Gebiet des Urheberrechts und der verwandten Schutzrechte, KOM(90)584 endg., GRUR Int 1991, 359 (368) Ziff. 8.2.1., 8.2.4; *Dietz*, GRUR Int 1995, 670 (670).

34 Initiativen zum Grünbuch. Arbeitsprogramm der Kommission auf dem Gebiet des Urheberrechts und der verwandten Schutzrechte, KOM(90)584 endg., GRUR Int 1991, 359 (368) Ziff. 8.2.1., 8.2.4; *Dietz*, GRUR Int 1995, 670 (670).

35 Für das Urheberrecht Art. 7 Abs. 1, 6 RBÜ; für die Rechte von ausübenden Künstlern, Tonträgerherstellern und Sendeunternehmen Art. 14 Rom-Abk; für die Rechte von Tonträgerherstellern Art. 4 Übereinkommen zum Schutz der Hersteller von Tonträgern gegen die unerlaubte Vervielfältigung ihrer Tonträger v. 29.10.1971, BGBl 1973 II 1670 (zit.: GTA); ErwG 2 Richtlinie 2006/116/EG v. 12.12.2006, ABl. 2006 L 372, 12 (12).

36 ErwG 3 Richtlinie 2006/116/EG v. 12.12.2006, ABl. 2006 L 372, 12 (12); Initiativen zum Grünbuch. Arbeitsprogramm der Kommission auf dem Gebiet des Urheberrechts und der verwandten Schutzrechte, KOM(90)584 endg., GRUR Int 1991, 359 (368); Dreyer/Kotthoff/*Meckel*, UrhG § 64 Rdnr. 14; zur Länge der urheberrechtlichen Schutzdauer in den einzelnen Mitgliedstaaten *von Lewinski*, GRUR Int 1992, 724 (725); zur Länge der Schutzdauer bestimmter verwandter Schutzrechte *von Lewinski*, GRUR Int 1992, 724 (727).

Schutzrechten knüpften die Schutzfristen zudem an unterschiedliche Ereignisse an.[37]

Einen entscheidenden Anstoß zur Harmonisierung hat das Urteil des EuGH zu Schutzfristenunterschieden vom 24.01.1989 gegeben.[38] Ein Rechteinhaber wollte den Vertrieb von Tonträgern in Deutschland aufgrund der ihm hier zustehenden Verwertungsrechte untersagen.[39] Die Tonträger sind aber in Dänemark rechtmäßig in Verkehr gebracht worden, nachdem dort die Rechte an ihnen erloschen waren.[40] Es stellte sich die Frage, ob die Ausübung der Verwertungsrechte durch den Rechteinhaber in Deutschland mit der Warenverkehrsfreiheit aus Art. 30 EWGV (jetzt: Art. 34 AEUV) vereinbar war.[41]

Der EuGH sah das Vorgehen zwar als zum Schutz des gewerblichen und kommerziellen Eigentums nach Art. 36 EWGV (jetzt: Art. 36 AEUV) gerechtfertigt an, verwies aber auf den „gegenwärtigen Stand des Gemeinschaftsrechts“, der durch eine fehlende Harmonisierung der Schutzfristen gekennzeichnet sei.[42] Die Unterschiede zwischen den Schutzfristen könnten zu Beschränkungen des innergemeinschaftlichen Handels führen.[43]

Den Hinweis auf den gegenwärtigen Stand des Gemeinschaftsrechts hat der europäische Gesetzgeber zum Anlass genommen, die Schutzfristen zu harmonisieren.[44] Die Unterschiede in der Schutzdauer behinderten das reibungslose Funktionieren des gemeinsamen Binnenmarkts.[45] Sie beein-

37 *von Lewinski,* GRUR Int 1992, 724 (727).

38 Initiativen zum Grünbuch. Arbeitsprogramm der Kommission auf dem Gebiet des Urheberrechts und der verwandten Schutzrechte, KOM(90)584 endg., GRUR Int 1991, 359 (368) Ziff. 8.2.2-8.2.4; EuGH, Urt. v. 24.01.1989, Rs. 341/87, GRUR Int 1989, 319-320; *Dietz,* GRUR Int 1995, 670 (670); *von Lewinski,* in: *Möhring/Schulze/Ulmer/Zweigert (Hrsg.),* Quellen des Urheberrechts, Loseblatt (Stand: Mai 1994), Europ. GemeinschaftsR/II/4 S. 2-3; *dies.,* GRUR Int 1992, 724 (725).

39 EuGH, Urt. v. 24.01.1989, Rs. 341/87, GRUR Int 1989, 319 (319-320).

40 EuGH, Urt. v. 24.01.1989, Rs. 341/87, GRUR Int 1989, 319 (320).

41 EuGH, Urt. v. 24.01.1989, Rs. 341/87, GRUR Int 1989, 319 (320).

42 EuGH, Urt. v. 24.01.1989, Rs. 341/87, GRUR Int 1989, 319 (320).

43 EuGH, Urt. v. 24.01.1989, Rs. 341/87, GRUR Int 1989, 319 (320).

44 Initiativen zum Grünbuch. Arbeitsprogramm der Kommission auf dem Gebiet des Urheberrechts und der verwandten Schutzrechte, KOM(90)584 endg., GRUR Int 1991, 359 (368) Ziff. 8.2.2-8.2.4; *Dietz,* GRUR Int 1995, 670 (670); *von Lewinski,* in: *Möhring/Schulze/Ulmer/Zweigert (Hrsg.),* Quellen des Urheberrechts, Loseblatt (Stand: Mai 1994), Europ. GemeinschaftsR/II/4 S. 2-3; *dies.,* GRUR Int 1992, 724 (725).

45 Initiativen zum Grünbuch. Arbeitsprogramm der Kommission auf dem Gebiet des Urheberrechts und der verwandten Schutzrechte, KOM(90)584 endg., GRUR Int 1991, 359 (368) Ziff. 8.2.4; *Dietz,* GRUR Int 1995, 670 (670).

trächtigten den freien Waren- und Dienstleistungsverkehr.[46] Durch die Schutzfristenunterschiede konnten die Rechte an ein und demselben Gegenstand in einem Mitgliedstaat erloschen sein, in einem anderen aber noch bestehen.[47] Ein Rechteinhaber konnte damit verhindern, dass ein rechtmäßig in einem Mitgliedstaat in Verkehr gebrachtes Werkexemplar in einem anderen Mitgliedstaat vertrieben wird.[48] Das Werkexemplar konnte somit nicht frei innerhalb des Binnenmarkts zirkulieren.[49]

Die unkörperliche Wiedergabe eines Werks (§ 15 Abs. 2 UrhG) konnte zudem eine Dienstleistung darstellen.[50] Somit konnte bei grenzüberschreitenden öffentlichen Wiedergaben die Ausübung von Verwertungsrechten mit der Freiheit des Dienstleistungsverkehrs in Konflikt geraten.[51] Insbesondere bei grenzüberschreitenden Rundfunksendungen[52] konnte es zu Schwierigkeiten kommen.

Insoweit konnten die Schutzfristenunterschiede Behinderungen des freien Dienstleistungsverkehrs verursachen.[53] Sie konnten beispielsweise dazu führen, dass ein Werk, an dem das Urheberrecht in einem Mitgliedstaat bereits erloschen war, nicht ohne Zustimmung des Urhebers in einen anderen Mitgliedstaat gesendet werden durfte.

Das Binnenmarktziel gab dem europäischen Gesetzgeber auf, alle durch nationale Rechtsvorschriften verursachten Hindernisse des innergemeinschaftlichen Waren- und Dienstleistungsverkehrs zu beseitigen.[54] Damit

---

46 ErwG 3 Richtlinie 2006/116/EG v. 12.12.2006, ABl. 2006 L 372, 12 (12); *Dietz,* GRUR Int 1995, 670 (670); *Beier,* S. 165-169.

47 EuGH, Urt. v. 24.01.1989, Rs. 341/87, GRUR Int 1989, 319 (320); *Beier,* S. 167.

48 EuGH, Urt. v. 24.01.1989, Rs. 341/87, GRUR Int 1989, 319 (320); *Beier,* S. 167.

49 *Dietz,* GRUR Int 1995, 670 (670).

50 EuGH, Urt. v. 18.03.1980, Rs. 62/79, GRUR Int 1980, 602 (604); EuGH, Urt. v. 18.03.1980, Rs. 52/79, Rdnr. 8, GRUR Int 1980, 608 (608); Grünbuch über Urheberrecht und die technologische Herausforderung – Urheberrechtsfragen, die sofortiges Handeln erfordern, KOM(88)172 endg. Ziff. 1.5.11; *Schricker,* in: FS Steindorff, 1437 (1446).

51 EuGH, Urt. v. 18.03.1980, Rs. 62/79, GRUR Int 1980, 602 (603-606, 607); *Beier,* S. 170; *Schricker,* in: FS Steindorff, 1437 (1446).

52 EuGH, Urt. v. 18.03.1980, Rs. 62/79, GRUR Int 1980, 602 (603, 607); *Schricker,* in: FS Steindorff, 1437 (1446).

53 ErwG 3 Richtlinie 2006/116/EG v. 12.12.2006, ABl. 2006 L 372, 12 (12); *Beier,* S. 170.

54 von der Groeben/Schwarze/Hatje/*Van Vormizeele,* AEUV Art. 26 Rdnr. 8, 23; *Beier,* S. 164-165; *Everling,* in: FS Steindorff, 1155 (1162-1163).

gebot es nach Auffassung des europäischen Gesetzgebers die Vereinheitlichung der Schutzfristen.[55]

Zugleich sollte innerhalb des Binnenmarkts freier und unverfälschter Wettbewerb herrschen.[56] Die Marktteilnehmer sollten selbst durch ihr Verhalten das Marktergebnis bestimmen – durch Innovation und durch Angebot und Nachfrage.[57] Im Wettbewerb zwischen ihnen sollten sich die besten Produkte und Dienstleistungen durchsetzen.[58]

Freier Wettbewerb innerhalb des Binnenmarkts setzte voraus, dass transnationale Wirtschaftsabläufe allein durch reale Wirtschaftsdaten bestimmt wurden.[59] Wettbewerbsverfälschungen konnten entstehen, wenn nationale Rechtsvorschriften Standortvorteile begründeten.[60] Die unterschiedlichen nationalen Vorschriften zur Schutzdauer des Urheberrechts und der verwandten Schutzrechte begünstigten Rechteinhaber, die die Staatsangehörigkeit eines Landes mit langer Schutzdauer besaßen oder ihre Werke oder Schutzgegenstände erstmals in einem solchen Land erscheinen ließen.[61]

Hinsichtlich des Urheberrechts wurde zwischen den Mitgliedstaaten der Europäischen Wirtschaftsgemeinschaft der Schutzfristenvergleich nach Art. 7 Abs. 8 RBÜ (gegenüber Belgien und Irland nach Art. 7 Abs. 2 RBÜ

---

55 ErwG 3 Richtlinie 2006/116/EG v. 12.12.2006, ABl. 2006 L 372, 12 (12); Initiativen zum Grünbuch. Arbeitsprogramm der Kommission auf dem Gebiet des Urheberrechts und der verwandten Schutzrechte, KOM(90)584 endg., GRUR Int 1991, 359 (368) Ziff. 8.2.4.

56 Protokoll über den Binnenmarkt und den Wettbewerb v. 13.12.2007, ABl. 2007 C 306, 156 (156); bei Ausfertigung der Richtlinie 93/98/EWG des Rates v. 29.10.1993, ABl. 1993 L 290, 9-13: Art. 8a Abs. 2 EWGV in der Fassung vom 01.07.1987, ABl. 1987 L 169, 1 (7); von der Groeben/Schwarze/Hatje/*Van Vormizeele*, AEUV Art. 26 Rdnr. 8, 28; *Haratsch/Koenig/Pechstein*, Rdnr. 1068; *Koenig/Schreiber*, S. 1-2.

57 *Beier*, S. 169; *Haratsch/Koenig/Pechstein*, Rdnr. 1068.

58 *Beier*, S. 169.

59 von der Groeben/Schwarze/Hatje/*Van Vormizeele*, AEUV Art. 26 Rdnr. 28; *Beier*, S. 169.

60 von der Groeben/Schwarze/Hatje/*Van Vormizeele*, AEUV Art. 26 Rdnr. 28; *Beier*, S. 169; *Limperg*, RIDA Bd. 103 (1980), 53 (67, 73).

61 Siehe z.B. in Deutschland §§ 120 Abs. 1 S. 1, 121 UrhG; für ausübende Künstler § 125 UrhG; für Tonträgerhersteller § 126 UrhG; *Limperg*, RIDA Bd. 103 (1980), 53 (63-69); für die Schweiz: *Nordemann*, UFITA Bd. 81 (1978), 1 (11).

Brüsseler Fassung[62])[63] praktiziert.[64] Die Schutzdauer durfte hiernach die im Ursprungsland des Werks bestimmte Dauer nicht überschreiten. Ursprungsland ist nach Art. 5 Abs. 4 RBÜ in der Regel das Land, in dem das Werk zuerst veröffentlicht wurde.

Dies begründete Standortvorteile für Urheber, die das Werk erstmals in einem Land mit einer längeren Schutzdauer veröffentlichten, da sie das Werk in mehr Staaten länger verwerten konnten.[65]

Die Harmonisierung der Schutzdauer sollte zudem Rechtssicherheit und Rechtsklarheit schaffen.[66] Durch einheitliche Schutzfristen werde es für Schutzrechteinhaber und Nutzer gleichermaßen einfacher, ihre Rechte innerhalb der Gemeinschaft geltend zu machen.[67]

Darüber hinaus solle die wirksame Bekämpfung der Piraterie und von illegalen Einfuhren ermöglicht werden.[68] Schließlich könne sich die Harmonisierung der Schutzdauer zusammen mit der Verstärkung des Schutzes von Immaterialgütern günstig auf die Innovation und das geistige Schaffen

---

62 Berner Übereinkunft zum Schutze von Werken der Literatur und Kunst, Brüsseler Fassung v. 26.06.1948, BGBl. 1965 II 1213 (1218) (zit.: RBÜ Brüsseler Fassung).

63 Belgien und Irland waren an die Brüsseler Fassung der Berner Übereinkunft gebunden, s. Berne Convention for the Protection of Literary and Artistic Works, Contracting Parties, Status October 15, 2019, url: https://www.wipo.int/export/sites/www/treaties/en/documents/pdf/berne.pdf, zuletzt heruntergeladen am 06.02.2024; *Beier*, S. 161 Fn. 946.

64 *Beier*, S. 169; *Jehoram*, IIC 1994, 821 (826).

65 *Beier*, S. 169; *Dittrich*, GRUR Int 1973, 627 (631); *Limperg*, RIDA Bd. 103 (1980), 53 (63-67).

66 *Wirtschafts- und Sozialausschuss*, Stellungnahme zu dem Vorschlag für eine Richtlinie des Rates zur Harmonisierung der Schutzdauer des Urheberrechts und bestimmter verwandter Schutzrechte v. 01.07.1992, ABl. 1992 C 287, 53 (54) Ziff. 1.2.; *Walter*/von Lewinski, Term Directive General Remarks and Historical Background of the Directive Rdnr. 8.0.2; *Ricketson*, IIC 1992, 753 (770).

67 *Wirtschafts- und Sozialausschuss*, Stellungnahme zu dem Vorschlag für eine Richtlinie des Rates zur Harmonisierung der Schutzdauer des Urheberrechts und bestimmter verwandter Schutzrechte v. 01.07.1992, ABl. 1992 C 287, 53 (54) Ziff. 1.2.; *Beier*, S. 171; *Ricketson*, IIC 1992, 753 (771).

68 *Wirtschafts- und Sozialausschuss*, Stellungnahme zu dem Vorschlag für eine Richtlinie des Rates zur Harmonisierung der Schutzdauer des Urheberrechts und bestimmter verwandter Schutzrechte v. 01.07.1992, ABl. 1992 C 287, 53 (54) Ziff. 1.2.; *Walter*/von Lewinski, Term Directive General Remarks and Historical Background of the Directive Rdnr. 8.0.2; *Beier*, S. 171.

auswirken.[69] Sie diene auch der Förderung von Investitionen im Bereich der Kultur, der Wirtschaft und der Kreativität in der Gemeinschaft.[70]

III. Die Entwicklung der Schutzdauerrichtlinie

1. Erste Aktivitäten der Kommission

Die Kommission der Europäischen Gemeinschaften begann ihre Aktivitäten auf dem Gebiet der urheberrechtlichen Schutzfristen um das Jahr 1980. Am 24. Oktober 1980 hielt sie eine Anhörung der interessierten Kreise zur Harmonisierung der Urheberrechtsschutzfristen ab.[71] Zuvor hatte sie in ihrer Mitteilung an den Rat vom 20. Januar 1978[72] ihre Pläne zur Harmonisierung auf dem Gebiet des Urheberrechts umrissen[73] und dabei auch die Notwendigkeit einer Angleichung der Schutzdauer in den Mitgliedstaaten betont.[74]

Eine Angleichung auf fünfzig Jahre nach dem Tod des Urhebers erschien am praktikabelsten, da bis auf Deutschland, wo die Schutzdauer bereits siebzig Jahre nach dem Tod des Urhebers betrug, alle Mitgliedstaaten eine solche Schutzdauer vorsahen (mit Ausnahme einer Verlängerung der Schutzfrist aus Kriegsgründen in Belgien, Frankreich und Italien).[75] Dies

69 *Wirtschafts- und Sozialausschuss,* Stellungnahme zu dem Vorschlag für eine Richtlinie des Rates zur Harmonisierung der Schutzdauer des Urheberrechts und bestimmter verwandter Schutzrechte v. 01.07.1992, ABl. 1992 C 287, 53 (54) Ziff. 1.2.

70 *Wirtschafts- und Sozialausschuss,* Stellungnahme zu dem Vorschlag für eine Richtlinie des Rates zur Harmonisierung der Schutzdauer des Urheberrechts und bestimmter verwandter Schutzrechte v. 01.07.1992, ABl. 1992 C 287, 53 (54) Ziff. 1.2.; *Walter*/von Lewinski, Term Directive General Remarks and Historical Background of the Directive Rdnr. 8.0.2.

71 Bericht darüber: Europäische Gemeinschaften – Anhörung zur Harmonisierung der Urheberrechtsschutzfristen, GRUR Int 1980, 767 (767).

72 Die Aktion der Gemeinschaft in [sic!] kulturellen Bereich. Mitteilung der Kommission an den Rat, KOM(77)560 endg.

73 Die Aktion der Gemeinschaft in [sic!] kulturellen Bereich. Mitteilung der Kommission an den Rat, KOM(77)560 endg., S. 15-26.

74 Die Aktion der Gemeinschaft in [sic!] kulturellen Bereich. Mitteilung der Kommission an den Rat, KOM(77)560 endg., S. 19.

75 Europäische Gemeinschaften – Anhörung zur Harmonisierung der Urheberrechtsschutzfristen, GRUR Int 1980, 767 (768).

könne jedoch zu eigentums- und verfassungsrechtlichen Problemen in der Bundesrepublik Deutschland führen.[76]

Eine Angleichung der Schutzdauer auf siebzig Jahre könne aber wiederum die Zugangsinteressen von Nutzern beeinträchtigen.[77] Auch eine Schutzdauer von fünfzig Jahren post mortem auctoris mit einem sich anschließenden, zwanzig Jahre währenden domaine public payant wurde in Erwägung gezogen,[78] stieß jedoch auf heftige Kritik.[79]

Auf die Anhörung folgten zunächst keine weiteren Schritte zur Harmonisierung der Schutzdauer.[80] Im Grünbuch über Urheberrecht und die technologische Herausforderung stellte die Kommission zwar die Notwendigkeit heraus, Rechtsunterschiede abzubauen, die das Funktionieren des Gemeinsamen Marktes beeinträchtigten.[81] Schutzfristen waren aber – außer beim Schutz von Computerprogrammen[82] – nicht Gegenstand dieses Grünbuchs.[83]

---

76 Europäische Gemeinschaften – Anhörung zur Harmonisierung der Urheberrechtsschutzfristen, GRUR Int 1980, 767 (768).

77 Europäische Gemeinschaften – Anhörung zur Harmonisierung der Urheberrechtsschutzfristen, GRUR Int 1980, 767 (768).

78 Europäische Gemeinschaften – Anhörung zur Harmonisierung der Urheberrechtsschutzfristen, GRUR Int 1980, 767 (768); Die Aktion der Gemeinschaft in [sic!] kulturellen Bereich. Mitteilung der Kommission an den Rat, KOM(77)560 endg., S. 19.

79 Europäische Gemeinschaften – Anhörung zur Harmonisierung der Urheberrechtsschutzfristen, GRUR Int 1980, 767 (768).

80 *Walter*/von Lewinski, Term Directive General Remarks and Historical Background of the Directive Rdnr. 8.0.5; *von Lewinski*, in: *Möhring/Schulze/Ulmer/Zweigert (Hrsg.)*, Quellen des Urheberrechts, Losebl. (Stand: Mai 1994), Europ. GemeinschaftsR/II/4 S. 2; *dies.*, GRUR Int 1992, 724 (724).

81 Grünbuch über Urheberrecht und die technologische Herausforderung – Urheberrechtsfragen, die sofortiges Handeln erfordern, KOM(88)172 endg. Ziff. 1.5.3.-1.5.5., 1.5.8.

82 Grünbuch über Urheberrecht und die technologische Herausforderung – Urheberrechtsfragen, die sofortiges Handeln erfordern, KOM(88)172 endg. Ziff 5.6.19-5.6.23; *Walter*/von Lewinski, Term Directive General Remarks and Historical Background of the Directive Rdnr. 8.0.5.

83 *von Lewinski*, in: *Möhring/Schulze/Ulmer/Zweigert (Hrsg.)*, Quellen des Urheberrechts, Losebl. (Stand: Mai 1994), Europ. GemeinschaftsR/II/4 S. 2; *dies.*, GRUR Int 1992, 724 (724).

2. Initiativen zum Grünbuch: Formulieren der Grundsätze der Harmonisierung

Erst in ihrem Arbeitsprogramm auf dem Gebiet des Urheberrechts und der verwandten Schutzrechte (Initiativen zum Grünbuch)[84] setzte sich die Kommission den Erlass von Maßnahmen zur Harmonisierung der Schutzdauer zum Ziel.[85]

Sie reagierte damit vor allem auf die Entscheidung des EuGH, in der dieser festhielt, die Unterschiede zwischen den Schutzfristen können zu Handelsbeschränkungen innerhalb des Binnenmarkts führen, und in der er auf den gegenwärtigen Stand des Gemeinschaftsrechts verwies.[86] Dabei unterstrich sie die Notwendigkeit einer Harmonisierung der Schutzdauer für das Funktionieren des Binnenmarkts. Zugleich formulierte sie die Grundsätze für die Harmonisierung: Diese müsse total sein, auf einem hohen Schutzniveau erfolgen, erworbene Rechte müssen gewahrt werden und das Gleichgewicht zwischen Urheberrecht und verwandten Schutzrechten soll erhalten werden.[87]

a) Totale Harmonisierung

Die Harmonisierung müsse umfassend sein. In ihrem Arbeitsprogramm hat die Kommission das Schaffen einer einheitlichen Schutzdauer jeweils für jede Gattung an schutzberechtigten Werken und für jedes verwandte

84 Initiativen zum Grünbuch. Arbeitsprogramm der Kommission auf dem Gebiet des Urheberrechts und der verwandten Schutzrechte, KOM(90)584 endg., GRUR Int 1991, 359-370.

85 Initiativen zum Grünbuch. Arbeitsprogramm der Kommission auf dem Gebiet des Urheberrechts und der verwandten Schutzrechte, KOM(90)584 endg., GRUR Int 1991, 359 (368) Ziff. 8.2.3-8.2.6.

86 EuGH, Urt. v. 24.01.1989, Rs. 341/87, Rdnr. 11-13, GRUR Int 1989, 319 (320); darauf Bezug nehmend: Initiativen zum Grünbuch. Arbeitsprogramm der Kommission auf dem Gebiet des Urheberrechts und der verwandten Schutzrechte, KOM(90)584 endg., GRUR Int 1991, 359 (368) Ziff. 8.2.3-8.2.4.; *von Lewinski*, in: *Möhring/Schulze/Ulmer/Zweigert (Hrsg.)*, Quellen des Urheberrechts, Losebl. (Stand: Mai 1994), Europ. GemeinschaftsR/II/4 S. 2; *dies.*, GRUR Int 1992, 724 (724).

87 Initiativen zum Grünbuch. Arbeitsprogramm der Kommission auf dem Gebiet des Urheberrechts und der verwandten Schutzrechte, KOM(90)584 endg., GRUR Int 1991, 359 (368) Ziff. 8.2.4 - 8.2.5.

Schutzrecht angestrebt.[88] Dies gelang in der Richtlinie jedoch nicht vollständig. Insbesondere wurde nicht für jedes verwandte Schutzrecht die Schutzdauer vereinheitlicht und bei der Einordnung bestimmter Werkarten wie von Kollektivwerken bestehen weiter Unterschiede.[89]

Darüber hinaus erfasst die Harmonisierung nicht nur die Schutzdauer, sondern auch deren Modalitäten wie Fristbeginn und - Ende und das für den Fristbeginn maßgebliche Ereignis.[90]

b) Hohes Schutzniveau

Das Schutzniveau müsse hoch sein, da das Urheberrecht und die verwandten Schutzrechte die Grundlage für das geistige Schaffen bilden.[91] Dies sichere die Aufrechterhaltung und Entwicklung der Kreativität in der Gemeinschaft im Interesse der Urheber, der Kulturindustrie, der Verbraucher und letztlich der ganzen Gesellschaft.[92]

Ein hohes Schutzniveau des Urheberrechts und der verwandten Schutzrechte erfordere lange Fristen.[93] Daher sah das Arbeitsprogramm eine

---

88 Initiativen zum Grünbuch. Arbeitsprogramm der Kommission auf dem Gebiet des Urheberrechts und der verwandten Schutzrechte, KOM(90)584 endg., GRUR Int 1991, 359 (368) Ziff. 8.2.5 lit. a.

89 S. zum Beispiel Art. 5 S. 1, Art. 6 S. 3 Richtlinie 2006/116/EG v. 12.12.2006, ABl. 2006 L 372, 12 (14); zu Kollektivwerken Art. 1 Abs. 4 Richtlinie 2006/116/EG v. 12.12.2006, ABl. 2006 L 372, 12 (14); *Dreier*/Schulze, UrhG Vorbemerkung vor § 64 Rdnr. 17; Schricker/Loewenheim/*Katzenberger/Metzger,* UrhG § 64 Rdnr. 15; *Dietz,* GRUR Int 1995, 670 (672-675, 678).

90 ErwG 4 Richtlinie 2006/116/EG v. 12.12.2006, ABl. 2006 L 372, 12 (12); Initiativen zum Grünbuch. Arbeitsprogramm der Kommission auf dem Gebiet des Urheberrechts und der verwandten Schutzrechte, KOM(90)584 endg., GRUR Int 1991, 359 (368) Ziff. 8.2.5 lit. a; Dreyer/Kotthoff/*Meckel,* UrhG § 64 Rdnr. 14; Schricker/Loewenheim/*Katzenberger/Metzger,* UrhG § 64 Rdnr. 15, 18.

91 ErwG 11 Richtlinie 2006/116/EG v. 12.12.2006, ABl. 2006 L 372, 12 (12); Initiativen zum Grünbuch. Arbeitsprogramm der Kommission auf dem Gebiet des Urheberrechts und der verwandten Schutzrechte, KOM(90)584 endg., GRUR Int 1991, 359 (359) Ziff. 1.3.; *Dietz,* GRUR Int 1995, 670 (671-672).

92 ErwG 11 Richtlinie 2006/116/EG v. 12.12.2006, ABl. 2006 L 372, 12 (12); Initiativen zum Grünbuch. Arbeitsprogramm der Kommission auf dem Gebiet des Urheberrechts und der verwandten Schutzrechte, KOM(90)584 endg., GRUR Int 1991, 359 (359) Ziff. 1.3.

93 Initiativen zum Grünbuch. Arbeitsprogramm der Kommission auf dem Gebiet des Urheberrechts und der verwandten Schutzrechte, KOM(90)584 endg., GRUR Int 1991, 359 (368) Ziff. 8.2.5 lit. b S. 2.

Verlängerung der Schutzdauer gegenüber der durch das Konventionsrecht festgelegten Mindestdauer vor.[94]

c) Wahrung erworbener Rechte und Erhalten des Gleichgewichts zwischen Urheberrecht und verwandten Schutzrechten

Nach dem gemeinschaftsrechtlichen Rechtsgrundsatz der Wahrung erworbener Rechte darf die Harmonisierung der Schutzfristen Rechte, die unter Geltung des nationalen Rechts erworben wurden, nicht beeinträchtigen.[95] Die Schutzdauer für bereits geschützte Werke oder Schutzgegenstände darf nicht verkürzt werden.[96]

Schließlich soll das Gleichgewicht zwischen Urheberrecht und verwandten Schutzrechten gewahrt werden[97] – insbesondere durch einen längeren Schutz des Urheberrechts im Verhältnis zu den verwandten Schutzrechten.[98]

3. Der Richtlinienentwurf der Kommission

Diese Grundsätze bestimmten den weiteren Gesetzgebungsverlauf, sie prägten die Richtlinie.[99] So zeichnete sich der von der Kommission anschließend vorgelegte Richtlinienentwurf durch ein hohes Schutzniveau

94 Initiativen zum Grünbuch. Arbeitsprogramm der Kommission auf dem Gebiet des Urheberrechts und der verwandten Schutzrechte, KOM(90)584 endg., GRUR Int 1991, 359 (368) Ziff. 8.2.5 lit. b S. 2.

95 ErwG 10 Richtlinie 2006/116/EG v. 12.12.2006, ABl. 2006 L 372, 12 (12); Initiativen zum Grünbuch. Arbeitsprogramm der Kommission auf dem Gebiet des Urheberrechts und der verwandten Schutzrechte, KOM(90)584 endg., GRUR Int 1991, 359 (368) Ziff. 8.2.5 lit. c.

96 Initiativen zum Grünbuch. Arbeitsprogramm der Kommission auf dem Gebiet des Urheberrechts und der verwandten Schutzrechte, KOM(90)584 endg., GRUR Int 1991, 359 (368) Ziff. 8.2.5 lit. c; Schricker/Loewenheim/*Katzenberger/Metzger*, UrhG § 64 Rdnr. 15.

97 Initiativen zum Grünbuch. Arbeitsprogramm der Kommission auf dem Gebiet des Urheberrechts und der verwandten Schutzrechte, KOM(90)584 endg., GRUR Int 1991, 359 (368) Ziff. 8.2.5 lit. d.; Schricker/Loewenheim/*Katzenberger/Metzger*, UrhG § 64 Rdnr. 15.

98 *von Lewinski*, GRUR Int 1992, 724 (726).

99 Schricker/Loewenheim/*Katzenberger/Metzger*, UrhG § 64 Rdnr. 15; *Dietz*, GRUR Int 1995, 670 (670).

und lange Schutzfristen aus.[100] Die Schutzdauer orientierte sich an den längsten Fristen, die vor der Harmonisierung in den einzelnen Mitgliedstaaten bestanden haben[101] und betrug 70 Jahre nach dem Tod des Urhebers für das Urheberrecht und 50 Jahre nach dem jeweiligen Anknüpfungszeitpunkt für die von dem Entwurf erfassten verwandten Schutzrechte.[102]

Für das Urheberrecht wird die Verlängerung der Schutzdauer gegenüber der Mindestdauer nach der RBÜ von 50 auf 70 Jahre post mortem auctoris auch damit begründet, dass die Mindestdauer nach der RBÜ den Zweck hatte, den Urheber und die ersten beiden Generationen seiner Nachkommen zu schützen.[103] Aufgrund der gestiegenen durchschnittlichen Lebenserwartung reiche die Dauer von 50 Jahren nicht mehr aus, um das Leben des Urhebers und zwei Generationen nach seinem Tod zu erfassen.[104] Durch die langen Schutzfristen wollte der Gesetzgeber aber in erster Linie lange Übergangszeiträume vermeiden und sichern, dass der Binnenmarkt alsbald funktioniert.[105]

Nach Änderung der Europäischen Verträge durch die Einheitliche Europäische Akte war durch das Primärrecht das Ziel vorgegeben, den Bin-

100 Art. 1, 2, ErwG 8-10 Vorschlag für eine Richtlinie des Rates zur Harmonisierung der Schutzdauer des Urheberrechts und bestimmter verwandter Schutzrechte, KOM(92)33 endg. – Syn 395, GRUR Int 1992, 452 (453-454); *von Lewinski*, in: *Möhring/Schulze/Ulmer/Zweigert (Hrsg.)*, Quellen des Urheberrechts, Losebl. (Stand: Mai 1994), Europ. GemeinschaftsR/II/4 S. 3.

101 Schricker/Loewenheim/*Katzenberger/Metzger*, UrhG § 64 Rdnr. 16.

102 Art. 1, 2 Vorschlag für eine Richtlinie des Rates zur Harmonisierung der Schutzdauer des Urheberrechts und bestimmter verwandter Schutzrechte, KOM(92)33 endg. – Syn 395, GRUR Int 1992, 452 (453-454).

103 ErwG 3 Vorschlag für eine Richtlinie des Rates zur Harmonisierung der Schutzdauer des Urheberrechts und bestimmter verwandter Schutzrechte, KOM(92)33 endg. – Syn 395, GRUR Int 1992, 452 (452) = ErwG 6 Richtlinie 2006/116/EG v. 12.12.2006, ABl. 2006 L 372, 12 (12).

104 ErwG 3 Vorschlag für eine Richtlinie des Rates zur Harmonisierung der Schutzdauer des Urheberrechts und bestimmter verwandter Schutzrechte, KOM(92)33 endg. – Syn 395, GRUR Int 1992, 452 (452) = ErwG 6 Richtlinie 2006/116/EG v. 12.12.2006, ABl. 2006 L 372, 12 (12).

105 ErwG 8 S. 3 Vorschlag für eine Richtlinie des Rates zur Harmonisierung der Schutzdauer des Urheberrechts und bestimmter verwandter Schutzrechte, KOM(92)33 endg. – Syn 595, GRUR Int 1992, 452 (453) = ErwG 10 S. 3 Richtlinie 2006/116/EG v. 12.12.2006, ABl. 2006 L 372, 12 (12); *Dietz*, GRUR Int 1995, 670 (670-671); *von Lewinski*, in: *Möhring/Schulze/Ulmer/Zweigert (Hrsg.)*, Quellen des Urheberrechts, Losebl. (Stand: Mai 1994), Europ. GemeinschaftsR/II/4 S. 5-6; *dies.*, GRUR Int 1992, 724 (725).

nenmarkt bis zum 31.12.1992 zu verwirklichen.[106] Auch wenn die Harmonisierung der Schutzfristen bis zum 31.12.1992 nicht mehr möglich war, so war doch hiernach die möglichst zeitnahe Harmonisierung zur baldigen Verwirklichung des Binnenmarkts geboten.[107]

Die Angleichung auf eine kürzere Schutzdauer hätte zu verfassungsrechtlichen Problemen in Staaten geführt, in denen vorher ein längerer Schutz bestanden hatte.[108] Um verfassungsrechtliche Schwierigkeiten zu vermeiden und zur Wahrung erworbener Rechte wäre es erforderlich gewesen, dass Werke oder Schutzgegenstände, die vorher einen längeren Schutz genossen, bis zum Ablauf der zuvor geltenden nationalen Fristen geschützt bleiben.[109]

Hierdurch hätten aber Unterschiede zwischen den Schutzfristen für einen langen Übergangszeitraum weiterbestanden und die vollständige Harmonisierung wäre erheblich später erreicht worden.[110] Damit wäre auch der Binnenmarkt deutlich später verwirklicht worden.[111]

Ein Wiederaufleben von Rechten war in dem Richtlinienvorschlag nicht vorgesehen. Die Bestimmungen der Richtlinie sollten vielmehr für alle Rechte gelten, die am 31. Dezember 1994 noch nicht erloschen waren.[112] Dies diente dem Schutz des Vertrauens Dritter, die angesichts der (bevorstehenden) Gemeinfreiheit in die Verwertung der Werke oder Schutzgegenstände investiert haben.[113] Dem Grundsatz der Rechtssicherheit entspre-

---

106 Art. 13 Einheitliche Europäische Akte v. 17. und 28.02.1986, ABl. 1987 L 169, 1 (7).

107 *von Lewinski,* in: *Möhring/Schulze/Ulmer/Zweigert (Hrsg.),* Quellen des Urheberrechts, Losebl. (Stand: Mai 1994), Europ. GemeinschaftsR/II/4 S. 5-6.

108 Schricker/Loewenheim/*Katzenberger/Metzger,* UrhG § 64 Rdnr. 16; *Walter*/von Lewinski, Term Directive Art. 1 Rdnr. 8.1.6; *Dietz,* GRUR Int 1995, 670 (671).

109 *von Lewinski,* in: *Möhring/Schulze/Ulmer/Zweigert (Hrsg.),* Quellen des Urheberrechts, Losebl. (Stand: Mai 1994), Europ. GemeinschaftsR/II/4 S. 5-6; *dies.,* GRUR Int 1992, 724 (725).

110 *Walter*/von Lewinski, Term Directive Art. 1 Rdnr. 8.1.6; *Jehoram,* IIC 1994, 821 (834-835); *von Lewinski,* in: *Möhring/Schulze/Ulmer/Zweigert (Hrsg.),* Quellen des Urheberrechts, Losebl. (Stand: Mai 1994), Europ. GemeinschaftsR/II/4 S. 5-6; *dies.,* GRUR Int 1992, 724 (725).

111 *Walter*/von Lewinski, Term Directive Art. 1 Rdnr. 8.1.6; *von Lewinski,* in: *Möhring/Schulze/Ulmer/Zweigert (Hrsg.),* Quellen des Urheberrechts, Losebl. (Stand: Mai 1994), Europ. GemeinschaftsR/II/4 S. 6; *von Lewinski,* GRUR Int 1992, 724 (725).

112 Art. 6 Abs. 1 S. 1 Vorschlag für eine Richtlinie des Rates zur Harmonisierung der Schutzdauer des Urheberrechts und bestimmter verwandter Schutzrechte, KOM(92)33 endg. – Syn 395, GRUR Int 1992, 452 (454).

113 *Flechsig/Klett,* ZUM 1994, 685 (697); *von Lewinski,* in: *Möhring/Schulze/Ulmer/Zweigert (Hrsg.),* Quellen des Urheberrechts, Losebl. (Stand: Mai 1994), Europ. GemeinschaftsR/II/4 S. 15; *dies.,* GRUR Int 1992, 724 (733).

chend sollten an bereits gemeinfrei gewordenen Gegenständen nicht erneut Rechte entstehen.[114]

Auch der Wirtschafts- und Sozialausschuss unterstrich in seiner Stellungnahme zu dem Richtlinienentwurf die Bedeutung einheitlicher Schutzfristen für den Binnenmarkt.[115] Er sprach sich aber, unter Berufung auf einen verbesserten Verbraucherschutz und erschwinglichen Zugang zum kulturellen Erbe, für eine Dauer des Urheberrechts von fünfzig Jahren post mortem auctoris aus.[116] Seine Bedenken konnten sich jedoch nicht durchsetzen.

4. Der Änderungsvorschlag des Europäischen Parlaments: Erstmals Wiederaufleben von Rechten

Erst das Europäische Parlament brachte das Wiederaufleben von Rechten ins Spiel. Es schlug vor, die Bestimmungen der Schutzdauerrichtlinie auf alle Werke oder Gegenstände anzuwenden, deren Schutz durch die Rechtsvorschriften mindestens eines Mitgliedstaats am 1. Juli 1994 noch bestand.[117] Laufende Schutzfristen sollten aber nicht verkürzt werden.[118]

Das Wiederaufleben von Rechten dient der möglichst schnellen Harmonisierung.[119] Sonst würden die Schutzfristenunterschiede erst lange nach Inkrafttreten der Richtlinie aufgehoben, die Harmonisierungswirkung würde erst dann eintreten. Die alsbaldige Harmonisierung sei aber erforderlich, damit der Binnenmarkt reibungslos funktioniere.[120] Hiermit greift das Par-

---

114 *Flechsig/Klett*, ZUM 1994, 685 (697); *von Lewinski*, GRUR Int 1992, 724 (733).

115 *Wirtschafts- und Sozialausschuss*, Stellungnahme zu dem Vorschlag für eine Richtlinie des Rates zur Harmonisierung der Schutzdauer des Urheberrechts und bestimmter verwandter Schutzrechte v. 01.07.1992, ABl. 1992 C 287, 53 (53-55) Ziff. 1.1.1.-1.1.2., 3.1.

116 *Wirtschafts- und Sozialausschuss*, Stellungnahme zu dem Vorschlag für eine Richtlinie des Rates zur Harmonisierung der Schutzdauer des Urheberrechts und bestimmter verwandter Schutzrechte v. 01.07.1992 , ABl. 1992 C 287, 53 (55-56) Ziff. 2.2.2., 3.2.

117 *Europäisches Parlament*, Protokoll der Sitzung v. Donnerstag, 19. November 1992, ABl. 1992 C 337, 191 (208).

118 *Europäisches Parlament*, Protokoll der Sitzung v. Donnerstag, 19. November 1992, ABl. 1992 C 337, 191 (208).

119 *Dreier*/Schulze, UrhG § 137f Rdnr. 6; *Beier*, S. 207-208; *von Lewinski*, in: *Möhring/Schulze/Ulmer/Zweigert (Hrsg.)*, Quellen des Urheberrechts, Losebl. (Stand: Mai 1994), Europ. GemeinschaftsR/II/4 S. 15.

120 *Europäisches Parlament*, Protokoll der Sitzung v. Donnerstag, 19. November 1992, ABl. 1992 C 337, 191 (206).

lament die vielfach geäußerte Kritik am Vorschlag der Kommission auf.[121] Danach steht die im Vorschlag der Kommission gefundene Lösung im Widerspruch zum Ziel der möglichst baldigen Verwirklichung des Binnenmarkts.[122] Das Vertrauen Dritter könne auch gewahrt werden, ohne auf das Wiederaufleben und damit auf eine rasche Harmonisierung zu verzichten.[123] Kritiker des Kommissionsvorschlags verwiesen auf die Lösung, die bei der deutsch-deutschen Wiedervereinigung gefunden wurde.[124]

Sobald die Einheit Deutschlands vollzogen war, trat in dem Gebiet der ehemaligen DDR Bundesrecht in Kraft. Damit fanden die ehemals westdeutschen Fristen auch in diesem Gebiet Anwendung.[125]

Ein Wiederaufleben von Rechten war vorgesehen, die neuen Fristen fanden auch auf Werke oder Gegenstände Anwendung, deren Schutz nach den Vorschriften der ehemaligen DDR bereits erloschen war.[126] Zum Schutz des Vertrauens Dritter war die Fortsetzung bisher zulässiger, vor dem 1.7.1990 begonnener Nutzungshandlungen im vorgesehenen Rahmen erlaubt. Dies galt nicht, wenn die Nutzungshandlungen nicht üblich waren.[127] Für die

---

121 S. dazu *von Lewinski*, in: *Möhring/Schulze/Ulmer/Zweigert (Hrsg.)*, Quellen des Urheberrechts, Losebl. (Stand: Mai 1994), Europ. GemeinschaftsR/II/4 S. 15; *von Lewinski*, GRUR Int 1992, 724 (733); *Melichar*, in: Ders. (Hrsg.), Urheberrecht in Theorie und Praxis, 98 (101, 103).

122 Art. 13 Einheitliche Europäische Akte v. 01.07.1987, ABl. 1987 L 169, 1 (7); *von Lewinski*, in: *Möhring/Schulze/Ulmer/Zweigert (Hrsg.)*, Quellen des Urheberrechts, Losebl. (Stand: Mai 1994), Europ. GemeinschaftsR/II/4 S. 15; ausf. *Melichar*, in: Ders. (Hrsg.), Urheberrecht in Theorie und Praxis, 98 (101-103).

123 *von Lewinski*, in: *Möhring/Schulze/Ulmer/Zweigert (Hrsg.)*, Quellen des Urheberrechts, Losebl. (Stand: Mai 1994), Europ. GemeinschaftsR/II/4 S. 15; *von Lewinski*, GRUR Int 1992, 724 (733).

124 *von Lewinski*, in: *Möhring/Schulze/Ulmer/Zweigert (Hrsg.)*, Quellen des Urheberrechts, Losebl. (Stand: Mai 1994), Europ. GemeinschaftsR/II/4 S. 15; *dies.*, GRUR Int 1992, 724 (733); *Melichar*, in: Ders. (Hrsg.), Urheberrecht in Theorie und Praxis, 98 (103).

125 Art. 8, Anlage I, Kapitel III, Sachgebiet E Abschnitt II 2, § 1 Abs. 1 S. 1 Vertrag zwischen der Bundesrepublik Deutschland und der Deutschen Demokratischen Republik über die Herstellung der Einheit Deutschlands – Einigungsvertrag v. 31.08.1990, BGBl. 1990 II 889 (892, 963).

126 Anlage I, Kapitel III, Sachgebiet E Abschnitt II 2, § 1 Abs. 1 S. 2, Abs. 2 Vertrag zwischen der Bundesrepublik Deutschland und der Deutschen Demokratischen Republik über die Herstellung der Einheit Deutschlands – Einigungsvertrag v. 31.08.1990, BGBl. 1990 II 889 (892, 963).

127 Anlage I, Kapitel III, Sachgebiet E Abschnitt II Nr. 2, § 2 Abs. 1 S. 1 Vertrag zwischen der Bundesrepublik Deutschland und der Deutschen Demokratischen Republik über die Herstellung der Einheit Deutschlands – Einigungsvertrag v. 31.08.1990,

Nutzung ab dem 03. 10. 1990 stand den Rechteinhabern aber ein Anspruch auf angemessene Vergütung zu.[128]

Diese Regelung diente dem Änderungsvorschlag des Parlaments und der späteren Richtlinie zum Vorbild.[129] So enthielt auch der Vorschlag des Parlaments detaillierte Regelungen zum Schutz des Vertrauens Dritter, siehe die zwölfte Änderung.[130] Vor Ablauf der Umsetzungsfrist (damals der 01.07.1994) erfolgte Nutzungshandlungen sollten hiernach unberührt bleiben.[131] Sie durften fortgesetzt werden, wenn sie die unmittelbare Folge von Investitionen waren, die in gutem Glauben vor Inkrafttreten der Richtlinie getätigt worden sind.[132] Die Fortsetzung sollte aber keine Übertragung der Rechte oder andere als die ursprünglichen Nutzungshandlungen umfassen.[133] Wie die Regelung des Einigungsvertrags zwischen der Bundesrepublik Deutschland und der DDR sah auch der Änderungsvorschlag des Parlaments einen Vergütungsanspruch des Rechteinhabers für fortgesetzte Nutzungshandlungen vor.[134]

5. Die Schutzdauerrichtlinie

Die vom *Parlament* vorgeschlagenen, detaillierten Regelungen zum Schutz des Vertrauens Dritter wurden weder im geänderten Vorschlag der Kom-

BGBl. 1990 II 889 (892, 963); s. dazu *Melichar,* in: Ders. (Hrsg.), Urheberrecht in Theorie und Praxis, 98 (102-103).

128 Anlage I, Kapitel III, Sachgebiet E Abschnitt II 2, § 2 Abs. 1 S. 2 Vertrag zwischen der Bundesrepublik Deutschland und der Deutschen Demokratischen Republik über die Herstellung der Einheit Deutschlands - Einigungsvertrag v. 31.08.1990, BGBl. 1990 II 889 (892, 963).

129 Schricker/Loewenheim/*Katzenberger/Metzger,* UrhG § 64 Rdnr. 41; *von Lewinski,* in: *Möhring/Schulze/Ulmer/Zweigert (Hrsg.),* Quellen des Urheberrechts, Losebl. (Stand: Mai 1994), Europ. GemeinschaftsR/II/4 S. 15.

130 *Europäisches Parlament,* Protokoll der Sitzung v. Donnerstag, 19. November 1992, ABl 1992 C 337, 191 (208).

131 *Europäisches Parlament,* Protokoll der Sitzung v. Donnerstag, 19. November 1992, ABl 1992 C 337, 191 (208).

132 *Europäisches Parlament,* Protokoll der Sitzung v. Donnerstag, 19. November 1992, ABl 1992 C 337, 191 (208).

133 *Europäisches Parlament,* Protokoll der Sitzung v. Donnerstag, 19. November 1992, ABl 1992 C 337, 191 (208).

134 *Europäisches Parlament,* Protokoll der Sitzung v. Donnerstag, 19. November 1992, ABl 1992 C 337, 191 (208).

mission,[135] noch in der Schutzdauerrichtlinie, die zunächst als Richtlinie 93/98/EWG[136] in Kraft trat, übernommen.[137]

Auch nach Art. 10 Abs. 2 Richtlinie 93/98/EWG finden die in der Richtlinie enthaltenen Fristen auf alle Werke oder Schutzgegenstände Anwendung, die am Stichtag (jetzt der 01.07.1995) in zumindest einem Mitgliedstaat geschützt waren. Es kann also zu einem Wiederaufleben bereits erloschener Rechte kommen.[138]

Nach Art. 10 Abs. 3 S. 1 Richtlinie 93/98/EWG bleiben vor Ablauf der Umsetzungsfrist erfolgte Nutzungshandlungen unberührt.[139] Im Übrigen sollen aber die Mitgliedstaaten die erforderlichen Maßnahmen treffen, um das Vertrauen und die erworbenen Rechte Dritter zu schützen, Art. 10 Abs. 3 S. 2 Richtlinie 93/98/EWG.

Am 29.10.1993 wurde die Richtlinie 93/98/EWG ausgefertigt.[140] Sie trat am 19.11.1993 in Kraft, in Bezug auf Art. 2 Abs. 1 (Urheberschaft des Hauptregisseurs bei Filmwerken) spätestens am 01.07.1997, siehe Art. 10 Abs. 5 der Richtlinie.[141] Für das Recht der Tonträgerhersteller wurde die Regelung über den Fristbeginn mit der Richtlinie über das Urheberrecht in der Informationsgesellschaft[142] geändert, Art. 11 Abs. 2 Richtlinie über das Urheberrecht in der Informationsgesellschaft. Entscheidend für den Beginn der Schutzfrist für Tonträgerhersteller ist nunmehr der Zeitpunkt der Erstveröffentlichung. Nur, wenn der Tonträger innerhalb von fünfzig Jahren nach der Aufzeichnung nicht veröffentlicht, aber öffentlich wiedergegeben

---

135 Art. 6a Abs. 3 Geänderter Vorschlag für eine Richtlinie des Rates zur Harmonisierung der Schutzdauer des Urheberrechts und bestimmter verwandter Schutzrechte, KOM(92)602 endg. – Syn 395.

136 Richtlinie 93/98/EWG v. 29.10.1993, ABl. 1993 L 290, 9-13 (zit.: Richtlinie 93/98/EWG).

137 S. Art. 10 Abs. 3 Richtlinie 93/98/EWG v. 29.10.1993, ABl. 1993 L 290, 9 (12-13) = Art. 10 Abs. 3 Richtlinie 2006/116/EG v. 12.12.2006, ABl. 2006 L 372, 12 (15).

138 Art. 10 Abs. 2 Richtlinie 93/98/EWG v. 29.10.1993, ABl. 1993 L 290, 9 (12) = Art. 10 Abs. 2 Richtlinie 2006/116/EG v 12.12.2006, ABl. 2006 L 372, 12 (15).

139 Art. 10 Abs. 3 S. 1 Richtlinie 93/98/EWG v. 29.10.1993, ABl. 1993 L 290, 9 (12-13) = Art. 10 Abs. 3 S. 1 Richtlinie 2006/116/EG v. 12.12.2006, ABl. 2006 L 372, 12 (15); s. a. Art. 6a Abs. 1 S. 2 Geänderter Vorschlag für eine Richtlinie des Rates zur Harmonisierung der Schutzdauer des Urheberrechts und bestimmter verwandter Schutzrechte, KOM(92)602 endg. – Syn 395.

140 Richtlinie 93/98/EWG v. 29.10.1993, ABl. 1993 L 290, 9 (9, 13).

141 Art. 10 Abs. 5 Richtlinie 93/98/EWG v. 29.10.1993, ABl. 1992 L 290, 9 (13); Anhang I Teil B Richtlinie 2006/116/EG v. 12.12.2006, ABl. 2006 L 372, 12 (17).

142 Richtlinie 2001/29/EG v. 22.05.2001, ABl. 2001 L 167, 10-19 (zit.: Richtlinie über das Urheberrecht in der Informationsgesellschaft).

wurde, beginnt die Frist mit der öffentlichen Wiedergabe. Im Übrigen beginnt sie mit der Aufzeichnung, siehe Art. 11 Abs. 2 Richtlinie über das Urheberrecht in der Informationsgesellschaft.

Zuvor kam es für den Fristbeginn auf den Zeitpunkt der Erstveröffentlichung oder der ersten öffentlichen Wiedergabe an, je nachdem, welches Ereignis zuerst stattgefunden hat, siehe Art. 3 Abs. 2 Richtlinie 93/98/EWG. Die Richtlinie 93/98/EWG wurde insoweit geändert und in Form der Richtlinie 2006/116/EG[143] kodifiziert.[144] Gleichzeitig wurde die Richtlinie 93/98/EWG aufgehoben und Verweise auf sie gelten als Verweise auf die Richtlinie 2006/116/EG, Art. 12 Richtlinie 2006/116/EG.[145] Art. 10 Abs. 2 und 3 der Richtlinie blieben inhaltsgleich.[146]

Im Folgenden gelten Verweise auf die Schutzdauerrichtlinie als Verweise auf die Richtlinie 2006/116/EG, soweit nicht ausdrücklich auf Bestimmungen der Richtlinie 93/98/EWG verwiesen wird.

6. Änderung der Schutzdauerrichtlinie durch die Richtlinie 2011/77/EU

a) Verlängerung des Schutzes von Tonträgern

Mit der Richtlinie 2011/77/EU[147] wurde die Schutzdauerrichtlinie geändert. Die Dauer der Rechte ausübender Künstler an auf einem Tonträger erfolgten Aufzeichnungen ihrer Darbietungen und der Rechte von Tonträgerherstellern wurde von 50 auf 70 Jahre verlängert, Art. 1 Abs. 2 lit. a Spiegelstrich 2, lit. b Richtlinie 2011/77/EU (umgesetzt in § 82 Abs. 1 S. 1 und 2, § 85 Abs. 3 S. 1 und 2 UrhG)[148].

Da ausübende Künstler ihre Verwertungsrechte an Aufzeichnungen ihrer Darbietungen regelmäßig Tonträgerherstellern einräumen oder übertragen, bedürfen sie eines besonderen Schutzes, damit auch sie von der Verlängerung profitieren, siehe ErwG 9, 10 Richtlinie 2011/77/EU. Wenn sie ihre

---

143 Richtlinie 2006/116/EG v. 12.12.2006, ABl. 2006 L 372, 12-18 (zit.: Richtlinie 2006/116/EG).

144 Schricker/Loewenheim/*Katzenberger/Metzger*, UrhG § 64 Rdnr. 14.

145 Schricker/Loewenheim/*Katzenberger/Metzger*, UrhG § 64 Rdnr. 14.

146 Anhang II Entsprechungstabelle Richtlinie 2006/116/EG v. 12.12.2006, ABl. 2006 L 372, 12 (18); Schricker/Loewenheim/*Katzenberger/Metzger*, UrhG § 64 Rdnr. 14.

147 Richtlinie 2011/77/EU v. 27.9.2011, ABl. 2011 L 265, 1-5 (zit.: Richtlinie 2011/77/EU).

148 Neuntes Gesetz zur Änderung des Urheberrechtsgesetzes v. 02.07.2013, BGBl. 2013 I 1940 (1941).

Rechte gegen Zahlung einer einmaligen Vergütung eingeräumt oder übertragen haben, stehen ihnen flankierend zusätzliche Rechte zu. Sie haben ein Kündigungsrecht bei Untätigkeit zu Beginn der verlängerten Schutzdauer (Art. 3 Abs. 2a Schutzdauerrichtlinie[149], § 79 Abs. 3 UrhG) und für die verlängerte Schutzdauer einen Anspruch auf eine zusätzliche, jährliche Vergütung (Art. 3 Abs. 2b Schutzdauerrichtlinie, § 79a Abs. 1-4 UrhG).

Haben sie ihre Rechte gegen Zahlung einer wiederkehrenden Vergütung eingeräumt oder übertragen, dürfen für den Zeitraum, um den die Schutzdauer verlängert wurde, weder Vorschüsse, noch vertraglich festgesetzte Abzüge von der Vergütung abgezogen werden (Art. 3 Abs. 2e Schutzdauerrichtlinie, § 79a Abs. 5 UrhG).

b) Musikkompositionen mit Text

aa) Harmonisierung der Schutzdauer

Eine weitere Änderung betrifft die Schutzdauer bei Musikkompositionen mit Text. Schrieben beispielsweise ein Textdichter und ein Komponist das Libretto und die Musik zu einer Oper, so wurde die Schutzdauer von Musik und Text in den einzelnen Mitgliedstaaten unterschiedlich behandelt. In einigen Mitgliedstaaten endete der Schutz einheitlich 70 Jahre nach dem Tod des letztversterbenden Urhebers,[150] in anderen war die Schutzdauer von Musik und Text voneinander unabhängig.[151]

Hierdurch konnte es dazu kommen, dass die Musik oder der Text in einem Mitgliedstaat bereits gemeinfrei war, in einem anderen aber aufgrund der einheitlich längeren Schutzdauer noch geschützt.

---

149 In der durch die Richtlinie 2011/77/EU geänderten Form. Von hier an wird auf die Schutzdauerrichtlinie in ihrer kodifizierten Fassung und in ihrer durch die Richtlinie 2011/77/EU geänderten Form verwiesen. Wird ausnahmsweise auf eine andere Fassung verwiesen, so wird dies kenntlich gemacht.

150 Aufzählung bei: Vorschlag für eine Richtlinie des Europäischen Parlaments und des Rates zur Änderung der Richtlinie 2006/116/EG des Europäischen Parlaments und des Rates über die Schutzdauer des Urheberrechts und bestimmter verwandter Schutzrechte, KOM(2008)464 endg. – 2008/0157(COD), S. 2 Fn. 1.

151 Aufzählung bei: Vorschlag für eine Richtlinie des Europäischen Parlaments und des Rates zur Änderung der Richtlinie 2006/116/EG des Europäischen Parlaments und des Rates über die Schutzdauer des Urheberrechts und bestimmter verwandter Schutzrechte, KOM(2008)464 endg. – 2008/0157(COD), S. 2 Fn. 2.

Dieser Unterschied konnte ebenfalls den freien Waren- und Dienstleistungsverkehr behindern (ErwG 19 Richtlinie 2011/77/EU).[152] Er konnte Schwierigkeiten bei der grenzüberschreitenden kollektiven Rechteverwertung und der grenzüberschreitenden Verteilung von Lizenzeinnahmen bereiten (ErwG 19 Richtlinie 2011/77/EU).[153]

Nach Art. 1 Abs. 7 Schutzdauerrichtlinie[154] (umgesetzt in § 65 Abs. 3 UrhG)[155] erlischt bei einer Musikkomposition mit Text der Schutz nach dem Tod des letztversterbenden Urhebers, sofern beide Beiträge eigens für die betreffende Musikkomposition mit Text geschaffen wurden. Der Komponist und der Verfasser des Textes müssen die Beiträge von Anfang an im Hinblick auf das Gesamtwerk geschaffen haben.[156] Dies gilt unabhängig davon, ob sie als Miturheber ausgewiesen sind, Art. 1 Abs. 7 Schutzdauerrichtlinie.

Stichtag für die Geltung der neuen Regelungen ist der 01.11.2013, bis zu diesem Zeitpunkt mussten die Mitgliedstaaten die Richtlinie 2011/77/EU umsetzen, Art. 1 Abs. 3, 4, Art. 2 Abs. 1 UAbs. 1 Richtlinie 2011/77/EU. Die neue Schutzdauer gilt für alle Aufzeichnungen von Darbietungen und Tonträger, deren Schutzdauer für den ausübenden Künstler und den Tonträgerhersteller am 30. Oktober 2011 aufgrund dieser Bestimmungen in der am 01. November 2013 geltenden Fassung noch nicht erloschen ist, und für Aufzeichnungen von Darbietungen und für Tonträger, die nach diesem Datum entstehen, Art. 10 Abs. 5 Schutzdauerrichtlinie (§ 137m Abs. 1 UrhG).[157]

bb) Wiederaufleben von Rechten

Dem Vorbild des Art. 10 Abs. 2 Schutzdauerrichtlinie folgend,[158] bestimmt der hinzugefügte Art. 10 Abs. 6 Schutzdauerrichtlinie[159], dass die mit der

---

152 *Flechsig*, ZUM 2012, 227 (230-233); *Gaillard*, Rdnr. 118.

153 S. a. Vorschlag für eine Richtlinie des Europäischen Parlaments und des Rates zur Änderung der Richtlinie 2006/116/EG des Europäischen Parlaments und des Rates über die Schutzdauer des Urheberrechts und bestimmter verwandter Schutzrechte, KOM(2008)464 endg. – 2008/0157, S. 2.

154 Eingefügt durch Art. 1 Abs. 1 Richtlinie 2011/77/EU.

155 Neuntes Gesetz zur Änderung des Urheberrechtsgesetzes v. 02.07.2013. BGBl. 2013 I 1940 (1940).

156 *Dreier*/Schulze, UrhG § 65 Rdnr. 9.

157 Art. 1 Abs. 3 Richtlinie 2011/77/EU v. 27.09.2011, ABl. 2011 L 265, 1 (4).

158 *Walter*, in: FS Wandtke, 357 (367-368).

159 Hinzugefügt durch Art. 1 Abs. 3 Richtlinie 2011/77/EU.

Richtlinie 2011/77/EU eingeführte Schutzfrist für Musikkompositionen mit Text für alle Musikkompositionen mit Text gilt, von denen die Musik oder der Text am 01.11.2013 in mindestens einem Mitgliedstaat geschützt war. Damit konnte es für einen dieser Bestandteile zu einem Wiederaufleben des Schutzes kommen.[160] Nach Art. 10 Abs. 6 UAbs. 2 Schutzdauerrichtlinie, der Art. 10 Abs. 3 der Richtlinie entspricht, bleiben zuvor begonnene Nutzungshandlungen unberührt und die Mitgliedstaaten treffen die erforderlichen Maßnahmen, um die erworbenen Rechte Dritter zu schützen. Die Norm wurde durch § 137m Abs. 2 UrhG in deutsches Recht umgesetzt.[161] Wie Art. 10 Abs. 2, bezweckt auch Art. 10 Abs. 6 Schutzdauerrichtlinie eine sofortige Harmonisierung der Schutzdauer.[162]

160 *Walter*, in: FS Wandtke, 357 (367).

161 Neuntes Gesetz zur Änderung des Urheberrechtsgesetzes v. 02.07.2013, BGBl. 2013 I 1940 (1941-1942).

162 *Walter*, in: FS Wandtke, 357 (368).

C. Das Wiederaufleben von Rechten nach Art. 10 Abs. 2 Schutzdauerrichtlinie und § 137f Abs. 2 UrhG

Das Wiederaufleben von Rechten aus Art. 10 Abs. 2 Schutzdauerrichtlinie wird durch § 137f Abs. 2 UrhG in deutsches Recht umgesetzt.[163] Maßnahmen zum Schutz von Personen, die vor dem 01.07.1995 gemeinfrei gewordene Werke genutzt haben, treffen § 137f Abs. 3 S. 2-4 UrhG. Hier hat der deutsche Gesetzgeber seinen in Art. 10 Abs. 3 S. 2 Schutzdauerrichtlinie eingeräumten Gestaltungsspielraum ausgeschöpft und versucht, einen Ausgleich zwischen den Interessen von Nutzern und Rechteinhabern zu schaffen.

I. Regelungszweck

Das Wiederaufleben von Rechten dient der möglichst schnellen Vereinheitlichung der Schutzfristen.[164] Der europäische Gesetzgeber wollte eine weitgehende Harmonisierung erreichen, die Richtlinie sollte auf möglichst viele Schutzgegenstände Anwendung finden.[165]

Dadurch soll gewährleistet werden, dass der Binnenmarkt reibungslos funktioniert, ErwG 3 Schutzdauerrichtlinie. Zu diesem Zweck sollen Übergangsmaßnahmen auf ein Mindestmaß beschränkt werden, ErwG 10 S. 3 Schutzdauerrichtlinie. Auch gebiete das seit der Einheitlichen Europäischen

---

163 Drittes Gesetz zur Änderung des Urheberrechtsgesetzes v. 23.06.1995, BGBl. 1995 I 842 (845).

164 ErwG 25 Richtlinie 93/98/EWG v. 29.10.1993, ABl. 1993 L 290, 9 (11); Geänderter Vorschlag für eine Richtlinie des Rates zur Harmonisierung der Schutzdauer des Urheberrechts und bestimmter verwandter Schutzrechte, KOM(92)602 endg. – Syn 395, ABl. 1993 C 27, 7 (10); *Europäisches Parlament,* Protokoll der Sitzung v. Donnerstag, 19. November 1992, ABl. 1992 C 337, 191 (206); *Dreier*/Schulze, UrhG § 137f Rdnr. 6; Götting/*Lauber-Rönsberg*/Rauer, UrhG § 137f Rdnr. 4 (online, Stand: 01.05.2023); Schricker/Loewenheim/*Katzenberger/Metzger,* UrhG § 64 Rdnr. 39, 41; *Dietz,* GRUR Int 1995, 670 (682); *Vogel,* ZUM 1995, 451 (452).

165 *Walter*/von Lewinski, Term Directive Art. 10 Rdnr. 8.10.3; Wandtke/Bullinger/*Jani,* UrhG § 137f Rdnr. 5.

Akte im Primärrecht verankerte Ziel, den Binnenmarkt bis zum 31.12.1992 zu vollenden, eine rasche Angleichung.[166]

II. Anwendbarkeit auf Werke oder Schutzgegenstände, die in Deutschland niemals geschützt waren

Die Fristen der Schutzdauerrichtlinie finden nach § 137f Abs. 2 UrhG auch auf Werke oder Gegenstände Anwendung, deren Schutz nach dem deutschen Urheberrechtsgesetz am 01.07.1995 abgelaufen ist. Voraussetzung hierfür ist, dass sie zu diesem Zeitpunkt nach dem Gesetz eines anderen Mitgliedstaates der Europäischen Union oder eines Vertragsstaates des Abkommens über den Europäischen Wirtschaftsraum noch geschützt waren.

Dass der Schutz abgelaufen ist setzt voraus, dass er vorher nach deutschem Recht bestanden hat. In Art. 10 Abs. 2 Schutzdauerrichtlinie heißt es hingegen, die Fristen der Richtlinie finden auf alle Werke oder Schutzgegenstände Anwendung, die am Stichtag in zumindest einem Mitgliedstaat geschützt waren. Hiernach können die Fristen auch auf Werke oder Gegenstände Anwendung finden, die in dem Staat, in dem der Schutz begehrt wird, zu keinem Zeitpunkt geschützt waren.

Es fragt sich, ob § 137f Abs. 2 UrhG richtlinienkonform ausgelegt werden muss und ob die Schutzfristen auch auf Werke und Schutzgegenstände Anwendung finden, die in Deutschland niemals Schutz genossen haben.

1. Erstmaliges Entstehens von Rechten aufgrund von Art. 10 Abs. 2 Schutzdauerrichtlinie

Zunächst muss geklärt werden, ob nach Art. 10 Abs. 2 Schutzdauerrichtlinie die Fristen der Richtlinie auf Werke oder Schutzgegenstände Anwendung finden, die in dem Staat, in dem der Schutz begehrt wird, niemals geschützt waren. Dies würde dazu führen, dass erstmals Schutzrechte entstehen.

---

166 *von Lewinski*, in: *Möhring/Schulze/Ulmer/Zweigert (Hrsg.)*, Quellen des Urheberrechts, Losebl. (Stand: Mai 1994), Europ. GemeinschaftsR/II/4 S. 5-6.; vgl. *dies.*, GRUR Int 1992, 724 (726).

a) Wortlaut und Systematik

Art. 10 Abs. 2 Schutzdauerrichtlinie besagt, dass die Schutzfristen Anwendung finden, wenn der Schutz zum maßgeblichen Zeitpunkt zumindest in einem der Mitgliedstaaten bestand. Von seinem Wortlaut wird damit auch der Fall erfasst, dass ein Werk oder ein Schutzgegenstand in einzelnen Mitgliedstaaten zu keinem Zeitpunkt geschützt gewesen ist, wenn er in zumindest einem Mitgliedstaat am 01.07.1995 noch geschützt war.[167]

Der Verweis auf die Schutzkriterien der Vermiet- und Verleihrechtsrichtlinie[168] in Art. 10 Abs. 2 Alt. 2 Schutzdauerrichtlinie deutet ebenfalls in diese Richtung. Hiernach finden die Fristen der Schutzdauerrichtlinie auf alle Werke oder Gegenstände Anwendung, die am 01.07.1995 diese Schutzkriterien erfüllten. Die Vermiet- und Verleihrechtsrichtlinie bezweckt einen gemeinschaftsweit vereinheitlichten Schutz des Urheberrechts und der von ihr erfassten Leistungsschutzrechte (ErwG 2-6 Vermiet- und Verleihrechtsrichtlinie). Der Verweis auf sie hebt hervor, dass Schutz auch dann gewährt wird, wenn harmonisierte Leistungsschutzrechte in bestimmten Mitgliedstaaten bis zum maßgeblichen Zeitpunkt noch nicht bestanden haben.[169]

b) Sinn und Zweck

Zweck von Art. 10 Abs. 2 Schutzdauerrichtlinie ist es, die Schutzfristen in Europa zu harmonisieren, siehe ErwG 3 S. 2 Schutzdauerrichtlinie.[170] So verstanden, bewirkt er aber darüber hinaus, dass erstmals Schutzrechte entstehen. Das Entstehen dieser Rechte ist für die Nutzer nicht absehbar, sie können nicht damit rechnen und sich nicht darauf einstellen. Es stellt sich

---

167 EuGH, Urt. v. 20.01.2009, Rs. C-240/07, Rdnr. 22, 24-25, ZUM 2009, 205 (207); *Walter*/von Lewinski, Term Directive Art. 10 Rdnr. 8.10.13; *Klutmann*, ZUM 2006, 535 (537).

168 Richtlinie 2006/115/EG v. 12.12.2006, ABl. 2006 L 376, 28 (zit.: Vermiet- und Verleihrechtsrichtlinie).

169 *Walter*/von Lewinski, Term Directive Art. 10 Rdnr. 8.10.13; *Walter*, Schutzdauerrichtlinie Art. 10 Rdnr. 21; *Dietz*, GRUR Int 1995, 670 (683); *Klutmann*, ZUM 2006, 535 (538-539); *von Lewinski*, in: *Möhring/Schulze/Ulmer/Zweigert (Hrsg.)*, Quellen des Urheberrechts, Losebl. (Stand: 1994), Europ. GemeinschaftsR/II/4 S. 15.

170 Fromm/Nordemann/*Dustmann*, UrhG § 137f Rdnr. 1; Schricker/Loewenheim/*Katzenberger/Metzger*, UrhG § 64 Rdnr. 39, 41; *von Lewinski*, in: *Möhring/Schulze/Ulmer/Zweigert (Hrsg.)*, Quellen des Urheberrechts, Losebl. (Stand: 1994), Europ. GemeinschaftsR/II/4 S. 15.

die Frage, ob Art. 10 Abs. 2 Schutzdauerrichtlinie insoweit einschränkend auszulegen ist.

aa) Vergleich mit Art. 6 und 4 Schutzdauerrichtlinie

Auch andere Regelungen der Schutzdauerrichtlinie bewirken, dass erstmals Rechte entstehen. So ist in Art. 4 Schutzdauerrichtlinie ein neues Ausschließlichkeitsrecht an zuvor unveröffentlichten oder noch nicht öffentlich wiedergegebenen Werken geschaffen worden.[171]

Art. 6 Schutzdauerrichtlinie legt die Anforderungen an die Gestaltungshöhe für Werke der Fotografie fest. Dies kann dazu führen, dass Fotografien erstmals als Werke geschützt sind in Mitgliedstaaten, in denen vorher ein höheres Maß an Kreativität und Individualität gefordert wurde.

Betrachtet man diese Normen, so lassen sie den Schluss zu, dass der Gesetzgeber ein Entstehen neuer Schutzrechte – hervorgerufen durch das Vereinheitlichen der Fristen – in Kauf genommen hat.

Anders als im Fall von Art. 10 Abs. 2 Schutzdauerrichtlinie hat der Gesetzgeber in Art. 4 Schutzdauerrichtlinie aber ausdrücklich ein neues Leistungsschutzrecht geschaffen. Die Entstehungsvoraussetzungen sind klar bestimmt und für den Einzelnen erkennbar. Wenn die vereinheitlichten Fristen auf Gegenstände Anwendung finden, die in einzelnen Mitgliedstaaten zu keinem Zeitpunkt geschützt waren und hierdurch neue Rechte entstehen, ist das für den Einzelnen und den Rechtsverkehr dagegen nicht absehbar.

Für den Schutz von Werken der Fotografie gab es schon vor der Vereinheitlichung der Schutzdauer eine gemeinsame Basis. Die Berner Übereinkunft schreibt seit 1908 ihren verpflichtenden Schutz vor.[172] Seit der Fassung von Brüssel sind sie in den Katalog geschützter Werke in Art. 2 Abs. 1 RBÜ aufgenommen, seit 1968 mit einer Mindestschutzdauer von fünfundzwanzig Jahren seit ihrer Herstellung.[173]

Dies wird auch in der Schutzdauerrichtlinie deutlich, wenn es heißt, ein fotografisches Werk sei „im Sinne der Berner Übereinkunft" unter den in der Schutzdauerrichtlinie bezeichneten Voraussetzungen als Werk zu betrachten (ErwG 16 Schutzdauerrichtlinie).

---

171 *Klutmann*, ZUM 2006, 535 (538).

172 *Walter*/von Lewinski, Term Directive Art. 6 Rdnr. 8.6.5.

173 *Walter*/von Lewinski, Term Directive Art. 6 Rdnr. 8.6.5.

Das Urheberrecht an Fotografien existierte somit in den Mitgliedstaaten bereits vor Vereinheitlichung der Schutzdauer. Damit, dass der Europäische Gesetzgeber die Anforderungen an die Gestaltungshöhe festschrieb, bezweckte er es nicht, neue Rechte zu schaffen.

Der Vergleich mit dem Leistungsschutzrecht an nachgelassenen Werken nach Art. 4 Schutzdauerrichtlinie und dem Schutz von Fotografien nach Art. 6 Schutzdauerrichtlinie lässt damit keinen Schluss dahingehend zu, dass der europäische Gesetzgeber das Entstehen neuer Schutzrechte in Kauf nahm.

bb) Ziel der Verwirklichung des Binnenmarkts

Hierfür könnte jedoch die Zielsetzung der Schutzdauerrichtlinie sprechen. Das Ziel, von dem die Richtlinie geleitet wird, ist zu gewährleisten, dass der europäische Binnenmarkt reibungslos funktioniert (ErwG 3 Schutzdauerrichtlinie).[174] Dies war der Grund für die Harmonisierung der Schutzdauer, wie es die Kommission bereits in ihrem Arbeitsprogramm deutlich hervorgehoben hat.[175] In den Erwägungsgründen der Richtlinie wird dies mehrfach betont (ErwG 3, 4, 10 S. 3 Schutzdauerrichtlinie).

Der freie Verkehr von Waren und Dienstleistungen konnte dadurch beeinträchtigt sein, dass Schutzgegenstände in einzelnen Mitgliedstaaten geschützt, in anderen gemeinfrei geworden waren (ErwG 3 S. 1 Schutzdauerrichtlinie).[176] Es macht insoweit keinen Unterschied, ob die Schutzgegenstände in den Staaten, in denen kein Schutz bestand, zu einem früheren

174 EuGH, Urt. v. 20.01.2009, Rs. C-240/07, Rdnr. 34, ZUM 2009, 205 (207); Schricker/Loewenheim/*Katzenberger/Metzger*, UrhG § 64 Rdnr. 14; *Walter*/von Lewinski, Term Directive General Remarks and Background of the Directive Rdnr. 8.0.1; *Dietz*, GRUR Int 1995, 670 (670); *von Lewinski*, in: *Möhring/Schulze/Ulmer/Zweigert (Hrsg.)*, Quellen des Urheberrechts, Losebl. (Stand: 1994), Europ. GemeinschaftsR/II/4 S. 5-6.

175 Initiativen zum Grünbuch. Arbeitsprogramm der Kommission auf dem Gebiet des Urheberrechts und der verwandten Schutzrechte, KOM(90)584 endg., GRUR Int 1991, 359 (368) Ziff. 8.2.4; Schricker/Loewenheim/*Katzenberger/Metzger*, UrhG § 64 Rdnr. 14; *Dietz*, GRUR Int 1995, 670 (670-671); *von Lewinski*, GRUR Int 1992, 724 (725).

176 EuGH, Urt. v. 24.01.1989, Rs. 341/87, Rdnr. 10-13, GRUR Int 1989, 319 (320); Walter/*von Lewinski*, Term Directive General Remarks and Historical Background of the Directive Rdnr. 8.0.1; *Dietz*, GRUR Int 1995, 670 (670); *von Lewinski*, GRUR Int 1992, 724 (724-725).

Zeitpunkt geschützt waren und anschließend frei geworden sind, oder ob sie dort zu keinem Zeitpunkt geschützt waren.

Die hierdurch entstehenden Hindernisse für den europäischen Binnenmarkt sollten durch die Schutzdauerrichtlinie beseitigt werden.

Ziel von Art. 10 Abs. 2 Schutzdauerrichtlinie ist es, die Schutzfristen möglichst schnell anzugleichen, so dass so bald wie möglich für jeden Schutzgegestand in der Europäischen Gemeinschaft (bzw. der Europäischen Union) dieselbe Schutzdauer gilt.[177]

c) Zwischenergebnis

Dies spricht dafür, Art. 10 Abs. 2 Schutzdauerrichtlinie so auszulegen, dass die Fristen der Richtlinie auch auf Werke und Schutzgegenstände Anwendung finden können, die in einzelnen Mitgliedstaaten zu keinem Zeitpunkt geschützt waren. Sowohl der Wortlaut von Art. 10 Abs. 2 Schutzdauerrichtlinie als auch die Gesetzgebungsgeschichte und das Ziel, den europäischen Binnenmarkt so schnell wie möglich zu verwirklichen, sprechen für dieses Verständnis.[178]

Damit findet die Vorschrift auch auf Werke und Schutzgegenstände Anwendung, die in einzelnen Mitgliedstaaten niemals geschützt waren.

2. Richtlinienkonforme Auslegung des § 137f Abs. 2 UrhG

§ 137f Abs. 2 UrhG ist im Lichte des Wortlauts und Zwecks der Schutzdauerrichtlinie und von Art. 10 Abs. 2 Schutzdauerrichtlinie auszulegen.[179]

Nach § 137f Abs. 2 UrhG können die Fristen der Schutzdauerrichtlinie auf Werke und Gegenstände Anwendung finden, deren Schutz abgelaufen ist. Das schließt solche Schutzgegenstände aus, an denen der Schutz zu

---

177 ErwG 25 Richtlinie 93/98/EWG v. 29.10.1993, ABl. L 290, 9 (11); Götting/*Lauber-Rönsberg*/Rauer, UrhG § 137f Rdnr. 4 (online, Stand: 01.05.2023); Schricker/Loewenheim/*Katzenberger/Metzger,* UrhG § 64 Rdnr. 39; *von Lewinski,* in: *Möhring/Schulze/Ulmer/Zweigert (Hrsg.),* Quellen des Urheberrechts, Losebl. (Stand: 1994), Europ. GemeinschaftsR/II/4 S. 15.

178 So auch EuGH, Urt. v. 20.01.2009, Rs. C-240/07, Rdnr. 22-24, ZUM 2009, 205 (207).

179 Allg. zur richtlinienkonformen Auslegung BGH, Urt. v. 26.11.2008, Az. VIII ZR 200/05, Rdnr. 19, NJW 2009, 427 (428); *Haratsch/Koenig/Pechstein,* Rdnr. 383; *Höpfner,* S. 251-253.

keinem Zeitpunkt bestanden hat.[180] Der Wortlaut der Norm schließt damit eine Auslegung dahingehend aus, dass auch Fälle erfasst sind, in denen das Werk oder der Schutzgegenstand in Deutschland zu keinem Zeitpunkt geschützt war.[181]

Jedoch erfasst die richtlinienkonforme Auslegung nach europäischem Verständnis nicht nur die Auslegung im engeren Sinne, vielmehr müssen alle nach nationalem Recht zulässigen Mittel der Rechtsfindung ausgeschöpft werden, um der Richtlinie zur Geltung zu verhelfen.[182] Dies gebietet es darüber hinaus, das nationale Recht im Sinne der Richtlinie fortzubilden.[183] Die Grenze ist dort erreicht, wo eine Rechtsfortbildung nach nationalem Recht unzulässig ist.[184]

Ziel von § 137f Abs. 2 UrhG ist es, Art. 10 Abs. 2 der Schutzdauerrichtlinie in deutsches Recht umzusetzen. Das bringt der Gesetzgeber in seiner Gesetzesbegründung unmissverständlich zum Ausdruck.[185] Er ging davon aus, dass § 137f Abs. 2 UrhG, so wie er gefasst ist, der Richtlinie entspricht.

Damit liegt eine planwidrige Regelungslücke vor – die Norm soll einen Fall erfassen, der von ihrem Wortlaut nicht gedeckt wird.

Diese ist im Wege der richtlinienkonformen Rechtsfortbildung in Form der teleologischen Extension[186] zu beseitigen, damit die Norm den europarechtlichen Vorgaben entspricht.[187]

---

180 BGH, Urt. v. 07.10.2009, Az. I ZR 80/04, Rdnr. 17, ZUM 2010, 429 (430); *Klutmann*, ZUM 2006, 535 (536).

181 BGH, Urt. v. 07.10.2009, Az. I ZR 80/04, Rdnr. 17, ZUM 2010, 429 (430); *Klutmann*, ZUM 2006, 535 (536).

182 EuGH, Urt. v. 04.07.2006, Rs. C-212/04, Rdnr. 111, NJW 2006, 2465 (2467-2468); EuGH, Urt. v. 05.10.2004, Rs. C-397/01-C-403/01, Rdnr. 116, NJW 2004, 3547 (3549); BGH, Urt. v. 26.11.2008, Az. VIII ZR 200/05, Rdnr. 21, NJW 2009, 427 (428-429); *Haratsch/Koenig/Pechstein*, Rdnr. 383, 386.

183 EuGH, Urt. v. 05.10.2004, Rs. C-397/01-C-403/01, Rdnr. 116, NJW 2004, 3547 (3549); BGH, Urt. v. 26.11.2008, Az. VIII ZR 200/05, Rdnr. 21, NJW 2009, 427 (428-429); *Haratsch/Koenig/Pechstein*, Rdnr. 383, 386.

184 BGH, Urt. v. 26.11.2008, Az. VIII ZR 200/05, Rdnr. 21, NJW 2009, 427 (428-429) m.w.N; *Haratsch/Koenig/Pechstein*, Rdnr. 386.

185 BT-Drucks. 13/781, 16-17.

186 Zur Möglichkeit der richtlinienkonformen Rechtsfortbildung durch teleologische Extension *Haratsch/Koenig/Pechstein*, Rdnr. 386; Riesenhuber/*Roth/Jopen*, Europäische Methodenlehre, § 13 Rdnr. 60; allg. zur Rechtsfortbildung durch teleologische Extension *Meier/Jocham*, JuS 2015, 490 (495).

187 BGH, Urt. v. 07.10.2009, Az. I ZR 80/84, LS, Rdnr. 18-22, GRUR Int 2010, 532 (532, 534).

Über ihren Wortlaut hinaus findet die Vorschrift somit auf Werke und Gegenstände verwandter Schutzrechte Anwendung, die in Deutschland zu keinem Zeitpunkt geschützt waren.

III. Bestehen des Schutzes am 01.07.1995 nach dem Gesetz eines anderen EU-Mitgliedstaates oder EWR-Vertragsstaates

1. Verpflichtungen zum Schutz aus den Staatsverträgen

Ob ein Werk am 01.07.1995 noch in einem Mitgliedstaat oder einem Vertragsstaat des Abkommens über den Europäischen Wirtschaftsraum geschützt gewesen ist, bestimmt sich nach Maßgabe des zu diesem Zeitpunkt geltenden nationalen Rechts, insbesondere des Fremdenrechts, und nach Maßgabe der Staatsverträge.[188]

Von besonderer Bedeutung sind für das Urheberrecht die Revidierte Berner Übereinkunft (RBÜ) und für den Schutz von ausübenden Künstlern und Tonträgerherstellern das Rom-Abkommen.[189] Das Genfer Tonträgerherstellerübereinkommen (GTA) lässt den Schutz durch das Rom-Abkommen unberührt (s. Art. 7 Abs. 1 GTA) und gewährt einen deutlich schwächeren Schutz.[190]

a) Die Mitgliedstaaten als Vertragsparteien der RBÜ und des Rom-Abkommens

Die Kommission forderte 1991 in ihrem Arbeitsprogramm „Initiativen zum Grünbuch", dass alle Mitgliedstaaten bis zum 31.12.1992 der RBÜ und dem Rom-Abkommen beitreten.[191] Das schaffe eine „gemeinsame Basis" des Schutzes dieser Rechte für die Mitgliedstaaten und sichere ein

---

188 *Walter*/von Lewinski, Term Directive Art. 10 Rdnr. 8.10.18.

189 *Rat der Europäischen Gemeinschaften,* Entschliessung im Hinblick auf einen verstärkten Schutz des Urheberrechts und der Leistungsschutzrechte v. 14.05.1992, ABl. 1992 C 138, 1 (1).

190 *Schack,* Rdnr. 1081.

191 Initiativen zum Grünbuch. Arbeitsprogramm der Kommission auf dem Gebiet des Urheberrechts und der verwandten Schutzrechte, KOM(90)584 endg., GRUR Int 1991, 359 (360) Ziff. 1.11.2-1.11.7.

Mindest-Schutzniveau in der Gemeinschaft.[192] In der Entschließung des Europäischen Rates vom 14. Mai 1992 haben sich daraufhin die Mitgliedstaaten verpflichtet, unter Wahrung der jeweiligen Verfassungsvorschriften vor dem 01.01.1995 Vertragsparteien der Pariser Fassung der RBÜ und des Rom-Abkommens zu werden.[193]

Alle Mitgliedstaaten mit Ausnahme von Belgien und Irland hatten am 01.07.1995 die Pariser Fassung der RBÜ ratifiziert.[194] Letztere waren bezogen auf den urheberrechtlichen Schutz an die Brüsseler Fassung gebunden.[195] Bis auf Portugal und Belgien waren auch alle Mitgliedstaaten Vertragsparteien des Rom-Abkommens.[196]

b) Schutz nach Maßgabe der RBÜ

In der RBÜ sind bestimmte Mindestrechte garantiert, wie das Urheberpersönlichkeitsrecht (Art. 6bis RBÜ), das Vervielfältigungsrecht (Art. 9 Abs. 1, 3 RBÜ) oder das Recht der filmischen Bearbeitung und Vervielfältigung (Art. 14 Abs. 1 Nr. 1 RBÜ). Gewährleistet ist die Mindestschutzdauer von 50 Jahren post mortem auctoris (Art. 7 Abs. 1, 6 RBÜ; mit Möglichkeiten der Mitgliedstaaten, eine andere Schutzdauer festzusetzen für Filmwerke und Lichtbildwerke, Art. 7 Abs. 2, 4 RBÜ).

---

192 Initiativen zum Grünbuch. Arbeitsprogramm der Kommission auf dem Gebiet des Urheberrechts und der verwandten Schutzrechte, KOM(90)584 endg., GRUR Int 1991, 359 (360), Ziff. 1.11.3, 1.11.6.

193 *Rat der Europäischen Gemeinschaften,* Entschliessung im Hinblick auf einen verstärkten Schutz des Urheberrechts und der Leistungsschutzrechte v. 14.05.1992, ABl. 1992 C 138, 1 (1).

194 *WIPO,* WIPO-Administered Treaties. Contracting Parties, Berne Convention, Paris Act (1971), url: https://www.wipo.int/treaties/en/ActResults.jsp?act_id=26 (zuletzt abgerufen am 06.02.2024).

195 *WIPO,* Berne Notification No. 62. Berne Convention for the Protection of Literary and Artistic Works, Ratification by the Kingdom of Belgium of the Stockholm Act (with the exception of Articles 1 to 21 and of the Protocol Regarding Developing Countries), url: https://www.wipo.int/treaties/en/notifications/berne/treaty_berne_62.html (zuletzt abgerufen am 06.02.2024); *WIPO,* Berne Notification No. 26. Berne Convention for the Protection of Literary and Artistic Works, Ratification by Ireland of the Stockholm Act (with the exception of Articles 1 to 21 and of the Protocol Regarding Developing Countries), url: https://www.wipo.int/treaties/en/notifications/berne/treaty_berne_26.html (zuletzt abgerufen am 06.02.2024).

196 *WIPO,* WIPO-Administered Treaties. Contracting Parties, Rome Convention, url: https://www.wipo.int/treaties/en/ShowResults.jsp?lang=en&treaty_id=17 (zuletzt abgerufen am 06.02.2024).

Für das Urheberrecht gilt nach Art. 5 Abs. 1 RBÜ der Inländerbehandlungsgrundsatz (im Verhältnis zu Belgien und Irland:[197] Art. 4 Abs. 1 RBÜ Brüsseler Fassung). Das bedeutet, die Verbandsländer müssen Urhebern, die Angehörige anderer Verbandsländer sind, dieselben Rechte gewähren wie inländischen Urhebern.[198]

Hiervon macht Art. 7 Abs. 8 RBÜ (für Belgien und Irland: Art. 7 Abs. 2 RBÜ Brüsseler Fassung) für die Schutzdauer eine Ausnahme. Danach überschreitet die Schutzdauer, sofern die Rechtsvorschriften des Schutzlandes nichts anderes bestimmen, nicht die im Ursprungsland des Werkes festgesetzte Dauer.

Dieser sogenannte Schutzfristenvergleich wurde zwischen den Mitgliedstaaten und auch in Deutschland weitgehend angewendet,[199] so dass die Schutzdauer auf diejenige im Ursprungsland begrenzt war.

c) Schutz nach Maßgabe des Rom-Abkommens

Auch das Rom-Abkommen garantiert ausübenden Künstlern, Tonträgerherstellern und Sendeunternehmen bestimmte Mindestrechte (Art. 7, 10, 12, 13 Rom-Abk). Die Mindestschutzdauer beträgt zwanzig Jahre (Art. 14 Rom-Abk).

Diesen Leistungsschutzberechtigten müssen die vertragsschließenden Staaten ebenfalls unter bestimmten Voraussetzungen Inländerbehandlung gewähren (Art. 4-6 Rom-Abk). Bei ausübenden Künstlern wird für die

---

197 *WIPO,* WIPO Administered Treaties, Contracting Parties, Berne Convention Paris Act (1971), url: https://www.wipo.int/treaties/en/ActResults.jsp?act_id=26 (zuletzt abgerufen am 06.02.2024); *WIPO,* WIPO Administered Treaties, Contracting Parties, Berne Convention, Stockholm Act (1967), url: https://www.wipo.int/treaties/en/ActResults.jsp?act_id=23 (zuletzt abgerufen am 06.02.2024); *WIPO,* Berne Notification No. 62. Berne Convention for the Protection of Literary and Artistic Works, Ratification by the Kingdom of Belgium of the Stockholm Act (with the exception of Articles 1 to 21 and of the Protocol Regarding Developing Countries), url: https://www.wipo.int/treaties/en/notifications/berne/treaty_berne_62.html (zuletzt abgerufen am 06.02.2024); *WIPO,* Berne Notification No. 26. Berne Convention for the Protection of Literary and Artistic Works, Ratification by Ireland of the Stockholm Act (with the exception of Articles 1 to 21 and of the Protocol Regarding Developing Countries), url: https://www.wipo.int/treaties/en/notifications/berne/treaty_berne_26.html (zuletzt abgerufen am 06.02.2024); RBÜ Brüsseler Fassung S. 553-554.

198 *Schack,* Rdnr. 1060.

199 *Jehoram,* IIC 1994, 821 (826).

Gewährung der Inländerbehandlung an die Darbietung und nicht an die Staatsangehörigkeit des Künstlers angeknüpft, Art. 4 lit. a-c Rom-Abk (ein Staat muss einen ausübenden Künstler beispielsweise dann wie einen inländischen behandeln, wenn seine Darbietung in einem anderen vertragsschließenden Staat stattgefunden hat, Art. 4 lit. a Rom-Abk).

Die vertragsschließenden Staaten können aber Ausnahmen von der Gewährung der Inländerbehandlung vorsehen. Sie können ihre Verpflichtung zur Inländerbehandlung einschränken (Art. 5 Abs. 3, Art. 6 Abs. 2, Art. 16 Abs. 1 lit. a (iii), Art. 17 Rom-Abk) und in bestimmten Fällen einen Gegenseitigkeitsvorbehalt erklären (Art. 16 Abs. 1 lit. a (iv), lit. b, Art. 13 lit. d Rom-Abk). Das bedeutet, sie gewähren Angehörigen eines anderen Vertragsstaates Schutz in demselben Umfang und für dieselbe Dauer, wie dieser Vertragsstaat ihren Angehörigen Schutz gewährt. Diese Möglichkeiten haben die Vertragsstaaten vielfach genutzt.[200] So wendet Deutschland in Bezug auf Tonträger das Merkmal der Festlegung aus Art. 5 Abs. 1 lit. b Rom-Abk gem. Art. 5 Abs. 3 S. 1 Rom-Abk nicht an[201] und hat Gegenseitigkeitsvorbehalte nach Art. 16 Abs. 1 lit. b Hs. 2, Art. 13 lit. d Rom-Abk und Art. 16 Abs. 1 lit. a (iv) Rom-Abk erklärt.[202]

Das Rom-Abkommen verpflichtet darüber hinaus nicht zum Schutz von Darbietungen und Funksendungen, die vor seinem Inkrafttreten stattgefunden haben, und von Tonträgern, die davor festgelegt worden sind, Art. 20 Abs. 2 Rom-Abk.

Der Schutz durch die Revidierte Berner Übereinkunft und das Rom-Abkommen ist begrenzt. Beide garantieren nur einen Mindestschutz, über den die vertragsschließenden Staaten hinausgehen können.[203]

Von der Inländerbehandlung sehen sowohl die Berner Übereinkunft als auch das Rom-Abkommen Ausnahmen vor. Die Vertragsstaaten müssen also Angehörige anderer Vertragsstaaten nicht in gleicher Weise schützen wie eigene Staatsangehörige, sondern können den Schutz von Ersteren

200 *Jehoram*, IIC 1994, 821 (826).

201 Art. 2 Abs. 1 des Gesetzes zu dem Internationalen Abkommen vom 26. Oktober 1961 über den Schutz der ausübenden Künstler, der Hersteller von Tonträgern und der Sendeunternehmen vom 15. September 1965, BGBl. 1965 II 1243.

202 Art. 2 Abs. 2, Art. 3 des Gesetzes zu dem Internationalen Abkommen vom 26. Oktober 1961 über den Schutz der ausübenden Künstler, der Hersteller von Tonträgern und der Sendeunternehmen vom 15. September 1965, BGBl. 1965 II 1243.

203 *Schack*, Rdnr. 1063-1064 (zur RBÜ), 1079 (zum Rom-Abkommen).

beschränken oder an zusätzliche Voraussetzungen knüpfen. Diese Möglichkeiten haben sie vielfach genutzt.[204]

2. Die Auswirkungen des Diskriminierungsverbots aus Gründen der Staatsangehörigkeit auf die Schutzdauer

Bis 1993 ging man davon aus, dass Abweichungen vom Inländerbehandlungsgrundsatz, wie der Schutzfristenvergleich im Urheberrecht, auch zwischen den Mitgliedstaaten zulässig waren.[205] Nutzer haben vielfach gemeinfrei erscheinende Schutzgegenstände verwertet und darin investiert.[206]

Es fragt sich, ob das Unterscheiden zwischen dem Schutz eigener Staatsangehöriger und dem von Angehörigen anderer Mitgliedstaaten gegen das Diskriminierungsverbot aus Art. 7 Abs. 1 EWGV (jetzt: Art. 18 AEUV) verstoßen hat. Dann wären die Mitgliedstaaten verpflichtet gewesen, Angehörige anderer Mitgliedstaaten genauso zu schützen wie ihre eigenen Staatsangehörigen. Differenzierungen, wie sie die Staatsverträge ermöglichen, wären zwischen den Mitgliedstaaten verboten.

Ein Verstoß gegen das Diskriminierungsverbot setzt voraus, dass der Anwendungsbereich des EWGV eröffnet ist und das Differenzieren eine Ungleichbehandlung aus Gründen der Staatsangehörigkeit darstellt, die nicht gerechtfertigt ist.

a) Anwendungsbereich des EWGV

Art. 7 Abs. 1 EWGV hat Diskriminierungen aus Gründen der Staatsangehörigkeit im Anwendungsbereich des EWGV verboten (mittlerweile ist das Verbot in Art. 18 AEUV für den Anwendungsbereich der Verträge geregelt).

Das Urheberrecht und die verwandten Schutzrechte, genauer gesagt eine Ungleichbehandlung von In- und Ausländern beim Schutz durch diese Rechte, müssten im Anwendungsbereich des EWGV gelegen haben. Das Urheberrecht und die verwandten Schutzrechte bestimmen die Vorausset-

---

204 *Jehoram,* IIC 1994, 821 (825-826).

205 BGH, Urt. v. 21.04.1994, Az. I ZR 31/92, NJW 1994, 2607 (2609); *Jehoram,* IIC 1994, 825-826; *Schack,* Rdnr. 1091; *ders.,* Anm. zu EuGH, Urt. v. 06.06.2002, Az. C-360/00, JZ 2002, 887 (887); *ders.,* GRUR Int 1995, 310 (311).

206 *Schack,* GRUR Int 1995, 310 (311).

zungen für die wirtschaftliche Verwertung von Werken im europäischen Binnenmarkt.[207] Sie nehmen Einfluss auf den freien Waren- und Dienstleistungsverkehr in der Europäischen Wirtschaftsgemeinschaft (jetzt: in der Europäischen Union)[208] und fielen daher im Allgemeinen in den Anwendungsbereich des EWGV.[209]

Differenziert ein Mitgliedstaat zwischen dem Schutz seiner eigenen Angehörigen und Angehörigen anderer Mitgliedstaaten, so betrifft dies nicht den Inhalt (und damit den spezifischen Gegenstand) der Schutzrechte, sondern die Frage, wer in dem betreffenden Mitgliedstaat Schutz genießt.[210] Art. 36 S. 2 EWGV (jetzt: Art. 36 S. 2 AEUV) macht zudem deutlich, dass der Schutz der Eigentumsrechte (zu denen in diesem Sinn das Urheberrecht und die Leistungsschutzrechte zählen)[211] keine willkürlichen Diskriminierungen rechtfertigt.[212] Damit bringt der Gesetzgeber zum Ausdruck, dass Ungleichbehandlungen nicht zu dem nach Art. 222, 36 S. 1 EWGV (jetzt: Art. 345, 36 S. 1 AEUV) unantastbaren Kern der Eigentumsrechte zählen und dass das Diskriminierungsverbot auf das Urheberrecht und die Leistungsschutzrechte Anwendung findet.

Das Urheberrecht und die verwandten Schutzrechte und insbesondere eine Ungleichbehandlung von In- und Ausländern beim Schutz durch diese Rechte fielen somit in den Anwendungsbereich des EWGV.

---

207 EuGH, Urt. v. 20.10.1993, Rs. C-92/92 und C-326/92, Rdnr. 21, GRUR 1994, 280 (282).

208 EuGH, Urt. v. 06.06.2002, Rs. -360/00, Rdnr. 24, JZ 2002, 886 (886); EuGH, Urt. v. 20.10.1993, Rs. C-92/92 und C-326/92, Rdnr. 22-25, 27, GRUR 1994, 280 (282); EuGH, Urt. v. 20.01.1981, Rs. 55/80 u. 57/80, Rdnr. 8, GRUR Int 1981, 229 (230); *Walter*/von Lewinski/*Riede*, Principle of Non-discrimination Rdnr. 2.0.6; *Firsching*, UFITA Bd. 133 (1997), 131 (222).

209 EuGH, Urt. v. 06.06.2002, Rs. -360/00, Rdnr. 24, JZ 2002, 886 (886); EuGH, Urt. v. 20.10.1993, Rs. C-92/92 und C-326/92, Rdnr. 22, GRUR 1994, 280 (282); *Walter*/von Lewinski/*Riede*, Principle of Non-discrimination Rdnr. 2.0.6.

210 So auch *Mestmäcker*, GRUR Int 1993, 532 (535-536).

211 EuGH, Urt. v. 20.01.1981, Rs. 55/80 u. 57/80, Rdnr. 9, GRUR Int 1981, 229 (230); *Schack*, Rdnr. 90-91.

212 *Walter*/von Lewinski/*Riede*, Principle of Non-discrimination Rdnr. 2.0.6; *Mestmäcker*, GRUR Int 1993, 532, 535.

b) Diskriminierung aus Gründen der Staatsangehörigkeit

Das Differenzieren zwischen In- und Ausländern müsste eine Diskriminierung aus Gründen der Staatsangehörigkeit darstellen, die nicht gerechtfertigt ist.

aa) Unmittelbare und mittelbare Diskriminierung

Das Diskriminierungsverbot aus Art. 7 Abs. 1 EWGV (jetzt: Art. 18 Abs. 1 AEUV) verpflichtet die Mitgliedstaaten, Angehörige anderer Mitgliedstaaten so zu behandeln wie eigene Staatsangehörige.[213]

Es wird zwischen unmittelbarer und mittelbarer Diskriminierung unterschieden; beide werden durch das Diskriminierungsverbot erfasst.[214] Unmittelbare Diskriminierung bedeutet, dass die Unterscheidung direkt an das Merkmal der Staatsangehörigkeit anknüpft.[215] Eine mittelbare Diskriminierung liegt demgegenüber vor, wenn aufgrund eines anderen Merkmals als dem der Staatsangehörigkeit unterschieden wird, dies aber tatsächlich dazu führt, dass überwiegend Angehörige anderer Mitgliedstaaten gegenüber Inländern benachteiligt werden.[216]

---

213 EuGH, Urt. v. 06.06.2002, Rs. C-360/00, Rdnr. 31, JZ 2002, 886 (886); EuGH, Urt. v. 20.10.1993, Rs. C-92/92 und C-326/92, Rdnr. 32, GRUR 1994, 280 (283); EuGH, Urt. v. 02.02.1989, Rs. 186/87, Rdnr. 10; Grabitz/Hilf/Nettesheim/*von Bogdandy*, Losebl. (Stand: September 2010), AEUV Art. 18 Rdnr. 6; *Firsching*, UFITA Bd. 133 (1997), 131 (222); *Flechsig/Klett*, ZUM 1994, 685 (686); *Haratsch/Koenig/Pechstein*, Rdnr. 697.

214 EuGH, Urt. v. 30.06.2005, Rs. C-28/04, Rdnr. 19, GRUR Int 2005, 816 (818); EuGH, Urt. v. 15.03.2005, Rs. C-209/03, Rdnr. 51, NJW 2005, 2055 (2057); Calliess/Ruffert/*Epiney*, AEUV Art. 18 Rdnr. 12; *Haratsch/Koenig/Pechstein*, Rdnr. 714.

215 EuGH, Urt. v. 20.03.1997, Rs. C-323/95, Rdnr. 19, NJW 1998, 2127 (2128); EuGH, Urt. v. 20.10.1993, Rs. C-92/92, C-326/92, Rdnr. 32, GRUR 1994, 280 (283); Calliess/Ruffert/*Epiney*, AEUV Art. 18 Rdnr. 12; *Haratsch/Koenig/Pechstein*, Rdnr. 714.

216 EuGH, Urt. v. 30.06.2005, Rs. C-28/04, Rdnr. 19, GRUR 2005, 755 (756); EuGH, Urt. v. 15.03.2005, Rs. C-209/03, Rdnr. 51-53, NJW 2005, 2055 (2057); *Haratsch/Koenig/Pechstein*, Rdnr. 714; *Gaster*, ZUM 1996, 261 (273).

bb) Arten der Ungleichbehandlung im Urheberrecht und ihre Einordnung

(1) Arten der Ungleichbehandlung im Urheberrecht

Wie oben gezeigt, wurde im Urheberrecht im Hinblick auf die Schutzdauer auf unterschiedliche Weise zwischen Inländern und Angehörigen anderer Mitgliedstaaten unterschieden:

Die fremdenrechtlichen Vorschriften des UrhG (§§ 120-128 UrhG) sahen für deutsche Staatsangehörige uneingeschränkten Schutz vor (s. § 120 Abs. 1 S. 1 UrhG, § 125 Abs. 1 UrhG). Angehörige anderer Staaten waren dagegen – soweit nicht besondere Voraussetzungen erfüllt waren (zum Beispiel Erscheinen des Werks im Geltungsbereich des UrhG, § 121 Abs. 1 S. 1 UrhG, Darbietung im Geltungsbereich des UrhG § 125 Abs. 1 UrhG) – im Wesentlichen nach Maßgabe der Staatsverträge geschützt.[217] So wie Deutschland, differenzierten auch andere Mitgliedstaaten zwischen dem Schutz von Inländern und Ausländern.[218]

Die Vorgaben der Staatsverträge führten ebenfalls zu Ungleichbehandlungen zwischen In- und Ausländern. Die RBÜ verpflichtet alle Verbandsländer dazu, Angehörige anderer Verbandsländer so zu behandeln wie eigene Staatsangehörige (Inländerbehandlung, Art. 5 Abs. 1 RBÜ). Hiervon macht Art. 7 Abs. 8 RBÜ für die Schutzdauer aber eine Ausnahme: Soweit die Vorschriften der Verbandsländer nichts anderes bestimmen, überschreitet die Schutzdauer nicht diejenige im Ursprungsland des Werks.

Das Rom-Abkommen verpflichtet die Vertragsstaaten – wie die RBÜ – zur Inländerbehandlung, Art. 2, 4-6 Rom-Abk. Als Ausnahme hiervon sieht es aber für das Recht des Tonträgerherstellers die Möglichkeit der Mitgliedstaaten vor, den Gegenseitigkeitsvorbehalt nach Art. 16 Abs. 1 lit. a (iv) Rom-Abk zu erklären. Hiernach konnte ein Vertragsstaat den Schutz von Angehörigen eines anderen Vertragsstaats auf den Schutz begrenzen, den dieser Staat den Angehörigen des ersteren Staates gewährt.[219] Diesen Vorbehalt hat Deutschland erklärt.[220]

---

217 Überblick dazu bei *Loewenheim*, GRUR Int 1993, 105 (114-115).

218 *Gaster*, ZUM 1996, 261 (273).

219 Dazu *Bongers*, 194-196.

220 Art. 2 Abs. 2 des Gesetzes zu dem Internationalen Abkommen vom 26. Oktober 1961 über den Schutz der ausübenden Künstler, der Hersteller von Tonträgern und der Sendeunternehmen vom 15. September 1965, BGBl. 1965 II 1243.

(2) Einordnung

Soweit durch das Recht eines Mitgliedstaats der Schutz von Angehörigen anderer Mitgliedstaaten – im Gegensatz zum Schutz von Inländern – an das Erfüllen zusätzlicher Voraussetzungen geknüpft wird, liegt eine unmittelbare Diskriminierung aus Gründen der Staatsangehörigkeit vor.[221]

Wendet ein Staat einen Gegenseitigkeitsvorbehalt aus einem Staatsvertrag an, dessen Vergleichsmaßstab die Staatsangehörigkeit ist (zum Beispiel Art. 16 Abs. 1 lit. a (iv) Rom-Abk), dann schützt er Inländer vorbehaltslos, während er den Schutz von Angehörigen anderer Mitgliedstaaten von der Rechtslage in deren Heimatländern abhängig macht.[222] Der Staat behandelt damit Inländer und Angehörige anderer Mitgliedstaaten ungleich und benachteiligt Letztere. Hierin liegt ebenfalls eine unmittelbare Diskriminierung aus Gründen der Staatsangehörigkeit.

Beim Schutzfristenvergleich nach Art. 7 Abs. 8 RBÜ ist das Tatbestandsmerkmal, nach dem unterschieden wird, nicht die Staatsangehörigkeit des Urhebers, sondern das Ursprungsland des Werks.

Zwischen dem Ursprungsland des Werks i.S.d. RBÜ und der Staatsangehörigkeit des Urhebers besteht aber ein Zusammenhang:[223] Bei veröffentlichten Werken gilt als Ursprungsland das Land, in dem die Werke zum ersten Mal veröffentlicht wurden, Art. 5 Abs. 4 lit. a Hs. 1 RBÜ. In vielen Fällen ist das Land, in dem das Werk zuerst veröffentlicht wird, zugleich das Land, dem der Urheber angehört.[224] Bei nichtveröffentlichten Werken gilt als Ursprungsland das Land, dem der Urheber angehört, Art. 5 Abs. 4 lit. c Hs. 1 RBÜ – Ursprungsland und Staatsangehörigkeit fallen hier also zusammen.

Ob hierin eine mittelbare Diskriminierung liegt, kann aber offen bleiben. Art. 7 Abs. 8 RBÜ schreibt den Schutzfristenvergleich nicht verpflichtend vor, sondern gibt den Vertragsstaaten die Möglichkeit, Ausnahmeregelungen zum Schutzfristenvergleich zu treffen.[225] Sie müssen den Schutz nicht auf den Schutz im Ursprungsland des Werks begrenzen, sondern können

221 Für §§ 120 Abs. 1, 121 Abs. 1 UrhG EuGH, Urt. v. 06.06.2002, Rs. C-360/00, Rdnr. 32, JZ 2002, 886 (886); für §§ 125 Abs. 1, Abs. 2-6 UrhG a.F. EuGH, Urt. v. 20.10.1993, Rs. C-92/92 und C-326/92, Rdnr. 32-33, GRUR 1994, 280 (283); *Flechsig/Klett*, ZUM 1994, 685 (688).

222 EuGH, Urt. v. 02.02.1989, Rs. 186/87, Rdnr. 10-13, NJW 1989, 2183 (2183); EuGH, Urt. v. 22.06.1972, Rs. C-1/72, Rdnr. 19.

223 EuGH, Urt. v. 30.06.2005, Rs. C-28/04, Rdnr. 24-26, GRUR Int 2005, 816 (818).

224 EuGH, Urt. v. 30.06.2005, Rs. C-28/04, Rdnr. 26, GRUR Int 2005, 816 (818).

225 S. dazu *Firsching*, UFITA Bd. 133 (1997), 131 (230).

Urhebern, deren Werke in einem anderen Land erstmals erschienen sind, vollen Schutz gewähren.

Dies führte dazu, dass zahlreiche Mitgliedstaaten ihre eigenen Staatsangehörigen uneingeschränkt schützten und Angehörige anderer Mitgliedstaaten gegenüber ihren eigenen Staatsangehörigen benachteiligten.[226] So besteht für deutsche Urheber der Schutz nach dem deutschen Gesetz unabhängig davon, wo sie ihre Werke erstmals veröffentlichen, § 120 Abs. 1 S. 1 UrhG. Jedenfalls hierin – im Zusammenwirken damit, dass der Schutzfristenvergleich gegenüber ausländischen Staatsangehörigen angewandt wurde – lag eine unmittelbare Diskriminierung aus Gründen der Staatsangehörigkeit.[227]

cc) Rechtfertigung

Fraglich ist, ob diese Vorschriften gegen das Diskriminierungsverbot verstießen. Es ist umstritten, ob das Diskriminierungsverbot absolut gilt oder ob eine Rechtfertigung möglich ist. Zumindest für mittelbare Diskriminierungen besteht unstreitig eine Rechtfertigungsmöglichkeit.[228]

Eine Ungleichbehandlung ist gerechtfertigt, wenn sie auf objektiven, von der Staatsangehörigkeit unabhängigen Erwägungen beruht und zu dem mit der Norm angestrebten Zweck in einem angemessenen Verhältnis steht.[229]

Im Folgenden wird untersucht, ob eine Rechtfertigung – Rechtfertigungsmöglichkeit unterstellt – hier möglich ist. Sofern eine Rechtfertigung nicht möglich ist, muss keine Entscheidung darüber getroffen werden, ob auch eine unmittelbare Diskriminierung gerechtfertigt sein kann.

---

226 *Gaster,* ZUM 1996, 261 (273).

227 EuGH, Urt. v. 06.06.2002, Rs. C-360/00, Rdnr. 33, JZ 2002, 886 (887); vgl. *Firsching,* UFITA Bd. 133 (1997), 131 (230-231); *Flechsig/Klett,* ZUM 1994, 685 (688-689); vgl. *Gaster,* ZUM 1996, 261 (268).

228 EuGH, Urt. v. 07.07.2005, Rs. C-147/03, Rdnr. 47-48, EuZW 2005, 465 (466); EuGH, Urt. v. 30.06.2005, Rs. C-28/04, Rdnr. 19, 28, GRUR Int 2005, 816 (818); EuGH, Urt. v. 15.03.2005, Rs. C-209/03, Rdnr. 51, 54, NJW 2005, 2055 (2057); Calliess/Ruffert/*Epiney,* AEUV Art. 18 Rdnr. 38; Grabitz/Hilf/Nettesheim/*von Bogdandy,* Losebl. (Stand: September 2010), AEUV Art. 18 Rdnr. 20; *Haratsch/Koenig/Pechstein,* Rdnr. 716-717.

229 EuGH, Urt. v. 30.06.2005, Rs. C-28/04, Rdnr. 28, GRUR Int 2005, 816 (818); EuGH, Urt. v. 15.03.2005, Rs. C-209/03, Rdnr. 54, NJW 2005, 2055 (2057); *Haratsch/Koenig/Pechstein,* Rdnr. 718.

(1) Fremdenrechtliche Vorschriften des Urheberrechtsgesetzes

Die fremdenrechtlichen Vorschriften des UrhG (§ 120 Abs. 1 UrhG, § 121 UrhG; § 124 i.V.m. § 120 Abs. 1, § 121 UrhG; § 125 Abs. 1 S. 1, Abs. 2-7 UrhG; § 126 Abs. 1 S. 1, Abs. 2-3 UrhG; § 127a Abs. 1 S. 1, Abs. 2-3 UrhG; § 127b Abs. 1 S. 1, Abs. 2 UrhG; § 128 Abs. 1 S. 1, Abs. 2 UrhG) verfolgten das Ziel, andere Staaten dazu zu bewegen, Staatsverträgen beizutreten oder Gegenseitigkeitsabkommen mit Deutschland abzuschließen und sich so zum Schutz deutscher Staatsangehöriger zu verpflichten.[230]

Grund hierfür waren das Territorialitätsprinzip und das System der Staatsverträge.[231] Nach dem Territorialitätsprinzip gibt es kein universales Urheberrecht, das der Rechteinhaber überall auf der Welt innehat. Stattdessen gilt für das Gebiet jedes Staates das jeweilige Urheberrecht dieses Staates.[232] Dies hat zur Folge, dass das Bestehen des Schutzes an dem Werk des Urhebers in einem Staat nicht zwangsläufig zum Entstehen des Schutzes in anderen Staaten führt.[233] Vielmehr ist der Urheber darauf angewiesen, dass diese Staaten ihm das Urheberrecht in ihren Gesetzen ebenfalls zusprechen.[234] Dies führt zur Notwendigkeit für Staaten, sich gegenseitig zum Schutz ihrer Angehörigen zu verpflichten.

Zu diesem Zweck schlossen Staaten Gegenseitigkeitsabkommen und Staatsverträge.[235] Der Beitritt zu den Staatsverträgen sollte für die Angehörigen der beitretenden Staaten zu Vorteilen führen. Als Folge hiervon gewährten die innerstaatlichen Vorschriften zahlreicher Mitgliedstaaten (nicht nur Deutschlands) den Angehörigen anderer Mitgliedstaaten nicht

---

230 BVerfG, Beschl. v. 23.01.1990, Az. 1 BvR 306/86, CR 1990, 609 (611); *Flechsig/Klett*, ZUM 1994, 685 (687) *Loewenheim*, GRUR Int 1993, 105 (114-115).

231 BVerfG, Beschl. v. 23.01.1990, Az. 1 BvR 306/86, CR 1990, 609 (611); *Loewenheim*, GRUR Int 1993, 105 (114).

232 BVerfG, Beschl. v. 23.01.1990, Az. 1 BvR 306/86, CR 1990, 609 (610-611); Schricker/Loewenheim/*Katzenberger/Metzger*, UrhG Vor §§ 120 ff. Rdnr. 110, 112; *Loewenheim*, GRUR Int 1993, 105 (114); krit. *Schack*, Rdnr. 1016-1018.

233 BVerfG, Beschl. v. 23.01.1990, Az. 1 BvR 306/86, CR 1990, 609 (611); Schricker/Loewenheim/*Katzenberger/Metzger*, UrhG Vor §§ 120 ff. Rdnr. 110, 112; *Braun*, S. 118-119; *Loewenheim*, GRUR Int 1993, 105 (114).

234 BVerfG, Beschl. v. 23.01.1990, Az. 1 BvR 306/86, CR 1990, 609 (611); *Braun*, S. 118-119; *Loewenheim*, GRUR Int 1993, 105 (114).

235 *Braun*, S. 118; *Flechsig/Klett*, ZUM 1994, 685 (687); *Loewenheim*, GRUR Int 1993, 105 (114); *Rehbinder/Peukert*, 1. Teil § 4 Rdnr. 35.

im gleichen Umfang Schutz wie eigenen Staatsangehörigen.[236] Denn sonst bestünde für die Staaten kein Anreiz, sich durch Staatsverträge zum Schutz von Angehörigen anderer Staaten zu verpflichten.[237]

Fraglich ist, ob diese Erwägungen eine Diskriminierung aus Gründen der Staatsangehörigkeit nach Art. 7 Abs. 1 EWGV (jetzt: Art. 18 Abs. 1 AEUV) rechtfertigen können. Das Ziel, andere Staaten zu bewegen, Staatsverträge abzuschließen und so die eigenen Staatsangehörigen zu schützen, war als solches legitim. Die Normen beruhten auf objektiven, von der Staatsangehörigkeit des Adressaten unabhängigen Erwägungen.

Für die Vereinbarkeit dieser Vorschriften mit Art. 3 GG wurde vorgebracht, das Mittel einer gezielten Benachteiligung von Angehörigen anderer Staaten entspreche einem allgemeinen Völkerrechtssatz, wonach jeder Staat berechtigt sei, die Belange seiner Angehörigen in fremden souveränen Staaten zu wahren.[238] Dies entspreche auch den traditionellen Aufgaben eines Staates.[239] Diese Erwägungen wurden teilweise auf das europarechtliche Diskriminierungsverbot übertragen und für eine Rechtfertigung angeführt.[240]

Schon bezogen auf Art. 3 GG bereitet diese Argumentation Bedenken. Ungleich behandelt wurden nicht andere Staaten, auf deren Gesetzgebung Einfluss genommen werden sollte, sondern deren Staatsangehörige aufgrund ihrer Eigenschaft als Nicht-Deutsche. Auch wenn selbst für den Fall, dass keine Staatsverträge bestanden, nach § 121 Abs. 4 S. 2 UrhG Gegenseitigkeit versprochen wurde, wurden damit doch die Angehörigen anderer Staaten für gesetzgeberische Versäumnisse ihrer Heimatgesetzgebung bestraft.[241]

---

236 BVerfG, Beschl. v. 23.01.1990, Az. 1 BvR 306/86, CR 1990, 609 (611); *Braun*, S. 118-119; *Gaster*, ZUM 1996, 261 (273); *Loewenheim*, GRUR Int 1993, 105 (114); *Schack*, Rdnr. 1093.

237 *Braun*, S. 118-119; *Loewenheim*, GRUR Int 1993, 105 (114); *Schack*, Rdnr. 1093.

238 BVerfG, Beschl. v. 23.01.1990, Az. 1 BvR 306/86, CR 1990, 609 (611); *Flechsig/Klett*, ZUM 1994, 685 (687); *Loewenheim*, GRUR Int 1993, 105 (115).

239 BVerfG, Beschl. v. 23.01.1990, Az. 1 BvR 306/86, CR 1990, 609 (611).

240 *Flechsig/Klett*, ZUM 1994, 685 (687); *Loewenheim*, GRUR Int 1993, 105 (115-117).

241 *Hoeren*, Anm. zu BVerfG, Urt. v. 23.01.1990, Az. 1 BvR 306/86, CR 1990, 612 (613).

Die Europäische Union[242] als Staatengemeinschaft verändert das Verhältnis der Staaten untereinander grundlegend.[243] Mit ihr ist ein einheitlicher Wirtschaftsraum mit einem freien Binnenmarkt entstanden.[244] Hierzu steht das Territorialitätsprinzip, das eine Aufspaltung in einzelne Urheberrechte nach Ländergrenzen vorsieht,[245] im Widerspruch.[246] Innerhalb dieses Wirtschaftsraums wird das Territorialitätsprinzip daher zum Großteil überwunden,[247] zum Beispiel durch die gemeinschaftsweite Erschöpfung des Verbreitungsrechts.[248] Die Begründung, dass aufgrund des Territorialitätsprinzips andere Staaten zum Schutz der eigenen Staatsangehörigen animiert werden müssen, trägt innerhalb der Europäischen Union nicht.

Innerhalb dieser Staatengemeinschaft sind darüber hinaus alle Staaten gleichermaßen zur Gleichbehandlung der Angehörigen anderer Staaten verpflichtet.[249] Das Diskriminierungsverbot aus Gründen der Staatsangehörigkeit nach Art. 7 Abs. 1 EWGV (jetzt: Art. 18 Abs. 1 AEUV) ist einer der wesentlichen Grundsätze der Unionsrechtsordnung und hat damit herausragende Bedeutung.[250]

Im Anwendungsbereich der Verträge kann der Anspruch von Angehörigen anderer Mitgliedstaaten auf Gleichbehandlung nicht davon abhängig gemacht werden, ob zwischen ihrem Heimatstaat und dem Schutzland ein Gegenseitigkeitsabkommen geschlossen wurde. [251]

---

242 Hier wird einheitlich der Begriff Europäische Union verwendet, auch wenn es sich um deren Vorgängerinstitutionen Europäische Wirtschaftsgemeinschaft und Europäische Gemeinschaft handelt.

243 *Firsching,* UFITA Bd. 133 (1997), 131 (227-229); *Mestmäcker,* GRUR Int 1993, 532 (533).

244 *Mestmäcker,* GRUR Int 1993, 532 (533).

245 Schricker/Loewenheim/*Katzenberger/Metzger,* UrhG Vor §§ 120 ff. Rdnr. 112; *Rehbinder/Peukert,* 1. Teil § 4 Rdnr. 35.

246 *Firsching,* UFITA Bd. 133 (1997), 131 (228); *Mestmäcker,* GRUR Int 1993, 532 (533).

247 *Mestmäcker,* GRUR Int 1993, 532 (533); *Schack,* Rdnr. 1021.

248 Dazu EuGH, Urt. v. 03.07.2012, Rs. C-128/11, Rdnr. 48-63, GRUR 2012, 904 (906-907); Dreier/*Schulze,* UrhG § 17 Rdnr. 35, 37; Götting/*Stollwerck*/Rauer, UrhG Europäisches Urheberrecht Rdnr. 32 (online, Stand: 01.11.2023).

249 Grabitz/Hilf/Nettesheim/*von Bogdandy,* Losebl. (Stand: September 2010), AEUV Art. 18 Rdnr. 6; *Haratsch/Koenig/Pechstein,* Rdnr. 697-699.

250 Calliess/Ruffert/*Epiney,* AEUV Art. 18 Rdnr. 1; Grabitz/Hilf/Nettesheim/*von Bogdandy,* Losebl. (Stand: September 2010), AEUV Art. 18 Rdnr. 1; *Gaster,* ZUM 1996, 261 (264); *Haratsch/Koenig/Pechstein,* Rdnr. 697; *Mestmäcker,* GRUR Int 1993, 532 (536).

251 EuGH, Urt. v. 30.06.2005, Rs. C-28/04, Rdnr. 34, GRUR Int 2005, 816 (819); EuGH Urt. v. 30.9.2003, Rs. C-405/01, Rdnr. 61, BeckRS 2004, 77070; EuGH, Urt. v. 29.03.2001, Rs. C-163/99, Rdnr. 22, GRUR Int 2001, 1049 (1051-1052); EuGH, Urt. v.

Unterschiede im Schutzniveau der einzelnen Mitgliedstaaten können innerhalb der Europäischen Union nicht durch Vorbehalte materieller Gegenseitigkeit eingeebnet werden, sondern hierzu sind Harmonisierungsmaßnahmen auf Unionsebene erforderlich.[252]

Der Zweck, andere Staaten dazu zu bewegen, Staatsverträgen und Gegenseitigkeitsabkommen beizutreten und so die eigenen Staatsangehörigen zu schützen, vermag es innerhalb der Europäischen Union nicht, eine Diskriminierung aus Gründen der Staatsangehörigkeit zu rechtfertigen.[253] Der gegenseitige Schutz von Angehörigen der Mitgliedstaaten wird innerhalb der Europäischen Union durch das Diskriminierungsverbot garantiert, das Prinzip der Materiellen Reziprozität kann daneben keinen Bestand haben.[254]

Die durch die fremdenrechtlichen Vorschriften des UrhG bewirkte Ungleichbehandlung war somit nicht gerechtfertigt.

(2) Anwendung des Gegenseitigkeitsvorbehalts aus Art. 16 Abs. 1 lit. a (iv) Rom-Abk und des Schutzfristenvergleichs aus Art. 7 Abs. 8 RBÜ

Aus demselben Grund war auch die Ungleichbehandlung, die aus der Anwendung des Gegenseitigkeitsvorbehalts aus Art. 16 Abs. 1 lit. a (iv) Rom-Abk und des Schutzfristenvergleichs aus Art. 7 Abs. 8 RBÜ gegenüber Angehörigen anderer Mitgliedstaaten folgte, nicht gerechtfertigt.

Vielmehr sind die Mitgliedstaaten aufgrund des Diskriminierungsverbots verpflichtet, den Gegenseitigkeitsvorbehalt aus Art. 16 Abs. 1 lit. a (iv) Rom-

---

02.02.1989, Rs. C-186/87, Rdnr. 12, NJW 1989, 2183 (2183); EuGH, Urt. v. 22.06.1972, Rs. 1/72, Rdnr. 19 –, juris; *Walter*/von Lewinski/*Riede*, Principle of Non-Discrimination Rdnr. 2.0.9; *Firsching*, UFITA Bd. 133 (1997), 131 (228-229, 235); *Gaster*, ZUM 1996, 261 (265, 273); *Mestmäcker*, GRUR Int 1993, 532 (533).

252 *Walter*/von Lewinski/*Riede*, Principle of Non-Discrimination Rdnr. 2.0.9; *Gaster*, ZUM 1996, 261 (268); *Mestmäcker*, GRUR Int 1993, 532 (533).

253 EuGH, Urt. v. 30.06.2005, Rs. C-28/04, Rdnr. 34, GRUR Int 2005, 816 (819); EuGH, Urt. v. 02.02.1989, Rs. C-186/87, Rdnr. 12, NJW 1989, 2183 (2183); EuGH, Urt. v. 22.06.1972, Rs. 1/72, Rdnr. 19 –, juris; *Walter*/von Lewinski/*Riede*, Principle of Non-Discrimination Rdnr. 2.0.9; *Firsching*, UFITA Bd. 133 (1997), 131 (229); *Gaster*, ZUM 1996, 261 (265, 273); *Mestmäcker*, GRUR Int 1993, 532 (533).

254 EuGH, Urt. v. 30.06.2005, Rs. C-28/04, Rdnr. 34, GRUR Int 2005, 816 (819); EuGH, Urt. v. 02.02.1989, Rs. C-186/87, Rdnr. 12, NJW 1989, 2183 (2183); EuGH, Urt. v. 22.06.1972, Rs. 1/72, Rdnr. 19 –, juris; *Walter*/von Lewinski/*Riede*, Principle of Non-Discrimination Rdnr. 2.0.9; vgl. *Firsching*, UFITA Bd. 133 (1997), 131 (229); *Gaster*, ZUM 1996, 261 (265, 273); *Mestmäcker*, GRUR Int 1993, 532 (533).

Abk nicht anzuwenden und für Angehörige anderer Mitgliedstaaten Ausnahmen vom Schutzfristenvergleich nach Art. 7 Abs. 8 RBÜ vorzusehen, wonach diese ebenso geschützt sind wie eigene Staatsangehörige.[255]

Dies ist in Deutschland durch das Einfügen der § 120 Abs. 2 Nr. 2 UrhG, § 125 Abs. 1 S. 2 UrhG, § 126 Abs. 1 S. 2-3 UrhG, § 127 Abs. 1 S. 2 UrhG, § 127a Abs. 1 S. 2 UrhG, § 128 Abs. 1 S. 2 UrhG geschehen, wonach Angehörige anderer Mitgliedstaaten und deutsche Staatsangehörige gleich behandelt werden.

Die Diskriminierungen sind nicht gerechtfertigt. Damit ist eine Entscheidung über die Frage entbehrlich, ob das Diskriminierungsverbot im Fall einer unmittelbaren Diskriminierung absolut gilt, oder ob eine Rechtfertigung möglich ist.

dd) Anwendbarkeit auf Werke von vor Inkrafttreten des Diskriminierungsverbots verstorbenen Urhebern

Zwischen zwei Mitgliedstaaten findet das Diskriminierungsverbot ab dem Zeitpunkt Anwendung, ab dem es für die beiden Staaten in Kraft getreten ist. Es ist für die Gründungsmitgliedstaaten am 01.01.1958 in Kraft getreten,[256] findet also frühestens ab diesem Zeitpunkt Anwendung. Sind zwei Mitgliedstaaten zu unterschiedlichen Zeitpunkten Mitglieder der Europäischen Wirtschaftsgemeinschaft (jetzt: der Europäischen Union) geworden, findet das Diskriminierungsverbot zwischen den beiden Staaten ab dem Zeitpunkt Anwendung, in dem der Staat, der zuletzt Mitglied geworden ist, der Union beigetreten ist.[257]

Fraglich ist, ob das Diskriminierungsverbot auch auf den Fall Anwendung findet, dass der Urheber, dessen Recht in Rede steht, vor Inkrafttreten des EWGV verstorben war. Ein Urheber, der gestorben ist, bevor der EWGV in dem Mitgliedstaat, dem er angehörte, in Kraft getreten ist, konnte niemals Angehöriger eines der Mitgliedstaaten der Europäischen Gemein-

---

255 Vgl. *Firsching,* UFITA Bd. 133 (1997), 131 (230-231); *Flechsig/Klett,* ZUM 1994, 685 (689, 698); *Gaster,* ZUM 1996, 261 (267-268); *Rhein,* in: FS Piper, 755 (760).

256 Art. 7 Abs. 1, Art. 247 Abs. 2 Vertrag zur Gründung der Europäischen Wirtschaftsgemeinschaft v. 25.03.1957, BGBl. 1957 II 766 (774-775, 902).

257 *Dreier*/Schulze, UrhG Vorbemerkung Vor § 64 Rdnr. 19; *Beier,* S. 210-211; *Firsching,* UFITA Bd. 133 (1997), 131 (232); *Gaster,* ZUM 1996, 261 (272); *Schack,* GRUR Int 1995, 310 (312).

schaften sein.[258] Das Diskriminierungsverbot ist auf den räumlichen, personellen und sachlichen Anwendungsbereich des Vertrags (jetzt: der Verträge) beschränkt.[259] Der personelle Anwendungsbereich umfasst in erster Linie Angehörige der Mitgliedstaaten und berechtigt sie, Gleichbehandlung zu verlangen.[260]

Wenn der Schöpfer eines Werks aber vor Inkrafttreten des Diskriminierungsverbots in dem Staat, dem er angehörte, verstorben war, war er zu Lebzeiten kein Unionsbürger und ist damit nie Inhaber des subjektiven Rechts auf Gleichbehandlung geworden.[261] Für das Begründen des urheberrechtlichen Schutzes der Rechtsnachfolger spielt es darüber hinaus keine Rolle, ob der derzeitige Rechteinhaber in der EU ansässig ist.[262] Das Urheberrecht knüpft allein an die Staatsangehörigkeit des Schöpfers an, nicht an die Staatsangehörigkeit seiner Rechtsnachfolger.[263] Es wird in der Person des Urhebers begründet. Dessen Staatsangehörigkeit ist für das Begründen des Schutzes und die Schutzdauer maßgeblich. Der Schutz geht dann – in dem Umfang, in dem er in der Person des Urhebers begründet wurde – auf die Erben über, siehe für das deutsche Recht § 28 Abs. 1, § 30 UrhG.[264] Die Anwendung des Diskriminierungsverbots kann in diesem Fall dazu führen, dass ein Mitgliedstaat verpflichtet ist, dem Angehörigen eines

258 BGH, Beschl. v. 30.03.2000, Az. I ZR 133/97, ZUM 2000, 1085 (1087); *Flechsig*, Anm. zu BGH, Beschl. v. 30.03.2000, Az. I ZR 133/97 = EuGH, Rs. C-360/00, ZUM 2000, 1088 (1088); *Flechsig/Klett*, ZUM 1994, 685 (690).

259 BGH, Beschl. v. 30.03.2000, Az. I ZR 133/97, ZUM 2000, 1085 (1087); Grabitz/Hilf/Nettesheim/*von Bogdandy*, Losebl. (Stand: September 2010), AEUV Art. 18 Rdnr. 24; *Flechsig*, Anm. zu BGH, Beschl. v. 30.03.2000, Az. I ZR 133/97 = EuGH, Rs. C-360/00, ZUM 2000, 1088 (1088).

260 BGH, Beschl. v. 30.03.2000, Az. I ZR 133/97, ZUM 2000, 1085 (1087); Grabitz/Hilf/Nettesheim/*von Bogdandy*, Losebl. (Stand: September 2010), AEUV Art. 18 Rdnr. 29-31; die Anwendung auf Drittstaatsangehörige generell ablehnend von der Groeben/Schwarze/Hatje/*Rust*, AEUV Art. 18 Rdnr. 45.

261 BGH, Beschl. v. 30.03.2000, Az. I ZR 133/97, ZUM 2000, 1085 (1087); *Flechsig*, Anm. zu BGH, Beschl. v. 30.03.2000, Az. I ZR 133/97 = EuGH, Rs. C-360/00, ZUM 2000, 1088 (1088).

262 BGH, Beschl. v. 30.03.2000, Az. I ZR 133/97, GRUR 2000, 1020 (1022) = ZUM 2000, 1085 (1087-1088); *Schack*, Anm. zu EuGH, Urt. v. 06.06.2002, Rs. C-360/00, JZ 2002, 887 (887).

263 BGH, Beschl. v. 30.03.2000, Az. I ZR 133/97, ZUM 2000, 1085 (1087-1088); *Schack*, Anm. zu EuGH, Urt. v. 06.06.2002, Rs. C-360/00, JZ 2002, 887 (887).

264 Vgl. *Flechsig*, Anm. zu BGH, Beschl. v. 30.03.2000, Az. I ZR 133/97 = EuGH, Rs. C-360/00, ZUM 2000, 1088 (1088).

Drittstaates, der zur Europäischen Union keinen Bezug hat, vollständige Inländerbehandlung zu gewähren.[265]

Der – in der Person des Urhebers begründete – urheberrechtliche Schutz wirkt aber in die Zukunft und in den Zeitraum fort, in dem der EWGV und das Diskriminierungsverbot in dem Staat, dem der Urheber angehörte, Anwendung fanden.[266] Er besteht nach dem Tod des Urhebers zugunsten seiner Erben fort, die Erben können sich unmittelbar auf das Urheberrecht berufen. Seine Erben können eine diskriminierungsfreie Anwendung der urheberrechtlichen Vorschriften verlangen.[267]

Der persönliche Schutzbereich des Diskriminierungsverbots erstreckt sich auf Staatsangehörige der Mitgliedstaaten, knüpft also an die Staatsangehörigkeit nach nationalem Recht an.[268] Der Staat, dem der Urheber in einem solchen Fall angehörte, ist später ein Mitgliedstaat geworden. Dies spricht dafür, den persönlichen Schutzbereich des Diskriminierungsverbots auf die für ihn begründeten und in den Zeitraum der Geltung des Diskriminierungsverbots fortwirkenden Rechte zu erstrecken.

Das Diskriminierungsverbot begründet zudem nicht nur ein subjektives Recht, sondern enthält eine objektive Wertentscheidung.[269] Es verpflichtet die Mitgliedstaaten dazu, Rechtsnormen diskriminierungsfrei zu gestalten und anzuwenden.[270] In der Konstellation, dass den Erben eines Verstorbenen der Schutz – im Gegensatz zu den Erben eigener Staatsangehöriger – versagt wird, erfolgt die Diskriminierung aus Gründen der Staatsangehö-

---

265 *Flechsig,* Anm. zu BGH, Beschl. v. 30.03.2000, Az. I ZR 133/97 = EuGH, Rs. C-360/00, ZUM 2000, 1088 (1088).

266 EuGH, Urt. v. 06.06.2002, Rs. C-360/00, Rdnr. 26, NJW 2002, 2858 (2858) = JZ 2002, 886 (886); OLG Frankfurt/Main, Urt. v. 19.04.1997, Az. 11 U 23/96, GRUR Int 1997, 1006 (1008); vgl. *Gaster,* ZUM 1996, 261(269).

267 EuGH, Urt. v. 06.06.2002, Rs. C-360/00, Rdnr. 26; vgl. *Generalanwalt am EuGH Francis G. Jacobs,* Schlussanträge des Generalanwalts v. 30.06.1993, Verbundene Rs. C-92/92 und C-326/92, Rdnr. 34; OLG Frankfurt/Main, Urt. v. 19.04.1997, Az. 11 U 23/96, GRUR Int 1997, 1006 (1008); *Gaster,* ZUM 1996, 261 (269).

268 OLG Frankfurt/Main, Urt. v. 19.04.1997, Az. 11 U 23/96, GRUR Int 1997, 1006 (1008); Grabitz/Hilf/Nettesheim/*von Bogdandy,* Losebl. (Stand: September 2010), AEUV Art. 18 Rdnr. 31; von der Groeben/Schwarze/*Hatje,* AEUV Art. 18 Rdnr. 45; *Haratsch/Koenig/Pechstein,* Rdnr. 701.

269 *Generalanwalt am EuGH Dámaso Ruiz-Jarabo Colomer,* Schlussanträge des Generalanwalts v. 28.02.2002, Rs. C-360/00, Slg. 2002 I 5091, Rdnr. 43-46; *Schack,* Anm. zu EuGH, Urt. v. 06.06.2002, Rs. C-360/00, JZ 2002, 887 (887).

270 *Generalanwalt am EuGH Dámaso Ruiz-Jarabo Colomer,* Schlussanträge des Generalanwalts v. 28.02.2002, Rs. C-360/00, Slg. 2002 I 5091, Rdnr. 46; *Schack,* Anm. zu EuGH, Urt. v. 06.06.2002, Rs. C-360/00, JZ 2002, 887 (887).

rigkeit. Wäre der Erblasser ein Angehöriger des Schutzlandes, käme seinen Erben der Schutz zu. Auch wenn unmittelbar nicht der Erblasser selbst, sondern seine Rechtsnachfolger betroffen sind, findet eine Diskriminierung aus Gründen der Staatsangehörigkeit statt.[271] Diese ist als solche nicht hinnehmbar.

Die Anwendung des Diskriminierungsverbots in diesen Fällen entfaltet keine Rückwirkung. Es geht nicht um eine Diskriminierung zwischen dem Urheber und Angehörigen des Schutzlandes zu dessen Lebzeiten, sondern um eine Diskriminierung, die jetzt zwischen den Erben des Urhebers und Erben von Angehörigen des Schutzlandes stattfindet.[272] Es kann keinen Unterschied machen, ob der Urheber vor oder nach Inkrafttreten des Diskriminierungsverbots verstorben ist, solange das Recht fortbesteht.[273]

ee) Zwischenergebnis

Die Ungleichbehandlungen zwischen In- und Ausländern auf dem Gebiet des Urheberrechts waren Diskriminierungen aus Gründen der Staatsangehörigkeit und sind nicht gerechtfertigt. Damit haben sie gegen das gemeinschaftsrechtliche Diskriminierungsverbot aus Art. 7 Abs. 1 EWGV (jetzt: Art. 18 Abs. 1 AEUV) verstoßen.

Das Diskriminierungsverbot findet auch auf den Fall Anwendung, dass der Urheber, um dessen Recht gestritten wird, vor Inkrafttreten des EWGV für den Staat, dem er angehörte, gestorben war.

c) Zeitliche Beschränkung der Wirkungen des Diskriminierungsverbots

Vor dem 20.10.1993 sind innerhalb der Mitgliedstaaten nahezu alle davon ausgegangen, dass Ungleichbehandlungen zwischen eigenen Staatsangehörigen und Angehörigen anderer Mitgliedstaaten zulässig seien, um die

---

271 Vgl. *Generalanwalt am EuGH Francis G. Jacobs,* Schlussanträge des Generalanwalts v. 30.06.1993, Verbundene Rs. C-92/92 und C-326/92, Slg. 1993 I 5160, Rdnr. 34; *Gaster,* ZUM 1996, 261 (269).

272 *Gaster,* ZUM 1996, 261 (268-269).

273 *Generalanwalt am EuGH Dámaso Ruiz-Jarabo Colomer,* Schlussanträge des Generalanwalts v. 28.02.2002, Rs. C-360/00, Slg. 2002 I 5091, Rdnr. 50; vgl. *Generalanwalt am EuGH Francis G. Jacobs,* Schlussanträge des Generalanwalts v. 30.06.1993, Verbundene Rs. C-92/92 und C-326/92, Rdnr. 34; *Gaster,* ZUM 1996, 261 (269).

Rechte der eigenen Staatsangehörigen in anderen Staaten zu stärken.[274] Solche Ungleichbehandlungen wurden weitgehend praktiziert.[275]

Das gemeinschaftsrechtliche Diskriminierungsverbot ist seit dem 01.01.1958 als wesentlicher Rechtsgrundsatz des Primärrechts normiert. Am 20.10.1993 erklärte der EuGH das Diskriminierungsverbot erstmals ausdrücklich für anwendbar auf das Urheberrecht und die verwandten Schutzrechte.[276] Er entschied, dieses gebiete, Angehörige anderer Mitgliedstaaten urheberrechtlich genauso zu schützen wie eigene Staatsangehörige.[277] Es fragt sich, ab welchem Zeitpunkt das Diskriminierungsverbot in dieser Weise zu verstehen ist.

Wenn der EuGH im Wege der Vorabentscheidung eine Norm auslegt, dann legt er damit dar, wie die Norm seit ihrem Inkrafttreten zu verstehen ist.[278] Soweit die Auslegung einer Norm durch den EuGH Tatbestände aus der Vergangenheit betrifft, können aber Interessen von gutgläubigen Bürgern beeinträchtigt sein, die auf eine andere Auslegung der maßgebenden Norm vertraut haben. Daher gebietet es die Rechtsstaatlichkeit (Art. 2 S. 1 EUV) und als deren Ausprägung das Gebot der Rechtssicherheit, in Ausnahmefällen die Wirkungen des Urteils für die Vergangenheit einzuschränken. Sie können in diesen Fällen für die Zeit ab Verkündung des Urteils

---

274 BGH, Urt. v. 21.04.1994, Az. I ZR 31/92, GRUR Int 1995, 65; *Dreier*/Schulze, UrhG Vorbemerkung vor § 64 Rdnr. 18-19; *Firsching*, UFITA Bd. 133 (1997), 131 (233); *Geller*, in: *ders. (Hrsg.)*, International Copyright Law and Practice, INT -1 (INT-131); *Jehoram*, IIC 1994, 821 (826).

275 *Dreier*/Schulze, UrhG Vorbemerkung vor § 64 Rdnr. 18; *Geller*, in: *ders. (Hrsg.)*, International Copyright Law and Practice, INT-1 (INT-131); *Jehoram*. IIC 1994, 821 (826).

276 EuGH, Urt. v. 20.10.1993, Rs. C-92/92 und C-326/92, LS 1, Rdnr.17-28, GRUR 1994, 280 (282).

277 EuGH, Urt. v. 20.10.1993, Rs. C-92/92 und C-326/92, LS 1, Rdnr. 29-33, GRUR 1994, 280 (282-283).

278 EuGH, Urt. v. 15.03.2005, Rs. C-209/03, Rdnr. 66, NJW 2005, 2055 (2058); EuGH, Urt. v. 02.02.1988, Rs. 24/86 Rdnr. 27, NJW 1989, 3088 (3089); BGH, Urt. v. 06.10.1994, Rs. I ZR 155/90, NJW 1995, 868 (869); BGH, Urt. v. 21.04.1994, Az. I ZR 31/92, GRUR Int 1995, 65 (68); *Walter*/von Lewinski/*Riede*, Principle of Non-Discrimination Rdnr. 2.0.16; *Beier*, S. 232; *Firsching*, UFITA Bd. 133 (1997), 131 (231); *Gaster*, ZUM 1996, 261 (266).

beschränkt werden.[279] Eine solche Einschränkung muss der EuGH selbst in seinem Urteil aussprechen.[280]

Eine derartige Beschränkung setzt voraus, dass die Entscheidung andernfalls zu schwerwiegenden Beeinträchtigungen für gutgläubig begründete Rechtsverhältnisse führen würde.[281]

In seiner Entscheidung vom 20.10.1993 hat der EuGH die Wirkung in zeitlicher Hinsicht nicht begrenzt.[282]

Im Folgenden wird der Frage nachgegangen, ob eine entsprechende Einschränkung aufgrund der oben genannten Voraussetzungen und aus Gründen der Rechtsstaatlichkeit, Art. 2 S. 1 EUV, geboten war und wenn ja, welche Reichweite diese Einschränkung haben sollte.

aa) Gebotenheit der Einschränkung aus Rechtssicherheitsgründen

Schon vor dem Urteil des EuGH „Phil Collins" vom 20. Oktober 1993 wendete der EuGH Vorschriften des EWGV auf Sachverhalte aus dem Urheberrecht an.[283] Die Ausübung des Urheberrechts – seine kommerzielle Nutzung, beispielsweise wenn Rechteinhaber Lizenzen vergeben oder in einzelnen Mitgliedstaaten Verwertungsrechte geltend machen – nimmt

279 EuGH, Urt. v. 15.03.2005, Rs. C-209/03, Rdnr. 67, NJW 2005, 2055 (2058); EuGH, Urt. v. 17.05.1990, Rs. C-262/88, Rdnr. 41, NJW 1991, 2204 (2206); EuGH, Urt. v. 02.02.1988, Rs. 24/86 Rdnr. 28, NJW 1989, 3088 (3089); EuGH, Urt. v. 08.04.1976, Rs. 43/75, NJW 1976, 2068 (2070); *Flechsig/Klett,* ZUM 1994, 685 (692-693); *Gaster,* ZUM 1996, 261 (266).

280 EuGH, Urt. v. 16.7.1992, Rs. C-163/90, Rdnr. 30, BeckRS 2004, 74582; EuGH, Urt. v. 17.05.1990, Rs. C-262/88, Rdnr. 41, NJW 1991, 2204 (2206); EuGH, Urt. v. 02.02.1988, Rs. 24/86 Rdnr. 28, NJW 1989, 3088 (3089); BGH, Urt. v. 06.10.1994, Az. I ZR 255/90, NJW 1995, 868 (869); *Firsching,* UFITA Bd. 133 (1997), 131 (231); *Gaster,* ZUM 1996, 261 (266).

281 EuGH, Urt. v. 15.03.2005, Rs. C-209/03, Rdnr. 69, NJW 2005, 2055 (2058); EuGH, Urt. v. 17.05.1990, Rs. C-262/88, NJW 1991, 2204 (2206); EuGH, Urt. v. 08.06.1976, Rs. 43/75, NJW 1976, 2068 (2070); *Flechsig/Klett,* ZUM 1994, 685 (692-693);*Gaster,* ZUM 1996, 261 (266).

282 EuGH, Urt.v. 20.10.1993, Rs. C-92/92 und C-326/92, Rdnr. 33-35, GRUR 1994, 280 (283); BGH, Urt. v. 06.10.1994, Az. I ZR 155/90, NJW 1995, 868 (869); BGH, Urt. v. 21.04.1994, Az. I ZR 31/91, GRUR Int 1995, 65 (68); dazu *Firsching,* UFITA Bd. 133 (1997), 131 (231-232).

283 EuGH, Urt. v. 24.01.1989, Rs. 341/87, GRUR Int 1989, 319 (320); EuGH, Urt. v. 02.03.1983, Rs. 7/82, NJW 1984, 2755 (2756-2757); EuGH, Urt. v. 06.10.1982, Rs. 262/81,NJW 1983, 1255 (1255); EuGH, Urt. v. 20.01.1981, Rs. 55/80 und 57/80, GRUR Int 1981, 229 (231); *Gaster,* ZUM 1996 261 (263-264).

Einfluss auf den freien Waren- und Dienstleistungsverkehr und fällt damit in den Anwendungsbereich des EWGV (jetzt: der Verträge). Dies hat der EuGH in zahlreichen Entscheidungen vor seinem Urteil „Phil Collins" klargestellt, er verfolgt insoweit eine klare Linie.[284]

Ebenso hat der EuGH wiederholt deutlich gemacht, dass das Gewähren von Schutz nicht von Gegenseitigkeitsvoraussetzungen abhängig gemacht werden kann und dass Regelungen, die dies vorsehen, gegen das gemeinschaftsrechtliche Diskriminierungsverbot verstoßen.[285]

Mit seinem Urteil „Phil Collins" verfolgt der EuGH diese Linien weiter – er bezieht das Urheberrecht in den Anwendungsbereich des EWGV ein und erteilt Ungleichbehandlungen, die auf dem Gegenseitigkeitsprinzip beruhen, eine klare Absage.[286] Hierin liegt keine Änderung, sondern eine Fortführung der Rechtsprechung des EuGH.[287]

Auch zählt das Diskriminierungsverbot von Beginn der Europäischen Integration an zu den fundamentalen Rechtsgrundsätzen des Gemeinschafts- und Unionsrechts.[288] Alle Mitgliedstaaten haben sich mit Abschluss der Verträge und dem Beitritt zu dieser Gemeinschaft zur Wahrung des Diskriminierungsverbots verpflichtet.[289] Die Umsetzung in das nationale Fremdenrecht und die Wahrung dieses Grundsatzes in der Rechtsprechung wäre somit von Beginn an geboten gewesen.

Jedoch hat der EuGH bis zum Phil-Collins-Urteil noch nicht in dieser Klarheit entschieden, dass das Urheberrecht als solches im Anwendungsbereich des EWGV liegt und die Differenzierungen zwischen dem Schutz von

---

284 EuGH, Urt. v. 02.03.1983, Rs. 7/82, NJW 1984, 2755 (2756-2757); EuGH , Urt. v. 06.10.1982, Rs. 262/81, NJW 1983, 1255 (1255-1256); EuGH, Urt. v. 08.06.1971, Rs. 78/70, GRUR Int 1971, 450 (453); *Braun*, IPrax 1994, 263 (263-264); *Gaster*, ZUM 1996 261 (263-264).

285 EuGH, Urt. v. 11.1.1990, Rs. C-38/89, Rdnr. 7, BeckRS 2004, 76883; EuGH, Urt. v. 02.02.1989, Rs. 186/87, Rdnr. 10-12, NJW 1989, 2183 (2183); EuGH, Urt. v. 22.06.1972, Rs. C-1/72 - juris, Rdnr. 19; *Firsching*, UFITA Bd. 133 (1997), 131 (228-229); *Mestmäcker*, GRUR Int 1993, 532 (533).

286 EuGH, Urt. v. 20.10.1993, Rs. C- 92/92 und C-326/92, Rdnr. 29-33, GRUR 1994, 280 (282).

287 *Gaster*, ZUM 1996, 261 (267) ; a.A. *Loewenheim*, Anm. zu EuGH, Urt. v. 20.10.1993, Rs. C-92/92, NJW 1994, 1046 (1047); *Schack*, GRUR Int 1995. 310 (311).

288 EuGH, Urt. v. 28.06.1977, Rs. 11/77, NJW 1977, 2016 (2016-2017); Grabitz/Hilf/Nettesheim/*von Bogdandy*, Losebl. (Stand: 2010), AEUV Art. 18 Rdnr. 1; von der Groeben/Schwarze/Hatje/*Rust*, AEUV Art. 18 Rdnr. 13.

289 BGH, Urt. v. 21.04.1994, Az. I ZR 31/92, GRUR Int 1995, 65 (68).

In- und Ausländern, die aus dem System der Staatsverträge auf dem Gebiet des Urheberrechts folgen, gegen das Diskriminierungsverbot verstoßen.[290]

Das Urheberrecht als solches wurde zum damaligen Zeitpunkt in keiner Vorschrift des EWGV erwähnt.[291] Der EuGH differenziert zwischen dem Bestand und der Ausübung des Urheberrechts: Die Ausübung des Urheberrechts wirke sich auf den freien Waren- und Dienstleistungsverkehr aus und könne somit in den Anwendungsbereich des EWGV (jetzt: der Verträge) fallen.[292] Dem gegenüber werde der Bestand des Urheberrechts durch das Gemeinschaftsrecht nicht berührt.[293] Wiederholt betont er, dass das Gemeinschaftsrecht die Eigentumsordnung in den Mitgliedstaaten (zu der auch das Urheberrecht zählt) unangetastet lässt.[294] Zwischen Bestand und Ausübung des Urheberrechts lässt sich schwer differenzieren.[295] Daher konnte man zum damaligen Zeitpunkt vernünftigerweise auch zu dem Schluss kommen, dass der urheberrechtliche Schutz an sich und die Schutzdauer nicht in den Anwendungsbereich des EWGV fallen.

Zudem verwies der EuGH wiederholt in unterschiedlichen Konstellationen auf den (zum damaligen Zeitpunkt) gegenwärtigen Stand des Gemeinschaftsrechts.[296] Daraus konnte man den Schluss ziehen, dass er der Auffassung war, diese nicht harmonisierten Bereiche unterfallen nicht dem Gemeinschaftsrecht.

Die oben beschriebenen Differenzierungen zwischen dem Schutz eigener Staatsangehöriger und dem von Angehörigen anderer Staaten beruhten auf einem über Jahrzehnte gewachsenen und international etablierten System von Staatsverträgen auf dem Gebiet des Urheberrechts.[297] Die Staaten

---

290 *Geller,* in: *ders.,* International Copyright Law and Practice, INT-1 (INT-130-INT-131).

291 BGH, Urt. v. 25.06.1992, Az. I ZR 155/90, Rdnr. 19, WKRS 1992, 15809; *Firsching,* UFITA Bd. 133 (1997), 131 (169).

292 *Firsching,* UFITA Bd. 133 (1997), 131 (217-219); *Loewenheim,* IIC 1995, 829 (830).

293 EuGH, Urt. v. 06.10.1982, Rs. 262/81, NJW 1983, 1255 (1255-1256); *Firsching,* UFITA Bd. 133 (1997), 131 (217-219); *Loewenheim,* IIC 1995, 829 (830).

294 EuGH, Urt. v. 20.01.1981, Rs. 55/80 u. 57/80, Rdnr. 9, GRUR Int 1981, 229 (230); *Firsching,* UFITA Bd. 133 (1997), 131 (217-218); *Schack,* Rdnr. 147.

295 *Firsching,* UFITA Bd. 133 (1997), 131 (218-219).

296 EuGH, Urt. v. 24.01.1989, Rs. 341/87, Rdnr. 11, GRUR Int 1989 319 (320); EuGH, Urt. v. 21.06.1974, Rs. 2/74, NJW 1975, 513 (515); *Loewenheim,* GRUR Int 1993, 105 (112-113).

297 *Ricketson/Ginsburg,* Berne Convention Fundamentals of Protection (Articles 3-6 and 18-20) Rdnr. 6.76; *Schack,* Rdnr. 1092-1093; *Braun,* IPrax 1994, 263 (264-265); *Loewenheim,* GRUR Int 1993, 105 (114-115).

haben die Schutzdauer auf die Dauer nach dem Recht des Ursprungslandes begrenzt (Art. 7 Abs. 8 RBÜ) und zwischen dem Schutz von eigenen Staatsangehörigen und Angehörigen anderer Staaten unterschieden, um diese Staaten zu einem Schutz ihrer Staatsbürger und zum Beitritt zu Staatsverträgen zu bewegen. Diese Differenzierungen beruhten auf dem Prinzip der Gegenseitigkeit, das in den Staatsverträgen verankert war.[298] In all dieser Zeit hat niemand - kein nationales Gericht und kein nationaler Gesetzgeber, auch kein Organ der Europäischen Gemeinschaft - den Schutzfristenvergleich und andere Ungleichbehandlungen, die auf diesem Prinzip beruhen, in Frage gestellt.[299] Sie wurden vielmehr allgemein anerkannt und weitgehend praktiziert.

Die Tatsache, dass die Mitgliedstaaten sich in der Entschließung des Europäischen Rates vom 14.05.1992 (knapp anderthalb Jahre vor dem Urteil des EuGH) verpflichtet haben, der RBÜ und dem Rom-Abkommen beizutreten, unterstreicht die Akzeptanz dieser Verträge in der Europäischen Gemeinschaft.[300]

Ausübende Künstler, Verwertungsgesellschaften und Nutzer durften auf die Gemeinfreiheit von Werken, Darbietungen und Tonträgern vertrauen, die aufgrund derartiger Ungleichbehandlungen nicht mehr geschützt waren.

Die uneingeschränkt rückwirkende Auslegung des Diskriminierungsverbots in dieser Weise hat starke Auswirkungen auf Künstler und andere Verwerter. Künstlern, die vor 1993 ein Konzert geplant und sich dafür entschieden haben, ein vermeintlich gemeinfreies Werk aufzuführen, wird nachträglich das Recht genommen, dieses aufzuführen. Dies, obwohl zum Zeitpunkt ihrer Entscheidung niemand ahnen konnte, dass der Schutzfristenvergleich gegen das Diskriminierungsverbot verstößt und keine Anwendung findet. Von ihnen konnten rückwirkend Tantiemen in großer Höhe gefordert werden. Das Urteil wurde 1993 verkündet und bezieht sich auf das Diskriminierungsverbot, welches zwischen den Gründungsmitgliedstaaten

298 *Bongers,* S. 196-199.

299 BGH, Urt. v. 21.04.1994, Az. I ZR 31/92, GRUR Int 1995, 65; *Dreier*/Schulze, UrhG Vorbemerkung vor § 64 Rdnr. 18-19; *Firsching,* UFITA Bd. 133 (1997), 131 (233); *Geller,* in: *ders. (Hrsg.),* International Copyright Law and Practice, INT -1 (INT-131); *Jehoram,* IIC 1994, 821 (826).

300 *Rat der Europäischen Gemeinschaften,* Entschliessung im Hinblick auf einen verstärkten Schutz des Urheberrechts und der Leistungsschutzrechte v. 14.05.1992, ABl. 1992 C 138, 1 (1).

zum 01.01.1958 in Kraft trat.[301] Es betrifft damit eine sehr große Zahl an Werken und somit eine große Anzahl an Künstlern und Nutzern, die im Nachhinein mit Forderungen überzogen werden konnten. Die Auswirkungen auf die Verteilungspläne der Verwertungsgesellschaften waren ebenfalls verheerend.[302]

Zusammenfassend zeigt sich, dass die Entscheidung zu schwerwiegenden Beeinträchtigungen gutgläubig begründeter Rechtsverhältnisse geführt hat.

Die Möglichkeiten der nationalen Gerichte, das Vertrauen der Nutzer nach dem nationalen Recht zu schützen,[303] sind begrenzt.[304] Sie hängen von den Besonderheiten der jeweiligen nationalen Rechtsordnung ab. Für das deutsche Recht hilft gegenüber Ansprüchen von Rechteinhabern der Einwand der Verwirkung aus § 242 BGB nicht weiter, da diesen nicht zum Vorwurf gemacht werden kann, Rechte, die sie nicht haben erkennen können, nicht rechtzeitig geltend gemacht zu haben.[305] Bei Schadensersatzansprüchen, § 97 Abs. 2 UrhG, wird das Verschulden in den meisten Fällen aufgrund eines entschuldigenden Rechtsirrtums abzulehnen sein.[306] Bei Ansprüchen auf Beseitigung der Beeinträchtigung aus § 97 Abs. 1 UrhG und aus Bereicherungsrecht (§ 100a UrhG, § 812 Abs. 1 S. 1 Alt. 2 BGB) kommt es auf ein Verschulden aber nicht an. Dem gutgläubigen Nutzer als Bereicherungsschuldner könnte dadurch geholfen werden, dass der Einwand der Entreicherung aus § 818 Abs. 3 BGB großzügig berücksichtigt wird. Diesen Einwand müsste der Schuldner aber geltend machen und eine Entreicherung beweisen.[307] Die nationalen Gerichte sind überdies zur gemeinschaftsrechtstreuen Rechtsauslegung verpflichtet.[308] Sie müssen dem Diskriminierungsverbot und den Rechten der Urheber zur Geltung verhelfen.[309] Vor diesem Hintergrund erscheint ein großzügiges Berücksichtigen

301 *Beier*, S. 210-211; *Firsching*, in: UFITA Bd. 133 (1997), 131 (231-232); *Geller*, in: *ders. (Hrsg.)*, International Copyright Law and Practice, INT -1 (INT-131-INT-132).

302 *Flechsig/Klett*, ZUM 1994, 685 (693); *Karnell*, GRUR Int 1994, 733 (738-739); *Schack*, GRUR Int 1995, 310 (311).

303 *Walter*/von Lewinski/*Riede*, Principle of Non-discrimination Rdnr. 2.0.18; *Gaster*, ZUM 1996 261 (266, 272-273).

304 *Karnell*, GRUR Int 1994, 733 (739 Fn. 26).

305 *Schack*, Rdnr. 1095.

306 *Schack*, Rdnr. 1095; *Karnell*, GRUR Int 1994, 733 (739).

307 BGH, Urt. v. 17.06.1992, Az. XII ZR 119/91, NJW 1992, 2415 (2416); Schulze/*Wiese*, BGB § 818 Rn. 20.

308 *Beier*, S. 232-234.

309 *Beier*, S. 232-234.

des Entreicherungseinwands aus § 818 Abs. 3 BGB zum Schutz der gutgläubigen Nutzer vor Ansprüchen der Rechteinhaber als problematisch.

Zusammenfassend zeigt sich, dass die Möglichkeiten der nationalen Gerichte, das Vertrauen der Nutzer zu schützen, begrenzt sind. Für sie ergibt sich die Konfliktsituation, dass sie zur gemeinschaftsrechtstreuen Rechtsauslegung verpflichtet sind und gleichzeitig aufgrund des Rechtsstaatsprinzips, Art. 20 Abs. 3 GG, und der Grundrechte das Vertrauen der Nutzer zu schützen haben.

Eine gesamteuropäische Lösung war geboten und hätte zu Rechtssicherheit in der gesamten Gemeinschaft beigetragen. Eine Einschränkung der Folgen des Urteils war somit aufgrund der Rechtsstaatlichkeit (seinerzeit ein allgemein anerkannter Grundsatz des Unionsrechts, inzwischen normiert in Art. 2 S. 1 EUV) und vor allem zum Schutz des Vertrauens der Nutzer geboten.

Fraglich ist, wie weit die Einschränkung der Folgen des Urteils reichen sollte.

bb) Reichweite der Einschränkung

(1) Generelle Beschränkung auf die Zukunft

Für eine generelle Beschränkung der zeitlichen Wirkungen des Urteils auf den Zeitraum ab seiner Verkündung spricht, dass bis zu diesem Zeitpunkt kein Bewusstsein dafür existierte, dass das Diskriminierungsverbot auf das Urheberrecht Anwendung fand und Ungleichbehandlungen zwischen eigenen Staatsangehörigen und Angehörigen anderer Mitgliedstaaten verboten waren.[310]

Bei der Frage, welchen Regelungsinhalt eine Norm hat, kann aber das Bewusstsein in der Bevölkerung über einen Rechtszustand nicht zum Maßstab genommen werden.[311] Vielmehr muss die Norm als solche genau in den Blick genommen und ihr Regelungsinhalt bestimmt werden.

Das Diskriminierungsverbot hat – wie oben gezeigt – den Regelungsinhalt, dass es Ungleichbehandlungen, die auf dem Prinzip materieller Gegenseitigkeit beruhen, innerhalb der Gemeinschaft und zwischen den Mit-

---

310 *Flechsig/Klett*, ZUM 1994, 685 (690).
311 *Schack*, GRUR Int 1995, 310 (312).

gliedstaaten untersagt.[312] Das Gemeinschaftsrecht ist – was die Ausübung und wirtschaftliche Verwertung betrifft (um die es hier geht) – auf das Urheberrecht und die verwandten Schutzrechte anwendbar.[313] Dies gilt – wie stets – seit Inkrafttreten der Norm.

Zudem ist unklar, was die Konsequenzen einer generellen Beschränkung der Wirkungen des Urteils auf die Zukunft wären: Hieße das, das Diskriminierungsverbot findet nur auf nach dem 20.10.1993 geschaffene Werke Anwendung? Oder nur auf solche, die zu diesem Zeitpunkt in den jeweiligen Mitgliedstaaten nach dem bisherigen Verständnis geschützt waren? Eine derartige Einschränkung würde zu großer Rechtsunsicherheit führen.

Darüber hinaus ist sie zum Schutz des Vertrauens der Nutzer nicht notwendig. Für die Nutzer ist entscheidend, dass sie nicht nachträglich mit Forderungen der Rechteinhaber überzogen werden. Hierzu genügt es, wenn die Möglichkeit der Rechteinhaber eingeschränkt wird, für Nutzungshandlungen vor Verkündung des Urteils Ansprüche geltend zu machen.

Eine generelle Beschränkung der zeitlichen Wirkungen des Urteils ab dem Zeitpunkt seiner Verkündung – dahin gehend, dass erst ab diesem Zeitpunkt Werke und Leistungen von Angehörigen anderer Mitgliedstaaten genauso lange zu schützen waren wie Werke und Leistungen eigener Staatsangehöriger – war damit nicht angezeigt.

Das bedeutet, dass das Diskriminierungsverbot zwar vom Zeitpunkt seines Inkrafttretens an für die betroffenen Mitgliedstaaten so zu verstehen ist, dass es gebietet, bezogen auf das Urheberrecht Angehörige anderer Mitgliedstaaten mit eigenen Staatsangehörigen gleichzustellen.[314] Der EuGH war aber aufgrund der Rechtsstaatlichkeit (Art. 2 S. 1 EUV) gehalten, die Möglichkeiten der Rechteinhaber, Ansprüche aufgrund dieser Rechte geltend zu machen, für in der Vergangenheit liegende Verwertungshandlungen einzuschränken.

312 EuGH, Urt. v. 06.06.2002, Rs. C-360/00, Rdnr. 31, JZ 2002, 886 (886); EuGH, Urt. v. 20.10.1993, Rs. C-92/92 und C-326/92, LS 2, Rdnr. 32, GRUR 1994, 280 (280, 283); *Walter*/von Lewinski/*Riede,* Principle of Non-discrimination Rdnr. 2.0.9.

313 EuGH, Urt. v. 20.10.1993, Rs. C-92/92 und C-326/92, LS 1, Rdnr. 28, GRUR 1994, 280 (280, 282); *Walter*/von Lewinski/*Riede,* Principle of Non-discrimination Rdnr. 2.0.6.

314 *Walter*/von Lewinsky/*Riede,* Principle of non-discrimination Rdnr. 2.0.16; *Ellins,* S. 305; *Jehoram,* IIC 1994, 821 (826).

(2) Einschränkung der Möglichkeit der Rechteinhaber, sich auf die Auslegung des EuGH zu berufen

Der EuGH konnte die Möglichkeit für die Rechteinhaber einschränken, sich auf seine Auslegung des Diskriminierungsverbots zu berufen.[315]

Die Auswirkungen des Urteils auf Verwerter wiegen schwer. Das Urteil setzt Musiker, Theater und andere Verwerter, die auf die Gemeinfreiheit von Werken und die Gültigkeit der nationalen Rechtsvorschriften vertraut haben, der Gefahr aus, rückwirkend mit Forderungen in großer Höhe überzogen zu werden.[316] Auch auf die Verteilungspläne der Verwertungsgesellschaften hat das Urteil weitreichende Auswirkungen.[317] Es wirkt für Jahrzehnte in die Vergangenheit zurück und betrifft damit sehr viele Verwerter. Sie bedürfen in besonderer Weise des Schutzes.

Für Verwertungshandlungen, die vor Verkündung des Urteils stattgefunden haben – wie die Aufführung eines vermeintlich gemeinfreien Stücks durch ein Orchester – sollte die Möglichkeit der Rechteinhaber ausgeschlossen werden, darauf gestützte Ansprüche geltend zu machen.[318] Eine Ausnahme kann für Rechteinhaber vorgesehen werden, die ihre – zum Zeitpunkt der Urteilsverkündung bestehenden – Ansprüche bereits vor Verkündung des Urteils im Wege der Klage geltend gemacht haben.[319]

cc) Zwischenergebnis

Die Entscheidung führt zu schwerwiegenden Beeinträchtigungen für in der Vergangenheit gutgläubig begründete Rechtsverhältnisse der Verwerter. Eine Einschränkung der Urteilswirkungen war aus Gründen der Rechtsstaatlichkeit, Art. 2 S. 1 EUV, geboten.

---

315 EuGH, Urt. v. 15.03.2005, Rs. C-209/03, Rdnr. 67, NJW 2005, 2055 (2058); EuGH, Urt. v. 17.05.1990, Rs. C-262/88, Rdnr. 41, NJW 1991, 2204 (2206); EuGH, Urt. v. 02.02.1988, Rs. 24/86 Rdnr. 28, NJW 1989, 3088 (3089); EuGH, Urt. v. 08.04.1976, Rs. 43/75, NJW 1976, 2068 (2070); *Flechsig/Klett*, ZUM 1994, 685 (692-693); *Gaster*, ZUM 1996, 261 (266).

316 *Flechsig/Klett*, ZUM 1994, 685 (693); *Karnell*, GRUR Int 1994, 733 (738-739); *Schack*, GRUR Int 1995, 310 (311).

317 *Karnell*, GRUR Int 1994, 733 (739); *Schack*, GRUR Int 1995, 310 (311).

318 S. zu dieser Möglichkeit EuGH, Urt. v. 15.03.2005, Rs. C-209/03, Rdnr. 67, NJW 2005, 2055 (2058); EuGH, Urt. v. 17.05.1990, Rs. C-262/88, Rdnr. 41, NJW 1991, 2204 (2206); EuGH, Urt. v. 02.02.1988, Rs. 24/86 Rdnr. 28, NJW 1989, 3088 (3089); EuGH, Urt. v. 08.04.1976, Rs. 43/75, NJW 1976, 2068 (2070).

319 Ähnlich wie in EuGH, Urt. v. 08.04.1976, Rs. 43/75, NJW 1976, 2068 (2070).

Für die Rechteinhaber sollte die Möglichkeit ausgeschlossen werden, Ansprüche für Verwertungshandlungen geltend zu machen, die vor Verkündung des Urteils stattgefunden hatten. Eine Ausnahme kann vorgesehen werden, sofern ein Rechteinhaber bereits Klage erhoben hat.

d) Ausweitung auf den Europäischen Wirtschaftsraum

Der EWRV, der zwischen den 1994 der EG angehörenden Mitgliedstaaten und den EFTA-Staaten[320] geschlossen worden ist[321], enthält in Art. 4 ein Diskriminierungsverbot, das dem unionsrechtlichen Diskriminierungsverbot vom Regelungsinhalt entspricht.[322] Somit stellt sich die Frage, ob dieses auch in derselben Weise auszulegen ist wie das unionsrechtliche Diskriminierungsverbot.

Nach Art. 6 EWRV ist, soweit Vorschriften des EWRV vom Gehalt her mit Vorschriften der Verträge identisch sind, die Auslegung des EuGH vor dem Unterzeichnen des EWRV in Bezug auf die identischen Vorschriften der EU-Verträge für die Auslegung der entsprechenden Normen des EWRV bindend.

Das Phil-Collins-Urteil des EuGH[323] ist nach der Unterzeichnung des EWRV durch die betroffenen EFTA-Staaten, aber vor dem Unterzeichnen durch den letzten EU-Staat erlassen worden.[324] Damit ist unklar, ob das Phil-Collins-Urteil für die Auslegung von Art. 4 EWRV unmittelbar Bindungswirkung entfaltet (Art. 6 EWRV).[325]

Das Diskriminierungsverbot gehört zum gemeinsamen Bestand der Rechte, die mit dem EWRV auch zum Recht der EFTA-Staaten wurden.[326] Der EWRV bezweckt eine möglichst enge Zusammenarbeit mit der EU und

---

320 Intergouvernementale Organisation zur Förderung von freiem Handel und wirtschaftlicher Zusammenarbeit. Ihr gehören heute Liechtenstein, die Schweiz, Island und Norwegen an (zit.: EFTA-Staaten), https://www.efta.int/about-efta/european-free-trade-association (zuletzt abgerufen am 31.12.2021).

321 *Karnell,* GRUR Int 1994, 733 (733).

322 *Walter*/von Lewinski/*Riede,* Principle of Non-discrimination Rdnr. 2.0.11; *Karnell,* GRUR Int 1994, 733 (734); *Schack,* GRUR Int 1995, 310 (312).

323 EuGH, Urt. v. 20.10.1993, Rs. C-92/92 und C-326/92, GRUR 1994, 280-283.

324 *Karnell,* GRUR Int 1994, 733 (733).

325 Dagegen *Walter*/von Lewinski/*Riede,* Principle of Non-discrimination, Rdnr. 2.0.11-2.0.12.

326 *Walter*/von Lewinski/*Riede,* Principle of Non-discrimination, Rdnr. 2.0.11-2.0.12; *Karnell,* GRUR Int 1994, 733 (733).

eine möglichst einheitliche Auslegung des Rechts.[327] Art. 105 Abs. 1 EWRV erklärt es zum Ziel der Vertragsparteien, eine möglichst einheitliche Auslegung des Abkommens und der gemeinschaftsrechtlichen Bestimmungen, die in ihrem wesentlichen Gehalt in das Abkommen übernommen werden, zu erreichen.

Das EU-Recht auf dem Gebiet des Urheberrechts und der verwandten Schutzrechte soll zudem nach dem Willen der Vertragsparteien Teil des Rechts des Europäischen Wirtschaftsraums sein.[328]

Die Erwägungen in Bezug auf das unionsrechtliche Diskriminierungsverbot lassen sich ohne weiteres auf das Diskriminierungsverbot nach Art. 4 EWRV übertragen.[329] Das Diskriminierungsverbot nach Art. 4 EWRV ist damit in derselben Weise auszulegen wie Art. 18 Abs. 1 AEUV. Somit gebietet auch Art. 4 EWRV, auf dem Gebiet des Urheberrechts und der verwandten Schutzrechte Staatsangehörige anderer EWR-Staaten so zu behandeln wie eigene Staatsangehörige.[330]

e) Die Auswirkungen von TRIPS

Das TRIPS-Übereinkommen vom 15.04.1994[331] (für Deutschland in Kraft getreten am 01.01.1995)[332] brachte für das Urheberrecht in mehrerer Hinsicht Veränderungen mit sich.

Mitglied des TRIPS sind nicht nur die einzelnen Mitgliedstaaten, sondern die EU selbst. Damit ist sie selbst an die Verpflichtungen aus dem Abkommen gebunden. Art. 3 Abs. 1 TRIPS sieht Inländerbehandlung nur vorbehaltlich der in der RBÜ und dem Rom-Abkommen geregelten Ausnahmen vor. Für das Urheberrecht und die verwandten Schutzrechte ist das Verhältnis zwischen Art. 3 Abs. 1 TRIPS, an den die EU selbst als TRIPS-Mitglied gebunden ist, und dem Diskriminierungsverbot zu klären.

---

327 *Walter*/von Lewinski/*Riede,* Principle of Non-discrimination, Rdnr. 2.0.10; *von Lewinski,* in: FS Beier, 607 (615).

328 *Walter*/von Lewinski/*Riede,* Principle of Non-discrimination, Rdnr. 2.0.12; *Karnell,* GRUR Int 1994, 733 (733).

329 *Walter*/von Lewinski/*Riede,* Principle of Non-discrimination, 2.0.12; ausf. *Gaster,* ZUM 1996, 261 (270-271).

330 So auch *Schack,* Rdnr. 1097.

331 Übereinkommen über handelsbezogene Aspekte der Rechte des geistigen Eigentums v. 15.04.1994, BGBl. 1994 II 1730-1748 (zit.: TRIPS).

332 Bekanntmachung über das Inkrafttreten des Übereinkommens zur Errichtung der Welthandelsorganisation v. 18.05.1995, BGBl. 1995 II 456-458.

Nach Art. 4 S. 1 TRIPS sind die Mitglieder zur Meistbegünstigung verpflichtet. Das bedeutet, sobald sie Angehörige eines anderen Landes privilegieren, müssen sie Angehörige aller anderen Mitglieder des TRIPS in gleicher Weise bevorzugen.

Die Mitgliedstaaten der EU sind untereinander aufgrund des Diskriminierungsverbots hinsichtlich des urheberrechtlichen Schutzes zur vollständigen Inländerbehandlung verpflichtet. Angehörige anderer Mitglieder des TRIPS privilegieren sie nicht in dieser Weise. Fraglich ist, ob sie aufgrund von Art. 4 S. 1 TRIPS dazu verpflichtet sind, auch Angehörige anderer Mitglieder des TRIPS wie eigene Staatsangehörige zu schützen. Ob, mit anderen Worten, das Diskriminierungsverbot über Art. 4 S. 1 TRIPS über die EU hinaus Wirkungen für die Angehörigen aller Mitglieder des TRIPS entfaltet.

aa) Verhältnis zwischen dem Diskriminierungsverbot und Art. 3 Abs. 1 TRIPS

Die EU hat sich mit Abschluss des TRIPS zur Einhaltung der Vorschriften des TRIPS verpflichtet. In Art. 3 Abs. 1 S. 1 TRIPS sieht das TRIPS Inländerbehandlung nur vorbehaltlich der in der Pariser Verbandsübereinkunft, der RBÜ, dem Rom-Abkommen und dem Vertrag über den Schutz des geistigen Eigentums im Hinblick auf integrierte Schaltkreise enthaltenen Ausnahmen vor. Von der Verpflichtung zur Inländerbehandlung sind nur verwandte Schutzrechte erfasst, die das TRIPS selbst vorsieht, Art. 3 Abs. 1 S. 2 TRIPS.

Teilweise wurde vertreten, dass dies über den Abschluss des TRIPS durch die EU als Vertragspartei auf dem Gebiet des Urheberrechts auch innerhalb der EU gelte und diese Regelung als lex posterior Vorrang vor dem Diskriminierungsverbot habe.[333]

Ob dies der Fall ist, richtet sich nach dem Verhältnis völkerrechtlicher Abkommen zum Unionsrecht.[334] Mit Abschluss des TRIPS werden die Unionsorgane und Mitgliedstaaten der EU gebunden. Es muss beim Erlass und der Auslegung von Sekundärrechtsakten berücksichtigt werden.[335]

---

333 *Schack*, GRUR Int 1995, 310 (313-314); die Frage wird ebenfalls aufgeworfen von *Karnell*, GRUR Int 1994, 733 (737).

334 Säcker/Rixecker/Oetker/*Drexl*, Rom-II-VO Art. 8 Rdnr. 56.

335 Walter/*von Lewinski*, Introduction Rdnr. 1.0.45.

Ein völkerrechtlicher Vertrag kann aber nicht zu einer Änderung der Gründungsverträge der EU führen. Dies ergibt sich aus Art. 218 Abs. 11 AEUV, wonach der EuGH vor Abschluss eines völkerrechtlichen Vertrags prüfen muss, ob dieser mit den Verträgen in Einklang steht (S. 1). Tut er dies nicht, ist ein Abschluss nur bei gleichzeitiger Änderung der Gründungsverträge möglich (S. 2).

Für Art. 3 Abs. 1 TRIPS folgt hieraus, dass die Norm im Innenverhältnis unter den Mitgliedstaaten der EU keine Anwendung finden kann. Hier findet weiter ausschließlich das Diskriminierungsverbot aus Art. 18 AEUV Anwendung.[336] Diese Sichtweise bestätigt der EuGH, indem er in ständiger Rechtsprechung weiter Art. 18 AEUV auf das Urheberrecht und die verwandten Schutzrechte anwendet.[337]

bb) Keine Wirkungen des Diskriminierungsverbots über die EU hinaus über Art. 4 S. 1 TRIPS

Nach Art. 4 S. 1 TRIPS sind alle Mitglieder des TRIPS, sobald sie Angehörigen eines Staates Vorteile, Vergünstigungen, Sonderrechte oder Befreiungen gewähren, dazu verpflichtet, Angehörige aller anderen Mitglieder in derselben Weise zu begünstigen (auf Englisch heißt es „any advantage, favour, privilege or immunity granted by a member to the nationals of any other country“[338]). Es stellt sich somit die Frage, ob die Mitgliedstaaten der EG (jetzt: EU) dazu verpflichtet sind, die Inländerbehandlung, die sie Angehörigen anderer Mitgliedstaaten aufgrund des Diskriminierungsverbots gewähren, auch den Angehörigen aller anderen Mitglieder des TRIPS zu gewähren.

Bejaht man dies, so hätte die Anwendung des Diskriminierungsverbots Auswirkungen weit über die Mitgliedstaaten hinaus.

Ausgenommen von der Verpflichtung zur Inländerbehandlung sind nach Art. 4 lit. d TRIPS von einem Mitglied gewährte Vorteile, Vergünstigungen, Sonderrechte und Befreiungen, die sich aus internationalen Übereinkünf-

336 *Generalanwalt am EuGH Dámaso Ruis-Jarabo Colomer,* Schlussanträge des Generalanwalts vom 28.02.2002, Rs. C-360/00, Slg. 2002 I 5091, Rdnr. 56; Säcker/Rixecker/Oetker/*Drexl,* Rom-II-VO Art. 8 Rdnr. 56.

337 EuGH, Urt. v. 30.06.2005, Rs. C-28/04, Rdnr. 18-19, GRUR Int 2005, 816 (818); EuGH, Urt. v. 06.06.2002, Rs. C-360/00, Rdnr. 24, 21, JZ 2002, 886 (886); Säcker/Rixecker/Oetker/*Drexl,* Rom-II-VO Art. 8 Rdnr. 56 Fn. 177.

338 Https://www.wto.org/english/docs_e/legal_e/31bis_trips_e.pdf (zuletzt abgerufen am 06.02.2024).

ten betreffend den Schutz des geistigen Eigentums ableiten, die vor Inkrafttreten des WTO-Übereinkommens in Kraft getreten sind. Dies setzt voraus, dass die Übereinkünfte dem Rat für TRIPS notifiziert werden und keine willkürliche oder ungerechtfertigte Diskriminierung von Angehörigen anderer Mitglieder darstellen.

Sowohl die EG als auch die einzelnen Mitgliedstaaten haben den EG-Vertrag und das EWR-Abkommen gegenüber dem Rat für TRIPS am 19.12.1995 notifiziert.[339] Der EGV müsste eine internationale Übereinkunft betreffend den Schutz des geistigen Eigentums i.S.v. Art. 4 S. 2 lit. d TRIPS darstellen.[340]

Das Urheberrecht und die verwandten Schutzrechte fallen in den Anwendungsbereich des Vertrags (jetzt: der Verträge).[341] Spätestens seit dem Phil-Collins-Urteil des EuGH ist dies klargestellt.[342] Die Vorschriften des Vertrags finden auf das Urheberrecht und die verwandten Schutzrechte Anwendung, damit dient der Vertrag auch dem Schutz dieser Rechte.

Es wird eingewandt, nach der Rechtsprechung des EuGH könne der EGV andere, bedeutende Staatsverträge auf dem Gebiet des Urheberrechts außer Kraft setzen.[343] Damit werde er selbst zu einer Übereinkunft zum Schutz des Urheberrechts und der verwandten Schutzrechte.

Wie die Rechtsprechung des EuGH zeigt, verdrängt der EGV zwischen den Mitgliedstaaten Regelungen aus bedeutenden Staatsverträgen auf dem Gebiet des Urheberrechts.[344] So verdrängt das Diskriminierungsverbot zwischen den Mitgliedstaaten faktisch den Schutzfristenvergleich nach Art. 7 Abs. 8 RBÜ und damit eine wesentliche Vorschrift der RBÜ.[345] Anstelle der Vorschriften dieser Verträge werden die Rechteinhaber innerhalb der

---

339 *Ellins,* S. 311; *von Lewinski,* GRUR Int 1996, 630 (634 Fn. 31a).

340 *Jehoram,* IIC 1994, 821 (827).

341 EuGH, Urt. v. 30.06.2005, Rs. C-28/04, Rdnr. 18, GRUR Int 2005, 816 (817); EuGH, Urt. v. 06.06.2002, Rs. C-360/00, Rdnr. 14, JZ 2002, 886 (886); EuGH, Urt. v. 20.10.1993, Rs. C-92/92 und C-326/92, Rdnr. 28, GRUR 1994, 280 (282); *Walter*/von Lewinski/*Riede,* Principle of Non-discrimination Rdnr. 2.0.6.

342 EuGH, Urt. v. 30.06.2005, Rs. C-28/04, Rdnr. 18, GRUR Int 2005, 816 (817); EuGH, Urt. v. 06.06.2002, Rs. C-360/00, Rdnr. 14, JZ 2002, 886 (886); EuGH, Urt. v. 20.10.1993, Rs. C-92/92 und C-326/92, Rdnr. 28, GRUR 1994, 280 (282); *Schack,* Rdnr. 1092.

343 *Katzenberger,* GRUR Int 1995, 447 (462).

344 *Katzenberger,* GRUR Int 1995, 447 (462).

345 Vgl. *Katzenberger,* GRUR Int 1995, 447 (462).

Gemeinschaft durch die Vorschriften des EGV – insbesondere durch das Diskriminierungsverbot – geschützt.[346]

Erblickt man in dem EGV keine Übereinkunft betreffend den Schutz des geistigen Eigentums i.S.v. Art. 4 S. 2 lit. d TRIPS, so besteht die Gefahr, dass die Mitgliedstaaten Angehörigen aller anderen Mitglieder des TRIPS Inländerbehandlung gewähren müssen, Art. 4 S. 1 TRIPS. Das Diskriminierungsverbot hätte sehr weitreichende Auswirkungen weit über die Europäische Union hinaus. Angehörige aus Drittstaaten in großer Zahl würden vom hohen, gemeinschaftlichen Schutzniveau profitieren, ohne dass ihre Heimatstaaten zum Schutz von EG- bzw. EU-Bürgern verpflichtet sind. Bei Abschluss der Verhandlungen zum WTO-Abkommen bestand gerade die Sorge der EG, dass solche Folgen auftreten könnten.[347]

Es ist auch nicht das Ziel des TRIPS, vollständige Inländerbehandlung zwischen allen Mitgliedern zu erreichen.[348] Dies würde im Ergebnis den Schutz durch alle anderen Staatsverträge auf dem Gebiet des Urheberrechts umgehen, da kein Staat, der Mitglied des TRIPS ist, noch einen Anreiz hätte, sich mit einem anderen Staatsvertrag zu binden.[349]

Ziel der Vertragsparteien des TRIPS war es aber nicht, die anderen Abkommen auf dem Gebiet des Urheberrechts überflüssig zu machen. Für den persönlichen Schutzbereich verweist Art. 1 Abs. 3 TRIPS auf die Kriterien aus der Pariser Übereinkunft[350], der RBÜ, dem Rom-Abkommen und dem Vertrag über den Schutz des geistigen Eigentums im Hinblick auf integrierte Schaltkreise. Inländerbehandlung wird nach Art. 3 Abs. 1 S. 1 TRIPS nur vorbehaltlich der in diesen Verträgen vorgesehenen Ausnahmen gewährt. Dies zeigt, dass das TRIPS die bestehenden Übereinkünfte ergänzen und den Schutz erweitern, sie aber nicht verdrängen will.[351]

Gegen das Einordnen des EGV als internationale Übereinkunft betreffend den Schutz des geistigen Eigentums spricht aber sein supranationaler Charakter[352]. Er unterscheidet sich grundlegend von völkerrechtlichen Ver-

346 *Katzenberger*, GRUR Int 1995, 447 (462).

347 *Ellins*, S. 310-311 Fn. 303.

348 *Katzenberger*, GRUR Int 1995, 447 (460).

349 *Katzenberger*, GRUR Int 1995, 447 (461).

350 Am 14. Juli 1967 in Stockholm unterzeichnete Fassung der Pariser Verbandsübereinkunft vom 20. März 1883 zum Schutz des gewerblichen Eigentums, BGBl. 1970 II 293-456 (zit.: Pariser Übereinkunft).

351 *Drexl*, GRUR Int 1994, 777 (777).

352 Zum Begriff *Haratsch/Koenig/Pechstein*, Rdnr. 41.

trägen:[353] Durch ihn wird eine Gemeinschaftsordnung geschaffen. Anders als andere staatsvertragliche Vorschriften, die den Rang eines einfachen nationalen Gesetzes haben, ist das Gemeinschaftsrecht gegenüber den Rechtsvorschriften der Mitgliedstaaten vorrangig anzuwenden. Es kann darüber hinaus unmittelbare Wirkung innerhalb der Mitgliedstaaten entfalten, zum Beispiel im Fall einer Verordnung oder wenn ein Mitgliedstaat eine Richtlinie nicht fristgerecht in nationales Recht umgesetzt hat.[354]

Ein Blick auf die anderen, in Art. 3, 4 TRIPS genannten Staatsverträge – die Pariser Verbandsübereinkunft, die RBÜ, den Vertrag über den Schutz des geistigen Eigentums im Hinblick auf integrierte Schaltkreise – zeigt: Die Vertragsparteien hatten klassische Staatsverträge auf dem Gebiet des Urheberrechts und der verwandten Schutzrechte im Sinn, als sie die Norm schufen.

Es müsste sich um eine Übereinkunft „betreffend den Schutz des geistigen Eigentums" handeln. Der EGV betrifft nicht in erster Linie Immaterialgüterrecht. Er bildet vielmehr die Grundlage für die Gemeinschaftsordnung insgesamt. Das Urheberrecht und die verwandten Schutzrechte werden im EWGV und im EGV nicht erwähnt.[355]

Ein Vergleich mit anderen Übereinkünften, die unter Art. 4 S. 2 lit. d TRIPS fallen – wie das Rom-Abkommen – zeigt: Bei diesen handelt es sich um internationale Abkommen, die das Urheberrecht zum Hauptgegenstand haben.

Zudem ist die EU als solche selbst Mitglied des TRIPS. Es wäre widersprüchlich, die EU als Union mit Rechtspersönlichkeit und Völkerrechtssubjekt[356], Art. 47 EUV, und TRIPS-Mitglied zu betrachten und gleichzeitig die Verträge – die die Grundlage für die Gemeinschaftsordnung bildeten – als völkerrechtliche Verträge bezogen auf das Urheberrecht einzuordnen.

Schließlich sind die Verträge für Mitgliedstaaten, die der Gemeinschaft nach Inkrafttreten des TRIPS beigetreten sind, erst ab ihrem Beitritt in

---

353 *Firsching,* UFITA Bd. 133 (1997), 131 (242); ähnlich *Loewenheim,* GRUR Int 1993, 105 (106-107) bezogen auf die Frage, ob der EGV einen Staatsvertrag i.S.v. § 125 Abs. 5 S. 1 UrhG darstellt.

354 *Firsching,* UFITA Bd. 133 (1997), 131 (243); *Haratsch/Koenig/Pechstein,* Rdnr. 372-373.

355 BGH, Urt. v. 25.06.1992, Az. I ZR 155/90, Rdnr. 19, WKRS 1992, 15809; *Firsching,* UFITA Bd. 133 (1997), 131 (169).

356 Dazu *Haratsch/Koenig/Pechstein,* Rdnr. 52-53.

Kraft getreten.[357] Für sie würde die Ausnahme aus Art. 4 S. 2 lit. d TRIPS nicht greifen. Dies würde zu einer Spaltung zwischen den Mitgliedstaaten führen, die eine Gemeinschaft bilden und innerhalb des TRIPS sowohl als einzelne Staaten wie auch als Gemeinschaft vertreten sind.

Damit ist der EGV keine Übereinkunft betreffend den Schutz des geistigen Eigentums i.S.v. Art. 4 S. 2 lit. d TRIPS. Die Rechtsnatur des EGV als supranationales Abkommen lässt aber Zweifel daran aufkommen, ob es sich beim Diskriminierungsverbot um Vorteile, die von einem Mitglied den Angehörigen eines anderen Landes gewährt werden –„advantages granted by a member to the nationals of any other country" - handelt (Art. 4 S. 1 TRIPS).

Das Diskriminierungsverbot bewirkt zwar unmittelbar keinen Vorteil, sondern verpflichtet die Mitgliedstaaten untereinander zur Inländerbehandlung auf dem Gebiet des Urheberrechts und der verwandten Schutzrechte.[358] Es führt aber dazu, dass Mitgliedstaaten Angehörige anderer Mitgliedstaaten genauso schützen wie ihre eigenen Staatsangehörigen. Angehörige anderer Mitglieder des TRIPS, die nicht der EG bzw. EU angehören, unterliegen hingegen den Schranken des nationalen Fremdenrechts und der Staatsverträge. Das Diskriminierungsverbot führt aus Sicht der einzelnen Mitgliedstaaten zu Vorteilen, die diese Mitgliedstaaten den Angehörigen eines anderen Staates gewähren.[359]

Das Diskriminierungsverbot beinhaltet aber negativ gewendet das Gebot zur Inländerbehandlung zwischen den Mitgliedstaaten der EG.[360] Die Inländerbehandlung ist in Art. 3 Abs. 1 TRIPS für das TRIPS abschließend geregelt.[361] Art. 3 Abs. 1 S. 1 TRIPS sieht Inländerbehandlung nur vorbehaltlich der in den dort genannten Verträgen (insbesondere der RBÜ und dem Rom-Abkommen) enthaltenen Ausnahmen vor. Sie ist auf die durch das TRIPS vorgesehenen, verwandten Schutzrechte beschränkt, Art. 3 Abs. 1 S. 2 TRIPS.

Das TRIPS zieht der Inländerbehandlung damit Grenzen, die über den Meistbegünstigungsgrundsatz aus Art. 4 S. 1 TRIPS weitgehend außer Kraft gesetzt würden, betrachtet man das Diskriminierungsverbot zwischen den

357 Säcker/Rixecker/Oetker/*Drexl*, Rom-II-VO Art. 8 Rdnr. 57; *Firsching*, UFITA Bd. 133 (1997), 131 (241).
358 Vgl. *Schack*, GRUR Int 1995, 310 (314).
359 *Ellins*, S. 310 Fn. 303.
360 *Schack*, GRUR Int 1995, 310 (314).
361 *Schack*, GRUR Int 1995, 310 (314).

Mitgliedstaaten als Vorteil. Dies würde zur uneingeschränkten Inländerbehandlung der Mitgliedstaaten gegenüber den Angehörigen von anderen Mitgliedern des TRIPS führen. Dies steht im Widerspruch zu dem in Art. 3 Abs. 1 zum Ausdruck kommenden Willen der Vertragsparteien des TRIPS, den Schutz im Einklang mit anderen Abkommen zu gewähren.[362]

Art. 4 S. 1 TRIPS spricht von „Vorteilen, [...] die von einem Mitglied den Angehörigen eines anderen Landes gewährt werden" (auf Englisch: „any advantage, favour, privilege or immunity granted by a Member to the nationals of any other country."). Dies steht im Widerspruch zum Wesen der EG bzw. EU und des Primärrechts.

Das Verhältnis der Mitgliedstaaten der EG untereinander unterscheidet sich wesentlich von dem Verhältnis der Vertragsparteien eines Staatsvertrags.[363] Die Mitgliedstaaten haben Kompetenzen auf die EG als übergeordnete Organisation übertragen. Sie verfügt über eigene Organe und kann damit selbstständig – und nicht nur über die intergouvernementale Zusammenarbeit der Mitgliedstaaten – agieren. Sie trifft Entscheidungen als solche und kann eigene Rechtsakte erlassen. Diese entfalten in den Mitgliedstaaten teilweise unmittelbare Wirkung und gehen einfachem, nationalen Recht vor.

Sie ist eine eigenständige Rechtspersönlichkeit und selbst Völkerrechtssubjekt. Dies zeigt sich auch daran, dass die EG selbst neben den Mitgliedstaaten Mitglied des TRIPS ist.

Die EG (jetzt: EU) bildet damit eine Staatengemeinschaft (das Bundesverfassungsgericht spricht von einem „Staatenverbund")[364], die zwar kein Bundesstaat ist und in der die Mitgliedstaaten ihre nationale Identität bewahren, die aber gleichzeitig eine eigene Wirtschafts- und Wertegemeinschaft bildet[365] und in der die Mitgliedstaaten enger miteinander verknüpft sind als durch die Bindung eines Staatsvertrags.

Spiegelbildlich dazu sind die Vorschriften des EGV supranational. Sie haben Anwendungsvorrang vor einfachem, nationalen Recht. Das Diskriminierungsverbot ist innerhalb der Mitgliedstaaten unmittelbar anwendbares

---

362 Dazu *Drexl*, GRUR Int 1994, 777 (777).

363 *Firsching*, UFITA Bd. 133 (1997), 131 (241-247); vgl. *Loewenheim*, GRUR Int 1993, 105 (106-107).

364 BVerfG, Urt. v. 30.06.2009, Az. 2 BvE 2/08, LS 1, Rdnr. 229 NJW 2009, 2267 (2267, 2271); BVerfG, Urt. v. 12.10.1993, Az. 2 BvR 2134/92, 2 BvR 2159/92, BVerfGE 89, 155 (181-188); *Haratsch/Koenig/Pechstein*, Rdnr. 37-38.

365 *Firsching*, UFITA Bd. 133 (1997), 131 (243).

Recht.[366] Der EGV bildete die rechtliche Grundlage der Gemeinschaftsordnung.

Das Diskriminierungsverbot aus Art. 6 Abs. 1 EGV (jetzt: Art. 18 Abs. 1 AEUV) ist ein wesentlicher Rechtsgrundsatz und zählt zu den wesentlichen Grundlagen der Gemeinschaft. Als solche kann es sich dabei nicht um ein „advantage [...] granted to the nationals of another country" handeln. Es betrifft vielmehr das Verhältnis der Mitgliedstaaten untereinander und bildet einen Grundpfeiler der Gemeinschaft.

Die EG ist zudem selbst ein Mitglied des TRIPS. Das Diskriminierungsverbot betrifft die Ordnung innerhalb der EG. Es ist widersprüchlich, das Diskriminierungsverbot – oder anders gewendet, das Gebot der Nichtdiskriminierung – als einen Vorteil zu verstehen, den ein Mitglied des TRIPS den Angehörigen eines anderen Staats gewährt.[367]

Damit kann das Diskriminierungsverbot aus Art. 18 Abs. 1 AEUV keinen Vorteil, Vergünstigung, Sonderrecht oder Befreiung i.S.v. Art. 4 S. 1 TRIPS darstellen, der von einem Mitglied den Angehörigen eines anderen Landes gewährt wird. Der Meistbegünstigungsgrundsatz aus Art. 4 S. 1 TRIPS findet auf Vorteile, die aus der Anwendung des Diskriminierungsverbots zwischen den Mitgliedstaaten folgen, keine Anwendung.[368] Das Diskriminierungsverbot entfaltet damit nicht im Zusammenwirken mit Art. 4 S. 1 TRIPS Wirkungen über den Bereich der EG (jetzt: der EU) hinaus.

f) Konsequenz für die Schutzdauer

Nach dem Diskriminierungsverbot genießen Angehörige eines Mitgliedstaats in allen anderen Mitgliedstaaten vollen Schutz nach den inländischen Vorschriften über das Urheberrecht und die verwandten Schutzrechte. Das bedeutet, dass ihre Werke und Leistungen in allen Mitgliedstaaten Schutz für die Dauer erhalten, die die nationalen Rechtsvorschriften der Mitgliedstaaten Werken und Leistungen von inländischen Rechteinhabern gewähren.

---

366 EuGH, Urt. v. 20.10.1993, Rs. C-92/92 und C-326/92, Rdnr. 34, GRUR 1994, 280 (283); *Walter*/von Lewinski/*Riede,* Principle of Non-discrimination Rdnr. 2.0.7.

367 OGH Wien, Urteil v. 19.01.2010, Az. 17Ob31/09x, IIC 2010, 593 (596); *Firsching,* in: UFITA Bd. 133 (1997), 131 (247).

368 OGH Wien, Urteil v. 19.01.2010, Az. 17Ob31/09x, IIC 2010, 593 (596); Säcker/Rixecker/Oetker/*Drexl,* Rom II-VO Art. 8 Rdnr. 57; *Firsching,* in: UFITA Bd. 133 (1997), 131 (247).

Alle Werke und Leistungen von Angehörigen der Mitgliedstaaten waren damit auch nach den Vorschriften der Mitgliedstaaten geschützt, die die längste Dauer gewährten. Dasselbe gilt für Angehörige der EWR-Staaten.

Bei der Harmonisierung der Schutzfristen orientierte sich der Europäische Gesetzgeber an in den Mitgliedstaaten bereits bestehenden Fristen.[369] Die vereinheitlichten Fristen entsprechen den längsten Fristen, die zuvor in den Mitgliedstaaten gegolten haben.[370]

Sämtliche Werke und Leistungen von Angehörigen der Mitgliedstaaten und EWR-Staaten waren damit am 01.07.1995 noch in einem der Mitgliedstaaten geschützt, wenn der Schutz nach den – harmonisierten – Schutzfristen noch nicht abgelaufen war (s. Art. 10 Abs. 2 Schutzdauerrichtlinie, § 137f Abs. 2 UrhG). Nach Art. 10 Abs. 2 Schutzdauerrichtlinie (umgesetzt in § 137f Abs. 2 UrhG) leben die – in mindestens einem Mitgliedstaat bestehenden – Schutzrechte dann in allen Mitgliedstaaten wieder auf.

Art. 10 Abs. 2 Schutzdauerrichtlinie führt – in Kombination mit dem Diskriminierungsverbot – zu einer umfassenden Rückwirkung der vereinheitlichten Schutzfristen innerhalb der Europäischen Union.[371]

3. Schutz in Staaten, die erst nach 1995 der EU beigetreten sind

Art. 10 Abs. 2 Schutzdauerrichtlinie setzt voraus, dass der Schutz eines Werks oder Gegenstands am 01.07.1995 in mindestens einem Mitgliedstaat bestanden hat. Es ist nicht eindeutig, ob dies auch Mitgliedstaaten einschließt, die nach diesem Zeitpunkt der EU beigetreten sind. Dies betrifft in erster Linie mittel- und osteuropäische Staaten[372] sowie Malta und Zypern.[373] Dabei kann es zu Unterschieden kommen, wenn ein Gegenstand am 01.07.1995 nur in einem Mitgliedstaat geschützt war, der nach dem 01.07.1995 der EU beigetreten ist.

---

369 *Dietz,* GRUR Int 1995, 670 (683).

370 *Dietz,* GRUR Int 1995, 670 (683).

371 *Gaster,* ZUM 1996, 261 (272-273); *Geller,* in: *ders. (Hrsg.),* International Copyright Law and Practice, INT-1 (INT-131-INT-132); *Jorna/Martin-Prat,* EIPR Bd. 16 (1994), 145 (149-150).

372 Fromm/Nordemann/*Dustmann,* UrhG § 137f Rdnr. 10; *Wandtke,* Teil I S. 5.

373 *Auswärtiges Amt,* Die Erweiterung der Europäischen Union: Etappen und Perspektiven, https://www.auswaertiges-amt.de/de/aussenpolitik/europa/erweiterung-nachbarschaft/-/209970 (zuletzt abgerufen am 09.01.2022).

a) Mögliche Auswirkungen

Es ist möglich, dass die Schutzfristen nach dem Urheberrechtsgesetz eines später hinzugekommenen Mitgliedstaats länger waren als die harmonisierten Schutzfristen und dass deshalb die Schutzfrist für einen bestimmten Gegenstand in diesem Mitgliedstaat, anders als in anderen Mitgliedstaaten, noch nicht abgelaufen war. Ein solcher Fall kam aber kaum vor. Die mittel- und osteuropäischen Staaten, die im Rahmen der EU-Osterweiterung später beigetreten sind, orientierten sich in ihrer Urheberrechtsgesetzgebung an den westeuropäischen Staaten und der Entwicklung auf Ebene des internationalen Urheberrechts.[374] Sie waren von dem Wunsch geleitet, später der Europäischen Union beizutreten.[375] Die Gesetze dieser Staaten orientierten sich damit an der Entwicklung in der Europäischen Union und dem Gesetzgebungsverfahren zur Schutzdauerrichtlinie.[376]

Folge hiervon ist, dass die Schutzdauer des Urheberrechts teilweise der Schutzdauer der Schutzdauerrichtlinie von 70 Jahren nach dem Tod des Urhebers entsprach (zum Beispiel in Ungarn ab dem 01.07.1994[377] und in Slowenien ab dem 29.04.1995[378]). In zahlreichen Staaten betrug die Schutzdauer 50 Jahre ab dem Tod des Urhebers (zum Beispiel in Litauen,[379] Tschechien, wobei das tschechische Urheberrechtsgesetz von 2000 ein Wiederaufleben vorsah, wenn nach der Neuregelung von 70 Jahren post mortem auctoris noch eine Restlaufzeit bestand;[380] Rumänien[381] und Polen[382]), einige Staaten sahen für bestimmte Werkarten einen wesentlich kürzeren Schutz vor (z.B. in Rumänien für Fotografien – 10 bzw. 5 Jahre – sowie für Werke der bildenden Kunst – 25 Jahre ab ihrer Schöpfung und Computerprogramme – 50 Jahre post mortem auctoris)[383].

374 Wandtke/*Dietz,* Teil I S. 19; *Wandtke,* Teil II S. 5.
375 Für die Republik Rumänien *Wandtke,* Teil I S. 97-98; *Wandtke,* Teil II S. 5.
376 Für die Republik Rumänien *Wandtke,* Teil I S. 97-98; *Wandtke,* Teil II S. 5.
377 *Hegyi,* GRUR Int 2000, 325 (337).
378 Wandtke/*Czychowski,* Teil I S 162.
379 *Mizaras,* GRUR Int 2002, 303 (307).
380 Wandtke/*Dietz,* Teil II S. 153 Fn. 53.
381 *Wandtke,* Teil I S. 107.
382 Wandtke/*Czychowski,* Teil I S. 78.
383 *Wandtke,* Teil I S. 107-108.

Für die verwandten Schutzrechte betrug die Schutzdauer in vielen Mitgliedstaaten 50 Jahre ab dem maßgeblichen Anknüpfungszeitpunkt, wie der Darbietung, Erstveröffentlichung oder der Sendung.[384]

Die Anknüpfungszeitpunkte ähnelten sich untereinander sehr. Das Urheberrecht bestand in nahezu alle Staaten für einen bestimmten Zeitraum ab dem Tod des Urhebers.[385]

Einen Sonderfall sah das estnische Urheberrechtsgesetz vom 11.11.1992[386] vor: Nach Art. 38 Abs. 2 estnisches UrhG a.F.[387] begann für ein Werk, das innerhalb von 50 Jahren ab dem Tod des Urhebers erstmals veröffentlicht wurde, die Schutzdauer mit dem Zeitpunkt der Veröffentlichung zu laufen.[388] Dies konnte zu einer längeren Schutzdauer dieses Werkes als nach der harmonisierten Schutzfrist führen, obwohl die estnische Schutzfrist (50 Jahre nach dem Tod des Urhebers gem. Art. 38 Abs. 1 estnisches UrhG a.F.[389])[390] kürzer war. So war ein Werk, das 40 Jahre nach dem Tod des Urhebers veröffentlicht wurde, 90 Jahre nach dem Tod des Urhebers geschützt. Folglich bestand die Möglichkeit, dass ein Werk wegen der vor dem Beitritt Estlands zur EU in den oben beschriebenen Fällen längeren Schutzdauer nur noch in Estland geschützt war. Inzwischen hat Estland die entsprechende Vorschrift aufgehoben.[391]

Selbst, wenn Art. 10 Abs. 2 Schutzdauerrichtlinie auf in Estland am 01.07.1995 geschützte Werke Anwendung findet, ändert dies aber nichts an dem Schutz dieses Werkes. Die harmonisierten Fristen waren bereits

---

384 Zum Beispiel in Bulgarien, *Wandtke,* Teil I S. 51-52; in Polen, Wandtke/*Czychowski,* Teil I S. 78 und Slowenien, Wandtke/*Czychowski,* Teil I S. 162.

385 *Wandtke,* Teil I S. 107; Wandtke/*Czychowski,* Teil I S 162; Wandtke/*Dietz,* Teil II S. 153 Fn. 53; *Hegyi,* GRUR Int 2000, 325 (337); *Mizaras,* GRUR Int 2002, 303 (307).

386 Estonia Copyright Act Adopted on 11 November 1992, consolidated Text of February 15, 1999, WIPO Lex No. EE001, https://www.wipo.int/wipolex/en/text/126510 (zuletzt heruntergeladen am 06.02.2024).

387 Estonia Copyright Act Adopted on 11 November 1992, consolidated Text of February 15, 1999, WIPO Lex No. EE001, https://www.wipo.int/wipolex/en/text/126510 (zuletzt heruntergeladen am 06.02.2024).

388 Wandtke/*Müller,* Teil II S. 34.

389 Estonia Copyright Act Adopted on 11 November 1992, consolidated Text of February 15, 1999, WIPO Lex No. EE001, https://www.wipo.int/wipolex/en/text/126510 (zuletzt heruntergeladen am 06.02.2024).

390 Wandtke/*Müller,* S. 34.

391 Aufgeh. mit Gesetz v. 9.12.1999, in Kraft getreten am 6. Januar 2000—RT I 1999, 97, 859, s. Estonian Copyright Act of November 11, 1992, as last amended by the Act of February 15, 2000, WIPO Lex No. EE002, https://www.wipo.int/wipolex/en/text/126512 (zuletzt heruntergeladen am 06.02.2024).

abgelaufen, so dass Art. 10 Abs. 2 Schutzdauerrichtlinie nicht zu einem Wiederaufleben oder Entstehen des Schutzes in den anderen Mitgliedstaaten führen konnte.[392]

Eine bereits laufende Schutzfrist bleibt von der Schutzdauerrichtlinie unberührt, Art. 10 Abs. 1 Schutzdauerrichtlinie. Damit blieb das Werk in Estland bis zum Ablauf der Frist nach der damaligen Fassung des estnischen Urheberrechtsgesetzes geschützt.

Am Schutz des Werkes oder Gegenstands ändert sich also nichts, wenn der Gegenstand noch geschützt war, weil eine längere Frist als die harmonisierte Frist der Schutzdauerrichtlinie noch nicht abgelaufen war.

Es war aber auch möglich, dass ein Gegenstand am 01.07.1995 aufgrund von fremdenrechtlichen Vorgaben nur noch in einem Mitgliedstaat geschützt war, der nach dem 01.07.1995 der EU beigetreten ist. Diese Fälle werden im Folgenden behandelt.

Bis zum Beitritt des später hinzugekommenen Mitgliedstaats fand das Diskriminierungsverbot zwischen dem neueren Mitgliedstaat und den Staaten, die vorher Mitglied in der EU waren, keine Anwendung.[393] Letztere waren nicht dazu verpflichtet, Angehörige der später beigetretenen Mitgliedstaaten wie eigene Staatsangehörige zu behandeln.[394] Der Schutz von Gegenständen aus den Beitrittsländern nach den Gesetzen der Staaten, die vor dem 01.07.1995 Mitglied der EU waren, bestimmte sich nach den Staatsverträgen, nach Art. 7 Schutzdauerrichtlinie und dem nationalen Fremdenrecht der Mitgliedstaaten.[395]

Art. 7 Schutzdauerrichtlinie tritt nicht an die Stelle der Staatsverträge und der nationalen, fremdenrechtlichen Vorschriften der Mitgliedstaaten.[396] Er setzt vielmehr das Fortbestehen entsprechender nationaler Vorschriften und internationaler Abkommen voraus.[397]

Auf dem Gebiet des Urheberrechts waren alle Mitgliedstaaten, die am 01.07.1995 der EU angehörten, zugleich Vertragsstaaten der RBÜ.[398] Auch

---

392 S. dazu *Dreier*/Schulze, UrhG § 137f Rdnr. 10.

393 *Schulze/Bettinger*, GRUR 2000, 12 (15).

394 Grabitz/Hilf/Nettesheim/*von Bogdandy*, Losebl. (Stand: September 2010), AEUV Art. 18 Rdnr. 32.

395 *Walter*/von Lewinski, Term Directive Art. 7 Rdnr. 8.7.5.

396 *Walter*/von Lewinski, Term Directive Art. 7 Rdnr. 8.7.3-8.7.5.

397 *Walter*/von Lewinski, Term Directive Art. 7 Rdnr. 8.7.5.

398 Berne Convention for the Protection of Literary and Artistic Works, Contracting Parties, Status on December 9, 2021, https://www.wipo.int/export/sites/www/treaties/en/documents/pdf/berne.pdf (zuletzt heruntergeladen am 06.02.2024).

diejenigen Mitgliedstaaten, die nach diesem Zeitpunkt der EU beigetreten sind – mit Ausnahme von Lettland – waren zu diesem Zeitpunkt Vertragsstaaten der RBÜ.[399] Lettland wurde im August 1995 Vertragspartei der RBÜ.[400]

Das bedeutet, dass die Staaten in den allermeisten Fällen den Schutzfristenvergleich nach Art. 7 Abs. 8 RBÜ (Belgien und Irland nach Art. 7 Abs. 2 RBÜ Brüsseler Fassung) anwandten. Für EU-Mitgliedstaaten sieht Art. 7 Abs. 1 Schutzdauerrichtlinie den Schutzfristenvergleich für den Fall, dass das Ursprungsland des Werks ein Drittland i.S.d. RBÜ ist (dazu Art. 5 Abs. 4 RBÜ) und der Urheber nicht Angehöriger eines Mitgliedstaats ist, zwingend vor.

Bei Anwenden des Schutzfristenvergleichs ist die Schutzdauer auf die Schutzdauer im Ursprungsland des Werks begrenzt (Art. 7 Abs. 8 RBÜ), beträgt aber mindestens 50 Jahre nach dem Tod des Urhebers (Art. 7 Abs. 1 RBÜ).

Die anderen Mitgliedstaaten gewährten für Werke, deren Ursprungsland ein später beigetretener Mitgliedstaat ist, somit mindestens für die Dauer Schutz, für die letzterer Staat diesen Werken Schutz gewährte. In den meisten Fällen waren die Urheber der Werke, deren Ursprungsland das später beigetretene Mitgliedstaat ist, Angehörige dieses Staats.

Mit anderen Worten: Ein Werk, das in einem später beigetretenen Mitgliedstaat für eine bestimmte Dauer geschützt war, war in den meisten Fällen in den übrigen Mitgliedstaaten mindestens für dieselbe Dauer geschützt.

Es kam somit kaum vor, dass ein Werk nur noch in einem Beitrittsland geschützt war, aber nicht mehr in einem Mitgliedstaat, der vor dem 01.07.1995 der EU angehörte.

Für die verwandten Schutzrechte spielt diese Möglichkeit hingegen eine größere Rolle. Einige, am 01.07.1995 der EU angehörende und später beigetretene Mitgliedstaaten (zum Beispiel Ungarn und Bulgarien)[401], waren

---

399 Berne Convention for the Protection of Literary and Artistic Works, Contracting Parties, Status on December 9, 2021, https://www.wipo.int/export/sites/www/treaties/en/documents/pdf/berne.pdf (zuletzt heruntergeladen am 06.02.2024).

400 Berne Convention for the Protection of Literary and Artistic Works, Contracting Parties, Status on December 9, 2021, https://www.wipo.int/export/sites/www/treaties/en/documents/pdf/berne.pdf (zuletzt heruntergeladen am 06.02.2024).

401 Rome Convention for the Protection of Performers, Producers of Phonograms and Broadcasting Organizations, Contracting Parties, https://wipolex.wipo.int/en/treaties/ShowResults?search_what=C&treaty_id=17 (zuletzt abgerufen am 06.02.2024).

zu diesem Zeitpunkt dem Rom-Abkommen beigetreten.[402] Dieser ist der bedeutendste Staatsvertrag zum Schutz der Leistungsschutzberechtigten.[403]

Der Schutz für Inhaber verwandter Schutzrechte nach dem Rom-Abkommen war schwächer als zwischen den Mitgliedstaaten der EU. Das Rom-Abkommen sah als Mindestschutzdauer 20 Jahre ab der Festlegung, der Darbietung oder der Sendung vor, Art. 14 lit. a-c Rom-Abk. Die meisten Staaten gingen bereits über diese Schutzdauer hinaus.[404]

Für die durch das Rom-Abkommen geschützten verwandten Schutzrechte sah dieses zwischen den Vertragsstaaten Inländerbehandlung vor.

Bei ausübenden Künstlern knüpft die Inländerbehandlung an denjenigen Staat an, in dem die Darbietung stattfand und nicht an den Staat, dem der Künstler angehört, Art. 4 lit. a Rom-Abk. Ausübende Künstler, die Angehörige eines Vertragsstaats waren und beispielsweise ein Musikstück in einem Drittstaat dargeboten haben, genossen für diese Darbietung keine Inländerbehandlung in den übrigen Vertragsstaaten. Im Übrigen gewähren die Vertragsstaaten Ausübenden Künstlern Inländerbehandlung für Darbietungen, die auf einem geschützten Tonträger festgelegt oder in einer geschützten Sendung ausgestrahlt worden sind, Art. 4 lit. b und c Rom-Abk.

Beim Recht der Tonträgerhersteller und der Sendeunternehmen können die Vertragsstaaten die Anknüpfungsmerkmale für die Inländerbehandlung begrenzen und so den Kreis der Begünstigten einschränken (Art. 5 Abs. 3 S. 1 Rom-Abk, Art. 6 Abs. 2 S. 1 Rom-Abk). Für das Recht der Tonträgerhersteller können die Vertragsstaaten bezogen auf das Merkmal der Staatsangehörigkeit den Gegenseitigkeitsvorbehalt aus Art. 16 Abs. 1 lit. a (iv) erklären.

Die Voraussetzungen für die Inländerbehandlung nach dem Rom-Abkommen sind also deutlich enger als nach Art. 18 AEUV und die Mitgliedstaaten können Ausnahmen von der Inländerbehandlung vorsehen. Damit konnte es unter Geltung des Rom-Abkommens zwischen Mitgliedstaaten, die vor dem 01.07.1995 der EU angehörten, und Staaten, die später beigetreten sind, dazu kommen, dass ein Schutzgegenstand am 01.07.1995 nur noch in einem später beigetretenen Staat geschützt war.

Viele der Staaten, die später der EU beigetreten sind, sind dem Rom-Abkommen aber erst nach dem 01.07.1995 beigetreten (zum Beispiel Rumä-

402 Rome Convention for the Protection of Performers, Producers of Phonograms and Broadcasting Organizations, Contracting Parties, https://wipolex.wipo.int/en/treaties/ShowResults?search_what=C&treaty_id=17 (zuletzt abgerufen am 06.02.2024).

403 *Schack,* Rdnr. 1074.

404 Zum Beispiel Bulgarien, *Wandtke,* Teil I S. 51; Polen, Wandtke/*Czychowski.*

nien, Bulgarien, Kroatien, Zypern, Estland, Lettland, Litauen und Slowenien)[405]. Zwischen diesen Staaten und den früher der EU angehörenden Mitgliedstaaten fanden nur die nationalen, fremdenrechtlichen Vorschriften Anwendung. Es konnte vorkommen, dass die nationalen, fremdenrechtlichen Rechtsvorschriften der anderen Mitgliedstaaten keinen Schutz für diesen Gegenstand vorsahen.

Für die verwandten Schutzrechte ist es somit durchaus denkbar, dass ein Schutzgegenstand am 01.07.1995 nur noch in einem Staat geschützt war, der nach diesem Zeitpunkt der EU beigetreten ist.

Wendet man Art. 10 Abs. 2 Schutzdauerrichtlinie auf einen solchen Gegenstand an, so führt dies dazu, dass in allen Mitgliedstaaten die harmonisierte Schutzfrist auf diesen Gegenstand Anwendung findet. Aus Sicht des Mitgliedstaats, in dem der Gegenstand noch geschützt war, wird die Schutzdauer verlängert, wenn die Dauer des Schutzes in diesem Staat kürzer war als die mit der Schutzdauerrichtlinie harmonisierte Schutzdauer.

Aus Sicht der übrigen Mitgliedstaaten hat es die Folge, dass die Rechte an diesem Gegenstand wieder aufleben oder – soweit der Gegenstand zu keinem Zeitpunkt in diesen Staaten geschützt war – neu entstehen.[406]

Im Folgenden soll der Frage nachgegangen werden, ob nach Art. 10 Abs. 2 Schutzdauerrichtlinie die mit der Richtlinie harmonisierten Schutzfristen auch auf Gegenstände Anwendung finden, die am 01.07.1995 in Staaten geschützt waren, die erst zu einem späteren Zeitpunkt der EU beigetreten sind.

b) Wortlaut

Der Wortlaut von Art. 10 Abs. 2 Schutzdauerrichtlinie ist nicht eindeutig. Die deutsche Sprachfassung (aus Art. 55 Abs. 1 EUV geht hervor, dass alle Sprachfassungen einer europäischen Norm in gleicher Weise verbindlich sind; hier werden die deutsche, englische und französische Fassung betrachtet)[407] spricht von Werken oder Gegenständen, die zu dem in Absatz 1

---

405 Rome Convention for the Protection of Performers, Producers of Phonograms and Broadcasting Organizations, Contracting Parties, https://wipolex.wipo.int/en/treaties/ShowResults?search_what=C&treaty_id=17 (zuletzt abgerufen am 06.02.2024).

406 EuGH, Urt. v. 20.01.2009, Rs. C-240/07, Entscheidungssatz 1, Rdnr. 25, ZUM 2009, 205 (207).

407 EuGH, Urt. v. 06.10.1982, Rs. 283/81, NJW 1983, 1257 (1258); Grabitz/Hilf/Nettesheim/*Mayer*, Losebl. (Stand: Feburar 2019), EUV Art. 19 Rdnr. 53.

genannten Zeitpunkt zumindest in einem der Mitgliedstaaten geschützt waren. In der französischen Fassung heißt es, „Les durées de protection [...] s`appliquent à toutes les oeuvres et à tous les objets qui, à la date visée au paragraphe 1, étaient protégées dans au moins un état membre [...]". Diese Formulierung – dass die Werke zu dem in Absatz 1 bestimmten Zeitpunkt in einem der Mitgliedstaaten geschützt waren – objets, qui, à la date visée au paragraphe 1, étaient protégées dans au moins un état membre – deutet darauf hin, dass die Gegenstände in einem Staat, der zum damaligen Zeitpunkt Mitglied der EU war, geschützt gewesen sein müssen.

In der englischen Fassung heißt es hingegen „works and subject matter which were protected in at least one member state [...] on the date referred to in paragraph 1". Die Formulierung in dieser Reihenfolge – protected in at least one member state on the date referred to in paragraph 1 – spricht dafür, Schutzgegenstände einzubeziehen, die in einem der Staaten, die jetzt Mitglied der EU sind, am 01.07.1995 geschützt waren.

Allein der Wortlaut der Norm in den einzelnen Sprachfassungen lässt nicht eindeutig erkennen, ob Gegenstände, die am 01.07.1995 in Staaten geschützt waren, die später Mitglied der EU geworden sind, einbezogen werden sollten.

c) Systematik

Die Auslegung von Art. 10 Abs. 2 Schutzdauerrichtlinie muss im Einklang mit anderen Vorschriften dieser Richtlinie sowie von verwandten Richtlinien stehen, es darf zu keinen Widersprüchen zwischen Vorschriften des Unionsrechts kommen.[408]

Unabhängig davon, ob man für den Schutz am 01.07.1995 auf die Rechtslage in den zum damaligen Zeitpunkt der EU angehörenden Mitgliedstaaten abstellt, oder ob man auch die Rechtslage in Mitgliedstaaten einbezieht, die nach dem 01.07.1995 der EU beigetreten sind, entstehen keine Widersprüche zu anderen Vorschriften dieser und verwandter Richtlinien.

---

408 Grabitz/Hilf/Nettesheim/*Mayer*, Losebl. (Stand: Februar 2019), EUV Art. 19 Rdnr. 54; Walter/*von Lewinski*, Part I, Introduction Rdnr. 1.0.44.

d) Ziele

Die Harmonisierung der Schutzfristen durch die Schutzdauerrichtlinie verfolgt in erster Linie das Ziel, Unterschiede in der Schutzdauer abzubauen, die den freien Waren- und Dienstleistungsverkehr behindern und die Wettbewerbsbedingungen im gemeinsamen Markt verfälschen können.[409] Ziel von Art. 10 Abs. 2 Schutzdauerrichtlinie ist es, so schnell wie möglich die Unterschiede zwischen den einzelstaatlichen Vorschriften abzubauen.[410] Die vereinheitlichten Schutzfristen sollten einheitlich auf möglichst viele Schutzgegenstände in der EU angewandt werden.[411]

aa) Möglichst umfassende Harmonisierung

Fraglich ist, ob ein Verständnis, wonach die Fristen nur auf Gegenstände Anwendung finden, die am 01.07.1995 in einem der zu diesem Zeitpunkt der EU angehörenden Staaten geschützt waren, im Einklang zu diesen Zielen steht.

Erst ab ihrem Beitritt gehören die Mitgliedstaaten dem Europäischen Binnenmarkt an. Um einen Gleichlauf der Fristen zu gewährleisten ist es somit nicht unbedingt erforderlich, die unionsweit vereinheitlichten Fristen auf Gegenstände anzuwenden, die am 01.07.1995 in einem der später der EU beigetretenen Mitgliedstaaten geschützt waren. Sie müssen aber zumindest auf Gegenstände Anwendung finden, die zum Zeitpunkt des Beitritts eines Mitgliedstaats zur EU in diesem geschützt waren.[412] Sonst würden mit Beitritt des neuen Mitgliedstaats zur EU für diesen Gegenstand innerhalb der EU unterschiedliche Fristen gelten.

Dies gebietet auch der Grundsatz der Wahrung erworbener Rechte, ErwG 10 Schutzdauerrichtlinie. Nach diesem dürfen bereits laufende Fris-

---

409 EuGH, Urt. v. 24.01.1989, Rs. 341/87, GRUR Int 1989, 319 (320).

410 ErwG 25 Richtlinie 93/98/EWG v. 29.10.1993, ABl. 1993 L 290, 9 (11); Geänderter Vorschlag für eine Richtlinie des Rates zur Harmonisierung der Schutzdauer des Urheberrechts und bestimmter verwandter Schutzrechte, KOM(92)602 endg. – Syn 395, ABl. 1993 C 27, 7 (10); *Europäisches Parlament,* Protokoll der Sitzung v. Donnerstag, 19. November 1992, ABl. 1992 C 337, 191 (206); *Dreier*/Schulze, UrhG § 137f Rdnr. 6; Götting/*Lauber-Rönsberg*/Rauer, UrhG § 137f Rdnr. 4 (online, Stand: 01.05.2023); Schricker/Loewenheim/*Katzenberger/Metzger,* UrhG § 64 Rdnr. 39, 41; *Dietz,* GRUR Int 1995, 670 (682); *Vogel,* ZUM 1995, 451 (452).

411 *Walter*/von Lewinski, Term Directive Art. 10 Rdnr. 8.10.3; Wandtke/Bullinger/*Jani,* UrhG § 137f Rdnr. 5.

412 *Walter*/von Lewinski, Term Directive Art. 10 Rdnr. 8.10.24.

ten nicht verkürzt werden, siehe Art. 10 Abs. 1, ErwG 10 Schutzdauerrichtlinie.

Man könnte Art. 10 Abs. 2 Schutzdauerrichtlinie aber auch dahingehend verstehen, dass er auf alle Gegenstände Anwendung findet, die am 01.07.1995 in Staaten geschützt waren, die später Mitglied der EU geworden sind. Dies führt dazu, dass diese Gegenstände in der gesamten EU geschützt werden und dort, wo der Schutz erloschen war, Rechte an ihnen wieder aufleben. Sie sind dann in der gesamten EU für dieselbe Dauer geschützt.

Auch dieses Verständnis steht im Einklang mit dem Ziel, Unterschiede in der Schutzdauer abzubauen, um den freien Waren- und Dienstleistungsverkehr und das Funktionieren des Binnenmarkts zu gewährleisten.

bb) Rechtssicherheit

Die Richtlinie verfolgt darüber hinaus das Ziel, Rechtssicherheit und Rechtsklarheit zu schaffen.[413] Es soll für Nutzer absehbar sein, wann sie einen Gegenstand verwerten können.[414]

Ein Verständnis, wonach die vereinheitlichten Fristen nur auf Gegenstände Anwendung finden, die am 01.07.1995 in Staaten geschützt waren, die zum damaligen Zeitpunkt der EU angehörten, kann zu Rechtsunsicherheit bei Nutzern und beim Rechtsverkehr führen.

(a) Schutz beim Beitritt notwendig

Finden die Fristen nicht auf Schutzgegenstände Anwendung, die beim Beitritt des Mitgliedstaats in diesem geschützt waren, ergeben sich Schutzfristenunterschiede zwischen den Mitgliedstaaten, was zu Rechtsunsicherheit

413 *Wirtschafts- und Sozialausschuss,* Stellungnahme zu dem Vorschlag für eine Richtlinie des Rates zur Harmonisierung der Schutzdauer des Urheberrechts und bestimmter verwandter Schutzrechte v. 01.07.1992, ABl. 1992 C 287, 53 (54) Ziff. 1.2.; *Walter*/von Lewinski, Term Directive General Remarks and Historical Background of the Directive Rdnr. 8.0.2; *Ricketson,* IIC 1992, 753 (770).

414 *Wirtschafts- und Sozialausschuss,* Stellungnahme zu dem Vorschlag für eine Richtlinie des Rates zur Harmonisierung der Schutzdauer des Urheberrechts und bestimmter verwandter Schutzrechte v. 01.07.1992, ABl. 1992 C 287, 53 (54) Ziff. 1.2.; *Beier,* S. 171; *Ricketson,* IIC 1992, 753 (771).

führt. Somit müssen die vereinheitlichten Fristen zumindest auf diejenigen Schutzgegenstände Anwendung finden, die beim Beitritt eines Mitgliedstaats nach dessen Gesetzen geschützt waren.[415]

Finden die Fristen auf diese Gegenstände Anwendung, so ist die Rechtslage eindeutig: Waren Werke oder andere Schutzgegenstände zum Zeitpunkt des Beitritts eines Staates in diesem noch geschützt, so sind sie ab seinem Beitritt in der gesamten EU für die Dauer der vereinheitlichten Schutzfristen geschützt. Waren sie zuvor bereits nach dem Gesetz eines Mitgliedstaats geschützt, der am 01.07.1995 der EU angehörte, finden ohnehin die vereinheitlichten Fristen Anwendung, Art. 10 Abs. 2 Schutzdauerrichtlinie. Waren sie zum Zeitpunkt des Beitritts im Beitrittsland nicht mehr geschützt und auch in keinem anderen Mitgliedstaat geschützt, so sind sie in der gesamten EU frei – auch dann, wenn sie am 01.07.1995 noch im Beitrittsland geschützt waren.

Um Rechtssicherheit und Rechtsklarheit zu schaffen ist es somit zumindest erforderlich, dass die vereinheitlichten Schutzfristen auf Schutzgegenstände Anwendung finden, die zum Zeitpunkt des Beitritts eines Mitgliedstaats nach dessen Gesetzen noch geschützt waren.[416]

(b) Schutz am 01.07.1995 in später beigetretenem Mitgliedstaat

Aus Sicht der Nutzer und des Rechtsverkehrs kann dieses Verständnis jedoch zu Unsicherheiten führen: Es kann von ihnen nicht erwartet werden, dass Sie stets genau wissen, ob ein Mitgliedstaat bereits am 01.07.1995 der EU angehörte und zu welchem Zeitpunkt ein einzelner Mitgliedstaat der EU beigetreten ist. Aus ihrer Sicht ist es klarer, wenn die vereinheitlichten Fristen auf alle Schutzgegenstände Anwendung finden, die am 01.07.1995 in einem der zum jetzigen Zeitpunkt der EU angehörenden Staaten geschützt waren.

Ein Verständnis des Art. 10 Abs. 2 Schutzdauerrichtlinie, wonach die vereinheitlichten Fristen auf alle Schutzgegenstände Anwendung finden, die am 01.07.1995 in einem der jetzt der EU angehörenden Mitgliedstaaten geschützt waren, dient somit stärker dem Ziel, Rechtssicherheit und Rechtsklarheit zu schaffen.

---

415 *Walter*/von Lewinski, Term Directive Art. 10 Rdnr. 8.10.24.

416 *Walter*/von Lewinski, Term Directive Art. 10 Rdnr. 8.10.24.

e) Primärrechtskonforme Auslegung

Art. 10 Abs. 2 Schutzdauerrichtlinie muss so ausgelegt werden, dass er im Einklang mit dem Europäischen Primärrecht steht.[417]

Ein Verständnis, wonach Art. 10 Abs. 2 Schutzdauerrichtlinie nur auf Werke oder Schutzgegenstände Anwendung findet, die am 01.07.1995 in einem zum damaligen Zeitpunkt bereits der EU angehörenden Mitgliedstaat geschützt waren, könnte gegen das Diskriminierungsverbot aus Art. 18 Abs. 1 AEUV verstoßen.

Der später der EU beigetretene Mitgliedstaat ist aufgrund von Art. 10 Abs. 2 Schutzdauerrichtlinie, der mit Beitritt des Mitgliedstaats auch in diesem Anwendung findet, verpflichtet, alle Schutzgegenstände zu schützen, die am 01.07.1995 in einem der anderen Mitgliedstaaten geschützt waren. Nach dieser Lesart ist er aber nicht verpflichtet, Schutzgegenstände, die nach seinen eigenen Gesetzen am 01.07.1995 geschützt waren, die aber zu diesem Zeitpunkt in keinem anderen Mitgliedstaat mehr geschützt waren, für die in der Schutzdauerrichtlinie bestimmte Dauer zu schützen. Er ist auch dann nicht hierzu verpflichtet, wenn Werke zum gleichen Zeitpunkt dargeboten wurden wie in anderen Mitgliedstaaten oder wenn die erstmalige Aufzeichnung zum gleichen Zeitpunkt erfolgt ist wie bei Tonträgern aus anderen Mitgliedstaaten.

Dieses Verständnis von Art. 10 Abs. 2 Schutzdauerrichtlinie kann also zu einer Ungleichbehandlung der Angehörigen des Beitrittsstaats führen.[418] Fraglich ist, ob hierin ein Verstoß gegen das Diskriminierungsverbot aus Art. 18 Abs. 1 AEUV liegt.

aa) Anwendungsbereich der Verträge

Ein Verstoß gegen Art. 18 Abs. 1 AEUV setzt voraus, dass eine Maßnahme im Anwendungsbereich der Verträge liegt. Dies setzt voraus, dass der Sachverhalt, um den es geht, Unionsrechtsbezug aufweist.[419]

Gegenstand ist die Auslegung von Art. 10 Abs. 2 Schutzdauerrichtlinie dahin gehend, dass die Vorschrift Gegenstände erfasst, die am 01.07.1995 in

---

417 Grabitz/Hilf/Nettesheim/*Mayer*, Losebl. (Stand: Februar 2019), EUV Art. 19 Rdnr. 62.

418 Vgl. *Schulze/Bettinger*, GRUR 2000, 12 (15).

419 *Haratsch/Koenig/Pechstein*, Rdnr. 702.

Staaten geschützt waren die erst später der EU beigetreten sind. Es geht also um die Auslegung einer bestimmten Vorschrift des Sekundärrechts.

Das Sekundärrecht fällt vollständig in den Anwendungsbereich der Verträge und unterfällt umfassend dem Diskriminierungsverbot aus Art. 18 Abs. 1 AEUV.[420]

bb) Diskriminierung aus Gründen der Staatsangehörigkeit

Die Unterscheidung zwischen den Angehörigen des Beitrittsstaats und Angehörigen der anderen, bereits am 01.07.1995 der EU angehörenden Mitgliedstaaten müsste eine Diskriminierung aus Gründen der Staatsangehörigkeit darstellen.

Art. 10 Abs. 2 Schutzdauerrichtlinie knüpft an das Bestehen des Schutzes am 01.07.1995 für einen bestimmten Gegenstand in einem der Mitgliedstaaten an. Das Merkmal, an das die Unterscheidung anknüpft, ist das Bestehen des Schutzes für einen bestimmten Gegenstand zu einem bestimmten Zeitpunkt in einem Staat und nicht die Staatsangehörigkeit des Rechteinhabers. Es liegt keine unmittelbare Diskriminierung aus Gründen der Staatsangehörigkeit vor.

Hierdurch könnten aber überwiegend Angehörige von Staaten, die später der EU beigetreten sind, betroffen sein. Es könnte eine indirekte Diskriminierung vorliegen.[421]

Wenn auf Schutzgegenstände, die am 01.07.1995 im Beitrittsstaat geschützt waren, vor dessen Beitritt zur EU aber frei geworden sind, die vereinheitlichten Schutzfristen keine Anwendung finden im Gegensatz zu Schutzgegenständen, die am 01.07.1995 in einem Staat geschützt waren, der damals schon der EU angehörte, werden hiervon vor allem die Angehörigen des Beitrittsstaats betroffen.

Wenn also ein einem später beigetretenen Staat angehörender Künstler erstmals in diesem Staat ein Musikwerk dargeboten hat und seine Darbietung in diesem Staat am 01.07.1995 noch geschützt war, dann aber vor dem Beitritt des Staats zur EU dort frei geworden ist, finden nach dieser Lesart die vereinheitlichten Schutzfristen auf die Darbietung dieses Künstlers keine Anwendung. Wenn hingegen ein Künstler, der einem Staat angehört

420 *Haratsch/Koenig/Pechstein,* Rdnr. 702.

421 Zum Begriff EuGH, Urt. v. 30.06.2005, Rs. C-28/04, Rdnr. 19, GRUR 2005, 755 (756); EuGH, Urt. v. 15.03.2005, Rs. C-209/03, Rdnr. 51-53, NJW 2005, 2055 (2057); *Haratsch/Koenig/Pechstein,* Rdnr. 714; *Gaster,* ZUM 1996, 261 (273).

der bereits Mitglied der EU war, zum selben Zeitpunkt wie unser erster Künstler ein Werk dargeboten hat und diese Darbietung am 01.07.1995 noch geschützt war, dann finden die vereinheitlichten Fristen Anwendung. Künstler, die Staaten angehören, die erst später der EU beigetreten sind, werden somit gegenüber Künstlern, die Staaten angehören, die bereits am 01.07.1995 der EU angehörten, benachteiligt. Eine mittelbare Diskriminierung liegt vor.

cc) Möglichkeit der Rechtfertigung

Fraglich ist, ob eine solche Diskriminierung gerechtfertigt sein kann. Hierzu müsste sie auf objektiven, von der Staatsangehörigkeit unabhängigen Erwägungen beruhen und zum Zweck von Art. 10 Abs. 2 Schutzdauerrichtlinie in einem angemessenen Verhältnis stehen.[422]

Die Diskriminierung beruht hier auf einem Verständnis von Art. 10 Abs. 2 Schutzdauerrichtlinie, wonach die Schutzfristen nur auf Gegenstände Anwendung finden, die am 01.07.1995 in einem zum damaligen Zeitpunkt der EU angehörenden Staat geschützt waren. Wie oben gezeigt, ist dieses Verständnis der Norm weder nach ihrem Wortlaut, noch nach den mit der Vorschrift verfolgten Zielen zwingend. Die Diskriminierung kann somit nicht gerechtfertigt sein.

Ein Verstoß gegen das Diskriminierungsverbot aus Art. 18 Abs. 1 AEUV liegt vor.

f) Zwischenergebnis

Der Wortlaut von Art. 10 Abs. 2 Schutzdauerrichtlinie ist nicht eindeutig in Bezug auf die Frage, ob die Schutzfristen auch auf Gegenstände Anwendung finden, die am 01.07.1995 in Staaten geschützt waren die nach diesem Zeitpunkt der EU beigetreten sind.

Das Ziel der Richtlinie, Schutzfristenunterschiede und damit Hindernisse für den freien Waren- und Dienstleistungsverkehr abzubauen und den freien Binnenmarkt zu fördern erfordert es, die harmonisierten Schutzfristen zumindest auf Gegenstände anzuwenden, die zum Zeitpunkt des

---

422 EuGH, Urt. v. 25.03.2005, Rs. C-209/03, Rdnr. 54, NJW 2005, 2055 (2057); *Haratsch/Koenig/Pechstein*, Rdnr. 716.

Beitritts eines später hinzugekommenen Mitgliedstaats in diesem Staat geschützt waren. Eine Verständnis, nach dem die Schutzfristen auf alle Gegenstände Anwendung finden, die am 01.07.1995 in einem der jetzigen EU-Mitgliedstaaten geschützt waren, fördert stärker das Ziel der Rechtssicherheit und Rechtsklarheit.

Ein anderes Verständnis führt darüber hinaus zu einer Ungleichbehandlung von Angehörigen von Staaten, die nach dem 01.07.1995 der EU beigetreten sind, gegenüber Angehörigen von Staaten, die vor diesem Zeitpunkt der EU angehörten. Für letztere besteht, soweit Werke und Leistungen von ihnen am 01.07.1995 geschützt waren, der Schutz nach den vereinheitlichten Fristen. Dagegen finden die vereinheitlichten Fristen auf Werke und Leistungen von ersteren, wenn für diese im später hinzugekommenen Staat Schutz am 01.07.1995 bestand, keine Anwendung. Hierin liegt ein Verstoß gegen das Diskriminierungsverbot aus Art. 18 Abs. 1 AEUV.

Art. 10 Abs. 2 Schutzdauerrichtlinie muss im Einklang mit höherrangigem Unionsrecht ausgelegt werden.[423] Er ist damit dahingehend auszulegen, dass die Schutzfristen auch auf Werke und andere Schutzgegenstände Anwendung finden, die am 01.07.1995 in einem Staat geschützt waren, der erst später der EU beigetreten ist.

4. Bedeutung des Verweises auf die Vermiet- und Verleihrechtsrichtlinie in Art. 10 Abs. 2 Alt. 2 Schutzdauerrichtlinie

In Art. 10 Abs. 2 Alt. 2 Schutzdauerrichtlinie heißt es, die Fristen der Schutzdauerrichtlinie finden auf alle Werke oder Gegenstände Anwendung, die am 01.07.1995 die Schutzkriterien der Vermiet- und Verleihrechtsrichtlinie[424] erfüllten. Dies legt nahe, dass ein Schutzgegenstand nicht in einem Mitgliedstaat geschützt gewesen sein muss, wenn er zum maßgeblichen Zeitpunkt die Schutzkriterien der Vermiet- und Verleihrechtsrichtlinie erfüllte. Nimmt man den Wortlaut der Vorschrift – auch in anderen Sprach-

423 Grabitz/Nettesheim/Hilf/*Mayer,* Losebl. (Stand: Februar 2019), EUV Art. 19 Rdnr. 62.

424 Richtlinie 92/100/EWG v. 19.11.1992; ABl. 1992 L 346, 61-66, kodifiziert durch die Richtlinie 2006/115/EG v. 12.12.2006, ABl. 2006 L 376, 28- 35 (zit.: Vermiet- und Verleihrechtsrichtlinie, Verweise auf die Vermiet- und Verleihrechtsrichtlinie gelten im Folgenden als Verweise auf die kodifizierte Fassung, sofern nicht anders vermerkt).

fassungen[425] - genau, ist für solche Schutzgegenstände nicht einmal erforderlich, dass sie am 01.07.1995 in einem der Mitgliedstaaten geschützt waren.

Es stellt sich die Frage, was mit Erfüllen der Schutzkriterien der Vermiet- und Verleihrechtsrichtlinie gemeint ist. Weiterhin ist unklar, ob die Fristen der Schutzdauerrichtlinie aufgrund dieses Verweises auf Werke oder Schutzgegenstände Anwendung finden können, die am 01.07.1995 in keinem Mitgliedstaat nach den nationalen Vorschriften geschützt waren.

Im Folgenden sollen daher die Bedeutung des Verweises auf die Schutzkriterien der Vermiet- und Verleihrechtsrichtlinie und seine Auswirkungen untersucht werden.

a) Wortlaut

In der deutschen Sprachfassung des Art. 10 Abs. 2 Schutzdauerrichtlinie bestehen zwei Alternativen: Hiernach findet die in der Richtlinie vorgesehene Schutzfrist „[...] auf alle Werke oder Gegenstände Anwendung, die zu dem in Absatz 1 genannten Zeitpunkt zumindest in einem der Mitgliedstaaten [...] geschützt waren, oder die zu diesem Zeitpunkt die Schutzkriterien der Richtlinie [...] erfüllten.". Die Formulierung lässt deutlich erkennen, dass es zwei Möglichkeiten gibt: Entweder, das Werk oder der Schutzgegenstand war am 01.07.1995 nach den nationalen Vorschriften eines Mitgliedstaats geschützt, oder er erfüllte zu diesem Zeitpunkt die Schutzkriterien der Vermiet- und Verleihrechtsrichtlinie.

Den anderen, hier untersuchten Sprachfassungen ist folgendes gemeinsam: Bei der Voraussetzung, dass die Schutzkriterien der Vermiet- und Verleihrechtsrichtlinie erfüllt waren, wird im Gegensatz zur deutschen Fassung nicht auf den in Art. 10 Abs. 1 Schutzdauerrichtlinie genannten Zeitpunkt Bezug genommen. So heißt es in der englischen Fassung: „[...] or which meet the criteria for protection under Council Directive [...]"[426] (anstelle von : Or which, on the date referred to in paragraph 1, meet the criteria for protection under the Council Directive [...]). Eine ähnliche Formulie-

425 Betrachtet wurden die französische, englische, spanische und italienische Sprachfassung.

426 Art. 10 Abs. 2 Directive 2006/116/EC v. 12.12.2006, ABl. 2006 L 372, 12 (15).

rung wählen die anderen, hier untersuchten Sprachfassungen.[427] Darüber hinaus verwenden die übrigen Sprachfassungen – anders als die deutsche – in Bezug auf das Erfüllen der Schutzkriterien der Vermiet- und Verleihrechtsrichtlinie das Präsens (zum Beispiel auf Englisch: which meet,[428] auf Französisch: qui répondent[429]). Diese Formulierung ist weniger genau als in der deutschen Sprachfassung.

Aber auch diese Sprachfassungen unterscheiden ihrem Wortsinn nach zwischen zwei Möglichkeiten: Entweder, die Werke oder Schutzgegenstände waren am 01.07.1995 nach den nationalen Vorschriften mindestens eines Mitgliedstaats geschützt, oder sie erfüllten die Schutzkriterien der Vermiet- und Verleihrechtsrichtlinie. Im Französischen heißt es zum Beispiel, „Les durées de protection prévues à la présente directive s`appliquent à toutes les oeuvres et à tous les objets qui, à la date visée au paragraphe 1, étaient protégés dans au moins un état membre [...] ou qui répondent aux critères de protection énoncés dans la directive [...]“[430].

Der Wortsinn ist damit in den Sprachfassungen von Art. 10 Abs. 2 Schutzdauerrichtlinie eindeutig dahin zu verstehen, dass die Schutzfristen entweder auf Werke oder Schutzgegenstände Anwendung finden, die am 01.07.1995 nach den Gesetzen mindestens eines Mitgliedstaats geschützt waren, oder auf solche, die die Schutzkriterien der Vermiet- und Verleihrechtsrichtlinie erfüllen.

b) Systematik

Um Widersprüche zwischen der Schutzdauerrichtlinie und Vermiet- und Verleihrechtsrichtlinie zu vermeiden, sollte die Alternative, wonach der Schutz auf Gegenstände Anwendung findet, die zum Stichzeitpunkt die Schutzkriterien der Vermiet- und Verleihrechtsrichtlinie erfüllten, in beiden Richtlinien in gleicher Weise ausgelegt werden.

---

427 Französisch: Art. 10 Abs. 2 Directive 2006/116/CE v. 12.12.2006, ABl. 2006 L 372, 12 (15); Spanisch: Art. 10 Abs. 2 Directiva 2006/116/CE v. 12.12.2006, ABl. 2006 L 372, 12 (15); Italienisch: Art. 10 Abs. 2 Direttiva 2006/116/CE v. 12.12.2006, ABl. 2006 L 372, 12 (15).

428 Art. 10 par. 2 Directive 2006/116/EC v. 12.12.2006, ABl. 2006 L 372, 12 (15).

429 Article 10 par. 2 Directive 2006/116/CE v. 12.12.2006, ABl. 2006 L 372, 12 (15).

430 Article 10 par. 2 Directive 2006/116/CE v. 12.12.2006, ABl. 2006 L 372, 12 (15).

c) Ziele

Der Verweis auf die Vermiet- und Verleihrechtsrichtlinie soll eine möglichst einheitliche, widerspruchsfreie Anwendung der Vorschriften der Schutzdauerrichtlinie und der Vermiet- und Verleihrechtsrichtlinie bewirken.[431]

Die Verknüpfung von Schutzdauerrichtlinie und Vermiet- und Verleihrechtsrichtlinie, in der bestimmte verwandte Schutzrechte teilweise harmonisiert werden, bewirkt eine noch stärkere Rechtsvereinheitlichung auf Unionsebene.[432] Hierdurch werden Rechtsbegriffe in den beiden Richtlinien, wie das Verständnis der einzelnen verwandten Schutzrechte, einheitlich ausgelegt und angewendet.[433]

In der Begründung des geänderten Richtlinienvorschlags schreibt die *Kommission* ausdrücklich, dass sie mit dem Verweis auf die Vermiet- und Verleihrechtsrichtlinie bezweckt, die Schutzdauerrichtlinie an die Vermiet- und Verleihrechtsrichtlinie anzupassen und dass die Verknüpfung mit dieser Richtlinie zu einer einheitlicheren Rechtsanwendung in der gesamten EU führen soll.[434]

So ist es folgerichtig, das Erfülltsein der Schutzkriterien der Vermiet- und Verleihrechtsrichtlinie in Art. 10 Abs. 2 Alt. 2 Schutzdauerrichtlinie und in Art. 11 Abs. 1 Alt. 2 Vermiet- und Verleihrechtsrichtlinie in gleicher Weise auszulegen.

Darüber hinaus soll der Verweis verdeutlichen, dass Schutz auch dann gewährt wird, wenn in einzelnen Mitgliedstaaten bestimmte verwandte Schutzrechte noch nicht existiert haben.[435] Der Verweis deutet ferner da-

---

431 Amended proposal for a Council Directive harmonizing the term of protection of copyright and certain related rights, COM (92) 602 final – Syn 395, Explanatory Memorandum commentary on Art. 6bis S. 6; *Walter*/von Lewinski, Term Directive Art. 10 Rdnr 8.10.22.

432 Amended proposal for a Council Directive harmonizing the term of protection of copyright and certain related rights, COM (92) 602 final – Syn 395, Explanatory Memorandum commentary on Art. 6bis S. 6; *Walter*/von Lewinski, Term Directive Art. 10 Rdnr. 8.10.22.

433 Amended proposal for a Council Directive harmonizing the term of protection of copyright and certain related rights, COM (92) 602 final – Syn 395, Explanatory Memorandum commentary on Art. 6bis S. 6; *Walter*/von Lewinski, Term Directive Art. 10 Rdnr. 8.10.22.

434 Amended proposal for a Council Directive harmonizing the term of protection of copyright and certain related rights, COM (92) 602 final – Syn 395, Explanatory Memorandum commentary on Art. 6bis S. 6.

435 *Walter*/von Lewinski, Term Directive Art. 10 Rdnr. 8.10.13, 8.10.22; Wandtke/Bullinger/*Jani*, UrhG § 137f Rdnr. 8; *von Lewinski*, in: *Möhring/Schulze/Ulmer/Zweigert*

rauf hin, dass nur die verwandten Schutzrechte, über welche die Schutzdauerrichtlinie und die Vermiet- und Verleihrechtsrichtlinie Regelungen treffen, von Art. 10 Abs. 2 Schutzdauerrichtlinie erfasst sind.[436]

d) Schutzkriterien der Vermiet- und Verleihrechtsrichtlinie

Die obigen Ausführungen haben gezeigt, dass die Schutzkriterien der Vermiet- und Verleihrechtsrichtlinie in Art. 10 Abs. 2 Alt. 2 Schutzdauerrichtlinie in gleicher Weise wie nach Art. 11 Abs. 1 Alt. 2 Vermiet- und Verleihrechtsrichtlinie zu bestimmen sind. Im Folgenden ist zu untersuchen, was die Schutzkriterien der Vermiet- und Verleihrechtsrichtlinie beinhalten.

Die Vermiet- und Verleihrechtsrichtlinie verfolgt das Ziel, den Rechtsschutz für das Vermiet- und Verleihrecht zu harmonisieren und den Binnenmarkt zu fördern.[437] Zu diesem Zweck wurden das Vermiet- und Verleihrecht sowie bestimmte Verwertungsrechte für Urheber und Inhaber verwandter Schutzrechte harmonisiert.[438]

Die Verwertungsrechte für Inhaber bestimmter verwandter Schutzrechte wurden einbezogen, weil es keinen Sinn ergeben hätte, allein das Vermiet- und Verleihrecht für die verwandten Schutzrechte zu harmonisieren.[439] In einzelnen Mitgliedstaaten existierten bestimmte verwandte Schutzrechte noch nicht.[440] Damit war es erforderlich, teilweise eine Harmonisierung der verwandten Schutzrechte herbeizuführen.

Die Vermiet- und Verleihrechtsrichtlinie definiert die Urheberschaft und Inhaberschaft verwandter Schutzrechte nur teilweise. Wer Urheber ist und welche Anforderungen an die Schöpfungshöhe bestehen, wird durch die Richtlinie nicht bestimmt.[441] Die Definition des Urhebers wurde nicht für notwendig erachtet, da die Mitgliedstaaten bereits der RBÜ angehörten.[442]

(Hrsg.), Quellen des Urheberrechts, Losebl. (Stand: Mai 1994), Europ. GemeinschaftsR/II/4 S. 15.

436 *Walter*/von Lewinski, Term Directive Art. 10 Rdnr. 8.10.23.

437 Walter/*von Lewinski*, Rental and Lending Rights Directive Introduction Rdnr. 6.0.6.

438 Walter/*von Lewinski*, Rental and Lending Rights Directive Introduction Rdnr. 6.0.6.

439 *von Lewinski*, in: *Möhring/Schulze/Ulmer/Zweigert (Hrsg.)*, Quellen des Urheberrechts, Losebl. (Stand: Mai 1994), Europ. GemeinschaftsR/II/2 S. 2.

440 *von Lewinski*, in: *Möhring/Schulze/Ulmer/Zweigert (Hrsg.)*, Quellen des Urheberrechts, Losebl. (Stand: Mai 1994), Europ. GemeinschaftsR/II/2 S. 2.

441 Walter/*von Lewinski*, Rental and Lending Rights Directive Art. 2 Rdnr. 6.2.2-6.2.3, 6.2.19.

442 Walter/*von Lewinski*, Rental and Lending Rights Directive Art. 2 Rdnr. 6.2.2.

Der Begriff des ausübenden Künstlers und des Tonträgerherstellers wird ebenfalls nicht durch die Vermiet- und Verleihrechtsrichtlinie definiert.[443] Bei den Rechten der ausübenden Künstler und Tonträgerhersteller ging der europäische Gesetzgeber davon aus, dass mit dem Rom-Abkommen bereits bis zu einem gewissen Grad eine Harmonisierung eingetreten sei.[444]

Eine Ausnahme besteht für geschützte Sendeunternehmen. Art. 7 Abs. 2 Vermiet- und Verleihrechtsrichtlinie bestimmt, welche Sendungen erfasst werden, und definiert damit teilweise den Begriff des Sendeunternehmens.[445]

Die Vermiet- und Verleihrechtsrichtlinie bezweckt aber die vollständige Harmonisierung bestimmter Verwertungsrechte für die Inhaber der Rechte der Ausübenden Künstler, Tonträgerhersteller, Filmhersteller und Sendeunternehmen.[446] Hierzu ist erforderlich, die Begriffe „ausübender Künstler", „Tonträgerhersteller", „Filmhersteller" und „Sendeunternehmen" einheitlich auszulegen.

Begriffe in Normen des EU-Rechts sind in der gesamten EU autonom auszulegen, es sei denn, diese Normen verweisen ausdrücklich auf das Recht der Mitgliedstaaten.[447] Das bedeutet, sie sind in einem unionsrechtlichen Sinn und innerhalb der EU einheitlich auszulegen.[448] Dies gebieten die Einheit der Unionsrechtsordnung sowie die Ziele der Vermiet- und Verleihrechtsrichtlinie.[449] Die Vermiet- und Verleihrechtsrichtlinie bezweckt, den Schutz der schöpferischen, künstlerischen und unternehmerischen Tätigkeiten von Urhebern, ausübenden Künstlern, Tonträgerherstellern, Filmherstellern und Sendeunternehmen zu stärken, siehe ErwG 6 S. 1-2 Vermiet- und Verleihrechtsrichtlinie. Laut ErwG 6 S. 2 Vermiet- und Ver-

---

443 Walter/*von Lewinski,* Rental and Lending Rights directive Art. 2 Rdnr. 6.2.10, 6.2.11.

444 *Grünberger,* Rdnr. 197; *von Lewinski,* in: *Möhring/Schulze/Ulmer/Zweigert (Hrsg.),* Quellen des Urheberrechts, Losebl. (Stand: Mai 1994), Europ. GemeinschaftsR/II/2 S. 4.

445 Schricker/Loewenheim/*v. Ungern-Sternberg,* UrhG § 87 Rdnr. 2; Walter/*von Lewinski,* Rental and Lending Rights Directive, Art. 6 Rdnr. 6.6.6-6.6.8, Art. 8 Rdnr. 6.8.26; *von Lewinski,* in: *Möhring/Schulze/Ulmer/Zweigert (Hrsg.),* Quellen des Urheberrechts, Losebl. (Stand: Mai 1994), Europ. GemeinschaftsR/II/2 S. 11.

446 Walter/*von Lewinski,* Vermiet- und Verleih-Richtlinie Vor Art. 6 bis 10 Rdnr. 1-2.

447 EuGH, Urt. v. 08.09.2020 , Rs. C-265/19, Rdnr. 46, NJW 2021, 371 (372); Grabitz/Hilf/Nettesheim/*Mayer,* Losebl. (Stand: Februar 2019) EUV Art. 19 Rdnr. 53.

448 Grabitz/Hilf/Nettesheim/*Mayer,* Losebl. (Stand: Februar 2019) EUV Art. 19 Rdnr. 53.

449 Grabitz/Hilf/Nettesheim/*Mayer,* Losebl. (Stand: Februar 2019) EUV Art. 19 Rdnr. 53; Schricker/Loewenheim/*Grünberger,* UrhG § 73 Rdnr. 6.

leihrechtsrichtlinie soll ein gemeinschaftsweit harmonisierter Rechtsschutz geschaffen werden. Die Ausübung von Verwertungsrechten, welche die Vermiet- und Verleihrechtsrichtlinie gewährt, wird erschwert, wenn diese Begriffe in einem Mitgliedstaat anders ausgelegt werden, als in einem anderen Mitgliedstaat.[450] Die Vermiet- und Verleihrechtsrichtlinie verweist für das Verständnis dieser Begriffe nicht auf das Recht der Mitgliedstaaten.[451]

Darüber hinaus verweist die Vermiet- und Verleihrechtsrichtlinie selbst in Art. 11 Abs. 1 Alt. 2 auf die Schutzkriterien dieser Richtlinie. Nach dieser Vorschrift findet die Richtlinie auf alle Werke und Schutzgegenstände Anwendung, die am 01.07.1994 die Schutzkriterien im Sinne der Vermiet- und Verleihrechtsrichtlinie erfüllten. Dies spricht ebenfalls für ein eigenständiges Verständnis der von der Vermiet- und Verleihrechtsrichtlinie vorausgesetzten Eigenschaft als Ausübender Künstler, Tonträgerhersteller, Sendeunternehmen und Filmhersteller.[452]

Die Richtlinie trifft folglich zum Teil Bestimmungen über den Schutz von Inhabern verwandter Schutzrechte.[453] Wo dies nicht der Fall ist, müssen diese Begriffe unionsautonom ausgelegt werden.[454] Wer also nach dem Verständnis des Unionsrechts Ausübender Künstler, Tonträgerhersteller, Sendeunternehmen oder Filmhersteller ist, erfüllt in sachlicher Hinsicht die Schutzkriterien der Richtlinie.

Zu beachten bleibt die räumliche und zeitliche Komponente. Räumlich findet die Richtlinie nur auf Schutzgegenstände innerhalb der EU und von Rechteinhabern, die Staatsangehörige eines EU-Staats sind, Anwendung (Art. 1 Abs. 1, Art. 16 Vermiet- und Verleihrechtsrichtlinie).

Würde man in zeitlicher Hinsicht keine Beschränkung vorsehen, so würde dies bedeuten dass die Vermiet- und Verleihrechtsrichtlinie zeitlich unbegrenzt Anwendung findet. Sie wäre auch auf Schutzgegenstände anwendbar, die schon vor sehr langer Zeit geschaffen wurden und deren Urheber

450 Schricker/Loewenheim/*Grünberger*, UrhG § 73 Rdnr. 6.

451 Für die Rechte ausübender Künstler EuGH, Urt. v. 08.09.2020, Rs. C-265/19 Rdnr. 46, NJW 2021, 371 (372).

452 Walter/*von Lewinski*, Rental and Lending Rights Directive, Art. 13 Rdnr. 6.13.11 (jetzt: Art. 11 Vermiet- und Verleihrechtsrichtlinie).

453 Schricker/Loewenheim/*v. Ungern-Sternberg*, UrhG § 87 Rdnr. 2; Walter/*von Lewinski*, Rental and Lending Rights Directive, Art. 6 Rdnr. 6.6.6-6.6.8, Art. 8 Rdnr. 6.8.26; *von Lewinski*, in: *Möhring/Schulze/Ulmer/Zweigert (Hrsg.)*, Quellen des Urheberrechts, Losebl. (Stand: Mai 1994), Europ. GemeinschaftsR/II/2 S. 11.

454 EuGH, Urt. v. 08.09.2020, Rs. C-265/19, Rdnr. 46, 48, NJW 2021, 371 (372).

längst verstorben waren.[455] Art. 11 und 12 Vermiet- und Verleihrechtsrichtlinie a.F.[456] bestimmten aber für das Urheberrecht und die verwandten Schutzrechte nur eine Mindestschutzdauer.[457] Werke waren danach zumindest bis zum Ablauf der Frist nach der RBÜ geschützt (Art. 11 Vermiet- und Verleihrechtsrichtlinie a.F.), die Rechte von Ausübenden Künstlern, Tonträgerherstellern und Sendeunternehmen bis zum Ablauf der entsprechenden Fristen des Rom-Abkommens (Art. 12 S. 1 Vermiet- und Verleichrechtsrichtlinie a.F.). Die Rechte der Filmhersteller erloschen nicht vor Ablauf von zwanzig Jahren ab dem Ende des Jahres, in dem die Aufzeichnung erfolgte (Art. 12 S. 2 Vermiet- und Verleihrechtsrichtlinie a.F.). Diese Mindestschutzdauer wurde in Erwartung der Schutzdauerrichtlinie geschaffen. Bis zu deren Inkrafttreten sollten Schutzgegenstände, die unter die Vermiet- und Verleihrechtsrichtlinie fallen, zumindest für diese Dauer geschützt sein.[458] Ziel der Vermiet- und Verleihrechtsrichtlinie war es nicht, einen zeitlich unbegrenzten Schutz zu schaffen.[459]

Im Rahmen der Übergangsvorschrift des Art. 11 Abs. 1 Alt. 2 Vermiet- und Verleihrechtsrichtlinie sind diese (mittlerweile mit der Schutzdauerrichtlinie aufgehobenen)[460] Fristen zu berücksichtigen.

Anwendbarkeit der Schutzkriterien der Vermiet- und Verleihrechtsrichtlinie am 01.07.1994 auf einen Schutzgegenstand bedeutet, dass es sich um ein Werk, eine Darbietung, Erstaufzeichnung, Sendung oder Aufzeichnung eines Films nach unionsautonomem Verständnis handelt und dass die Mindestschutzfrist nach Art. 11, 12, Vermiet- und Verleihrechtsrichtlinie a.F. noch nicht abgelaufen war.[461] Art. 10 Abs. 2 Alt. 2 Schutzdauerrichtlinie ist in gleicher Weise auszulegen.

Indes ist der Anwendungsbereich für diese Alternative gering. Die Vermiet- und Verleihrechtsrichtlinie findet nur innerhalb der EU Anwendung (s. Art. 1 Abs. 1, Art. 16 Vermiet- und Verleihrechtsrichtlinie). Das Urheberrecht bestand in allen Mitgliedstaaten, nahezu alle Mitgliedstaaten sahen

455 Walter/*von Lewinski*, Rental and Lending Rights Directive Art. 13 Rdnr. 6.13.12.

456 Richtlinie 92/100/EWG v. 19.11.1992, ABl. 1992 L 346, 61 – 66 (zit.: Vermiet- und Verleihrechtsrichtlinie a.F.).

457 Walter/*von Lewinski*, Rental and Lending Rights Directive Art. 11 Rdnr. 6.11.1; Art. 12 Rdnr. 6.12.1-6.12.2.

458 Walter/*von Lewinski*, Rental and Lending Rights Directive Art. 11 Rdnr. 6.11.1-6.11.2; Art. 12 Rdnr. 6.12.1.

459 *Walter*/von Lewinski, Term Directive Art. 10 Rdnr. 8.10.22.

460 Art. 11 Abs. 2 Richtlinie 93/98/EWG v. 29.10.1993, ABl. 1993 L 290, 9-13.

461 Walter/*von Lewinski*, Rental and Lending Rights Directive Art. 13 Rdnr. 6.13.12.

auch Rechte für Ausübende Künstler, Tonträgerhersteller und Sendeunternehmen vor. Der Schutz bestand mindestens für die Dauer der Mindestschutzfristen aus Art. 11, 12 Vermiet- und Verleihrechtsrichtlinie, in den meisten Fällen aber darüber hinaus. Damit ist ein Fall, in dem ein Werk oder ein Schutzgegenstand am 01.07.1995 nach dem Gesetz keines Mitgliedstaats mehr geschützt war, aber zu diesem Zeitpunkt noch die Schutzkriterien der Vermiet- und Verleihrechtsrichtlinie erfüllte, kaum denkbar. Insbesondere aufgrund der Tatsache, dass die Mitgliedstaaten durch das Diskriminierungsverbot aus Gründen der Staatsangehörigkeit zur Gleichbehandlung von Angehörigen anderer Mitgliedstaaten auf dem Gebiet des Urheberrechts und der verwandten Schutzrechte verpflichtet waren,[462] ist ein solcher Fall sehr unwahrscheinlich.

f) Zur Notwendigkeit einer richtlinienkonformen Rechtsfortbildung des § 137f Abs. 2 UrhG

Im Gegensatz zu Art. 10 Abs. 2 Schutzdauerrichtlinie, ist § 137f Abs. 2 S. 1 UrhG von seinem Wortlaut her auf die Alternative beschränkt, wonach die Fristen auf Werke oder Gegenstände anwendbar sind, die am 01.07.1995 nach dem Gesetz eines Mitgliedstaates der Europäischen Union oder Vertragsstaates des Abkommens über den Europäischen Wirtschaftsraum noch geschützt waren. § 137f Abs. 2 UrhG kann nicht in dem Sinn verstanden werden, dass die Vorschriften des UrhG auf Schutzgegenstände Anwendung finden, die am 01.07.1995 die Schutzkriterien der Vermiet- und Verleihrechtsrichtlinie erfüllten.

Fraglich ist, ob es einer richtlinienkonformen Rechtsfortbildung in Form einer teleologischen Extension bedarf. Eine Regelungslücke könnte darin bestehen, dass die Alternative, wonach die Fristen auf Schutzgegenstände Anwendung finden, die am 01.07.1995 die Schutzkriterien der Vermiet- und Verleihrechtsrichtlinie erfüllten (Art. 10 Abs. 2 Alt. 2 Schutzdauerrichtlinie) in § 137f Abs. 2 UrhG nicht enthalten ist. Der Gesetzgeber könnte hier unbewusst hinter den Zielen von Art. 10 Abs. 2 Schutzdauerrichtlinie zurückgeblieben sein.[463]

---

462 EuGH, Urt. v. 20.10.1992, Rs. C-92/92, C-326/92, Rdnr. 32-33, GRUR 1994, 280 (282-283).

463 Dazu Riesenhuber/*Roth/Jopen*, § 13 Rdnr. 58.

§ 137f Abs. 2 UrhG besagt, dass die Vorschriften dieses Gesetzes (also des UrhG) auf alle Werke und Leistungen Anwendung finden, die am 01.07.1995 in zumindest einem Mitgliedstaat geschützt waren. Allein im UrhG selbst waren das Urheberrecht und die verwandten Schutzrechte, die auch Gegenstand der Vermiet- und Verleihrechtsrichtlinie sind, bereits am 01.07.1995 für die Dauer mindestens der in Art. 11 und 12 Vermiet- und Verleihrechtsrichtlinie a.F. vorgesehenen Mindestschutzfrist und der in der RBÜ und dem Rom-Abkommen enthaltenen Mindestschutzfrist geschützt.[464] Viele weitere Mitgliedstaaten waren Vertragsparteien des Rom-Abkommens[465] und alle Mitgliedstaaten waren der RBÜ in der Pariser oder Brüsseler Fassung beigetreten.[466] Damit waren sie zum Schutz des Urheberrechts und der vom Rom-Abkommen gewährleisteten Mindestrechte für die in der RBÜ und dem Rom-Abkommen vorgeschriebene Mindestdauer verpflichtet, Art. 7 Abs. 1 RBÜ, Art. 14 Rom-Abk. Die Mitgliedstaaten sind darüber hinaus untereinander aufgrund des Diskriminierungsverbots aus Gründen der Staatsangehörigkeit (Art. 18 AEUV) verpflichtet, Angehörige anderer Mitgliedstaaten wie eigene Staatsangehörige zu schützen. [467] Damit wird deutlich, dass kein Fall denkbar ist, in dem für einen Gegenstand der Schutz nach dem Gesetz keines Mitgliedstaates mehr bestand, aber die Schutzkriterien der Vermiet- und Verleihrechtsrichtlinie für diesen Gegenstand erfüllt waren.

Es besteht keine Regelungslücke. Für eine richtlinienkonforme Rechtsfortbildung des § 137f Abs. 2 S. 1 UrhG besteht mithin kein Bedürfnis.

---

464 BT-Drucks. 13/781, S. 17.

465 *WIPO,* WIPO-Administered Treaties. Contracting Parties, Rome Convention, url: https://www.wipo.int/treaties/en/ShowResults.jsp?lang=en&treaty_id=17 (zuletzt abgerufen am 06.02.2024).

466 *WIPO,* WIPO-Administered Treaties. Contracting Parties, Berne Convention, Paris Act (1971), url: https://www.wipo.int/treaties/en/ActResults.jsp?act_id=26 (zuletzt abgerufen am 17.05.2022); *WIPO,* Berne Notification No. 62. Berne Convention for the Protection of Literary and Artistic Works, Ratification by the Kingdom of Belgium of the Stockholm Act (with the exception of Articles 1 to 21 and of the Protocol Regarding Developing Countries), url: https://www.wipo.int/treaties/en/notifications/berne/treaty_berne_62.html (zuletzt abgerufen am 06.02.2024); *WIPO,* Berne Notification No. 26. Berne Convention for the Protection of Literary and Artistic Works, Ratification by Ireland of the Stockholm Act (with the exception of Articles 1 to 21 and of the Protocol Regarding Developing Countries), url: https://www.wipo.int/treaties/en/notifications/berne/treaty_berne_26.html (zuletzt abgerufen am 06.02.2024).

467 EuGH, Urt. v. 06.06.2002, Rs. C-360/00, Rdnr. 31, GRUR 2002, 689 (690); EuGH, Urt. v. 20.10.1993, Rs. C-92/92 und C-326/92, Rdnr. 32-33, GRUR Int 1994, 53 (56).

e) Zwischenergebnis

Das Bestehen des Schutzes am 01.07.1995 in mindestens einem Mitgliedstaat und die Erfüllung der Schutzkriterien der Vermiet- und Verleihrechtsrichtlinie gem. Art. 10 Abs. 2 Schutzdauerrichtlinie stehen in einem Alternativverhältnis. Art. 10 Abs. 2 Alt. 2 Schutzdauerrichtlinie nimmt Bezug auf die Schutzkriterien der Vermiet- und Verleihrechtsrichtlinie. Dieser Verweis sollte so verstanden werden, wie nach Art. 11 Abs. 1 Alt. 2 Vermiet- und Verleihrechtsrichtlinie. Die Schutzkriterien der Vermiet- und Verleihrechtsrichtlinie sind erfüllt, wenn ein Werk oder eine geschützte Darbietung, Tonträger, Film oder Sendung nach unionsautonomem Verständnis besteht und die Mindestschutzfristen aus Art. 11, 12 Vermiet- und Verleihrechtsrichtlinie a.F. am 01.07.1995 noch nicht abgelaufen waren.

Es ist jedoch kaum eine Situation denkbar, in der am 01.07.1995 zwar die Schutzkriterien der Vermiet- und Verleihrechtsrichtlinie für ein Werk oder einen Gegenstand erfüllt waren, dieses oder dieser aber zu jenem Zeitpunkt in allen Mitgliedstaaten gemeinfrei geworden war. Für eine richtlinienkonforme Rechtsfortbildung des § 137f Abs. 2 S. 1 UrhG besteht folglich kein Bedarf.

5. Verwandte Schutzrechte

Die in der Schutzdauerrichtlinie vorgesehene Schutzfrist findet gem. Art. 10 Abs. 2 Schutzdauerrichtlinie auf alle Gegenstände verwandter Schutzrechte Anwendung, die zumindest in einem der Mitgliedstaaten aufgrund der Anwendung nationaler Bestimmungen im Bereich verwandter Schutzrechte geschützt waren. Vom Wortlaut her wird der Anwendungsbereich nicht auf solche Gegenstände verwandter Schutzrechte beschränkt, die in der Richtlinie selbst harmonisiert sind. Es stellt sich die Frage, welche verwandten Schutzrechte in Bezug genommen werden und ob – über die in § 137f Abs. 2 S. 2 UrhG genannten verwandten Schutzrechte hinausgehend – auch andere verwandte Schutzrechte erfasst werden. Dies soll im Folgenden untersucht werden.

a) Anwendbarkeit auf in der Schutzdauerrichtlinie nicht harmonisierte verwandte Schutzrechte

aa) Wortlaut und Systematik

Art. 10 Abs. 2 Schutzdauerrichtlinie erfasst Gegenstände, die zumindest in einem Mitgliedstaat aufgrund der Anwendung nationaler Bestimmungen auf dem Gebiet verwandter Schutzrechte geschützt waren. Die Norm ist ihrem Wortlaut zufolge nicht auf Gegenstände verwandter Schutzrechte beschränkt, die in der Schutzdauerrichtlinie selbst harmonisiert sind.

Sie besagt aber, dass die in dieser Richtlinie vorgesehene Schutzfrist auf die genannten Gegenstände Anwendung findet. Fänden die Schutzfristen auf verwandte Schutzrechte Anwendung, für die die Schutzdauerrichtlinie selbst keine Schutzfrist bestimmt, so ginge der Verweis auf die durch die Richtlinie vorgesehene Schutzfrist ins Leere.

Darüber hinaus lautet der Titel der Schutzdauerrichtlinie „Richtlinie [...] über die Schutzdauer des Urheberrechts und bestimmter verwandter Schutzrechte“. Dies zeigt, dass nicht die Schutzdauer sämtlicher in den Mitgliedstaaten vorhandener verwandter Schutzrechte harmonisiert werden soll.[468]

In ErwG 17 Schutzdauerrichtlinie werden als Mittel, mithilfe derer ein Gegenstand eines verwandten Schutzrechts Personen zugänglich gemacht wird, die Darbietung, Aufzeichnung, Übertragung, erlaubte Veröffentlichung und öffentliche Wiedergabe genannt. Dies sind typische Instrumente, mithilfe derer die in der Schutzdauerrichtlinie ausdrücklich genannten Gegenstände verwandter Schutzrechte – Darbietungen ausübender Künstler, Tonträger, Filme – Personen wahrnehmbar gemacht werden. Auch dieser Aspekt spricht dafür, dass Art. 10 Abs. 2 Schutzdauerrichtlinie nur auf die verwandten Schutzrechte Anwendung findet, deren Schutzfrist die Schutzdauerrichtlinie selbst regelt.

Den Mitgliedstaaten verbleibt zudem die Möglichkeit, andere verwandte Schutzrechte als diejenigen, die von der Richtlinie erfasst werden, beizubehalten oder neu einzuführen, Art. 11 Abs. 1, ErwG 19 Schutzdauerrichtlinie. Dies gilt sowohl für Mitgliedstaaten, die bereits Mitglied der EU waren als auch für solche, die später hinzugekommen sind.

---

468 S. dazu *Dietz*, GRUR Int 1995, 670 (678).

Die entsprechenden Gesetzesentwürfe müssen die Mitgliedstaaten der Kommission mitteilen, Art. 11 Abs. 1 Schutzdauerrichtlinie. Die Pflicht zur Notifizierung aus Art. 11 Abs. 1 Schutzdauerrichtlinie dient dazu, zu verhindern, dass durch die Einführung neuer, verwandter Schutzrechte Hindernisse für den Binnenmarkt aufgebaut werden.[469]

Die Möglichkeit, andere verwandte Schutzrechte beizubehalten oder einzuführen (ErwG 19 S. 1 Schutzdauerrichtlinie), und die Pflicht zur Notifizierung (Art. 11 Abs. 1 Schutzdauerrichtlinie) implizieren, dass es einzelne verwandte Schutzrechte in den Mitgliedstaaten gibt, die mit der Schutzdauerrichtlinie nicht harmonisiert werden.[470] Dies spricht ebenfalls dafür, dass die vereinheitlichten Schutzfristen nur auf Gegenstände von verwandten Schutzrechten Anwendung finden, die in der Schutzdauerrichtlinie verbindlich vorgeschrieben werden.

Auch in Art. 5 S. 1, Art. 6 S. 3 Schutzdauerrichtlinie wird den Mitgliedstaaten freigestellt, kritische und wissenschaftliche Ausgaben sowie Fotografien, die keine Werke darstellen, zu schützen – die Entscheidung, ob ein Schutz besteht, liegt bei den Mitgliedstaaten.

Der Verweis auf die Vermiet- und Verleihrechtsrichtlinie in Art. 10 Abs. 2 letzter Hs. Schutzdauerrichtlinie lässt sich ebenfalls dafür anführen, dass nur verwandte Schutzrechte erfasst werden sollen, die in der EU harmonisiert sind.[471] Die Vermiet- und Verleihrechtsrichtlinie schreibt den Schutz bestimmter, verwandter Schutzrechte vor: Betroffen sind Rechte von ausübenden Künstlern, Tonträgerherstellern und Herstellern der erstmaligen Aufzeichnung eines Films (Art. 3 Abs. 1 lit. b-d Vermiet- und Verleihrechtsrichtlinie) sowie von Sendeunternehmen (Art. 9 Abs. 1 lit. d Vermiet- und Verleihrechtsrichtlinie). Die Rechte entsprechen den verwandten Schutzrechten, deren Schutzfrist die Schutzdauerrichtlinie bestimmt (Art. 3 Abs. 1, 2, 3, 4 Schutzdauerrichtlinie), mit Ausnahme des Schutzes nachgelassener Werke. Dieser Schutz wird in der Schutzdauerrichtlinie eingeführt, Art. 4

469 Vorschlag für eine Richtlinie des Rates zur Harmonisierung der Schutzdauer des Urheberrechts und bestimmter verwandter Schutzrechte (von der Kommission vorgelegt) v. 23.03.1992, KOM(92)33 endg. – Syn 395, Begründung S. 31 Rdnr. 61.

470 Zu von der Vermiet- und Verleihrechtsrichtlinie nicht erfassten, verwandten Schutzrechten *Reinbothe/von Lewinski*, Rental and lending Rights, Art. 2 S. 50; *Walter*/von Lewinski, Term Directive Art. 5 Rdnr. 8.5.5; *Dietz*, GRUR Int 1995, 670 (678); *Maier*, RdMUE Bd. 2 (1994), 49 (58).

471 *Walter*/von Lewinski, Term Directive Art. 10 Rdnr. 8.10.23; *Dietz*, GRUR Int 1995, 670 (683).

Schutzdauerrichtlinie.[472] Es findet sich keine entsprechende Regelung in der Vermiet- und Verleihrechtsrichtlinie.

Die Vermiet- und Verleihrechtsrichtlinie soll den Rechteinhabern einen ausreichenden Rechtsschutz bieten, um sicherzustellen, dass sie in der Lage sind, ein angemessenes Einkommen zu erzielen (ErwG 5 Vermiet- und Verleihrechtsrichtlinie). Zu diesem Zweck soll ein gemeinschaftsweit harmonisierter Schutz der durch die Richtlinie gewährleisteten verwandten Schutzrechte geschaffen werden (ErwG 6 Vermiet- und Verleihrechtsrichtlinie).[473] Diese decken sich – wie oben gezeigt – weitgehend mit den von der Schutzdauerrichtlinie erfassten verwandten Schutzrechten.

Mit dem Verweis der Schutzdauerrichtlinie auf die Vermiet- und Verleihrechtsrichtlinie (Art. 10 Abs. 2 letzter Hs. Schutzdauerrichtlinie) wird eine einheitliche Auslegung der Schutzdauerrichtlinie sowie der Vermiet- und Verleihrechtsrichtlinie angestrebt.[474] Die Verknüpfung dieser beiden Richtlinien verstärkt die Harmonisierung der von ihnen ausdrücklich vorgeschriebenen verwandten Schutzrechte auf Unionsebene.[475] Sie deutet darauf hin, dass Art. 10 Abs. 2 Schutzdauerrichtlinie sich auf diejenigen verwandten Schutzrechte bezieht, deren Schutz diese beiden Richtlinien vorschreiben und harmonisieren.[476]

bb) Ziele

Das Bestimmen unionsweit geltender Schutzfristen in der Schutzdauerrichtlinie hat zum Ziel, die Schutzdauer von Werken und verwandten Schutzrechten in der EU möglichst umfassend zu harmonisieren (ErwG 3,

---

472 Amended Proposal for a Council Directive Harmonizing the term of protection of copyright and certain related rights, COM(92)602 final – SYN 395, Explanatory Memorandum S. 2, Explanatory Memorandum commentary on Art. 2bis S. 6.

473 EuGH, Urt. v. 08.09.2020, Rs. C-265/19, Rdnr. 50, NJW 2021, 371 (372).

474 Amended Proposal for a Council Directive Harmonizing the term of protection of copyright and certain related rights, COM(92)602 final – SYN 395, Explanatory Memorandum commentary on Art. 6bis S. 6.

475 Amended Proposal for a Council Directive Harmonizing the term of protection of copyright and certain related rights, COM(92)602 final – SYN 395, Explanatory Memorandum commentary on Art. 6bis S. 6; *Walter*/von Lewinski, Term Directive Art. 10 Rdnr. 8.10.22; *Dietz*, GRUR Int 1995, 670 (683).

476 So auch *Walter*/von Lewinski, Term Directive Art. 10 Rdnr. 8.10.23; *Dietz*, GRUR Int 1995, 670 (683).

4, 17 S. 1 Schutzdauerrichtlinie).[477] Das Urteil des EuGH im Hinblick auf die Unterschiede von Schutzfristen[478] hat gezeigt, dass Unterschiede der nationalen Rechtsvorschriften über das Urheberrecht und die verwandten Schutzrechte zu Beschränkungen des Handels innerhalb der EU führen können. Damit war es notwendig, die Schutzfristen für das Urheberrecht und die verwandten Schutzrechte zu vereinheitlichen, um den Binnenmarkt zu verwirklichen.[479]

Aus diesem Grund sollte der Schutz für möglichst viele Werke und Gegenstände verwandter Schutzrechte vereinheitlicht werden.[480] Der Schutz sollte für alle Schutzgegenstände zum gleichen Zeitpunkt beginnen und enden (ErwG 4 Schutzdauerrichtlinie).[481]

Zunächst hatte die *Kommission* in ihrem Arbeitsprogramm „Initiativen zum Grünbuch" eine totale Harmonisierung gefordert.[482] Hiernach sollte die Schutzdauer für jedes Werk und jeden Gegenstand eines verwandten Schutzrechts in der EU vereinheitlicht werden.[483] Sie sollte in allen Mitgliedstaaten zum gleichen Zeitpunkt beginnen und enden.[484] Es hätte für alle in den Mitgliedstaaten existierenden Gegenstände verwandter Schutzrechte eine Schutzfrist bestimmt werden müssen.

---

477 Vorschlag für eine Richtlinie des Rates zur Harmonisierung der Schutzdauer des Urheberrechts und bestimmter verwandter Schutzrechte (von der Kommission vorgelegt) v. 23.03.1992, KOM(92)33 endg. – Syn 395, Begründung S. 15-16 Rdnr. 28; Initiativen zum Grünbuch. Arbeitsprogramm der Kommission auf dem Gebiet des Urheberrechts und der verwandten Schutzrechte, KOM(90)584 endg., GRUR Int 1991, 359 (368) Rdnr. 8.2.5 lit. a; *Maier,* RdMUE Bd. 2 (1994), 49 (53-54).

478 EuGH, Urt. v. 24.01.1989, Rs. 341/87, Rdnr. 11-13, GRUR Int 1989, 319 (320).

479 Vorschlag für eine Richtlinie des Rates zur Harmonisierung der Schutzdauer des Urheberrechts und bestimmter verwandter Schutzrechte (von der Kommission vorgelegt) v. 23.03.1992, KOM(92)33 endg. – Syn 395, Begründung S. 15-16 Rdnr. 28.

480 Vorschlag für eine Richtlinie des Rates zur Harmonisierung der Schutzdauer des Urheberrechts und bestimmter verwandter Schutzrechte (von der Kommission vorgelegt) v. 23.03.1992, KOM(92)33 endg. – Syn 395, Begründung S. 15 Rdnr. 28.

481 Vorschlag für eine Richtlinie des Rates zur Harmonisierung der Schutzdauer des Urheberrechts und bestimmter verwandter Schutzrechte (von der Kommission vorgelegt) v. 23.03.1992, KOM(92)33 endg. – Syn 395, Begründung S. 15 Rdnr. 28.

482 Initiativen zum Grünbuch. Arbeitsprogramm der Kommission auf dem Gebiet des Urheberrechts und der verwandten Schutzrechte, KOM(90)584 endg., GRUR Int 1991, 359 (368) Ziff. 8.2.5 lit. a.

483 Initiativen zum Grünbuch. Arbeitsprogramm der Kommission auf dem Gebiet des Urheberrechts und der verwandten Schutzrechte, KOM(90)584 endg., GRUR Int 1991, 359 (368) Ziff. 8.2.5 lit. a.

484 Initiativen zum Grünbuch. Arbeitsprogramm der Kommission auf dem Gebiet des Urheberrechts und der verwandten Schutzrechte, KOM(90)584 endg., GRUR Int 1991, 359 (368) Ziff. 8.2.5 lit. a.

In der Schutzdauerrichtlinie wurde jedoch keine vollständige Harmonisierung erreicht.[485] Wie oben gezeigt steht es den Mitgliedstaaten frei, andere als die in der Schutzdauerrichtlinie bestimmten verwandten Schutzrechte beizubehalten oder neu einzuführen (ErwG 19 S. 1 Schutzdauerrichtlinie).

Die Schutzdauerrichtlinie verfolgt laut Begründung der *Kommission* nicht das Ziel, nur vereinzelt in den Mitgliedstaaten bestehende verwandte Schutzrechte in der gesamten Union einzuführen. [486] Bei diesen handele es sich um isolierte Bestimmungen und um Rechte, die auf unterschiedlichen nationalen Rechtstraditionen beruhen.[487] Als Beispiele für nur in einzelnen Mitgliedstaaten existierende, verwandte Schutzrechte werden das Copyright of the Crown im VK,[488] das Urheberrecht der öffentlichen Verwaltung oder des Staates,[489] die Veröffentlichung nachgelassener Werke[490] (wobei dieses verwandte Schutzrecht nun doch in der Schutzdauerrichtlinie festgeschrieben wurde, Art. 4 Schutzdauerrichtlinie) und das „right in the typographical arrangements of published editions" im VK genannt.[491] Grund für die Entscheidung ist, dass diese Rechte nur vereinzelt in den Mitgliedstaaten bestanden.[492] Unterschiede im Schutz zwischen den Mitgliedstaaten führen hier zu keinen wesentlichen Beeinträchtigungen für

485 *Dietz*, GRUR Int 1995, 670 (672).

486 Vorschlag für eine Richtlinie des Rates zur Harmonisierung der Schutzdauer des Urheberrechts und bestimmter verwandter Schutzrechte (von der Kommission vorgelegt) v. 23.03.1992 , KOM(92)33 endg. – Syn 395, Begründung S. 28 Rdnr. 56, S. 31 Rdnr. 61; *Maier*, RdMUE Bd. 2 (1994), 49 (57).

487 Vorschlag für eine Richtlinie des Rates zur Harmonisierung der Schutzdauer des Urheberrechts und bestimmter verwandter Schutzrechte (von der Kommission vorgelegt) v. 23.03.1992, KOM(92)33 endg. – Syn 395, Begründung S. 28 Rdnr. 56; *Maier*, RdMUE Bd. 2 (1994), 49 (57).

488 *Maier*, RdMUE Bd. 2 (1994), 49 (57).

489 Vorschlag für eine Richtlinie des Rates zur Harmonisierung der Schutzdauer des Urheberrechts und bestimmter verwandter Schutzrechte (von der Kommission vorgelegt) v. 23.03.1992, KOM(92)33 endg. – Syn 395, Begründung S. 28 Rdnr. 56.

490 Vorschlag für eine Richtlinie des Rates zur Harmonisierung der Schutzdauer des Urheberrechts und bestimmter verwandter Schutzrechte (von der Kommission vorgelegt) v. 23.03.1992, KOM(92)33 endg. – Syn 395, Begründung S. 28 Rdnr. 56.

491 *Maier*, RdMUE Bd. 2 (1994), 49 (57).

492 Vorschlag für eine Richtlinie des Rates zur Harmonisierung der Schutzdauer des Urheberrechts und bestimmter verwandter Schutzrechte (von der Kommission vorgelegt) v. 23.03.1992, KOM(92)33 endg. – Syn 395, Begründung S. 28 Rdnr. 56; *Maier*, RdMUE Bd. 2 (1994), 49 (57).

den Binnenmarkt.[493] Um zu verhindern, dass der Binnenmarkt durch diese in einzelnen Mitgliedstaaten bestehenden Schutzrechte doch beeinträchtigt wird, wurde das Notifizierungsverfahren aus Art. 11 Abs. 1 Schutzdauerrichtlinie eingeführt.[494]

Mithin erfasst die Richtlinie nur bestimmte, verwandte Schutzrechte. Es ist zu erörtern, warum diese gewählt wurden.

Ausgangspunkt für die Gesetzgebung auf EU-Ebene ist der gemeinsame Bestand an Rechten der Mitgliedstaaten, der sich aus den Staatsverträgen auf dem Gebiet des Urheberrechts – insbesondere der RBÜ und dem Rom-Abkommen – ergibt.[495] Hierauf aufbauend sollte die Rechtsvereinheitlichung erfolgen, der Schutz weiter verfeinert und erweitert werden.[496] Die Harmonisierung der verwandten Schutzrechte in der Schutzdauerrichtlinie und der Vermiet- und Verleihrechtsrichtlinie geht jedoch über die Rechte des Rom-Abkommens hinaus.[497] Auch die Rechte von Filmherstellern (Art. 3 Abs. 1 lit. d, Art. 9 Abs. 1 lit. c Vermiet- und Verleihrechtsrichtlinie und Art. 3 Abs. 3 Schutzdauerrichtlinie) und von Herausgebern nachgelassener Werke (Art. 4 Schutzdauerrichtlinie) werden unionsweit garantiert. Das Rom-Abkommen schreibt den Schutz dieser Rechte in den Vertragsstaaten nicht vor. Um den Inhalt der verwandten Schutzrechte herauszuarbeiten, über die in der Schutzdauerrichtlinie und der Vermiet- und Verleih-

493 Vorschlag für eine Richtlinie des Rates zur Harmonisierung der Schutzdauer des Urheberrechts und bestimmter verwandter Schutzrechte (von der Kommission vorgelegt) v. 23.03.1992, KOM(92)33 endg. – Syn 395, Begründung S. 28 Rdnr. 56, S. 31 Rdnr 61, *Maier*, RdMUE Bd. 2 (1994), 49 (57).

494 Vorschlag für eine Richtlinie des Rates zur Harmonisierung der Schutzdauer des Urheberrechts und bestimmter verwandter Schutzrechte (von der Kommission vorgelegt) v. 23.03.1992, KOM(92)33 endg. – Syn 395 S. 31 Rdnr. 61; dazu *Walter*/von Lewinski, Term Directive Art. 11 Rdnr. 8.11.1-8.11.3.

495 Vorschlag für eine Richtlinie des Rates zur Harmonisierung der Schutzdauer des Urheberrechts und bestimmter verwandter Schutzrechte (von der Kommission vorgelegt) v. 23.03.1992, KOM(92)33 endg. – Syn 395, Begründung, S. 17-18 Rdnr. 31-32; Initiativen zum Grünbuch. Arbeitsprogramm der Kommission auf dem Gebiet des Urheberrechts und der verwandten Schutzrechte, KOM(90)584 endg., GRUR Int 1991, 359 (360) Ziff. 1.10, 1.11.3-1.11.5.

496 Initiativen zum Grünbuch. Arbeitsprogramm der Kommission auf dem Gebiet des Urheberrechts und der verwandten Schutzrechte, KOM(90)584 endg., GRUR Int 1991, 359 (360) Ziff. 1.10, 1.11.3-1.11.5.

497 Vorschlag für eine Richtlinie des Rates zur Harmonisierung der Schutzdauer des Urheberrechts und bestimmter verwandter Schutzrechte (von der Kommission vorgelegt) v. 23.03.1992, KOM(92)33 endg. – Syn 395, Begründung S. 12 Rdnr. 19, S. 13 Rdnr. 24, S. 17 Rdnr. 31.

rechtsrichtlinie Bestimmungen getroffen werden, sind diese Abkommen dennoch von Bedeutung.[498]

cc) Zwischenergebnis

Mit der Schutzdauerrichtlinie sollen nicht sämtliche, in den Mitgliedstaaten existierende verwandte Schutzrechte vereinheitlicht werden. Verwandte Schutzrechte, die nur in einzelnen Mitgliedstaaten bestanden, sollen nicht von ihr erfasst werden. In der Schutzdauerrichtlinie werden ausschließlich diejenigen verwandten Schutzrechte harmonisiert, deren Schutz die Richtlinie ausdrücklich vorsieht. Dies gilt für Mitgliedstaaten, die am 01.07.1995 der EU angehörten, sowie für solche, die später der EU beigetreten sind. Lediglich auf diese verwandten Schutzrechte nimmt Art. 10 Abs. 2 Schutzdauerrichtlinie Bezug, wenn es heißt, die in der Richtlinie vorgesehene Schutzfrist finde auf alle Gegenstände Anwendung, die aufgrund der Anwendung nationaler Bestimmungen im Bereich verwandter Schutzrechte geschützt waren. Um zu bestimmen, welche verwandten Schutzrechte unter den Anwendungsbereich der Schutzdauerrichtlinie fallen, sind auch die Staatsverträge auf dem Gebiet verwandter Schutzrechte maßgeblich.

b) Die einzelnen verwandten Schutzrechte

Im Folgenden werden die einzelnen, verwandten Schutzrechte, über welche die Schutzdauerrichtlinie Bestimmungen trifft, näher betrachtet. Zunächst ist der genaue Regelungsinhalt der verwandten Schutzrechte, deren Schutzdauer die Schutzdauerrichtlinie bestimmt, zu erörtern. Anschließend wird auf die fakultativen Rechte an kritischen und wissenschaftlichen Ausgaben, Art. 5 S. 1 Schutzdauerrichtlinie, und an einfachen Lichtbildern, Art. 6 S. 3 Schutzdauerrichtlinie, eingegangen.

498 Für die Rechte von ausübenden Künstlern und Tonträgerherstellern Walter/*von Lewinski,* Term Directive Art. 3 Rdnr. 8.3.6, 8.3.8.

aa) Von der Schutzdauerrichtlinie harmonisierte, verwandte Schutzrechte

(1) Ausübende Künstler

Die Schutzdauerrichtlinie bestimmt in Art. 3 Abs. 1 die Schutzfrist für die Rechte ausübender Künstler. Der Begriff des ausübenden Künstlers wird in der Schutzdauerrichtlinie – ebenso wie in der Vermiet- und Verleihrechtsrichtlinie – nicht definiert.[499]

Gleichwohl schafft die Vermiet- und Verleihrechtsrichtlinie unionsweit bestimmte Verwertungsrechte der ausübenden Künstler (Art. 3 Abs. 1 lit. b, Art. 5 Abs. 1, Art. 7 Abs. 1, Art. 8 Abs. 1, 2, Art. 9 Abs. 1 lit. a Vermiet- und Verleihrechtsrichtlinie), die Schutzdauerrichtlinie gewährt diese Rechte für fünfzig bzw. siebzig Jahre ab dem jeweils maßgeblichen Ereignis, Art. 3 Abs. 1 Schutzdauerrichtlinie.[500] Beide Richtlinien treffen somit Regelungen über die Rechte ausübender Künstler und harmonisieren Aspekte ihres Schutzes auf Unionsebene.

Soweit das Unionsrecht nicht ausdrücklich auf das Recht der Mitgliedstaaten verweist, sind Begriffe in EU-Richtlinien nach unionsautonomem Verständnis und innerhalb der EU einheitlich auszulegen.[501]

(a) Unionsautonomes oder mitgliedstaatliches Verständnis

Im Folgenden ist zu erörtern, ob der Begriff „ausübender Künstler" i.S.v. Art. 10 Abs. 2 Schutzdauerrichtlinie unionsautonom auszulegen ist, oder ob er nach dem Verständnis des nationalen Rechts der Mitgliedstaaten anzuwenden ist. Die Vermiet- und Verleihrechtsrichtlinie verweist für den Begriff des „ausübenden Künstlers" nicht auf das Recht der Mitgliedstaaten.[502] Auch in Art. 3 Abs. 1 Schutzdauerrichtlinie wird nicht hierauf verwiesen.

Die Übergangsvorschrift, die das Wiederaufleben von Rechten anordnet, Art. 10 Abs. 2 Schutzdauerrichtlinie, verweist aber ausdrücklich auf die Rechtslage nach dem Recht der Mitgliedstaaten. Soweit das Bestehen des Schutzes als ausübender Künstler Voraussetzung des Art. 10 Abs. 2 Schutzdauerrichtlinie ist, könnten der Schutzgegenstand und die Voraussetzungen

499 Schricker/Loewenheim/*Grünberger*, UrhG § 73 Rdnr. 6; *Walter*/von Lewinski, Term Directive Art. 3 Rdnr. 8.3.6.

500 Schricker/Loewenheim/*Grünberger*, UrhG § 73 Rdnr. 6.

501 EuGH, Urt. v. 08.09.2020, Rs. C-265/19 Rdnr. 46, NJW 2021, 371 (372).

502 EuGH, Urt. v. 08.09.2020, Rs. C-265/19, Rdnr. 48, NJW 2021, 371 (372).

des Schutzes ausübender Künstler nach dem Verständnis des nationalen Rechts der Mitgliedstaaten zu bestimmen sind. Hierfür spricht auch, dass Art. 10 Abs. 2 Schutzdauerrichtlinie auf die Rechtslage nach dem nationalen Recht der Mitgliedstaaten am 01.07.1995 verweist. Zu diesem Zeitpunkt war der WPPT[503] - der eine jetzt auch für die EU verbindliche Definition des Begriffs „ausübender Künstler" enthält[504] – noch nicht in Kraft,[505] das Rom-Abkommen sah in Art. 9 Rom-Abk ausdrücklich die Möglichkeit vor, den Schutz ausübender Künstler auf andere Darbietungen als diejenigen, in denen Werke dargeboten werden, zu erstrecken. Es erscheint zweifelhaft, ob zu diesem Zeitpunkt bereits ein unionsweit einheitliches Verständnis des Begriffs der ausübenden Künstler existierte.[506]

Die ersten Vorarbeiten hin zum WPPT haben jedoch Anfang der 1990er Jahre begonnen, die Entwicklung hin zu diesem Abkommen zeichnete sich somit bereits ab.[507] Die Staatsverträge auf dem Gebiet des Urheberrechts bildeten eine wichtige Grundlage für ein einheitliches Verständnis der verwandten Schutzrechte.[508] Darüber hinaus ist es das Ziel der Schutzdauerrichtlinie, die weitere Vereinheitlichung und Integration des Urheberrechts in der EU voranzubringen, siehe ErwG 3, 12 Schutzdauerrichtlinie.[509] Die Fristen der Schutzdauerrichtlinie gelten jetzt, ebenso wie Art. 10 Abs. 2 Schutzdauerrichtlinie. Es kennzeichnet das Recht der EU, dass es sich fortentwickelt und nach dem jeweils aktuellen Verständnis ausgelegt werden

---

503 WIPO-Vertrag über Darbietungen und Tonträger (WPPT) v. 20.12.1996, BGBl. 2003 II 770 (zit.: WPPT).

504 EuGH, Urt. v. 08.09.2020, Rs. C-265/19, Rdnr. 51-52, NJW 2021, 371 (373); Schricker/Loewenheim/*Grünberger*, UrhG § 73 Rdnr. 7.

505 *Reinbothe/von Lewinski*, The WIPO Treaties in Copyright, Preface S. V; *Schack*, Rdnr. 1108.

506 Walter/*von Lewinski*, Rental and Lending Rights Directive Art 2 Rdnr. 6.2.10, 6.2.22.

507 Reinbothe/*von Lewinski*, The WIPO Treaties in Copyright, Part I Rdnr. 2.0.2-2.0.4.

508 Vorschlag für eine Richtlinie des Rates zur Harmonisierung der Schutzdauer des Urheberrechts und bestimmter verwandter Schutzrechte (von der Kommission vorgelegt) v. 23.03.1992, KOM(92)33 endg. – Syn 395, Begründung S. 17-18 Rdnr. 31-32; Initiativen zum Grünbuch. Arbeitsprogramm der Kommission auf dem Gebiet des Urheberrechts und der verwandten Schutzrechte, KOM(90)584 endg., GRUR Int 1991, 359 (360) Rdnr. 1.10-1.11.5.

509 Initiativen zum Grünbuch. Arbeitsprogramm der Kommission auf dem Gebiet des Urheberrechts und der verwandten Schutzrechte, KOM(90)584 endg., GRUR Int 1991, 359 (368) Rdnr. 8.2.4, 8.2.5 lit. a; *Dietz*, GRUR Int 1995, 670 (670, 672); *Maier*, RdMUE Bd. 2 (1994), 49 (51).

muss.[510] Die Auslegung hat sich am Ziel der Integration zu orientieren.[511] Damit muss auf Entwicklungen – wie die für die EU verbindlichen Begriffsdefinitionen im WPPT – reagiert werden.

Vor Inkrafttreten der Schutzdauerrichtlinie war die Schutzdauer des Urheberrechts und der verwandten Schutzrechte in der EU noch nicht vereinheitlicht, siehe ErwG 2-3 Schutzdauerrichtlinie.[512] Für die Anknüpfung der harmonisierten Schutzfristen war es notwendig, auf die Rechtslage nach den nationalen Rechtsvorschriften der Mitgliedstaaten Bezug zu nehmen. Art. 10 Abs. 2 Schutzdauerrichtlinie trifft eine Bestimmung zum Übergang von der nicht harmonisierten zur harmonisierten Rechtslage. Die Norm verweist für die Frage, wer Inhaber des verwandten Schutzrechts ist (zum Beispiel ausübender Künstler oder Tonträgerhersteller im Sinne der Schutzdauerrichtlinie) nicht auf das nationale Recht. Vielmehr knüpft die Norm für die Frage, ob der entsprechende Schutzgegenstand am 01.07.1995 nach dem Gesetz eines Mitgliedstaats geschützt war, an das nationale Recht an.

Für eine unionsweit einheitliche Beurteilung der Frage, wer ausübender Künstler im Sinne der Schutzdauerrichtlinie ist, spricht, dass sowohl die Schutzdauerrichtlinie (ErwG 3 S. 2, ErwG 4, ErwG 17 Schutzdauerrichtlinie) als auch die Vermiet- und Verleihrechtsrichtlinie (ErwG 6 S. 2 Vermiet- und Verleihrechtsrichtlinie) die Schaffung eines gemeinschaftsweit harmonisierten Rechtsschutzes bezwecken.[513] Die Verknüpfung zwischen diesen beiden Richtlinien macht dies in besonderer Weise deutlich.[514] Es stünde im Widerspruch zum Ziel der Harmonisierung, wenn der Begriff „ausübender Künstler" in einem Mitgliedstaat anders ausgelegt würde als in einem anderen Mitgliedstaat.

---

510 *Oppermann/Classen/Nettesheim*, S. 151 Rdnr. 175-176.

511 *Oppermann/Classen/Nettesheim*, S. 151 Rdnr. 175-176.

512 EuGH, Urt. v. 24.01.1989, Rs. C-341/87, Rdnr. 11-13, GRUR Int 1989, 319 (320); Initiativen zum Grünbuch. Arbeitsprogramm der Kommission auf dem Gebiet des Urheberrechts und der verwandten Schutzrechte, KOM(90)584 endg., GRUR Int 1991, 359 (368) Rdnr. 8.2.1.-8.2.4.

513 Für die Vermiet- und Verleihrechtsrichtlinie EuGH, Urt. v. 08.09.2020, Rs. C-265/19 Rdnr. 50, NJW 2021, 371 (372); Initiativen zum Grünbuch. Arbeitsprogramm der Kommission auf dem Gebiet des Urheberrechts und der verwandten Schutzrechte, KOM(90)584 endg., GRUR Int 1991, 359 (368) Rdnr. 8.2.5 lit. a.

514 Amended proposal for a Council Directive harmonizing the term of protection of copyright and certain related rights, COM (92) 602 final – Syn 395, Explanatory Memorandum commentary on Art. 6bis S. 6; ; *Walter*/von Lewinski, Term Directive Art. 10 Rdnr. 8.10.22.

Der Verweis auf die Vermiet- und Verleihrechtsrichtlinie in Art. 10 Abs. 2 Alt. 2 Schutzdauerrichtlinie zeigt, dass der Schutz in den Mitgliedstaaten auch auf Gegenstände verwandter Schutzrechte Anwendung findet, die einzelne Mitgliedstaaten noch nicht kannten.[515] Dies setzt voraus, den Schutzgehalt dieser verwandten Schutzrechte auf Unionsebene zu bestimmen.

Folglich ist eine einheitliche und unionsautonome Auslegung des Begriffs „ausübender Künstler" erforderlich.[516]

(b) Unionsautonomer Begriff des ausübenden Künstlers

Der Begriff des ausübenden Künstlers nach unionsautonomem Verständnis ist herauszuarbeiten. Die Grundlage, auf der die Harmonisierung aufbaute, mithin der „Sockel", von dem ausgegangen wurde[517], sind die Staatsverträge auf dem Gebiet des Urheberrechts.[518]

Sowohl die Schutzdauerrichtlinie als auch die Vermiet- und Verleihrechtsrichtlinie haben nicht zum Ziel, einen Widerspruch zu diesen Staatsverträgen zu verursachen, siehe ErwG. 7 Vermiet- und Verleihrechtsrichtlinie.[519] Der Gesetzgeber betont vielmehr, dass beide Richtlinien im Einklang mit den Staatsverträgen auf dem Gebiet des Urheberrechts stehen sollen, siehe ErwG 7 Vermiet- und Verleihrechtsrichtlinie.[520] Das Unionsrecht kann noch detailliertere und umfangreichere Regelungen treffen,[521] es soll

515 *Walter*/von Lewinski, Term Directive Art. 10 Rdnr. 8.10.22; *von Lewinski*, in: *Möhring/Schulze/Ulmer/Zweigert (Hrsg.)*, Quellen des Urheberrechts, Losebl. (Stand: Mai 1994), Europ. GemeinschaftsR/II/4, S. 15.

516 EuGH, Urt. v. 08.09.2020, Rs. C-265/19, Rdnr. 46, NJW 2021, 371 (372); EuGH, Urt. v. 13.11.2018, Rs. C-310/17, Rdnr. 33, GRUR 2019, 73 (74); Schricker/Loewenheim/*Grünberger*, UrhG § 73 Rdnr. 6.

517 Initiativen zum Grünbuch. Arbeitsprogramm der Kommission auf dem Gebiet des Urheberrechts und der verwandten Schutzrechte, KOM(90)584 endg., GRUR Int 1991, 359 (360) Rdnr. 1.10, 1.11.2, 1.11.3, 1.11.6.

518 Vorschlag für eine Richtlinie des Rates zur Harmonisierung der Schutzdauer des Urheberrechts und bestimmter verwandter Schutzrechte (von der Kommission vorgelegt) v. 23.03.1992, KOM(92)33 endg. – Syn 395, Begründung S. 27 Rdnr. 54; Initiativen zum Grünbuch. Arbeitsprogramm der Kommission auf dem Gebiet des Urheberrechts und der verwandten Schutzrechte, KOM(90)584 endg., GRUR Int 1991, 359 (360) Rdnr. 1.10, 1.11.2, 1.11.3, 1.11.6.

519 EuGH, Urt. v. 08.09.2020, Rs. C-265/19, Rdnr. 50, NJW 2021, 371 (372).

520 EuGH, Urt. v. 08.09.2020, Rs. C-265/19, Rdnr. 50-51, NJW 2021, 371 (372-373); Schricker/Loewenheim/*Grünberger*, UrhG § 73 Rdnr. 7.

521 Vorschlag für eine Richtlinie des Rates zur Harmonisierung der Schutzdauer des Urheberrechts und bestimmter verwandter Schutzrechte (von der Kommission

die Bestimmungen der Staatsverträge aber nicht ersetzen. Die Entschließung des Europäischen Rates, wonach alle Mitgliedstaaten der RBÜ und dem Rom-Abkommen beitreten sollten,[522] macht dies besonders deutlich.

Die Richtlinien gehen somit von den Begriffen und Grundlagen der internationalen Verträge auf dem Gebiet des Urheberrechts und der verwandten Schutzrechte aus und ergänzen diese. Für die Auslegung des Begriffs „ausübender Künstler“ in der Schutzdauerrichtlinie und der Vermiet- und Verleihrechtsrichtlinie ist das Verständnis in diesen Übereinkünften maßgebend, dies gebietet auch Art. 216 Abs. 2 AEUV.[523]

Der Begriff „ausübender Künstler“ ist in Art. 3 Abs. 1 lit. a Rom-Abk und in Art. 2 lit. a WPPT definiert. Nach Art. 3 Abs. 1 lit. a Rom-Abk sind ausübende Künstler die Schauspieler, Sänger, Musiker, Tänzer und anderen Personen, die Werke der Literatur oder der Kunst aufführen, singen, vortragen, vorlesen, spielen oder auf irgendeine andere Weise darbieten. Art. 2 lit. a WPPT schützt ebenfalls die oben genannten Personengruppe und darüber hinaus auch Personen, die Ausdrucksformen der Volkskunst aufführen. Ferner wurden die Regelbeispiele, die die Leistung des ausübenden Künstlers umschreiben, um das Interpretieren erweitert.[524]

Nach Art. 9 Rom-Abk kann jeder vertragsschließende Staat durch seine nationale Gesetzgebung den Schutz auf Künstler ausdehnen, die keine Werke der Literatur oder der Kunst darbieten. Einige Mitgliedstaaten haben dies getan. So sind in Frankreich auch Künstler geschützt, die eine Varieté-, Zirkus- oder Marionettenspielnummer aufführen, siehe Art. L212-1 Code de la propriété intellectuelle[525]. Das rumänische Urheberrechtsgesetz schützt ebenfalls Personen, die eine solche Nummer aufführen als Interpreten oder

---

vorgelegt) v. 23.03.1992, KOM(92)33 endg. – Syn 395, Begründung S. 17 Rdnr. 31; Initiativen zum Grünbuch. Arbeitsprogramm der Kommission auf dem Gebiet des Urheberrechts und der verwandten Schutzrechte, KOM(90)584 endg., GRUR Int 1991, 359 (360) Rdnr. 1.11.6.

522 *Rat der Europäischen Gemeinschaften,* Entschliessung im Hinblick auf einen verstärkten Schutz des Urheberrechts und der Leistungsschutzrechte v. 14.05.1992, ABl. 1992 C 138, 1 (1).

523 EuGH, Urt. v. 08.09.2020, Rs. C-265/19, Rdnr. 50-53, NJW 2021, 371 (372-373); Schricker/Loewenheim/*Grünberger,* UrhG § 73 Rdnr. 7; *Grünberger,* Rdnr. 198.

524 *Grünberger,* Rdnr. 196, 224.

525 Loi Nr. 2016-925 v. 07.07.2016, Art. 9, https://www.legifrance.gouv.fr/codes/section_lc/LEGITEXT000006069414/LEGISCTA000006161643/#LEGISCTA000006161643 (zuletzt abgerufen am 23.04.2022); *Beining,* S. 32.

ausübende Künstler, Art. 95 legea Nr. 84 din martie 1996 privind drepturi de autor si drepturile connexe[526].

Die Schutzdauerrichtlinie und die Vermiet- und Verleihrechtsrichtlinie haben auf eine Definition des Begriffs „ausübender Künstler“ verzichtet, da die meisten Mitgliedstaaten dem Rom-Abkommen beigetreten waren.[527] Sie gingen somit von den Begriffen des Rom-Abkommens aus.

Am 20. Dezember 1996 wurde der WPPT geschlossen. Der 9. Erwägungsgrund der Schutzdauerrichtlinie bezeichnet diesen Vertrag als eine wichtige Aktualisierung des internationalen Schutzes der verwandten Schutzrechte. Sowohl alle Mitgliedstaaten als auch die EU selbst sind Vertragsparteien.[528] Damit ist der WPPT unmittelbar in der EU anwendbar[529] und die EU ist an seine Bestimmungen gebunden, Art. 216 Abs. 2 AEUV. Das Rom-Abkommen ist dagegen in der EU nicht anwendbar, entfaltet aber, wie aus ErwG 7 Vermiet- und Verleihrechtsrichtlinie hervorgeht, mittelbare Wirkungen.[530]

Da alle Mitgliedstaaten und die EU selbst Unterzeichner des WPPT und damit an diesen gebunden sind, ist innerhalb der EU die Definition des Art. 2 lit. a WPPT maßgebend.[531]

Im Ergebnis ist der Begriff „ausübender Künstler“ in den EU-Richtlinien auf dem Gebiet des Urheberrechts einheitlich im Sinne des Art. 2 lit. a WPPT auszulegen.

(c) Ausdrucksformen der Folklore

Damit sind auch Darbietungen von Ausdrucksformen der Volkskunst (oder treffender: der Folklore)[532] geschützt.

In Vorarbeiten der UNESCO und der WIPO wird der Begriff näher umschrieben:[533] „[...] ‘expressions of folklore’ means productions consisting of characteristic elements of the traditional artistic heritage developed and

526 https://legislatie.just.ro/Public/DetaliiDocument/7816 (zuletzt abgerufen am 14.04.2022); *Wandtke,* Teil I S. 115.

527 *Grünberger,* Rdnr. 197.

528 Schricker/Loewenheim/*Grünberger,* UrhG § 73 Rdnr. 7.

529 EuGH, Urt. v. 15.03.2012, Rs. C-135/10, Rdnr. 56, GRUR 2012, 593 (594).

530 EuGH, Urt. v. 15.03.2012, Rs. C-135/10, Rdnr. 56, GRUR 2012, 593 (594).

531 EuGH, Urt. v. 08.09.2020, Rs. C-265/19, Rdnr. 51-53, NJW 2021, 371 (373); Schricker/Loewenheim/*Grünberger,* UrhG § 73 Rdnr. 7; *Grünberger,* Rdnr. 194-198.

532 *Grünberger,* Rdnr. 208; im Folgenden wird der Begriff Folklore verwendet.

533 *Grünberger,* Rdnr. 211.

maintained by a community of [name of the country] or by individuals reflecting the expectations of such a community, in particular: (i) verbal expressions, such as folk tales, folk poetry and riddles; (ii) musical expressions, such as folk songs and instrumental music; (iii) expressions by action, such as folk dances, plays and artistic forms or rituals; whether or not reduced to a material form; and (iv) tangible expressions, [...]"[534].

Dies führt vor Augen, was mit Folklore gemeint ist. Charakteristisch ist, dass es sich um das von einer Gemeinschaft gepflegte, künstlerische Erbe handelt (artistic heritage).[535] Ausdrucksformen der Folklore haben sich meist über Generationen hinweg weiterentwickelt und werden weiter aufrechterhalten. Ein konkreter Urheber lässt sich – anders als bei klassischen Werken – meist nicht bestimmen.[536] Sie können zugleich Werke sein, wenn es sich bei ihnen um eine persönliche, geistige Schöpfung handelt.[537] Die obigen Beispiele zeigen, dass viele Ausdrucksformen der Folklore – wie Volksmusik oder Volksmärchen – einen werkähnlichen Charakter haben.[538]

Ziel des Aufnehmens von Folklore in die geschützten Gegenstände war es, künstlerische Ausdrucksformen aus dem kulturellen Erbe zu schützen.[539] Es sollte klargestellt werden, dass die Darbietung dieser unter Schutz steht, selbst wenn die Werkeigenschaft dieser Ausdrucksformen nach zentraleuropäischem Verständnis Zweifel aufwirft.[540] Damit sollte auf die kulturellen Besonderheiten aller Länder – auch derjenigen mit ganz anderen

---

534 *UNESCO und WIPO,* Model Provisions for national laws on the protection of expressions of folklore against illicit exploitation and other prejudicial actions, 1985, S. 9-10.

535 *UNESCO und WIPO,* Model Provisions for national laws on the protection of expressions of folklore against illicit exploitation and other prejudicial actions, 1985, S. 9-10 ; Schricker/Loewenheim/*Grünberger,* UrhG § 73 Rdnr. 19; *Ficsor,* Glossary S. 289.

536 Schricker/Loewenheim/*Grünberger,* UrhG § 73 Rdnr. 19; *Grünberger,* Rdnr. 209; *Ficsor,* Glossary S. 289.

537 Vgl. *UNESCO und WIPO,* Model Provisions for national laws on the protection of expressions of folklore against illicit exploitation and other prejudicial actions, 1985, S. 15; *Bundesrat,* Denkschrift zum WIPO-Urheberrechtsvertrag, BR-Drucks. 685/2002 S. 51; *Dreier*/Schulze, UrhG § 73 Rdnr. 9; *Dünnwald,* ZUM 2004, 161 (174); *Grünberger,* Rdnr. 209.

538 *UNESCO und WIPO,* Model Provisions for national laws on the protection of expressions of folklore against illicit exploitation and other prejudicial actions, 1985, S. 15.

539 Schricker/Loewenheim/*Grünberger,* UrhG § 73 Rdnr. 18-19; *Grünberger,* Rdnr. 209, 211-212.

540 *Bundesrat,* Denkschrift zum WIPO-Urheberrechtsvertrag, BR-Drucks. 685/2002 S. 51; Schricker/Loewenheim/*Grünberger,* UrhG § 73 Rdnr. 18.

Traditionen als in Zentraleuropa – Rücksicht genommen werden.[541] Die Variante wurde vor allem auf Initiative von Entwicklungsländern eingeführt.[542]

Sie zielt aber nicht per se darauf ab, Darbietungen zu schützen, die kein Werk zum Gegenstand haben.[543] Allerdings ist es möglich, dass die Darbietung einer Ausdrucksform, die nicht als Werk geschützt ist, über diese Alternative geschützt wird, sofern es sich bei dem Gegenstand der Darbietung um Folklore handelt.[544]

(d) Grenzfall: Zirkusartisten und Varietékünstler

Fraglich ist, ob Künstler, die keine Werke darbieten und für die einzelne Mitgliedstaaten eine Ausnahme nach Art. 9 Rom-Abk vorsehen, als Darbietende einer Ausdrucksform der Folklore geschützt sind. Dies betrifft in erster Linie Varietékünstler und Zirkuskünstler, die unter anderem in Frankreich und Rumänien als ausübende Künstler geschützt sind, siehe Art. L212-1 Code de la propriété intellectuelle (Frankreich), Art. 95 legea Nr. 84 din martie 1996 privind drepturi de autor si drepturile connexe (Rumänien).

Es ist zu differenzieren: Der Darbietung eines Varietékünstlers kann eine durchdachte Choreografie zugrunde liegen.[545] Wenn der Gegenstand, der dargeboten wird, eine persönliche geistige Schöpfung darstellt, handelt es sich um die Darbietung eines Werks. Diese Nummern werden vom Begriff „ausübender Künstler" erfasst.[546]

Es ist aber auch möglich, dass einer Aufführung – zum Beispiel der Nummer eines Akrobaten oder Jongleurs – keine Choreografie oder Ähnli-

---

541 Vgl. *UNESCO und WIPO,* Model Provisions for national laws on the protection of expressions of folklore against illicit exploitation and other prejudicial actions, 1985, S. 3-4; Schricker/Loewenheim/*Grünberger,* UrhG § 73 Rdnr. 18; *Ficsor,* WPPT Art. 2 Rdnr. PPT-2.4.

542 *Bundesrat,* Denkschrift zum WIPO-Urheberrechtsvertrag, BR-Drucks.685/2002 S. 51; Schricker/Loewenheim/*Grünberger,* UrhG § 73 Rdnr. 18.

543 *UNESCO und WIPO,* Model Provisions for national laws on the protection of expressions of folklore against illicit exploitation and other prejudicial actions, 1985, S. 15; *Dreier*/Schulze, UrhG § 73 Rdnr. 9; Schricker/Loewenheim/*Grünberger,* UrhG § 73 Rdnr. 18.

544 *Bundesrat,* Denkschrift zum WIPO-Urheberrechtsvertrag, BR-Drucks.685/2002 S. 51; *Dreier*/Schulze, UrhG § 73 Rdnr. 9.

545 *Dreier*/Schulze, UrhG § 73 Rdnr. 12; *Beining,* S. 27.

546 *Dreier*/Schulze, UrhG § 73 Rdnr. 12; *Beining,* S. 27.

ches zugrunde liegt. In solchen Fällen stellt sich die Frage, ob diese Nummern unter den Begriff der Ausdrucksformen von Folklore zu fassen sind.

Wie oben gezeigt, beschreibt der Begriff Ausdrucksformen der Folklore künstlerische Formen, die aus der kollektiven, kulturellen Tradition einer Gemeinschaft überliefert worden sind.[547] Sie zählen zum traditionellen Kulturerbe, das sich über viele Jahrzehnte entwickelt hat und das weiter gepflegt wird. Dazu zählen Formen wie Volksmärchen, Volkslieder oder Volkstänze.[548] In Fällen, in denen die Werkeigenschaft aufgrund eines eurozentristischen Werkbegriffs angezweifelt wird, sollen Darbietungen von Folklore dennoch geschützt werden.[549]

Ziel der Einbeziehung von Darbietungen der Folklore war es, vielfältige künstlerische und kulturelle Traditionen in den einzelnen Ländern zu berücksichtigen.[550] Es wird aber nicht bezweckt, sämtliche Darbietungen zu schützen, die kein Werk zum Gegenstand haben.[551] Insofern geht das Rom-Abkommen mit der Möglichkeit für die Mitgliedstaaten, Darbietungen, die nicht Darbietungen von Werken sind, unter Schutz zu stellen (Art. 9 Rom-Abk) über den Schutzumfang von Art. 2 lit. a WPPT hinaus.[552]

Diese Darbietungen unterfallen somit nicht zwangsläufig dem Begriff der Darbietung aus Art. 2 lit. a WPPT.[553] Es muss in jedem Einzelfall überprüft werden, ob der Gegenstand der Darbietung ein Werk oder eine Ausdrucksform der Folklore ist. Nur in diesem Fall ist der Künstler ein ausübender Künstler nach Art. 2 lit. a WPPT.

Es ist somit möglich, dass die Nummer eines Zirkuskünstlers oder Varietékünstlers nicht unter den Begriff „ausübender Künstler" nach Art. 2 lit. a WPPT fällt.[554]

---

547 *UNESCO und WIPO,* Model Provisions for national laws on the protection of expressions of folklore against illicit exploitation and other prejudicial actions, 1985, S. 9-10; *Ficsor,* Glossary S. 289; *Grünberger,* Rdnr. 209, 211.

548 *UNESCO und WIPO,* Model Provisions for national laws on the protection of expressions of folklore against illicit exploitation and other prejudicial actions, 1985, S. 9-10; Schricker/Loewenheim/*Grünberger,* UrhG § 73 Rdnr. 19; *Ficsor,* Glossary S. 289.

549 Schricker/Loewenheim/*Grünberger,* UrhG § 73 Rdnr. 18.

550 Vgl. *UNESCO und WIPO,* Model Provisions for national laws on the protection of expressions of folklore against illicit exploitation and other prejudicial actions, 1985, S. 3-4, 9-10; Schricker/Loewenheim/*Grünberger,* UrhG § 73 Rdnr. 19.

551 *Hillers,* S. 23.

552 *Ficsor,* Glossary S. 301.

553 *Dreier*/Schulze, UrhG § 73 Rdnr. 12.

554 So auch *Ficsor,* Rom-Abk Art. 3 Rdnr. RC-3.3.

(aa) Anwendbarkeit der Schutzdauerrichtlinie auf Zirkusartisten und Varietékünstler

Fraglich ist, ob die Schutzfrist für ausübende Künstler aus Art. 3 Abs. 1 Schutzdauerrichtlinie über Art. 10 Abs. 2 Schutzdauerrichtlinie auch auf diese Darbietungen Anwendung findet. Von Art. 10 Abs. 2 Schutzdauerrichtlinie sollen nur Werke oder Schutzgegenstände erfasst werden, deren Schutz die Schutzdauerrichtlinie ausdrücklich vorsieht.[555] Für ausübende Künstler ist die Schutzfrist in Art. 3 Abs. 1 Schutzdauerrichtlinie bestimmt. Der Begriff „ausübender Künstler" ist in der Schutzdauerrichtlinie unionsautonom auszulegen, maßgebend ist die Definition in Art. 2 lit. a WPPT.[556] Hiernach sind Künstler geschützt, die ein Werk oder eine Ausdrucksform der Folklore darbieten. Zirkuskünstler und Varietékünstler werden nur geschützt, soweit ihre Darbietung diese Voraussetzung erfüllt.[557]

Für die Bestimmung des Begriffs ausübende Künstler ist der WPPT maßgeblich. Nach Art. 1 Abs. 1 WPPT werden aber die Pflichten aus dem Rom-Abkommen durch den WPPT nicht beeinträchtigt.[558] Nach Art. 9 Rom-Abk steht es den Mitgliedstaaten frei, den Schutz ausübender Künstler auf solche Künstler auszudehnen, die keine Werke der Literatur oder der Kunst darbieten. Wie oben gezeigt, haben einige Mitgliedstaaten von dieser Möglichkeit Gebrauch gemacht. Zur Wahrung erworbener Rechte (ErwG 10 Schutzdauerrichtlinie) und zum Schutz des Vertrauens erscheint es geboten, Artisten, denen einmal Rechte als ausübende Künstler verliehen wurden, diese im Nachhinein nicht mehr zu nehmen. Aus diesem Grund müssen diese Artisten zumindest in Staaten, die den Schutz beispielsweise auf Zirkuskünstler und Marionettenspieler ausgedehnt haben, weiterhin als ausübende Künstler geschützt werden. Zumindest in diesen Mitgliedstaaten finden auf ihre Darbietungen die vereinheitlichten Schutzfristen gem. Art. 3 Abs. 1 Schutzdauerrichtlinie Anwendung. Hierfür spricht auch Art. 1 Abs. 1 WPPT, wonach die Pflichten aus dem Rom-Abkommen durch den WPPT nicht beeinträchtigt werden.

---

555 *Walter*/von Lewinski, Term Directive Art. 10 Rdnr. 8.10.23; *von Lewinski,* in: *Möhring/Schulze/Ulmer/Zweigert (Hrsg.),* Quellen des Urheberrechts, Losebl. (Stand: Mai 1994), Europ. GemeinschaftsR/II/4, S. 16.

556 EuGH, Urt. v. 08.09.2020, Rs. C-265/19, Rdnr. 51-53, NJW 2021, 371 (373); *Dreier*/Schulze, UrhG § 73 Rdnr. 7.

557 *Dreier*/Schulze, UrhG § 73 Rdnr. 12.

558 *Bundesrat,* Denkschrift zum WIPO-Vertrag über Darbietungen und Tonträger, BR-Drucks.685/2002, S. 50; *Ficsor,* WPPT Art. 1 Rdnr. PPT-1.4.-PPT-1.5.

(bb) Schutz von Artisten in Mitgliedstaaten, welche diese nicht als ausübende Künstler erfassen

Es stellt sich jedoch die Frage, ob in den anderen Mitgliedstaaten die Schutzfristen nach Art. 10 Abs. 2 Schutzdauerrichtlinie ebenfalls auf Darbietungen Anwendung finden, die keine Werke zum Gegenstand haben und nur in einzelnen Mitgliedstaaten als Darbietungen ausübender Künstler geschützt werden. Vom Wortlaut könnten auch solche Darbietungen umfasst sein. Für die Rechte ausübender Künstler sieht die Schutzdauerrichtlinie in Art. 3 ausdrücklich die Schutzdauer vor. Sie werden auch teilweise in der Vermiet- und Verleihrechtsrichtlinie harmonisiert, auf die Art. 10 Abs. 2 Schutzdauerrichtlinie verweist. Es handelt sich damit nicht um verwandte Schutzrechte außerhalb des Anwendungsbereichs der Schutzdauerrichtlinie.

Dies würde faktisch allerdings bedeuten, dass Mitgliedstaaten, die bisher einen solchen Schutz nicht vorgesehen haben, verpflichtet werden, auch solche ausübenden Künstler zu schützen, die die Voraussetzungen des Art. 2 lit. a WPPT nicht erfüllen, obwohl ein solcher Schutz durch das Unionsrecht und den unionsautonomen Begriff des ausübenden Künstlers nicht vorgegeben wird.[559]

Bei diesen Ausnahmen handelt es sich um die gesetzgeberische Entscheidung einzelner Staaten, auch solche Künstler unter Schutz zu stellen. Es war nicht das Ziel des Rom-Abkommens, einen solchen Schutz für alle Vertragsstaaten verbindlich festzuschreiben. Dies zeigt der Unterschied zwischen Art. 3 lit. a Rom-Abk und Art. 9 Rom-Abk. Auch in Art. 2 lit. a WPPT wird ein solcher Schutz nicht eingeführt.[560] Die Union orientiert sich beim Schutz ausübender Künstler an den Vorgaben dieser Verträge und insbesondere an Art. 2 lit. a WPPT.[561] Ein Schutz solcher Darbietungen auf Unionsebene war mithin nicht gewollt.

Zusammenfassend gilt für die übrigen Mitgliedstaaten, dass dort die Frist aus Art. 3 Abs. 1 Schutzdauerrichtlinie Anwendung findet. Der Begriff „ausübender Künstler" ist im Sinne des Unionsrechts (wie in Art. 3 Abs. 1 Schutzdauerrichtlinie) auszulegen. Dies gebieten der Vorrang des Unions-

---

559 Dazu EuGH, Urt. v. 08.09.2020, Rs. C-265/19, Rdnr. 49-53; Schricker/Loewenheim/*Grünberger*, UrhG § 73 Rdnr. 7.

560 *Dreier*/Schulze, UrhG § 73 Rdnr. 12; vgl. *Hillers*, S. 23.

561 Dazu EuGH, Urt. v. 08.09.2020, Rs. C-265/19, Rdnr. 49-53; Schricker/Loewenheim/*Grünberger*, UrhG § 73 Rdnr. 7.

rechts und das Gebot unionsrechtkonformer Auslegung des einfachen mitgliedstaatlichen Rechts.[562] In diesen Mitgliedstaaten ist damit der Begriff „ausübender Künstler“ aus Art. 2 lit. a WPPT zugrunde zu legen. Nur auf solche Darbietungen finden die Schutzfristen der Schutzdauerrichtlinie in diesen Mitgliedstaaten Anwendung.

(e) Zwischenergebnis

Der Begriff „ausübender Künstler“ ist in der Schutzdauerrichtlinie und der Vermiet- und Verleihrechtsrichtlinie unionsautonom auszulegen.[563] Maßgebend ist die Definition aus Art. 2 lit. a WPPT.[564]

Soweit in einem Mitgliedstaat auch Darbietungen von Artisten geschützt werden, die kein Werk zum Gegenstand haben, bleiben diese Darbietungen wegen des Grundsatzes der Wahrung erworbener Rechte (ErwG 10 Schutzdauerrichtlinie) und aufgrund von Art. 1 Abs. 1 WPPT in diesem Mitgliedstaat weiter geschützt. In dem betreffenden Mitgliedstaat finden die vereinheitlichten Schutzfristen auf diese Darbietungen Anwendung.

In allen übrigen Mitgliedstaaten, die eine solche Ausnahme nach Art. 9 Rom-Abk nicht vorgesehen haben, muss der Begriff „ausübender Künstler“ (Art. 3 Abs. 1 Schutzdauerrichtlinie) im Einklang mit dem Unionsrecht ausgelegt werden. Der Begriff ist so auszulegen, wie es Art. 2 lit. a WPPT vorgibt. In diesen Mitgliedstaaten sind lediglich solche Darbietungen für die Dauer der vereinheitlichten Schutzfristen geschützt, die die Voraussetzungen des Art. 2 lit. a WPPT erfüllen.

(2) Tonträgerhersteller

Der Begriff „Tonträgerhersteller“ wird in der Schutzdauerrichtlinie und den anderen einschlägigen EU-Richtlinien ebenfalls nicht definiert.[565] Ebenso wie der Begriff „ausübender Künstler“, ist auch der Begriff „Tonträgerher-

562 *Grünberger,* Rdnr. 198.

563 EuGH, Urt. v. 08.09.2020, Rs. C-265/19, Rdnr. 49-53; *Dreier*/Schulze, UrhG § 73 Rdnr. 7.

564 EuGH, Urt. v. 08.09.2020, Rs. C-265/19, Rdnr. 49-53; *Dreier*/Schulze, UrhG § 73 Rdnr. 7; Schricker/Loewenheim/*Grünberger,* UrhG § 73 Rdnr. 7.

565 Für die Schutzdauerrichtlinie *Walter*/von Lewinski, Term Directive Art. 3 Rdnr. 8.3.8; für die Vermiet- und Verleihrechtsrichtlinie vgl. Walter/*von Lewinski,* Rental and Lending Rights Directive Art. 2 Rdnr. 6.2.11.

steller" in der EU autonom und einheitlich auszulegen.[566] Auch für den Begriff des Tonträgerherstellers sind die Staatsverträge auf dem Gebiet der verwandten Schutzrechte maßgeblich.

Das Leistungsschutzrecht der Tonträgerhersteller ist Gegenstand des WPPT, des Rom-Abkommens und des GTA. Alle drei Abkommen definieren den Schutzgegenstand und die Entstehungsvoraussetzungen des Tonträgerherstellerrechts, siehe Art. 2 lit. b-d WPPT, Art. 3 lit. b und c Rom-Abk und Art. 1 lit. a und b GTA. Damit sind diese Verträge i.R.d. Art. 10 Abs. 2 Schutzdauerrichtlinie für die Begriffsbestimmung entscheidend, wobei die obigen Ausführungen bezogen auf das Verhältnis vom WPPT zum Rom-Abkommen entsprechend gelten.[567]

Die Definitionen der Begriffe „Tonträger" und „Hersteller von Tonträgern" in Art. 3 lit. b und c Rom-Abk und Art. 1 lit. a und b GTA sind identisch.[568] Im Folgenden gilt der Fokus dem WPPT und dem Rom-Abkommen, wobei sich die Ausführungen zu Art. 3 lit. b und c Rom- Abk auch auf Art. 1 lit. a und b GTA beziehen.

(a) Schutzobjekt

Nach Art. 3 lit. b Rom-Abk ist ein Tonträger jede ausschließlich auf den Ton beschränkte Festlegung der Töne einer Darbietung oder anderer Töne. Dies unterstreicht, dass audiovisuelle Aufnahmen ausgeklammert werden.[569] Art. 2 lit. b WPPT hebt dies noch stärker hervor. Hier heißt es im letzten Halbsatz, ein Tonträger sei keine Festlegung, die Bestandteil eines Filmwerks oder eines anderen audiovisuellen Werks ist.

Die Definition in Art. 2 lit. b WPPT geht ihrem Wortlaut gemäß über diejenige in Art. 3 lit. b Rom-Abk hinaus und erfasst auch den Fall, dass

566 EuGH, Urt. v. 08.09.2020, Rs. C-265/19, Rdnr. 46, NJW 2021, 371 (372); ähnlich für den Begriff „Vervielfältigung" in Art. 2 lit. c. InfoSocRL EuGH, Urt. v. 29.07.2019, Rs. C-476/17, Rdnr. 28, GRUR 2019, 929 (931); für den Begriff „Kopie" i.S.v. Art. 9 Abs. 1 lit. b Vermiet- und Verleihrechtsrichtlinie EuGH, Urt. v. 29.07.2019, Rs. C-476/17, Rdnr. 43, GRUR 2019, 929 (931); Schricker/Loewenheim/*Grünberger*, UrhG § 73 Rdnr. 6; Schricker/Loewenheim/*Vogel*, UrhG § 85 Rdnr. 16.

567 S. dazu die Ausführungen weiter oben in der Bearbeitung unter C.III.5.b)aa)(1)Ausübende Künstler (b)unionsautonomer Begriff des ausübenden Künstlers; *Reinbothe/von Lewinski*, Rental and lending rights, Art. 2, S. 48; Schricker/Loewenheim/*Vogel*, UrhG § 85 Rdnr. 21; *Walter*/von Lewinski, Term Directive Art. 3 Rdnr. 8.3.8.

568 S. *Ficsor*, Phonograms Convention Art. 1 Rdnr. PhC-1.1.

569 Schricker/Loewenheim/*Vogel*, UrhG § 85 Rdnr. 22.

eine Person eine Darstellung von Tönen festlegt. Dies schließt Festlegungen von Tönen ein, bei denen die Töne vorher nicht erklungen sind.[570] Zur Illustration sei das Beispiel einer Eingabe mittels eines Keyboards angeführt, bei der die Töne unmittelbar festgelegt werden, ohne dass sie vorher zum Klingen gebracht worden sind.[571] Diese Variante dient dem Einbeziehen neuerer Technologien.

Der Begriff „Festlegung von Tönen“ i.S.v. Art. 3 lit. b Rom-Abk könnte jedoch auch dahin gehend verstanden werden, dass die erstmalige Festlegung von Tönen, die vorher nicht erklungen sind, mit umfasst ist.[572] Art. 3 lit. b, c Rom-Abk bezwecken, die erstmalige Fixierung von Tönen zu schützen, d. h. das erstmalige Aufzeichnen auf einen physischen Tonträger, von dem die Töne wiedergegeben werden können.[573]

Dabei kommt es nicht darauf an, ob die Töne vorher erklungen sind. Von Bedeutung ist, dass es sich um die erstmalige Fixierung der Töne handelt und nicht lediglich eine bereits bestehende Aufnahme vervielfältigt wird.[574]

Dass Art. 2 lit. b WPPT die Festlegung einer Darstellung von Tönen einbezieht, dient mithin ausschließlich der Klarstellung.[575] Solche Aufnahmen werden bereits von Art. 3 lit. b, c Rom-Abk erfasst.[576]

(b) Hersteller von Tonträgern

Als Hersteller von Tonträgern geschützt ist die natürliche oder juristische Person, die erstmals die Töne einer Darbietung oder andere Töne festlegt, Art. 3 lit. c Rom-Abk. Art. 2 lit. d WPPT nennt aus Gründen der Klarstellung zusätzlich die Darstellung von Tönen, im Übrigen entspricht die Norm Art. 3 lit. c Rom-Abk.

---

570 Schricker/Loewenheim/*Vogel,* UrhG § 85 Rdnr. 21.

571 Schricker/Loewenheim/*Vogel,* UrhG § 85 Rdnr. 21.

572 *Ficsor,* WPPT Art. 2 Rdnr. PPT-2.6; *Walter*/von Lewinski, Term Directive Art. 3 Rdnr. 8.3.8.

573 Dreier/*Schulze,* UrhG § 85 Rdnr. 7; *Reinbothe/von Lewinski,* Rental and lending rights, Art. 2 S. 48, 51; Schricker/Loewenheim/*Vogel,* UrhG § 85 Rdnr. 24; Walter/*von Lewinski,* Rental and Lending Rights Directive Art. 2 Rdnr. 6.2.11; *Walter*/von Lewinski, Term Directive Art. 3 Rdnr. 8.3.8.

574 *Reinbothe/von Lewinski,* Rental and lending rights, Art. 2 S. 48; *Walter*/von Lewinski, Term Directive Art. 3 Rdnr. 8.3.8.

575 *Ficsor,* WPPT Art. 2 Rdnr. PPT-2.6.; *Walter*/von Lewinski, Term Directive Art. 3 Rdnr. 8.3.8.

576 *Walter*/von Lewinski, Term Directive Art. 3 Rdnr. 8.3.8.

Maßgebend für die Eigenschaft als Tonträgerhersteller ist der Akt der Festlegung bzw. Aufzeichnung.[577] Festlegung bedeutet – entsprechend Art. 2 lit. c WPPT – die Verkörperung von Tönen oder der Darstellung von Tönen in einer Weise, dass sie (mittels einer Vorrichtung) wahrgenommen, vervielfältigt oder wiedergegeben werden können. Das Resultat der Festlegung muss also eine Aufnahme sein, die zur Wiedergabe geeignet ist.[578] Die Art der Verkörperung wird nicht näher definiert.[579] Aus den Gesetzgebungsmaterialien des WPPT geht hervor, dass der Begriff weit verstanden wird.[580] Erfasst ist jede Art der Verkörperung, von der die Töne wahrgenommen, vervielfältigt oder wiedergegeben werden können.[581]

Nach dem klaren Wortlaut von Art. 3 lit. c Rom-Abk, Art. 2 lit. d WPPT wird nur derjenige als Tonträgerhersteller geschützt, der die Erstfixierung vornimmt. Das ist derjenige, dem die Festlegung aus objektiver Sicht zuzuordnen ist.[582] Dies kann eine natürliche oder juristische Person sein.[583] Es kommt nicht darauf an, wen die Parteien als Hersteller ansehen.[584] Maßgeblich ist, wer die Initiative für die Aufnahme ergreift sowie die wirtschaftliche und organisatorische Verantwortung hierfür trägt.[585] Bei juristischen Personen ist dies regelmäßig das Unternehmen und nicht ein einzelner Arbeitnehmer bzw. Angestellter.[586]

(3) Filmhersteller

Der Schutzgegenstand Film wird in Art. 3 Abs. 3 S. 3 Schutzdauerrichtlinie und in Art. 2 Abs. 1 lit. c Vermiet- und Verleihrechtsrichtlinie definiert. Hiernach bedeutet Film vertonte oder nicht vertonte Filmwerke, audiovisuelle Werke oder Laufbilder. Der Begriff audiovisuelle Werke soll verdeutlichen, dass auch Filmwerke umfasst sind, die nicht als Kinofilm, sondern

577 *Walter*/von Lewinski, Term Directive Art. 3 Rdnr. 8.3.8.
578 Schricker/Loewenheim/*Vogel*, UrhG § 85 Rdnr. 37.
579 *Ficsor*, WPPT Art. 2 Rdnr. PPT-2.10.
580 *Ficsor*, WPPT Art. 2 Rdnr. PPT-2.10.; zu Art. 2 Vermiet- und Verleihrechtrichtlinie *Reinbothe/von Lewinski*, Rental and lending rights, Art. 2 S. 51.
581 *Ficsor*, WPPT Art. 2 Rdnr. PPT-2.10.; zu Art. 2 Vermiet- und Verleihrechtrichtlinie *Reinbothe/von Lewinski*, Rental and lending rights, Art. 2 S. 51.
582 Schricker/Loewenheim/*Vogel*, UrhG § 85 Rdnr. 37.
583 Dreier/*Schulze*, UrhG § 85 Rdnr. 5.
584 Schricker/Loewenheim/*Vogel*, UrhG § 85 Rdnr. 37.
585 Schricker/Loewenheim/*Vogel*, UrhG § 85 Rdnr. 37; *Ficsor*, WPPT Art. 2 PPT-2.12.
586 Dreier/*Schulze*, UrhG § 85 Rdnr. 6; *Ficsor*, Rom-Abk Art. 3 Rdnr. RC-3.14.

ausschließlich auf Videokassette oder DVD erschienen sind.[587] Dies ist darauf zurückzuführen, dass einige Mitgliedstaaten in ihrem nationalen Recht zwischen Filmwerken, die im Kino erschienen sind und solchen, die auf Videokassette erschienen, unterschieden haben.[588] Laufbilder sind Filmaufnahmen, die keine persönliche, geistige Schöpfung sind.[589] Als Hersteller eines Films wird die natürliche oder juristische Person geschützt, welche die erstmalige Aufzeichnung des Films vornimmt.[590]

(4) Sendeunternehmen

Der Begriff „Sendeunternehmen“ wird in der Schutzdauerrichtlinie nicht direkt definiert.[591] In Art. 7 Abs. 2 Vermiet- und Verleihrechtsrichtlinie findet sich aber eine indirekte Definition.[592] Nach Art. 7 Abs. 2 Vermiet- und Verleihrechtsrichtlinie sehen die Mitgliedstaaten Rechte für Sendeunternehmen unabhängig davon vor, ob es sich hierbei um drahtlose oder drahtgebundene, über Kabel oder durch Satelliten vermittelte Sendungen handelt. Welche Sendungen geschützt werden, wird mithin näher umschrieben. Dem entsprechend nennt Art. 3 Abs. 4 Schutzdauerrichtlinie als Anknüpfungspunkt der Schutzdauer die Erstsendung, und zwar unabhängig davon, ob sie drahtlos oder drahtgebunden, über Kabel oder durch Satellit vermittelt wurde.

Nach Art. 7 Abs. 3 Vermiet- und Verleihrechtsrichtlinie stehen die Rechte eines Sendeunternehmens einem weiterverbreitenden Kabelsendeunternehmen, das lediglich Sendungen anderer Sendeunternehmen per Kabel weiterverbreitet, nicht zu. Fraglich ist, ob dies auch für weiterverbreitende Unternehmen gilt, die Sendungen auf andere Weise als per Kabel weiterverbreiten.

---

587 Walter/*von Lewinski,* Rental and Lending Rights Directive Art. 2 Rdnr. 6.2.24.

588 Walter/*von Lewinski,* Rental and Lending Rights Directive Art. 2 Rdnr. 6.2.24.

589 Walter/*von Lewinski,* Rental and Lending Rights Directive Art. 2 Rdnr. 6.2.25; *Walter/*von Lewinski, Term Directive Art. 3 Rdnr. 8.3.11.

590 Walter/*von Lewinski,* Rental and Lending Rights Directive Art. 2 Rdnr. 6.2.14; *Walter/*von Lewinski, Term Directive Art. 3 Rdnr. 8.3.12.

591 *Walter/*von Lewinski, Term Directive Art. 3 Rdnr. 8.3.13.

592 *Reinbothe/von Lewinski,* Rental and lending rights, Art. 6 S. 88; Walter/*von Lewinski,* Rental and lending rights directive Art. 6 Rdnr. 6.6.7; *von Lewinski,* in: *Möhring/Schulze/Ulmer/Zweigert (Hrsg.),* Quellen des Urheberrechts, Losebl. (Stand: Mai 1994), Europ. GemeinschaftsR/II/2 S. 11.

Der Wortlaut von Art. 7 Abs. 3 Vermiet- und Verleihrechtsrichtlinie bezieht sich nur auf weiterverbreitende Kabelsendeunternehmen. Teilweise wird eingewandt, es sei nicht mit dem Rom-Abkommen vereinbar, sämtlichen Unternehmen, die lediglich Sendungen anderer Sendeunternehmen weiterverbreiten, das verwandte Schutzrecht der Sendeunternehmen zu versagen.[593] Nach Art. 13 Rom-Abk genießen Sendeunternehmen Schutz für „ihre Sendungen". Vom Gegenstand „ihre Sendungen" seien auch Sendungen anderer Sendeunternehmen umfasst, die das entsprechende Unternehmen lediglich weitersendet.[594]

Eine Einschränkung des Schutzes bei Kabelweitersendungen, in der Gestalt, wie sie die Kommission ursprünglich für alle Weitersendungen vorgesehen hatte,[595] war möglich, da Kabelsendungen nicht vom Rom-Abkommen erfasst werden.[596]

Das Verständnis des Art. 13 Rom-Abk, wonach der Schutz „ihrer Sendungen" auch das Weiterleiten einer von einem anderen Sendeunternehmen gesendeten Erstsendung umfasst, ist jedoch nicht zwingend.[597] Die Formulierung „ihrer Sendungen" könnte man ebenso dahin gehend verstehen, dass ein Sendeunternehmen lediglich für Erstsendungen Rechte erhält. Die Tatsache, dass den Sendeunternehmen in Art. 13 lit. a Rom-Abk das ausschließliche Recht der Weitersendung gewährt wird – dass zwischen Sendung und Weitersenderecht unterschieden wird – spricht für ein solches Verständnis.

Was den unionsrechtlichen Begriff betrifft, liegt der Grund für den Schutz von Sendeunternehmen darin, dass die wirtschaftliche, technische und organisatorische Leistung, die eine Sendung erfordert, geschützt werden soll.[598] Es erscheint zweifelhaft, ob derselbe Aufwand auch bei der Weitersendung einer vorbestehenden Erstsendung entsteht.[599]

Aus diesem Grund wurde für Kabelweitersendungen das Entstehen eines Leistungsschutzrechts als Sendeunternehmen ausgeschlossen.[600] Die Inter-

593 *Reinbothe/von Lewinski,* Rental and lending rights, Art. 6 S. 88.
594 *Reinbothe/von Lewinski,* Rental and lending rights, Art. 6 S. 88.
595 *Reinbothe/von Lewinski,* Rental and lending rights, Art. 6 S. 87.
596 *Reinbothe/von Lewinski,* Rental and lending rights, Art. 6 S. 88.
597 *Reinbothe/von Lewinski,* Rental and lending rights, Art. 6 S. 88.
598 *Reinbothe/von Lewinski,* Rental and lending rights, Art. 6 S. 87; Walter/*von Lewinski,* Rental and lending rights directive Art. 6 Rdnr. 6.6.5; *Schack,* Rdnr. 773.
599 Dafür Schricker/Loewenheim/*von Ungern-Sternberg,* UrhG § 87 Rdnr. 66.
600 *Reinbothe/von Lewinski,* Rental and lending rights, Art. 6 S. 87-88; Walter/*von Lewinski,* Rental and lending rights directive, Art. 6 Rdnr. 6.6.5-6.6.7.

essenlage ist jedoch bei Unternehmen, die eine Weitersendung per Kabel vornehmen, und solchen, die dies über andere technische Mittel, z. B. über Satellit, tun vergleichbar.[601] Hier können ähnliche Wertungen wie beim Recht der Tonträgerhersteller herangezogen werden: Dort wird ebenfalls nur die Erstfixierung des Tonträgers geschützt, nicht aber eine Vervielfältigung.[602]

Dafür, unter den unionsrechtlichen Begriff der Sendeunternehmen ausschließlich Sendeunternehmen zu fassen, die die Erstsendung vornehmen – unabhängig davon, ob die Weitersendung per Kabel oder auf andere Weise erfolgt – spricht Art. 3 Abs. 4 Schutzdauerrichtlinie. Hiernach erlöschen die Rechte der Sendeunternehmen fünfzig Jahre nach der Erstsendung. Grund für diese Regelung ist, dass die Frist nicht erneut zu laufen beginnen soll, wenn die gleiche Sendung erneut gesendet wird.[603] Dieses Bedürfnis nach Rechtssicherheit besteht in Fällen, in denen dasselbe Sendeunternehmen eine Sendung wiederholt sendet in gleicher Weise wie wenn diese Sendung durch ein anderes Unternehmen weitergesendet wird.[604]

Die Online-SatCab-Richtlinie[605] legt ein solches Verständnis ebenfalls nahe. In den einzelnen Normen und den Erwägungsgründen wird zwischen Erstsendung und Weiterverbreitung bzw. zwischen Sendeunternehmen und Weiterverbreitungsdiensten unterschieden, siehe Art. 2 Nr. 2 lit. a, Art. 5 Abs. 1, 2, ErwG 2, 3, 4, 14, 17, 19 RL 2019/789/EU. Sendeunternehmen und Weiterverbreitungsdienste werden als zwei unterschiedliche juristische Personen behandelt. Das spricht dafür, auch andere Weiterverbreitungsdienste vom Schutz als Sendeunternehmen auszunehmen, soweit sie ausschließlich Sendungen anderer Unternehmen weiterverbreiten.

Bis zum Inkrafttreten der Online-SatCab-Richtlinie waren Erleichterungen für den Erwerb von Kabelweitersenderechten von den Rechteinhabern (insbesondere Urheber und ausübende Künstler, eingeschränkt für den Rechteerwerb von Sendeunternehmen) in der Satelliten- und Kabelricht-

601 Schricker/Loewenheim, UrhG § 87 Rdnr. 67.

602 Schricker/Loewenheim/*von Ungern-Sternberg*, UrhG § 87 Rdnr. 67 Fn. 203; *Schack*, Rdnr. 774.

603 *Dreier*/Schulze, UrhG § 87 Rdnr. 6; Schricker/Loewenhiem/*von Ungern-Sternberg*, UrhG § 87 Rdnr. 67; *Walter*/von Lewinski, Term Directive Art. 3 Rdnr. 8.3.34.

604 Schricker/Loewenheim/*von Ungern-Sternberg*, UrhG § 87 Rdnr. 67.

605 Richtlinie 2019/789/EU v. 17.04.2019, EU ABl. 2019 L 130, 82-91 (zit.: Online-SatCab-Richtlinie).

linie[606] lediglich für Kabelunternehmen vorgesehen, Art. 9, 10 Satelliten- und Kabelrichtlinie.[607] Dies stellt ErwG 6 S. 3 Online-SatCab-Richtlinie ausdrücklich klar.[608]

Rechteinhaber, die keine Sendeunternehmen sind (Art. 10 Satelliten- und Kabelrichtlinie), sind hiernach verpflichtet, ihre Kabelweitersenderechte gegenüber Kabelunternehmen, die Sendungen weiterverbreiten, ausschließlich über Verwertungsgesellschaften geltend zu machen, Art. 9 Abs. 1 Satelliten- und Kabelrichtlinie. Damit soll es den Kabelunternehmen erleichtert werden, Weitersenderechte zu erwerben.[609] Sie müssen sich lediglich an die Verwertungsgesellschaften wenden, nicht aber jeden einzelnen Rechteinhaber ausfindig machen, der an der Sendung mitgewirkt hat.[610]

Die Online-SatCab-Richtlinie dient dem Zweck, das Weiterverbreiten von Sendungen zu erleichtern, indem für die Rechte, die hiermit zusammenhängen ein Rechtsrahmen geschaffen wird, ErwG 7 Online-SatCab-Richtlinie.[611] Damit sollte für die Betreiber von Weiterverbreitungsdiensten allgemein, nicht nur für Kabelunternehmen, Rechtssicherheit geschaffen werden. Unterschiede für Weiterverbreitungsdienste im nationalen Recht waren zu beseitigen, ErwG 15 Online-SatCab-Richtlinie.[612] Zu diesem Zweck war vorgesehen, die Vorschriften für andere Weiterverbreitungsdienste, zum Beispiel Dienste, die Sendungen über Satellit weiterverbreiten, an die Vorschriften zugunsten von Kabelunternehmen anzupassen, ErwG 15 Online-SatCab-Richtlinie.[613]

Mit anderen Worten: Es sollten einheitlich Erleichterungen für alle Weiterverbreitungsdienste geschaffen werden – unabhängig davon, ob die Weiterverbreitung über Kabel, Satellit oder auf anderem Wege stattfindet.[614]

Weiterverbreitungsdienste sollten im Hinblick auf den Rechteerwerb gleich behandelt werden.[615] Dies spricht dafür, die unterschiedlichen Weiterverbreitungsdienste auch bei der Inhaberschaft eines Leistungsschutzrechts als Sendeunternehmen gleich zu behandeln. Andernfalls würden

---

606 Richtlinie 93/83/EWG v. 17.09.1993, EWG Abl. 1993 L 248, 15-21 (zit.: Satelliten- und Kabelrichtlinie).
607 *Raitz von Frentz/Masch,* ZUM 2022, 96 (97, 98).
608 *Raitz von Frentz/Masch,* ZUM 2022, 96 (98).
609 *Raitz von Frentz/Masch,* ZUM 2022, 96 (96).
610 *Raitz von Frentz/Masch,* ZUM 2022, 96 (96).
611 *Raitz von Frentz/Masch,* ZUM 2022, 96 (96,97).
612 *Raitz von Frentz/Masch,* ZUM 2022, 96 (96,97,98-99).
613 *Raitz von Frentz/Masch,* ZUM 2022, 96 (97-99).
614 *Raitz von Frentz/Masch,* ZUM 2022, 96 (96, 97, 98-99, 105).
615 *Raitz von Frentz/Masch,* ZUM 2022, 97 (98-99, 105).

Weiterverbreitungsdienste, die Sendungen auf anderem Weg als über Kabel weitersenden, doppelt begünstigt. Ihnen kommen die Privilegien aus Art. 4 Abs. 1-3, Art. 5 Abs. 2 Online-SatCab-Richtlinie zugute. Zusätzlich könnten sie durch das Weiterverbreiten originär Inhaber eines Leistungsschutzrechts als Sendeunternehmen werden. Damit würden Kabelsendeunternehmen ihnen gegenüber benachteiligt, ohne dass hierfür ist ein sachlicher Grund ersichtlich wäre. Darüber hinaus führt es zu mehr Rechtssicherheit, wenn Kabelunternehmen und andere Weiterverbreitungsdienste auch in Bezug auf das Leistungsschutzrecht der Sendeunternehmen gleich behandelt werden.

Der Schutzzweck des Rechts der Sendeunternehmen aus Art. 7 Abs. 2, 3 Vermiet- und Verleihrechtsrichtlinie, der Fristbeginn ab der Erstsendung nach Art. 3 Abs. 4 Schutzdauerrichtlinie und die Gleichbehandlung aller Weiterverbreitungsdienste durch die Online-SatCab-Richtlinie sprechen dafür, nicht bloß Kabelunternehmen, sondern alle Weiterverbreitungsdienste vom Leistungsschutzrecht des Sendeunternehmens auszunehmen.

Folglich kann das Recht des Sendeunternehmens nur mit der Erstausstrahlung entstehen, nicht hingegen mit einem Weitersenden, wobei es nicht darauf ankommt, auf welche Art die Sendung weiter gesendet wird.[616] Es wäre wünschenswert, wenn der europäische Gesetzgeber dies in Art. 7 Abs. 2, 3 Vermiet- und Verleihrechtsrichtlinie klarstellen würde.

Inhaber des Rechts der Sendeunternehmen ist der Veranstalter der Sendung.[617] Das ist derjenige, der die technische und organisatorische Verantwortung über die Funksendung und den Sendevorgang trägt.[618]

(5) Herausgeber nachgelassener Werke

Das verwandte Schutzrecht für Herausgeber nachgelassener Werke wurde in Art. 4 Schutzdauerrichtlinie eingeführt.[619] Hierauf findet Art. 10 Abs. 2

616 Ebenso *Dreier*/Schulze, UrhG § 87 Rdnr. 6; Schricker/Loewenheim/*von Ungern-Sternberg*, UrhG § 87 Rdnr. 51, 66-67; *Walter*/von Lewinski, Term Directive Art. 3 Rdnr. 8,3,33; Walter/*von Lewinski*, Rental and lending rights directive Art. 6 Rdnr. 6.6.4.

617 Schricker/Loewenheim/*von Ungern-Sternberg*, UrhG § 87 Rdnr. 51-52.

618 *Dreier*/Schulze, UrhG § 87 Rdnr. 5; Schricker/Loewenheim/*von Ungern-Sternberg*, UrhG § 87 Rdnr. 54-55.

619 *Walter*/von Lewinski, Term Directive Art. 4 Rdnr. 8.4.5-8.4.9; *von Lewinski*, in: *Möhring/Schulze/Ulmer/Zweigert (Hrsg.)*, Quellen des Urheberrechts, Losebl. (Stand: Mai 1994), Europ. GemeinschaftsR/II/4 S. 11.

Schutzdauerrichtlinie Anwendung.[620] Wenn ein Mitgliedstaat das Recht der Herausgeber nachgelassener Werke vorsah und am 01.07.1995 ein bestimmter Gegenstand durch dieses Recht geschützt war, findet die Schutzfrist des Art. 4 Schutzdauerrichtlinie Anwendung.

Das Recht setzt voraus, dass ein Werk gemeinfrei geworden ist.[621] Ein zeitgleicher urheberrechtlicher und leistungsschutzrechtlicher Schutz an demselben Gegenstand soll ausgeschlossen werden.[622] Zudem muss die Veröffentlichung oder die erlaubterweise öffentliche Wiedergabe erstmals erfolgen. Das bedeutet, dass das Werk zu keinem Zeitpunkt vorher veröffentlicht oder erlaubterweise öffentlich wiedergegeben worden ist. Erstveröffentlichung im Sinne von Art. 4 Schutzdauerrichtlinie bedeutet, dass der Herausgeber das Werk erstmals erscheinen lässt.[623] Der Begriff entspricht dem Begriff des Erscheinens aus § 6 Abs. 2 UrhG.[624] Erstmalige erlaubterweise öffentliche Wiedergabe meint eine öffentliche Wiedergabe i.S.d. § 15 Abs. 2 UrhG.[625] Das Werk wird erlaubterweise veröffentlicht oder öffentlich wiedergegeben, wenn dies nicht gegen Rechtsvorschriften verstößt.[626]

Der Rechteinhaber genießt einen den vermögensrechtlichen Befugnissen des Urhebers entsprechenden Schutz. Dieser ist sehr weitgehend.[627] In Bezug auf das gemeinfreie Werk an sich –nicht nur in Bezug auf die Neuausgabe des Herausgebers nachgelassener Werke – kann der Herausgeber jede weitere Nutzung, zum Beispiel durch Interpreten, verbieten und hierfür von Künstlern hohe Tantiemen fordern. Dies beeinträchtigt in starkem Maß die Zugangsinteressen von Nutzern, anderen Künstlern und der Allgemeinheit. Daher sollte die Vorschrift sehr restriktiv ausgelegt werden.[628] Dies kann dadurch erreicht werden, dass an das Vorhandensein einer vorhergehenden, erstmaligen öffentlichen Wiedergabe oder einer vorhergehenden, erstmaligen Veröffentlichung sehr milde Anforderungen gestellt werden.[629]

---

620 *Dreier*/Schulze, UrhG § 137f Rdnr. 8; *Walter*/von Lewinski, Term Directive Art. 10 Rdnr. 8.10.23; *Dietz*, GRUR Int 1995, 670 (683).

621 *Maier*, RdMUE Bd. 2 (1994), 49 (71).

622 *Maier*, RdMUE Bd. 2 (1994), 49 (71).

623 Schricker/*Loewenheim*, UrhG § 71 Rdnr. 10.

624 Schricker/*Loewenheim*, UrhG § 71 Rdnr. 10.

625 Schricker/*Loewenheim*, UrhG § 71 Rdnr. 10.

626 Schricker/*Loewenheim*, UrhG § 71 Rdnr. 11.

627 *Maier*, RdMUE Bd. 2 (1994), 49 (72).

628 OLG Düsseldorf, Urt. v. 16.08.2005, Az. I-20 U 123/05, 20 U 123/05 Rdnr. 40, GRUR 2006, 673 (676).

629 BGH, Urt. v. 22.01.2009, Az. I ZR 19/07, Rdnr. 35, 37, 38-40, GRUR 2009, 942 (945).

bb) fakultative Rechte

In der Schutzdauerrichtlinie werden das Recht an kritischen und wissenschaftlichen Ausgaben, Art. 5 Schutzdauerrichtlinie, und der Schutz von Fotografien, die nicht als Werke geschützt sind, Art. 6 S. 3 Schutzdauerrichtlinie, als verwandte Schutzrechte, die die Mitgliedstaaten zusätzlich gewähren können, genannt. Fraglich ist, ob Art. 10 Abs. 2 Schutzdauerrichtlinie auf diese Rechte Anwendung findet.

(1) Kritische und wissenschaftliche Ausgaben

Für kritische und wissenschaftliche Ausgaben sieht Art. 5 Schutzdauerrichtlinie einen fakultativen Schutz vor.[630] Die Mitgliedstaaten können diese schützen. Dabei darf die Schutzdauer nicht mehr als 30 Jahre ab der ersten erlaubten Veröffentlichung betragen. Erste erlaubte Veröffentlichung bedeutet das gleiche wie erstmaliges Erscheinen.[631]

Wegen des freiwilligen Charakters kann das Bestehen eines solchen Schutzes am 01.07.1995 in einem Mitgliedstaat nicht dazu führen, dass die Ausgabe in allen anderen Mitgliedstaaten geschützt ist.[632] In denjenigen Mitgliedstaaten, in denen ein solcher Schutz bestand, gilt seit Inkrafttreten der Schutzdauerrichtlinie die Höchstschutzfrist von 30 Jahren ab der ersten erlaubten Veröffentlichung gem. Art. 5 Schutzdauerrichtlinie.

War eine Ausgabe nach dem nationalen Recht eines Mitgliedstaats zuvor länger geschützt und lief die Frist für sie am 01.07.1995 bereits, wird diese Frist nicht verkürzt, Art. 10 Abs. 1 Schutzdauerrichtlinie. Für alle anderen Ausgaben gilt die Höchstschutzdauer des Art. 5 Schutzdauerrichtlinie. Die Vorschrift bestimmt die höchstmögliche Schutzdauer. Eine kürzere Schutzdauer nach dem nationalen Recht der Mitgliedstaaten war somit möglich.[633]

Ein Wiederaufleben von Rechten nach Art. 10 Abs. 2 Schutzdauerrichtlinie kommt für kritische und wissenschaftliche Ausgaben folglich wegen des fakultativen Charakters dieses Rechts und der Tatsache, dass es sich bei

---

630 *Dietz*, GRUR Int 1995, 670 (678); *Maier*, RdMUE Bd. 2 (1994), 49 (72).

631 *Dietz*, GRUR Int 1995, 670 (680).

632 Schricker/Loewenheim/*Katzenberger/Metzger*, UrhG § 64 Rdnr. 43; *von Lewinski*, in: *Möhring/Schulze/Ulmer/Zweigert (Hrsg.)*, Quellen des Urheberrechts, Loseblatt (Stand: Mai 1994), Europ. GemeinschaftsR/II/4 S. 16.

633 Dazu Schricker/Loewenheim/*Katzenberger/Metzger*, UrhG § 137f Rdnr. 5.

der Schutzfrist aus Art. 5 Schutzdauerrichtlinie um eine Höchstschutzdauer handelt, nicht in Betracht.[634] Nach Art. 10 Abs. 2 Schutzdauerrichtlinie können keine Rechte an kritischen oder wissenschaftlichen Ausgaben wieder aufleben.

(2) Wiederaufleben des Schutzes an gemeinfreien Lichtbildern

Fotografien, die die Voraussetzungen des Art. 6 S. 1 Schutzdauerrichtlinie nicht erfüllen, können von den Mitgliedstaaten geschützt werden, Art. 6 S. 3 Schutzdauerrichtlinie. Fraglich ist, ob nach Art. 10 Abs. 2 Schutzdauerrichtlinie an Fotografien, die keine Werkqualität gem. Art. 6 S. 1 Schutzdauerrichtlinie besitzen, Rechte wieder aufleben können.

Hierfür lässt sich einwenden, dass die Fristen der Richtlinie nach Art. 10 Abs. 2 Schutzdauerrichtlinie auf alle Werke oder Gegenstände Anwendung finden, die am 01.07.1995 zumindest in einem Mitgliedstaat geschützt waren. Art. 1 Abs. 1 Schutzdauerrichtlinie verweist für den Begriff „Werk" auf Art. 2 RBÜ. Hierunter fallen nach teilweise vertretener Ansicht auch einfache Lichtbilder, die in einzelnen Vertragsstaaten durch ein verwandtes Schutzrecht geschützt waren.[635] Besteht auch für einfache Lichtbilder die Möglichkeit, dass hieran Rechte nach Art. 10 Abs. 2 Schutzdauerrichtlinie wieder aufleben, fördere dies die Harmonisierungsziele des EU-Gesetzgebers.[636]

Es ist allerdings nicht eindeutig, ob einfache Lichtbilder von Art. 2 RBÜ erfasst werden.[637] Dafür wird vorgebracht, Art. 2 RBÜ sei autonom im Sinne der Konvention, und nicht nach dem Verständnis der Vertragsstaaten auszulegen.[638] Die Anforderungen an den Schutz als fotografisches Werk seien in den einzelnen Vertragsstaaten sehr unterschiedlich und knüpften an verschiedene Voraussetzungen an.[639] Um diese verschiedenen Rechtstraditionen und Schutzgegenstände zu respektieren, sollten die Voraussetzun-

634 So auch *Dreier*/Schulze, UrhG § 137f Rdnr. 8; Schricker/Loewenheim/*Katzenberger/Metzger*, UrhG § 64 Rdnr. 43; Schricker/Loewenheim/*Katzenberger/Metzger*, UrhG § 137f Rdnr. 5.

635 *Katzenberger*, GRUR Int 1989, 116 (119); *Schulze/Bettinger*, GRUR 2000, 12 (18).

636 *Schulze/Bettinger*, GRUR 2000, 12 (18).

637 *Katzenberger*, GRUR Int 1989, 116 (119).

638 *Katzenberger*, GRUR Int 1989, 116 (119).

639 *Katzenberger*, GRUR Int 1989, 116 (119).

gen an einen Schutzgegenstand nach Art. 2 Abs. 1 RBÜ nicht zu streng ausfallen.[640]

Gegen dieses Verständnis spricht der Wortlaut von Art. 2 Abs. 1 RBÜ: Dieser bezieht sich auf Werke der Literatur und Kunst sowie auf fotografische Werke. Die Gesetzgebungsgeschichte der RBÜ zeigt ebenfalls, dass das Aufnehmen von künstlerischen Fotografien, die nach dem Recht einiger Staaten, wie etwa in Frankreich, als urheberrechtlich geschützte Werke anerkannt waren, bezweckt war.[641]

Es sprechen somit bessere Gründe dafür, lediglich fotografische Werke als von Art. 2 Abs. 1 RBÜ erfasst anzusehen.

Selbst wenn man den Schutz nach Art. 2 Abs. 1 RBÜ auch auf Fotografien, die in einzelnen Mitgliedstaaten durch ein verwandtes Schutzrecht geschützt sind, erstreckte, ist zweifelhaft ob Art. 10 Abs. 2 Schutzdauerrichtlinie auf solche Fotografien Anwendung findet.

Der Schutz von Fotografien wird in Art. 6 Schutzdauerrichtlinie geregelt. Die Schöpfungshöhe bestimmt Art. 6 S. 1 Schutzdauerrichtlinie. Der Norm zufolge werden Fotografien nach Art. 1 Schutzdauerrichtlinie geschützt, wenn sie individuelle Werke dergestalt darstellen, dass sie das Ergebnis der eigenen geistigen Schöpfung ihres Urhebers sind. Damit wird deutlich, dass Fotografien nach Art. 1 Schutzdauerrichtlinie nur dann geschützt werden, wenn sie diese Voraussetzungen erfüllen. Nach Art. 6 S. 3 Schutzdauerrichtlinie können die Mitgliedstaaten den Schutz anderer Fotografien vorsehen. Die Richtlinie verweist insofern auf das Recht der Mitgliedstaaten. Letzteren wird ausdrücklich die Kompetenz darüber zugewiesen, den Schutz anderer Fotografien vorzusehen. Die Richtlinie bestimmt ausdrücklich, dass sich die Harmonisierung nicht auf einfache Lichtbilder beziehen sollte.[642]

In systematischer Sicht wäre eine Auslegung, wonach Art. 10 Abs. 2 Schutzdauerrichtlinie auch auf einfache Lichtbilder Anwendung findet, widersprüchlich. Art. 10 Abs. 2 Schutzdauerrichtlinie bezieht sich auf die in der Schutzdauerrichtlinie bestimmte Schutzfrist. Die Frist aus Art. 1 Abs. 1 Schutzdauerrichtlinie ist nur auf solche Fotografien anwendbar, welche die Anforderungen an die Schöpfungshöhe erfüllen. Dies wird in Art. 6 S. 1 Schutzdauerrichtlinie ausdrücklich klargestellt. Auf Art. 2 RBÜ kann nicht zurückgegriffen werden, selbst wenn diese Norm auch einfache Licht-

640 *Katzenberger*, GRUR Int 1989, 116 (119).

641 Dazu ausf. *Ricketson/Ginsburg*, Berne Convention Works protected by the convention (Articles 2 and 2bis) Rdnr. 8.49-8.58.

642 Schricker/Loewenheim/*Katzenberger/Metzger*, UrhG § 137f Rdnr. 5.

bilder umfassen sollte. Art. 6 S. 1 Schutzdauerrichtlinie ist gegenüber Art. 1 Abs. 1 Schutzdauerrichtlinie, Art. 2 RBÜ lex specialis. Folge hiervon ist, dass die Schutzdauerrichtlinie für einfache Lichtbilder keine Schutzfrist regelt, siehe Art. 6 S. 3 Schutzdauerrichtlinie. Art. 10 Abs. 2 Schutzdauerrichtlinie verweist nach diesem Verständnis auf eine Schutzfrist, die in der Schutzdauerrichtlinie nicht existiert.[643]

Zusammenfassend kann festgehalten werden, dass einfache Lichtbilder nicht von Art. 10 Abs. 2 Schutzdauerrichtlinie erfasst werden. Ein Wiederaufleben von Rechten an einfachen Lichtbildern, die am 01.07.1995 noch in einem Mitgliedstaat geschützt waren, wird durch die Norm nicht angeordnet.[644] Der Schutz einfacher Lichtbilder richtet sich ausschließlich nach dem nationalen Recht der Mitgliedstaaten.

Für das deutsche Recht bedeutet dies, dass die Übergangsvorschrift des § 137f Abs. 2 UrhG auf einfache Lichtbilder nicht anwendbar ist. Diese werden in § 137f Abs. 2 S. 2 Schutzdauerrichtlinie nicht genannt. Ein Wiederaufleben von Rechten nach Art. 137f Abs. 2 UrhG kommt für einfache Lichtbilder nach deutschem Recht nicht in Betracht.[645]

c) Zwischenergebnis

Die Schutzdauerrichtlinie findet nur auf in der Richtlinie selbst vorgesehene, verwandte Schutzrechte Anwendung. Diese werden nach unionsautonomem Verständnis bestimmt. In Mitgliedstaaten, welche auch Zirkusartisten und Varietékünstler als ausübende Künstler schützen, ist die Schutzdauerrichtlinie auch auf diese anwendbar. Die übrigen Staaten richten sich nach der Definition des Art. 2 lit. a WPPT. Die Rechte an kritischen und wissenschaftlichen Ausgaben, siehe Art. 5 Schutzdauerrichtlinie, sowie an einfachen Lichtbildern, siehe Art. 6 Schutzdauerrichtlinie, werden von Art. 10 Abs. 2 Schutzdauerrichtlinie nicht erfasst, da die Einführung Ersterer den Mitgliedstaaten freisteht.

643 Ähnlich *Dietz*, GRUR Int 1995, 670 (683).

644 So auch *Dreier*/Schulze, UrhG § 137f Rdnr. 8; Schricker/Loewenheim/*Katzenberger/Metzger*, UrhG § 64 Rdnr. 43; Schricker/Loewenheim/*Katzenberger/Metzger*, UrhG § 137f Rdnr. 5.

645 Schricker/Loewenheim/*Katzenberger/Metzger*, UrhG § 137f Rdnr. 5.

6. Werke und Leistungen aus Drittstaaten

Der Schutz von Werken und Leistungen aus Drittstaaten nach der Schutzdauerrichtlinie ist nicht eindeutig.

Nach Art. 10 Abs. 2 Schutzdauerrichtlinie finden die Fristen der Schutzdauerrichtlinie auf alle Werke oder Gegenstände Anwendung, die am 01.07.1995 nach dem nationalen Recht eines Mitgliedstaates geschützt waren – und zwar unabhängig davon, ob Ursprungsland des Werkes ein Drittstaat ist und ob der Rechteinhaber Angehöriger eines Mitgliedstaats oder Drittstaatsangehöriger ist. Maßgebend ist nach dem Wortlaut der Vorschrift allein die Rechtslage in dem Staat, in dem der Schutz am 01.07.1995 noch bestand.[646]

Dagegen sehen Art. 7 Abs. 1 und 2 Schutzdauerrichtlinie für sich genommen vor, dass sich das „Ob" des Schutzes nach internationalen Staatsverträgen auf dem Gebiet des Urheberrechts und der verwandten Schutzrechte sowie nach dem nationalen Fremdenrecht richtet.[647] Für die verwandten Schutzrechte wird dies ausdrücklich in Art. 7 Abs. 2 S. 1 Schutzdauerrichtlinie klargestellt. Was das Urheberrecht betrifft, geht dies aus Art. 7 Abs. 1 Schutzdauerrichtlinie nicht eindeutig hervor.[648] Die Formulierung „der in den Mitgliedstaaten gewährte Schutz" in Art. 7 Abs. 1 Schutzdauerrichtlinie legt aber nahe, dass auch für das Urheberrecht die Frage, ob ein Werk aus einem Drittstaat Schutz genießt, nach dem Fremdenrecht der Mitgliedstaaten beantwortet werden muss.[649]

Auf dem Gebiet des Urheberrechts war der Schutz auf internationaler Ebene wegen der entsprechenden Regelungen der RBÜ und der weiteren Staatsverträge umfassender und erstreckte sich über mehr Staaten als der Schutz bei den verwandten Schutzrechten.[650] Somit ist es auf dem Gebiet des Urheberrechts nur schwer vorstellbar, dass ein Werk aus einem Drittstaat in einem Mitgliedstaat keinen Schutz genießt. In den allermeisten Fäl-

---

646 S. dazu EuGH, Urt. v. 20.01.2009. Rs. C-240/07, Rdnr. 34, ZUM 2009, 205 (207).

647 *Walter*/von Lewinski, Term Directive Art. 7 Rdnr. 8.7.5; vgl. *Reindl*, in: *Koppensteiner (Hrsg.)*, Österreichisches und europäisches Wirtschaftsprivatrecht Teil 2: Geistiges Eigentum, 248 (400-401).

648 *Walter*/von Lewinski, Term Directive Art. 7 Rdnr. 8.7.5.

649 So auch *Walter*/von Lewinski, Term Directive Art. 7 Rdnr. 8.7.5; *Reindl*, in: *Koppensteiner (Hrsg.)*, Österreichisches und europäisches Wirtschaftsprivatrecht Teil 2: Geistiges Eigentum, 248 (400-401).

650 *Walter*/von Lewinski, Term Directive Art. 7 Rdnr. 8.7.5.

len findet entweder die RBÜ oder ein anderer Staatsvertrag Anwendung.[651] In diese Richtung deutet auch Art. 7 Abs. 1 Schutzdauerrichtlinie, wonach der Schutzfristenvergleich aus der RBÜ im Verhältnis zu Drittstaaten zwingend heranzuziehen ist. Auch auf dem Gebiet des Urheberrechts sind damit für die Frage, ob für Werke aus Drittstaaten der Schutz in der EU an sich besteht, die internationalen Verpflichtungen und das nationale Fremdenrecht der Mitgliedstaaten maßgeblich.[652]

Für die verwandten Schutzrechte endet der Schutz in den Mitgliedstaaten spätestens mit dem Tag, an dem der Schutz in dem Drittstaat endet, dem der Rechteinhaber angehört, Art. 7 Abs. 2 S. 2 Schutzdauerrichtlinie. Sowohl für das Urheberrecht, als auch für die verwandten Schutzrechte dürfen die Fristen der Schutzdauerrichtlinie nicht überschritten werden, Art. 7 Abs. 1, Art. 7 Abs. 2 S. 2 Schutzdauerrichtlinie, allerdings müssen die internationalen Verpflichtungen der Mitgliedstaaten berücksichtigt werden, Art. 7 Abs. 2 S. 2 Hs. 2, Art. 7 Abs. 3 Schutzdauerrichtlinie.

Gemäß Art. 10 Abs. 2 Schutzdauerrichtlinie gelten die Schutzfristen für jeden Gegenstand, der mindestens in einem Mitgliedstaat geschützt war, unabhängig davon ob Ursprungsland ein Mitgliedstaat und der Rechteinhaber Angehöriger eines Mitgliedstaats ist. Diese Vorschrift steht im Widerspruch zu Art. 7 Abs. 1, 2 Schutzdauerrichtlinie. Gegenstand des nachfolgenden Abschnitts bildet daher die Frage, wie die beiden Normen in Verhältnis zueinander stehen und wie der dargestellte Widerspruch zu lösen ist.

a) Meinungsstand

Wendet man Art. 10 Abs. 2 Schutzdauerrichtlinie uneingeschränkt an, so ist allein maßgeblich, ob ein bestimmter Gegenstand am 01.07.1995 nach dem nationalen Recht eines Mitgliedstaats geschützt war. Dabei spielen das Ursprungsland des Werks und die Staatsangehörigkeit des Rechteinhabers keine Rolle. Ist diese Voraussetzung erfüllt, finden die Schutzfristen der

651 *Walter*/von Lewinski, Term Directive Art. 7 Rdnr. 8.7.5.

652 *Walter*/von Lewinski, Term Directive Art. 7 Rdnr. 8.7.5; *von Lewinski*, GRUR Int 1992, 724 (732).

Schutzdauerrichtlinie in der gesamten EU auf diesen Gegenstand Anwendung.[653]

Fraglich ist, was dieser Verweis beinhaltet. Zum Teil wird er als Verweis ausschließlich auf die Regelung über die Schutzdauer in Art. 1-4 Schutzdauerrichtlinie gedeutet.[654] Soweit ein Werk oder ein Schutzgegenstand am 01.07.1995 in mindestens einem Mitgliedstaat nach den nationalen Vorschriften geschützt war, seien die Schutzfristen nach Art. 1-4 Schutzdauerrichtlinie uneingeschränkt auf dieses oder diesen anwendbar. Für Art. 7 Schutzdauerrichtlinie bliebe nur Raum, wenn die Voraussetzungen des Art. 10 Schutzdauerrichtlinie nicht erfüllt seien.[655]

Art. 10 Abs. 2 Schutzdauerrichtlinie setzt voraus, dass der Schutz eines Werks oder Gegenstandes verwandter Schutzrechte zumindest in einem der Mitgliedstaaten aufgrund der Anwendung nationaler Bestimmungen im Bereich des Urheberrechts oder verwandter Schutzrechte bestand. Demgegenüber setzt Art. 7 Schutzdauerrichtlinie voraus, dass der Schutz den Rechteinhabern in dem Mitgliedstaat zugesprochen wird, in dem er begehrt wird. Die Voraussetzungen des Art. 7 Schutzdauerrichtlinie sind enger als die des Art. 10 Abs. 2 Schutzdauerrichtlinie. Soweit erstere erfüllt sind, sind zwangsläufig auch die Voraussetzungen von Art. 10 Abs. 2 Schutzdauerrichtlinie erfüllt. Nach diesem Verständnis wäre Art. 7 Schutzdauerrichtlinie bedeutungslos.[656]

Andere deuten Art. 10 Abs. 2 Schutzdauerrichtlinie als Verweis auf die Regelungen der Schutzdauerrichtlinie insgesamt und damit auch auf Art. 7 Schutzdauerrichtlinie.[657] Die Voraussetzungen des Art. 7 Schutzdauerrichtlinie seien bei der Schutzdauer zu prüfen.[658]

Art. 7 Schutzdauerrichtlinie könnte jedoch gegenüber Art. 10 Abs. 2 Schutzdauerrichtlinie vorrangig sein. Art. 7 Abs. 1 und 2 Schutzdauerrichtli-

---

653 So EuGH, Urt. v. 20.01.2009, Rs. C-240/07, Rdnr. 34-35, 37, ZUM 2009, 205 (207-208).

654 In diese Richtung deutet EuGH, Urt. v. 20.01.2009, Rs. C-240/07, Rdnr. 36, ZUM 2009, 205 (207); dazu *Walter*/von Lewinski, Term Directive Art. 7 Rdnr. 8.7.30; *ders.*, Anm. zu EuGH, Urt. v. 20.01.2009, Rs. C-240/07, MR 2009, 87 (88).

655 EuGH, Urt. v. 20.01.2009, Rs. C-240/07, Rdnr. 32, 36, ZUM 2009, 205 (207); *Walter*/von Lewinski, Term Directive Art. 7 Rdnr. 8.7.30; *ders.*, Anm. zu EuGH, Urt. v. 20.01.2009, Rs. C-240/07, MR 2009, 87 (88).

656 Ähnlich *Walter*, Anm. zu EuGH, Urt. v. 20.01.2009, Rs. C-240/07, MR 2009, 87 (88).

657 *Walter*/von Lewinski, Term Direcitve Art. 7 Rdnr. 8.7.30, Art. 10 Rdnr. 8.10.26; *ders.*, Anm. zu EuGH, Urt. v. 20.01.2009, Rs. C-240/07, MR 2009, 87 (88).

658 *Walter*/von Lewinski, Term Direcitve Art. 7 Rdnr. 8.7.30, Art. 10 Rdnr. 8.10.26; *ders.*, Anm. zu EuGH, Urt. v. 20.01.2009, Rs. C-240/07, MR 2009, 87 (88).

nie betreffen besonders den Schutz von Werken und Leistungen aus Drittstaaten. Dagegen findet Art. 10 Abs. 2 Schutzdauerrichtlinie auf alle Werke und Leistungen Anwendung, unabhängig davon, ob der Rechteinhaber Angehöriger eines Mitgliedstaates ist und ob Ursprungsland eines Werks ein Mitgliedstaat ist. Art. 7 Abs. 1, 2 Schutzdauerrichtlinie könnte daher in seinem Anwendungsbereich gegenüber Art. 10 Abs. 2 Schutzdauerrichtlinie spezieller sein. Soweit die Voraussetzungen von Art. 7 Abs. 1 und 2 Schutzdauerrichtlinie erfüllt sind, besteht in diesem Fall für Art. 10 Abs. 2 Schutzdauerrichtlinie kein Anwendungsbereich.[659]

Teilweise wird deswegen vorgeschlagen, Art. 10 Abs. 2 Schutzdauerrichtlinie dahin gehend einschränkend auszulegen, dass dieser nicht auf das nationale Fremdenrecht betreffend den Schutz von Angehörigen von Drittstaaten verweist.[660]

Schließlich wird auch vorgeschlagen, beim Verweis auf das nationale Recht in Art. 10 Abs. 2 Schutzdauerrichtlinie zwischen nationalem und internationalem Fremdenrecht zu differenzieren.[661] Für die Frage, ob der Schutz am 01.07.1995 nach den nationalen Bestimmungen eines Mitgliedstaats noch bestanden habe, werde nur auf Bestimmungen der Mitgliedstaaten verwiesen, die nicht auf internationalen Verträgen beruhten.[662] Bestimmungen zum Fremdenrecht aus internationalen Verträgen dürften die Mitgliedstaaten hiernach nicht anwenden, wenn sie mit politischen Zielen zur Verwirklichung des Binnenmarkts nicht vereinbar seien.[663] Für das Urheberrecht bedeute dies, dass der Schutzfristenvergleich nach Art. 7 Abs. 1 Schutzdauerrichtlinie gegenüber Werken aus Drittstaaten zwingend durchzuführen sei.[664] Für die verwandten Schutzrechte bedeute es, der in den Mitgliedstaaten gewährte Schutz nach Art. 7 Abs. 2 Schutzdauerrichtlinie sei derjenige Schutz, der den Rechteinhabern nach dem nationalen Fremdenrecht der einzelnen Mitgliedstaaten gewährt werde – mit Ausnah-

659 S. BGH, Beschl. v. 29.03.2007, Az. I ZR 80/04, Rdnr. 21-23, GRUR 2007, 502 (504); *Reindl*, in: *Koppensteiner (Hrsg.)*, Österreichisches und europäisches Wirtschaftsprivatrecht Teil 2: Geistiges Eigentum, 248 (405-406).

660 BGH, Beschl. v. 29.03.2007, Az. I ZR 80/04, Rdnr. 23, GRUR 2007, 502 (504); *Reindl*, in: *Koppensteiner (Hrsg.)*, Österreichisches und europäisches Wirtschaftsprivatrecht Teil 2: Geistiges Eigentum, 248 (404-406).

661 *Klett/Flechsig*, GRUR Int 2009, 895 (900).

662 *Klett/Flechsig*, GRUR Int 2009, 895 (900).

663 *Klett/Flechsig*, GRUR Int 2009, 895 (900).

664 *Klett/Flechsig*, GRUR Int 2009, 895 (900).

me von fremdenrechtlichen Vorschriften, die auf internationalen Verträgen beruhten.[665]

b) Stellungnahme

aa) Art. 7 Schutzdauerrichtlinie als lex specialis gegenüber Art. 10 Schutzdauerrichtlinie

Dafür, dass die Bestimmung zum Schutz von Werken und anderen Schutzgegenständen im Verhältnis zu Drittstaaten aus Art. 7 Schutzdauerrichtlinie in ihrem Anwendungsbereich lex specialis gegenüber der Bestimmung über die zeitliche Anwendbarkeit in Art. 10 Abs. 2 Schutzdauerrichtlinie ist, spricht, dass letztere nichts über den Schutz von Drittstaatsangehörigen aussagt. Die Norm bestimmt, dass die Schutzfristen der Schutzdauerrichtlinie auf jedes Werk und jeden Gegenstand Anwendung finden, das bzw. der am 01.07.1995 noch in mindestens einem Mitgliedstaat geschützt war – ohne auf Werke oder Gegenstände von Drittstaatsangehörigen gesondert einzugehen.

Demgegenüber bestimmt Art. 7 Schutzdauerrichtlinie den Schutz im Verhältnis zu Drittstaatsangehörigen. Danach sollen Angehörige von Drittstaaten nicht ohne weiteres Schutz in der EU erhalten.[666] Die Entscheidung, ob Angehörigen von Drittstaaten überhaupt Schutz gewährt wird, liegt bei den Mitgliedstaaten, Art. 7 Abs. 1, 2 Schutzdauerrichtlinie, ErwG 22 Schutzdauerrichtlinie.[667] Wenn sie diesen Schutz gewähren, darf die Schutzdauer diejenige im Ursprungsland des Werkes; für verwandte Schutzrechte im Staat, dem der Rechteinhaber angehört; nicht überschreiten, Art. 7 Abs. 1, 2 S. 2 Schutzdauerrichtlinie.[668] Damit wird zwischen den Mitgliedstaaten und dem Ursprungsland des Werks oder dem Staat, dem

---

665 *Klett/Flechsig,* GRUR Int 2009, 895 (900).

666 BGH, Beschl. v. 29.03.2007, Az. I ZR 80/04, Rdnr. 21-22, GRUR 2007, 502 (504); *von Lewinski,* GRUR Int 1992, 724 (732).

667 Vorschlag für eine Richtlinie des Rates zur Harmonisierung der Schutzdauer des Urheberrechts und bestimmter verwandter Schutzrechte (von der Kommission vorgelegt) v. 23.03.1992 , KOM(92)33 endg. – Syn 395, Begründung S. 38 Rdnr. 4.3; BGH, Beschl. v. 29.03.2007, Az. I ZR 80/04, Rdnr. 22, GRUR 2007, 502 (504); *Walter*/von Lewinski, Term Directive Art. 7 Rdnr. 8.7.5, 8.7.24; *von Lewinski,* GRUR Int 1992, 724 (732).

668 Vorschlag für eine Richtlinie des Rates zur Harmonisierung der Schutzdauer des Urheberrechts und bestimmter verwandter Schutzrechte (von der Kommissi-

der Rechteinhaber angehört, zwingend ein Schutzfristenvergleich vorgeschrieben.[669] Der Schutzfristenvergleich soll aber nicht die internationalen Verpflichtungen der Mitgliedstaaten beeinträchtigen, Art. 7 Abs. 2 S. 2 Hs. 2, Abs. 3 Schutzdauerrichtlinie.[670]

Ziel von Art. 7 Schutzdauerrichtlinie ist es, Schutz für Angehörige von Drittstaaten und Werke, deren Ursprungsland ein Drittstaat ist, nur unter besonderen Voraussetzungen zu gewähren.[671] Es soll materielle Gegenseitigkeit hergestellt werden.[672] Materielle Gegenseitigkeit bedeutet, dass der Schutz davon abhängt, ob der Staat, dem der Rechteinhaber angehört bzw. für das Urheberrecht das Ursprungsland des Werks entsprechenden Schutz gewährt.[673] Die Drittstaaten, in denen Werke ihren Ursprung haben oder denen Rechteinhaber angehören, sollen dazu ermutigt werden, ihr Schutzniveau anzuheben und entsprechenden Schutz zu gewähren.[674] Es erscheint zweifelhaft, ob das uneingeschränkte Anwenden von Art. 10 Abs. 2 Schutzdauerrichtlinie auf Werke und Leistungen aus Drittstaaten mit diesen Zielen vereinbar ist.[675]

Art 7 Schutzdauerrichtlinie zeigt darüber hinaus, dass der Gesetzgeber Schutzfristenunterschiede und damit eine Beeinträchtigung des freien Wa-

---

on vorgelegt) v. 23.03.1992 , KOM(92)33 endg. – Syn 395, Begründung S. 37-38 Rdnr. 4.2-4.3; *Walter*/von Lewinski, Term Directive Art. 7 Rdnr. 8.7.7; 8.7.26.

669 BGH, Beschl. v. 29.03.2007, Az. I ZR 80/04, Rdnr. 22, GRUR 2007, 502 (504); *Walter*/von Lewinski, Term Directive Art. 7 Rdnr. 8.7.7, 8.7.26.

670 *Walter*/von Lewinski, Term Directive Art. 7 Rdnr. 8.7.31-8.7.32, 8.7.40.

671 Vorschlag für eine Richtlinie des Rates zur Harmonisierung der Schutzdauer des Urheberrechts und bestimmter verwandter Schutzrechte (von der Kommission vorgelegt) v. 23.03.1992, KOM(92)33 endg. – Syn 395, Begründung S. 39 Rdnr. 4.4.2; BGH, Beschl. v. 29.03.2007, Az. I ZR 80/04, Rdnr. 21-22, GRUR 2007, 502 (504); *von Lewinski*, GRUR Int 1992, 724 (732).

672 Vorschlag für eine Richtlinie des Rates zur Harmonisierung der Schutzdauer des Urheberrechts und bestimmter verwandter Schutzrechte (von der Kommission vorgelegt) v. 23.03.1992, KOM(92)33 endg. – Syn 395, Begründung S. 30-31 Rdnr. 60; *Walter*/von Lewinski, Term Directive Art. 7 Rdnr. 8.7.1, 8.7.26-8.7.27.

673 Vorschlag für eine Richtlinie des Rates zur Harmonisierung der Schutzdauer des Urheberrechts und bestimmter verwandter Schutzrechte (von der Kommission vorgelegt) v. 23.03.1992, KOM(92)33 endg. – Syn 395, Begründung S. 30-31 Rdnr. 60; *Walter*/von Lewinski, Term Directive Art. 7 Rdnr. 8.7.1, 8.7.26-8.7.27.

674 Vorschlag für eine Richtlinie des Rates zur Harmonisierung der Schutzdauer des Urheberrechts und bestimmter verwandter Schutzrechte (von der Kommission vorgelegt) v. 23.03.1992, KOM(92)33 endg. – Syn 395, Begründung S. 30-31 Rdnr. 60; *Walter*/von Lewinski, Term Directive Art. 7 Rdnr. 8.7.1; *von Lewinski*, GRUR Int 1992, 724 (732).

675 BGH, Beschl. v. 29.03.2007, Az. I ZR 80/04, Rdnr. 21, 23, GRUR 2007, 502 (504).

ren- und Dienstleistungsverkehrs für Werke und Leistungen aus Drittstaaten in Kauf nimmt.[676] Der dort bestimmte Schutzfristenvergleich findet nur unbeschadet internationaler Verpflichtungen der Mitgliedstaaten statt, Art. 7 Abs. 2 S. 2 Hs. 2, Abs. 3 Schutzdauerrichtlinie. Die Mitgliedstaaten können also aufgrund von internationalen Verpflichtungen gegenüber Angehörigen von Drittstaaten eine andere Schutzfrist vorsehen, als nach Art. 7 Abs. 1, 2 Schutzdauerrichtlinie vorgeschrieben. Hierdurch können Unterschiede in der Schutzdauer entstehen.[677]

Im ursprünglichen Richtlinienvorschlag sollte eine Möglichkeit für die *Kommission* geschaffen werden, aufgrund von internationalen Verpflichtungen für alle Mitgliedstaaten Abweichungen vom Schutzfristenvergleich vorzusehen.[678] Dies diente dazu, Schutzfristenunterschiede, die auf diese Verpflichtungen zurückzuführen sind, unter den Mitgliedstaaten zu vermeiden und damit den Binnenmarkt zu stärken.[679] Hiervon wurde in der endgültigen Fassung der Richtlinie Abstand genommen, was zeigt, dass Harmonisierungslücken und damit Hindernisse für den freien Waren- und Dienstleistungsverkehr in Kauf genommen wurden.[680]

Diese Zielsetzungen werden nicht beachtet, wenn Werke und Gegenstände von Drittstaatsangehörigen nach Art. 10 Abs. 2 Schutzdauerrichtlinie unmittelbar für die Dauer der Schutzfristen der Schutzdauerrichtlinie geschützt werden.[681] Die Wertungen und Intentionen, die hinter der Bestimmung zum Schutz von Werken und Gegenständen verwandter Schutzrechte im Verhältnis zu Drittstaaten (Art. 7 Schutzdauerrichtlinie) stehen, sind ebenso Ziele der Schutzdauerrichtlinie wie das Ziel einer möglichst schnel-

---

676 BGH, Beschl. v. 29.03.2007, Az. I ZR 80/04, Rdnr. 22, GRUR 2007, 502 (504); *von Lewinski,* GRUR Int 1992, 724 (732); *Maier,* RdMUE Bd. 2 (1994), 49 (76); *Reindl,* in: *Koppensteiner (Hrsg.),* Österreichisches und europäisches Wirtschaftsprivatrecht Teil 2: Geistiges Eigentum, 248 (405-406 Fn. 353).

677 *Maier,* RdMUE Bd. 2 (1994), 49 (75-76); *Reindl,* in: *Koppensteiner (Hrsg.),* Österreichisches und europäisches Wirtschaftsprivatrecht Teil 2: Geistiges Eigentum, 248 (405-406 Fn. 353).

678 Vorschlag für eine Richtlinie des Rates zur Harmonisierung der Schutzdauer des Urheberrechts und bestimmter verwandter Schutzrechte (von der Kommission vorgelegt) v. 23.03.1992, KOM(92)33 endg. – Syn 395, Begründung S. 38-39 Rdnr. 4.4.-4.4.2.; *Reindl,* in: *Koppensteiner (Hrsg.),* Österreichisches und europäisches Wirtschaftsprivatrecht Teil 2: Geistiges Eigentum, 248 (405-406 Fn. 353).

679 *Reindl,* in: *Koppensteiner (Hrsg.),* Österreichisches und europäisches Wirtschaftsprivatrecht Teil 2: Geistiges Eigentum, 248 (405-406 Fn. 353).

680 *Reindl,* in: *Koppensteiner (Hrsg.),* Österreichisches und europäisches Wirtschaftsprivatrecht Teil 2: Geistiges Eigentum, 248 (405-406 Fn. 353).

681 BGH, Beschl. v. 29.03.2007, Az. I ZR 80/04, Rdnr. 23, GRUR 2007, 502 (504).

len Harmonisierung des Schutzes. Diese Zielsetzungen sind innerhalb der Richtlinie gleichrangig, sie müssen in einen Ausgleich gebracht werden.

Art. 7 Schutzdauerrichtlinie betrifft jedoch den Schutz im Verhältnis zu Mitgliedstaaten, während Art. 10 Schutzdauerrichtlinie die zeitliche Anwendbarkeit der Richtlinie bestimmt. Art. 7 und Art. 10 Schutzdauerrichtlinie betreffen mithin zwei unterschiedliche Regelungsbereiche.[682] Art. 7 Schutzdauerrichtlinie trifft keine Aussage über die zeitliche Anwendbarkeit der Schutzdauerrichtlinie. Er bezieht sich auf die Fristen aus Art. 1 Schutzdauerrichtlinie (Art. 7 Abs. 1 Schutzdauerrichtlinie) und Art. 3 Schutzdauerrichtlinie (Art. 7 Abs. 2 Schutzdauerrichtlinie). Deren Anwendung setzt die zeitliche Anwendbarkeit voraus. Daher ist Art. 10 Abs. 2 Schutzdauerrichtlinie nicht allgemeiner als Art. 7 Schutzdauerrichtlinie und letzterer ist nicht spezieller.

Die Bestimmung zum Schutz von Werken und Gegenständen verwandter Schutzrechte im Verhältnis zu Drittstaaten gem. Art. 7 Schutzdauerrichtlinie ist somit in ihrem Anwendungsbereich nicht lex specialis gegenüber der Bestimmung über die zeitliche Anwendbarkeit in Art. 10 Abs. 2 Schutzdauerrichtlinie. Beide Vorschriften finden nebeneinander Anwendung.

bb) Verweis auf das nationale Recht in Art. 10 Abs. 2 Schutzdauerrichtlinie

(1) Einschränkende Auslegung: Nationales Fremdenrecht ausgenommen

Es fragt sich, wie der Verweis auf die nationalen Bestimmungen in Art. 10 Abs. 2 Schutzdauerrichtlinie zu deuten ist. Es wird eine einschränkende Auslegung des Art. 10 Abs. 2 Schutzdauerrichtlinie dahingehend gefordert, dass nationale fremdenrechtliche Vorschriften über den Schutz von Drittstaatsangehörigen vom Verweis auf das Recht der Mitgliedstaaten ausgeklammert bleiben.[683] Hierfür sprechen die Ziele des Art. 7 Schutzdauerrichtlinie. Danach bestimmen die Mitgliedstaaten bei Werken und Leistun-

---

682 *Walter*/von Lewinski, Term Directive Art. 7 Rdnr. 8.7.12, 8.7.29, Art. 10 Rdnr. 8.10.25-8.10.26; *ders.*, Anm. zu EuGH, Urt. v. 20.01.2009, Rs. C-240/07, MR 2009, 87 (88).

683 BGH, Beschl. v. 29.03.2007, Az. I ZR 80/04, Rdnr. 23, GRUR 2007, 502 (504); *Reindl*, in: *Koppensteiner (Hrsg.)*, Österreichisches und europäisches Wirtschaftsprivatrecht Teil 2: Geistiges Eigentum, 248 (404-405).

gen von Drittstaatsangehörigen, ob Schutz gewährt werden soll.[684] Wendet man Art. 10 Abs. 2 Schutzdauerrichtlinie uneingeschränkt auf solche Werke und Leistungen an, wird das fremdenrechtlich gefundene Ergebnis des Mitgliedstaates, in dem das Werk oder der Schutzgegenstand am 01.07.1995 noch geschützt wurde, auf das Recht der anderen Mitgliedstaaten übertragen.[685]

Wie oben gezeigt ist Art. 7 Schutzdauerrichtlinie aber nicht lex specialis gegenüber Art. 10 Abs. 2 Schutzdauerrichtlinie, sondern Art. 7 und Art. 10 Schutzdauerrichtlinie betreffen zwei unterschiedliche Regelungsbereiche.[686]

Gegen eine solche Einschränkung spricht darüber hinaus der Wortlaut von Art. 10 Abs. 2 Schutzdauerrichtlinie, der sich auf das nationale Recht insgesamt bezieht. Dieses umfasst auch das Fremdenrecht.[687] Er setzt lediglich voraus, dass ein Werk oder ein Schutzgegenstand im Sinne der Richtlinie am 01.07.1995 nach dem Gesetz eines Mitgliedstaats geschützt worden ist. Auf die Staatsangehörigkeit des Rechteinhabers und das Ursprungsland des Werks kommt es nicht an.[688] Darüber hinaus lässt sich das nationale Recht eines Mitgliedstaates für die Frage, ob ein Werk oder ein Gegenstand nach dem nationalen Recht dieses Mitgliedstaats geschützt war, nicht in fremdenrechtliche und sonstige Vorschriften aufspalten.[689] Die Frage, ob ein bestimmter Gegenstand nach den nationalen Vorschriften eines Mitgliedstaates geschützt war, lässt sich nur beantworten, wenn man das nationale Recht dieses Mitgliedstaates insgesamt zugrunde legt, d.h. einschließlich des nationalen Fremdenrechts.[690]

Art. 10 Abs. 2 Schutzdauerrichtlinie nimmt folglich Bezug auf die gesamte nationale Rechtsordnung.

---

684 *Walter*/von Lewinski, Term Directive Art. 7 Rdnr. 8.7.5; *von Lewinski,* GRUR Int 1992, 724 (732).

685 *Walter,* Anm. zu EuGH, Urt. v. 20.01.2009, Rs. C-240/07, MR 2009, 87 (88).

686 So auch *Walter*/von Lewinski, Term Directive Art. 10 Rdnr. 8.10.26.

687 EuGH, Urt. v. 20.01.2009, Rs. C-240/07, Rdnr. 28-29, ZUM 2009, 205 (207).

688 EuGH, Urt. v. 20.01.2009, Rs. C-240/07, Rdnr. 31, 34-35, 36, ZUM 2009, 205 (207-208); dazu Anm. *Walter,* MR 2009, 87 (87-88); *Walter*/von Lewinski, Term Directive Art. 10 Rdnr. 8.10.25.

689 *Walter*/von Lewinski, Term Directive Art. 7 Rdnr. 8.7.29, Art. 10 Rdnr. 8.10.25; *ders.,* Europäisches Urheberrecht, Schutzdauerrichtlinie Art. 10 Rdnr. 12, 16.

690 *Walter,* Europäisches Urheberrecht, Schutzdauerrichtlinie Art. 10 Rdnr. 12, 16; *Schulze/Bettinger,* GRUR 2000, 12 (14).

(2) Differenzieren zwischen Verpflichtungen aus Staatsverträgen und solchen aus nationalem Fremdenrecht

Für eine Einschränkung des Verweises auf das nationale Recht in Art. 10 Abs. 2 Schutzdauerrichtlinie dahingehend, dass fremdenrechtliche Vorschriften, die der Erfüllung von Verpflichtungen aus internationalen Verträgen dienen, nicht in Bezug genommen werden, wird die mangelnde Kompetenz der Mitgliedstaaten zum Abschluss entsprechender Staatsverträge angeführt.[691]

Hierfür spricht darüber hinaus, dass gemäß Art. 7 Abs. 3 Schutzdauerrichtlinie Mitgliedstaaten, die am 29. Oktober 1993 aufgrund ihrer internationalen Verpflichtungen eine längere Schutzdauer vorgesehen haben, diese behalten dürfen. Dies impliziert, dass sie nach diesem Zeitpunkt an die Schutzdauer aus Art. 7 Abs. 1, 2 Schutzdauerrichtlinie gebunden sind.

Regelungen der Mitgliedstaaten über den Schutz von Drittstaatsangehörigen, die nicht auf internationalen Verträgen beruhen, können jedoch ebenfalls zu Unterschieden in der Schutzdauer für ein und denselben Schutzgegenstand unter den Mitgliedstaaten führen. Auch diese Normen können den Binnenmarkt beeinträchtigen. Die Unterscheidung zwischen Vorschriften, die auf internationalen Verpflichtungen beruhen und solchen, die ausschließlich dem nationalen Recht angehören, leuchtet nicht ein.

Im Hinblick auf Art. 7 Abs. 3 Schutzdauerrichtlinie ist zwar zu berücksichtigen, dass sich dieser auf Staatsverträge bezieht, die vor dem 29. Oktober 1993 abgeschlossen worden sind. Diese sollen jedoch weiterhin beachtet werden. Es ist nicht das Ziel der Vorschrift, den Mitgliedstaaten die Erfüllung ihrer Verpflichtungen aus bestehenden Staatsverträgen unmöglich zu machen.

Die Einschränkung des Verweises aus Art. 10 Abs. 2 Schutzdauerrichtlinie, wonach Vorschriften über den Schutz von Drittstaatsangehörigen, die auf internationalen Verpflichtungen beruhen, ausgeklammert werden, ist dogmatisch schwer zu begründen. Art. 10 Abs. 2 Schutzdauerrichtlinie verweist auf die nationalen Vorschriften. Hierzu zählen auch Vorschriften der Mitgliedstaaten, die Verpflichtungen aus internationalen Verträgen umsetzen. Es fehlt eine Rechtsgrundlage, die besagt, dass diese Vorschriften nach dem Verweis aus Art. 10 Abs. 2 Schutzdauerrichtlinie keine Anwendung finden. Aus dem Wortlaut von Art. 10 Abs. 2 Schutzdauerrichtlinie lässt sich diese Einschränkung nicht entnehmen.

691 *Klett/Flechsig*, GRUR Int 2009, 895 (900).

Ein solches Verständnis widerspricht Art. 7 Schutzdauerrichtlinie und den Zielen des Gesetzgebers. Art. 7 Abs. 1 Schutzdauerrichtlinie nimmt Bezug auf den in den Mitgliedstaaten gewährten Schutz. Hierzu zählt auch der Schutz, der auf Staatsverträgen beruht. Art. 7 Abs. 2 S. 1 Schutzdauerrichtlinie setzt ebenfalls voraus, dass der Schutz in den Mitgliedstaaten gewährt wird. Der Wortlaut unterscheidet nicht zwischen mitgliedstaatlichen Verpflichtungen aus Staatsverträgen und sonstigem Recht der Mitgliedstaaten. Dazu führt die *Kommission* in der Begründung des Richtlinienvorschlags aus, die Mitgliedstaaten entschieden entsprechend ihrer internationalen Verpflichtungen, ob sie Rechteinhabern aus Drittstaaten Schutz gewähren.[692] Ob der Schutz nach dem Recht eines Mitgliedstaates besteht, richtet sich somit vor allem nach den internationalen Verpflichtungen dieses Mitgliedstaates. In ErwG 22 Schutzdauerrichtlinie heißt es ebenfalls, die in der Richtlinie für verwandte Schutzrechte vorgesehene Schutzdauer findet auch auf Rechteinhaber Anwendung, die keine EU-Bürger sind, aber aufgrund von internationalen Vereinbarungen einen Schutzanspruch haben. Ferner darf die Anwendung des Schutzfristenvergleichs nach ErwG 23 Schutzdauerrichtlinie nicht dazu führen, dass die Mitgliedstaaten mit ihren internationalen Verpflichtungen in Konflikt geraten.

Aus Art. 7 Abs. 2 S. 2, Art. 7 Abs. 3 Schutzdauerrichtlinie geht hervor, dass die Verpflichtungen der Mitgliedstaaten aus internationalen Staatsverträgen berücksichtigt werden sollen.[693] Es ist nicht das Ziel der Richtlinie, mit den internationalen Staatsverträgen auf dem Gebiet des Urheberrechts in Konflikt zu treten, sondern Letztere sollen respektiert und gewahrt werden.[694]

Dass die internationalen Verpflichtungen berücksichtigt werden sollen, zeigt auch das ursprünglich vorgesehene Verfahren, das es der *Kommission* wie bereits dargelegt[695] ermöglichte, von der Schutzfristenvergleichsrege-

692 Vorschlag für eine Richtlinie des Rates zur Harmonisierung der Schutzdauer des Urheberrechts und bestimmter verwandter Schutzrechte (von der Kommission vorgelegt) v. 23.03.1992, KOM(92)33 endg. – Syn 395, Begründung S. 38 Rdnr. 4.3.

693 Vorschlag für eine Richtlinie des Rates zur Harmonisierung der Schutzdauer des Urheberrechts und bestimmter verwandter Schutzrechte (von der Kommission vorgelegt) v. 23.03.1992, KOM(92)33 endg. – Syn 395, Begründung, S. 39 Rdnr. 4.4.1.

694 Vorschlag für eine Richtlinie des Rates zur Harmonisierung der Schutzdauer des Urheberrechts und bestimmter verwandter Schutzrechte (von der Kommission vorgelegt) v. 23.03.1992, KOM(92)33 endg. – Syn 395, Begründung, S. 39 Rdnr. 4.4.1; *Walter*/von Lewinski, Term Directive Art. 7 Rdnr. 8.7.3.-8.7.4.

695 O. Kap. C.III.6.

lung abzuweichen oder diese zu modifizieren.[696] Das Verfahren sollte dazu dienen, zu vermeiden, dass die Mitgliedstaaten mit ihren internationalen Verpflichtungen in Konflikt geraten.[697] Von diesem Vorschlag wurde in der endgültigen Fassung abgesehen, stattdessen bestimmt Art. 7 Abs. 2 S. 2 Hs. 2, Abs. 3 Schutzdauerrichtlinie, dass die Verpflichtungen der Mitgliedstaaten zum Schutz von Drittstaatsangehörigen aus internationalen Abkommen unberührt bleiben. [698]

Ein Verständnis des Art. 10 Abs. 2 Schutzdauerrichtlinie und des Art. 7 Abs. 2 Schutzdauerrichtlinie, wonach diejenigen nationalen Vorschriften der Mitgliedstaaten nicht erfasst sind, die auf Verpflichtungen aus internationalen Verträgen beruhen, lässt sich dem Wortlaut des Art. 10 Abs. 2 Schutzdauerrichtlinie nicht entnehmen. Es steht im Widerspruch zum Wortlaut von Art. 7 Abs. 2 S. 2, Abs. 3 Schutzdauerrichtlinie und zu den Zielen von Art. 7 Schutzdauerrichtlinie und ist mithin abzulehnen.

Vielmehr nimmt Art. 10 Abs. 2 Schutzdauerrichtlinie ausnahmslos Bezug auf die gesamte nationale Rechtsordnung – einschließlich des Fremdenrechts.

(3) Zwischenergebnis

Eine einschränkende Auslegung des Art. 10 Abs. 2 Schutzdauerrichtlinie dahin gehend, dass das nationale Fremdenrecht oder Vorschriften, die auf internationalen Abkommen beruhen, vom Verweis ausgenommen sind, ist abzulehnen. Vielmehr nimmt Art. 10 Abs. 2 Schutzdauerrichtlinie ausnahmslos Bezug auf die gesamte nationale Rechtsordnung einschließlich des Fremdenrechts. Ob ein Werk oder Gegenstand nach dem nationalen Recht eines Mitgliedstaats geschützt war, ist unter Zugrundelegung aller nationalen Vorschriften, auch des Fremdenrechts, zu ermitteln.

---

696 Vorschlag für eine Richtlinie des Rates zur Harmonisierung der Schutzdauer des Urheberrechts und bestimmter verwandter Schutzrechte (von der Kommission vorgelegt) v. 23.03.1992, KOM(92)33 endg. – Syn 395, Begründung, S. 39 Rdnr. 4.4.1; *Walter*/von Lewinski, Term Directive Art. 7 Rdnr. 8.7.3-8.7.4.

697 Vorschlag für eine Richtlinie des Rates zur Harmonisierung der Schutzdauer des Urheberrechts und bestimmter verwandter Schutzrechte (von der Kommission vorgelegt) v. 23.03.1992, KOM(92)33 endg. – Syn 395, Begründung, S. 39 Rdnr. 4.4.1; *Walter*/von Lewinski, Term Directive Art. 7 Rdnr. 8.7.3-8.7.4.

698 *Walter*/von Lewinski, Term Directive Art. 7 Rdnr. 8.7.4.

cc) Einzelverweis auf Schutzfristenregelungen oder Gesamtverweis auf die Richtlinie

Weiter muss geklärt werden, was mit der in dieser Richtlinie vorgesehenen Schutzfrist nach Art. 10 Abs. 2 Schutzdauerrichtlinie gemeint ist. Dafür, hierunter nur die Regelungen über die Schutzfrist an sich (Art. 1-4 Schutzdauerrichtlinie) zu verstehen, [699] spricht der Wortlaut des Art. 10 Abs. 2 Schutzdauerrichtlinie. Er bezieht sich – wenn man ihn wörtlich nimmt – auf die Regelungen über die Schutzfristen, nicht auf die gesamte Richtlinie. Darüber hinaus ist Ziel der Richtlinie eine möglichst umfassende Harmonisierung, ErwG 3, 4, 17 Schutzdauerrichtlinie.[700] Dieses Ziel wird am ehesten dadurch erreicht, dass die Schutzfristen der Richtlinie (Art. 1-4 Schutzdauerrichtlinie) ausnahmslos auf jedes Werk und jeden Gegenstand Anwendung finden, der am 01.07.1995 nach den Vorschriften mindestens eines Mitgliedstaats geschützt war. Soweit die Fristen aus Art. 1-4 Schutzdauerrichtlinie Anwendung finden, findet in der gesamten EU dieselbe Frist auf denselben Gegenstand Anwendung. Damit wird eine besonders umfassende Harmonisierung erreicht.

Darüber hinaus könnte man Art. 7 Abs. 1, 2 Schutzdauerrichtlinie dahin gehend verstehen, dass es ausreicht, wenn der Schutz nach dem Recht zumindest eines Mitgliedstaats bestand.[701]

Ein solches Verständnis ist aber sehr weit entfernt vom Wortsinn des Art. 7 Abs. 1, 2 Schutzdauerrichtlinie.[702] Dieser spricht von dem in den Mitgliedstaaten gewährten Schutz (Abs. 1) und setzt voraus, dass der Schutz in den Mitgliedstaaten gewährt wird (Abs. 2). Diese Formulierung legt nahe, dass für denjenigen Mitgliedstaat, in dem der Schutz begehrt wird geprüft werden muss, ob dieser Staat das Werk oder den Gegenstand nach seinem nationalen Recht schützt. Dies zeigt auch ein Vergleich mit Art. 10 Abs. 2 S. 1 Schutzdauerrichtlinie, in dem es ausdrücklich heißt, der Schutz muss zumindest in einem Mitgliedstaat bestanden haben – und nicht in den Mitgliedstaaten. Ein Vergleich mit Art. 10 Abs. 2 S. 1 Schutzdauerrichtlinie – in dem es ausdrücklich heißt, der Schutz muss zumindest

699 EuGH, Urt. v. 20.01.2009, Rs. C-240/07, Rdnr. 31-34, 36, ZUM 2009, 205 (207); dazu Anm. *Walter*, MR 2009, 87 (88); *Walter*/von Lewinski, Term Directive Art. 7 Rdnr. 30, Art. 10 Rdnr. 8.10.26.

700 EuGH, Urt. v. 20.01.2009, Rs. C-240/07, Rdnr. 34, ZUM 2009, 205 (207); dazu Anm. *Walter*, MR 2009, 87 (88).

701 *Walter*, Anm. zu EuGH, Urt. v. 20.01.2009, Rs. C-240/07, MR 2009, 87 (88).

702 *Walter*, Anm. zu EuGH, Urt. v. 20.01.2009, Rs. C-240/07, MR 2009, 87 (88).

in einem Mitgliedstaat bestanden haben – legt nahe, dass es im Rahmen von Art. 7 Schutzdauerrichtlinie darauf ankommt, dass der Schutz in dem Staat bestand, in dem er begehrt wird. Auch die Ziele des Art. 7 sprechen gegen ein solches Verständnis. Schutz für Angehörige aus Drittstaaten sollte nicht ohne weiteres gewährt werden, sondern nur, wenn die einzelnen Mitgliedstaaten diesen Schutz gewähren und unter der Voraussetzung, dass materielle Gegenseitigkeit besteht.[703]

Selbst wenn Art. 7 Schutzdauerrichtlinie dahin gehend verstanden wird, dass es ausreicht, wenn der Schutz nach dem Gesetz zumindest eines Mitgliedstaates bestand, wäre er neben Art. 10 Abs. 2 Schutzdauerrichtlinie bedeutungslos, wenn man letzteren so auslegt wie oben beschrieben. Auf jedes Werk oder jeden verwandten Schutzgegenstand, der am 01.07.1995 in mindestens einem Mitgliedstaat geschützt war finden hiernach die Fristen aus Art. 1-4 Schutzdauerrichtlinie direkt Anwendung. Für den Schutzfristenvergleich, den Art. 7 Abs. 1 und 2 Schutzdauerrichtlinie – vorbehaltlich internationaler Verpflichtungen aus Staatsverträgen, Art. 7 Abs. 2 S. 2 Hs. 2, Abs. 3 Schutzdauerrichtlinie – zwingend vorschreiben, bliebe nach diesem Verständnis kein Raum.[704]

Dies führt dazu, dass die hinter Art. 7 Schutzdauerrichtlinie stehenden Ziele nicht mehr beachtet werden. Dies, obwohl sie genauso Ziele der Schutzdauerrichtlinie sind wie eine rasche, umfassende Harmonisierung und obwohl genau dies für das Verhältnis zu Drittstaatsangehörigen mit Schaffen der Schutzdauerrichtlinie bezweckt worden war.[705] Darüber hinaus führt dieses Verständnis zu einem Wertungswiderspruch – auf Werke und Schutzgegenstände, die nach dem 01.07.1995 geschaffen wurden findet Art. 7 Schutzdauerrichtlinie uneingeschränkt Anwendung, da sich die Frage nach der zeitlichen Anwendbarkeit hier nicht stellt.[706]

Art. 7 Schutzdauerrichtlinie darf nicht bedeutungslos sein. Die mit ihm verfolgten Ziele müssen – genau wie die Ziele hinter Art. 10 Abs. 2 Schutzdauerrichtlinie – beachtet werden. Damit kann Art. 10 Abs. 2 Schutzdauer-

---

703 Vorschlag für eine Richtlinie des Rates zur Harmonisierung der Schutzdauer des Urheberrechts und bestimmter verwandter Schutzrechte (von der Kommission vorgelegt) v. 23.03.1992, KOM(92)33 endg. – Syn 395, Begründung, S. 30-31 Rdnr. 60; *Walter*/von Lewinski, Term Directive Art. 7 Rdnr. 8.7.5, 8.7.7., 8.7.24, 8.7.26-8.7.27; *von Lewinski,* GRUR Int 1992, 724 (732).

704 Vgl. *Walter,* Anm. zu EuGH, Urt. v. 20.01.2009, Rs. C-240/07, MR 2009, 87 (88).

705 *Walter*/von Lewinski, Term Directive Art. 10 Rdnr. 8.10.26.

706 *Walter*/von Lewinski, Term Directive Art. 7 Rdnr. 8.7.30; *ders.,* Anm. zu EuGH, Urt. v. 20.01.2009, Rs. C-240/07, MR 2009, 87 (88).

richtlinie nicht dahin gehend verstanden werden, dass er auf das nationale Recht einschließlich der Vorschriften zum Schutz von Drittstaatsangehörigen verweist und dass mit der in dieser Richtlinie vorgesehenen Schutzfrist nur die Vorschriften über die Schutzdauer an sich (Art. 1-4 Schutzdauerrichtlinie) gemeint sind.

Den Verweis auf die in dieser Richtlinie vorgesehene Schutzfrist könnte man dagegen als Gesamtverweis auf die Richtlinie insgesamt deuten.[707] Dann findet – die zeitliche Anwendbarkeit der Richtlinie vorausgesetzt – Art. 7 Schutzdauerrichtlinie Anwendung und muss im Verhältnis zu Drittstaatsangehörigen geprüft werden.[708]

Hierfür spricht, dass die Schutzfrist der Schutzdauerrichtlinie nur unter Berücksichtigung von Art. 7 Schutzdauerrichtlinie im Verhältnis zu Drittstaaten und unter Beachtung von Art. 8 Schutzdauerrichtlinie für den Fristbeginn bestimmt werden kann. Ein Verweis ausschließlich auf die Art. 1-4 Schutzdauerrichtlinie wäre unvollständig. Art. 7 und Art. 8 Schutzdauerrichtlinie bestimmen die Schutzdauer mit und modifizieren diese, damit handelt es sich ebenfalls um Vorschriften über die Schutzfrist. Hierfür spricht auch die systematische Stellung von Art. 10 Schutzdauerrichtlinie hinter der Vorschrift über den Schutz im Verhältnis zu Drittländern (Art. 7 Schutzdauerrichtlinie) und den Fristbeginn (Art. 8 Schutzdauerrichtlinie). Art. 10 Schutzdauerrichtlinie dient dazu, die zeitliche Anwendbarkeit der Vorschriften über die Schutzdauer zu klären.[709] Bezieht er sich mit dem Verweis auf die in der Richtlinie vorgesehene Schutzfrist nur auf die Vorschriften über die Schutzdauer an sich (Art. 1-4 Schutzdauerrichtlinie), so kann dies zu Widersprüchen innerhalb der Richtlinie führen. Dies zeigt sich auch für Art. 7 Schutzdauerrichtlinie, dessen Ziele mit einer solchen Auslegung nicht beachtet werden. Auch mit dem Sinn und Zweck der Vorschrift – Klarheit darüber zu schaffen, wann die Richtlinie zeitlich Anwendung findet – ist es eher vereinbar, dass mit dem Verweis auf die in

---

707 *Walter*/von Lewinski, Term Directive Art, 7 Rdnr. 8.7.30, Art. 10 Rdnr. 8.10.25-8.10.26; *ders.*, Anm. zu EuGH, Urt. v. 20.01.2009, Rs. C-240/07, MR 2009, 87 (88).

708 *Walter*/von Lewinski, Term Directive Art, 7 Rdnr. 8.7.30, Art. 10 Rdnr. 8.10.25-8.10.26.

709 *Walter*/von Lewinski, Term Directive Art. 7 Rdnr. 8.7.30, Art. 10 Rndr. 8.7.25-8.7.26; *ders.*, Anmerkung zu EuGH, Urt. v. 20.01.2009, Rs. C-240/07, MR 2009, 87 (88).

dieser Richtlinie vorgesehene Schutzfrist die Richtlinie insgesamt in Bezug genommen wird.[710]

Auf diese Weise kommt Art. 7 Schutzdauerrichtlinie ebenfalls vollständig zur Geltung. Die Wertungen hinter Art. 7 Schutzdauerrichtlinie – dass Drittstaatsangehörige in der EU Schutz nicht ohne weiteres erhalten, sondern nur bei materieller Gegenseitigkeit, und der Gedanke, dass Drittstaaten zum Anheben ihres Schutzniveaus ermutigt werden sollen – werden ebenso berücksichtigt wie das Ziel einer möglichst raschen Harmonisierung, welches mit Art. 10 Abs. 2 Schutzdauerrichtlinie verfolgt wird.

dd) Zwischenergebnis

Damit verweist Art. 10 Abs. 2 Schutzdauerrichtlinie auf das nationale Recht einschließlich des nationalen Fremdenrechts. Er betrifft die zeitliche Anwendbarkeit der gesamten Richtlinie und nicht nur der Art. 1-4 Schutzdauerrichtlinie. Wenn die Richtlinie zeitlich nach Art. 10 Abs. 2 Schutzdauerrichtlinie auf einen Schutzgegenstand Anwendung findet und der Rechteinhaber Drittstaatsangehöriger ist oder (bei einem Werk) das Ursprungsland ein Drittstaat ist, so sind bei der Schutzdauer die Voraussetzungen des Art. 7 Schutzdauerrichtlinie zu prüfen.

IV. Auswirkungen des Austritts des VK aus der EU

Art. 10 Abs. 2 Schutzdauerrichtlinie hat dazu geführt, dass die Schutzdauer in der EU schnell harmonisiert wurde. In den Mitgliedstaaten der EU herrscht für das Urheberrecht nun eine einheitliche Schutzdauer. Dabei nimmt Art. 10 Abs. 2 Schutzdauerrichtlinie auf die Rechtslage in den Mitgliedstaaten Bezug – die Schutzfristen finden nämlich auf alle Werke oder Gegenstände Anwendung, die am 01.07.1995 in mindestens einem Mitgliedstaat geschützt waren.

Der Austritt des VK führt dazu, dass dieses nun zu einem Drittstaat geworden ist, siehe Art. 50 Abs. 1, 3 EUV.[711] Welche Folgen dieses zwischenstaatliche Erdbeben für den vereinheitlichten Schutz und die vereinheit-

---

710 So auch *Walter*/von Lewinski, Term Directive Art. 7 Rdnr. 8.7.30, Art. 10 Rndr. 8.7.25-8.7.26; *ders.*, Anmerkung zu EuGH, Urt. v. 20.01.2009, Rs. C-240/07, MR 2009, 87 (88).

711 Kramme/Baldus/Schmidt-Kessel/*Bullinger*, Brexit, § 22 Rdnr. 2.

lichte Schutzdauer von Werken und anderen Schutzgegenständen in der EU hat, wird im Folgenden untersucht.

1. VK als Mitgliedstaat i.S.v. Art. 10 Abs. 2 Schutzdauerrichtlinie

Art. 10 Abs. 2 Schutzdauerrichtlinie stellt für die Anwendung der Schutzfristen darauf ab, ob ein bestimmtes Werk oder ein Gegenstand am 01.07.1995 in einem der Mitgliedstaaten geschützt war. Fraglich ist, ob das VK als Mitgliedstaat in diesem Sinne betrachtet werden kann, obwohl es aus der EU ausgetreten ist. Allgemeiner formuliert stellt sich die Frage, ob Staaten, die am 01.07.1995 Mitglieder der EU waren und später austreten, Mitgliedstaaten i.S.v. Art. 10 Abs. 2 Schutzdauerrichtlinie bleiben.

Der Wortlaut legt dies nahe. Er spricht von Werken oder Gegenständen, die am 01.07.1995 in zumindest einem der Mitgliedstaaten geschützt waren. Das legt nahe, es seien Staaten gemeint, die zum damaligen Zeitpunkt Mitglieder der EU waren.

Auch die ratio von Art. 10 Abs. 2 Schutzdauerrichtlinie spricht hierfür. Als Norm des intertemporalen Rechts dient sie dem Zweck, den Übergang von der Rechtslage vor Harmonisierung der Schutzfristen zur Rechtslage nach deren Harmonisierung in der EU zu gestalten.[712] Die Norm wirkt also zu dem Zeitpunkt, in dem die Harmonisierung der Schutzfristen erfolgte. Der Zweck von Art. 10 Abs. 2 Schutzdauerrichtlinie spricht damit ebenfalls dafür, als Mitgliedstaat im Sinne der Vorschrift alle Staaten einzuordnen, die am 01.07.1995 Mitglied der EU waren.

Hierfür sprechen zudem der Grundsatz der Rechtssicherheit und der Bestimmtheit und Klarheit von Rechtsakten als Ausprägung der Rechtsstaatlichkeit nach Art. 2 EUV.

Der Grundsatz der Rechtssicherheit als allgemeiner Rechtsgrundsatz des Unionsrechts und Ausprägung der Rechtsstaatlichkeit nach Art. 2 EUV besagt, dass das Recht sicher, eindeutig und vorhersehbar sein muss.[713] Regelungen müssen klar und unzweideutig sein.[714] Der Bürger soll die

712 *Ubertazzi*, GRUR Int 1999, 407 (411).

713 *von Arnauld*, S. 498-499.

714 *von Arnauld*, S. 503-504.

Rechtslage erkennen können;[715] er soll sich darauf verlassen und sein Handeln danach ausrichten können.[716]

Am 01.07.1995 war das VK Mitglied der EU.[717] Auf Werke und andere Schutzgegenstände, die zu diesem Zeitpunkt nach dem Recht des VK geschützt waren, fanden die Fristen der Schutzdauerrichtlinie Anwendung.

Insbesondere für die Rechte von Tonträgerherstellern sah das VK zum damaligen Zeitpunkt eine wesentlich längere Schutzdauer vor, als andere Mitgliedstaaten.[718] Für diese hat der Schutz im VK dazu geführt, dass die Rechte an ihnen in anderen Mitgliedstaaten - wie Deutschland - wieder aufgelebt sind.[719]

Legt man Art. 10 Abs. 2 Schutzdauerrichtlinie dahin gehend aus, dass ein Staat nicht mehr ein Mitgliedstaat im Sinne der Norm ist, wenn er später die EU verlässt, dann bestimmt die Rechtslage in diesem Mitgliedstaat auch nicht mehr über die Anwendbarkeit der Schutzfristen mit. Dies hat zur Konsequenz, dass Rechte, die ursprünglich wieder aufgelebt waren, infolge des Austritts des VK nicht mehr bestehen.

Ein solches Verständnis des Art. 10 Abs. 2 Schutzdauerrichtlinie führt dazu, dass die Norm für den Adressaten nicht mehr vorhersehbar ist. Wenn Mitgliedstaaten nicht die Staaten sind, die am 01.07.1995 Mitglied der EU waren - unabhängig davon, ob sie später austreten oder nicht - können sich die Normadressaten nicht auf die Rechtsfolgen der Norm einstellen und ihr Handeln hiernach ausrichten. Diese Auslegung verstößt gegen den Grundsatz der Rechtssicherheit als Ausprägung der Rechtsstaatlichkeit nach Art. 2 S. 1 EUV.

Auch das Prinzip tempus regit actum[720] - welches ebenfalls eine Ausprägung der Rechtssicherheit und damit der Rechtsstaatlichkeit aus Art. 2 S. 1 EUV ist[721] - könnte gegen eine solche Auslegung sprechen. Das Prinzip tempus regit actum besagt, dass jeder Sachverhalt unter der Rechtslage zu

715 *Von Arnauld,* S. 499-500, 504.

716 *Von Arnauld,* S. 499-500, 504.

717 *Schack,* GRUR Int 1995, 310 (312).

718 *von Lewinski,* GRUR Int 1992, 724 (727).

719 S. dazu EuGH, Urt. v. 20.01.2009, Rs. C-240/07, Rdnr. 14-15, 19, ZUM 2009, 205 (206).

720 *Heukels,* Intertemporales Gemeinschaftsrecht, S. 46-48.

721 EuGH Urt. v. 14.7.1971, Rs. C-13/71, Rdnr. 5, BeckRS 2004, 71496; EuGH Urt. v. 14.7.1971, Rdnr. 5, Rs. C-12/71, BeckRS 2004, 71360; *Heukels,* Internemporales Gemeinschaftsrecht, S. 46, 48.

betrachten ist, die zu dem Zeitpunkt seines Eintretens bestanden hat.[722] Es gilt: Jede Zeit hat ihr Recht.[723]

Der Sachverhalt, auf den es hier ankommt, ist die Harmonisierung der Schutzfristen. Das Merkmal des bestehenden Schutzes in einem Mitgliedstaat muss zum Zeitpunkt der Harmonisierung erfüllt sein. Es müsste nach der Rechtslage zu dem Zeitpunkt beurteilt werden, in dem die Frist für die Umsetzung der Richtlinie abgelaufen und die Schutzfristen harmonisiert worden sind – also zum 01.07.1995. Auch nach dem Prinzip tempus regit actum sollten daher als Mitgliedstaaten i.S.v. Art. 10 Abs. 2 Schutzdauerrichtlinie alle Staaten erfasst werden, die am 01.07.1995 Mitglied der EU gewesen sind.

Vorschriften des sekundären Unionsrechts sind so auszulegen, dass sie nicht gegen primäres Unionsrecht verstoßen (Gebot der primärrechtskonformen Auslegung).[724] Legt man Art. 10 Abs. 2 Schutzdauerrichtlinie dahin gehend aus, dass der Begriff „Mitgliedstaat" Staaten ausschließt, die am 01.07.1995 noch Mitglied der EU waren und mittlerweile ausgetreten sind, würde dies gegen den Grundsatz der Rechtssicherheit und das Prinzip tempus regit actum als Ausprägungen der Rechtsstaatlichkeit nach Art. 2 S. 1 EUV verstoßen.

Art. 10 Abs. 2 Schutzdauerrichtlinie ist damit primärrechtskonform so auszulegen, dass der Begriff Mitgliedstaat alle Staaten umfasst, die am 01.07.1995 Mitglied der EU waren, auch wenn einzelne Staaten später austreten. Das VK ist damit ein Mitgliedstaat i.S.v. Art. 10 Abs. 2 Schutzdauerrichtlinie.

2. Folgen des Austritts des VK aus der EU und künftige Beziehungen zur EU

Im Folgenden werden allgemeine Aspekte der Folgen des Austritts des VK aus der EU und der künftigen Beziehungen des VK zur EU, die sich auf das Urheberrecht auswirken können, erläutert.

---

722 *Heukels,* Internemporales Gemeinschaftsrecht, S. 46-48.

723 *Heukels,* Internemporales Gemeinschaftsrecht, S. 46-48.

724 Rengeling/Middeke/Gellermann/*Gärditz,* Handbuch des Rechtsschutzes in der Europäischen Union, 2. Teil 1. Abschnitt § 34 Rn. 59.

Zunächst werden die Folgen des Austritts des VK aus der EU im Allgemeinen skizziert. Grundlage für den Austritt des VK aus der EU bildet das Austrittsabkommen[725] aufgrund von Art. 50 Abs. 2 EUV.

Anschließend wird das Abkommen über Handel und Zusammenarbeit als Grundlage der künftigen Beziehungen dargestellt. Schließlich wird untersucht, wie sich dies auf das in der EU vereinheitlichte Urheberrecht auswirkt.

a) Folgen des Austritts

aa) Rechtsfolgen des Austritts nach Art. 50 Abs. 3 EUV

Die Rechtsfolgen des Austritts ergeben sich aus Art. 50 Abs. 3 EUV. Dem Wortlaut von Art. 50 Abs. 3 EUV zufolge finden die Verträge, EUV und AEUV, seit dem Tag des Austritts auf das VK keine Anwendung mehr.[726] Art. 50 Abs. 3 EUV ist aber weiter auszulegen und so zu verstehen, dass das EU-Recht insgesamt – sowohl primäres, als auch sekundäres Unionsrecht – ab dem Tag des Austritts im VK keine Geltung mehr beansprucht.[727] Das VK wird rechtlich vollständig von der EU getrennt.

Der fremdenrechtliche Schutz im Verhältnis zwischen EU und VK auf dem Gebiet des Urheberrechts richtet sich seit dem 01.01.2021 nach der RBÜ, dem Rom-Abkommen, TRIPs, WCT und WPPT.[728]

Hierdurch wird sichergestellt, dass der gegenseitige Schutz der Rechteinhaber im VK und in den EU-Mitgliedstaaten weiter gewährleistet ist.[729]

Auch EU-Verordnungen gelten nicht mehr für das VK und es ist nicht mehr verpflichtet, EU-Richtlinien umzusetzen.[730] Richtlinien, die vor Austritt des VK in Kraft getreten sind, entfalteten nur bis zum Zeitpunkt des Austritts Bindungswirkung für das VK.[731]

---

725 Abkommen über den Austritt des Vereinigten Königreichs Großbritannien und Nordirland aus der Europäischen Union und der Europäischen Atomgemeinschaft v. 30.01.2020, EU ABl. 2020 L 29, 7 (zit.: Austrittsabkommen).

726 Kramme/Baldus/Schmidt-Kessel/*Bullinger*, Brexit, § 22 Rdnr. 2.

727 Kramme/Baldus/Schmidt-Kessel/*Bullinger*, Brexit, § 22 Rdnr. 2.

728 *Grünberger*, ZUM 2021, 257 (258).

729 UK Intellectual Property office, Intellectual property and the transition period, last updated 31 january 2020, url: https://www.gov.uk/government/news/intellectual-property-and-the-transition-period (zuletzt abgerufen am 06.02.2024).

730 Kramme/Baldus/Schmidt-Kessel/*Bullinger*, Brexit, § 22 Rdnr. 2, 4-7.

731 Kramme/Baldus/Schmidt-Kessel/*Bullinger*, Brexit, § 22 Rdnr. 2.

Gesetze, die das VK in Umsetzung von EU-Richtlinien geschaffen hat, verlieren damit nicht ihre Wirkung, sondern bleiben bestehen.[732] Es hängt nunmehr vom Willen des nationalen Gesetzgebers ab, ob Normen, die in Umsetzung von EU-Richtlinien geschaffen wurden, beibehalten oder geändert werden.[733]

Vorschriften, die in Umsetzung von Akten des sekundären Unionsrechts geschaffen wurden, müssen aber nicht mehr unionsrechtskonform ausgelegt werden.[734]

Was die Rechtsprechung des EuGH betrifft, hat das VK bestimmt, dass vor seinem Ausscheiden getroffene Entscheidungen des EuGH für die Auslegung der Umsetzungsnormen im nationalen Recht des VK durch die unterinstanzlichen Gerichte weiter bindend bleiben.[735] Die höheren Gerichte – der Court of Appeal und der Supreme Court – sind aber nicht daran gebunden und können abweichende Entscheidungen treffen.[736]

Urteile des EuGH, die nach Austritt des VK aus der EU ergangen sind, sind für die Gerichte des VK nicht mehr verbindlich.[737] Sonderregelungen zu Entscheidungen des EuGH über die Auslegung seiner Vorschriften ergeben sich jedoch aus dem Austrittsabkommen.[738] Auf diese wird im Folgenden eingegangen.

bb) Das Austrittsabkommen

Die Einzelheiten des Austritts regelt das Austrittsabkommen zwischen der EU und dem VK.[739] Es hat seine Grundlage in Art. 50 Abs. 2 S. 2 EUV.[740]

---

732 Kramme/Baldus/Schmidt-Kessel/*Bullinger*, Brexit, § 22 Rdnr. 7.

733 Kramme/Baldus/Schmidt-Kessel/*Bullinger*, Brexit, § 22 Rdnr. 7.

734 Kübek/Tams/Terhechte/*Hetmank/Lauber-Rönsberg*, Handels- und Zusammenarbeitsabkommen EU/VK, § 18 Rdnr. 20, 23.

735 Kübek/Tams/Terhechte/*Hetmank/Lauber-Rönsberg*, Handels- und Zusammenarbeitsabkommen EU/VK, § 18 Rdnr. 23.

736 Kübek/Tams/Terhechte/*Hetmank/Lauber-Rönsberg*, Handels- und Zusammenarbeitsabkommen EU/VK, § 18 Rdnr. 23; *Lee*, IIC 2021, 319 (327).

737 Vgl. von Arnauld/Bungenberg/*Ziegler*, Enzyklopädie Europarecht Bd. 12, § 9 Rdnr. 56; Kübek/Tams/Terhechte/*Hetmank/Lauber-Rönsberg*, Handels- und Zusammenarbeitsabkommen EU/VK, § 18 Rdnr. 24; *Lee*, IIC 2021, 319 (327).

738 Dazu von Arnauld/Bungenberg/*Ziegler*, Enzyklopädie Europarecht Bd. 12, § 9 Rdnr. 56-63; *Lee*, IIC 2021, 319 (327).

739 von Arnauld/Bungenberg/*Ziegler*, Enzyklopädie Europarecht Bd. 12, § 9 Rdnr. 18, 20.

740 *Frau*, S. 25.

Zwar enthält das Austrittsabkommen auch Bestimmungen über die künftigen Beziehungen zwischen EU und VK, diese richten sich im Kern aber nach den Folgeabkommen und vor allem nach dem Abkommen über Handel und Zusammenarbeit[741] (im Folgenden: TCA).[742]

Das Austrittsabkommen entfaltet für das VK und im VK die gleichen Rechtswirkungen wie innerhalb der EU und ihrer Mitgliedstaaten, Art. 4 Abs. 1 UAbs. 1 Austrittsabkommen. Es ist nach den allgemeinen Auslegungsregeln des Unionsrechts auszulegen, ebenso wie die von ihm in Bezug genommenen Bestimmungen des EU-Rechts.[743] Die Bestimmungen des Austrittsabkommens sind unmittelbar anwendbar, Art. 4 Abs. 1 UAbs. 2 Austrittsabkommen, und haben Vorrang vor einfachem, nationalen Recht.[744]

Auf Bestimmungen des Abkommens, welche nach den Regeln des Unionsrechts unmittelbare Wirkung entfalten, können sich die Bürger in den Mitgliedstaaten und im VK unmittelbar berufen, Art. 4 Abs. 1 UAbs. 2 Austrittsabkommen.

In dem Austrittsabkommen wurde ein Übergangszeitraum vereinbart: Bis zum 31.12.2020 blieb das EU-Recht für das VK – mit Ausnahmen – weiter verbindlich.[745]

Für die Auslegung des Austrittsabkommens bleibt die Rechtsprechung des EuGH bis zum Ende des Übergangszeitraums bindend, Art. 4 Abs. 4 Austrittsabkommen.[746] Gleiches gilt für EU-Recht, das von diesem in Bezug genommen wird.[747] Entscheidungen des EuGH über die Auslegung des Austrittsabkommens, die danach getroffen worden sind, sind durch die Justizbehörden des VK in der Auslegung und Anwendung des Austrittsabkommens gebührend zu beachten, Art. 4 Abs. 5 Austrittsabkommen.[748]

741 Abkommen über Handel und Zusammenarbeit zwischen der Europäischen Union und der Europäischen Atomgemeinschaft einerseits und dem Vereinigten Königreich Großbritannien und Nordirland andererseits v. 30.12.2020, EU ABl. 2021 L 149/10 (zit.: TCA).

742 von Arnauld/Bungenberg/*Ziegler*, Enzyklopädie Europarecht Bd. 12. § 9 Rdnr. 4, 20, 64; *Kübek/Tams/Terhechte*, Handels- und Zusammenarbeitsabkommen EU/VK, § 1 Rdnr. 1-3.

743 von Arnauld/Bungenberg/*Ziegler*, Enzyklopädie Europarecht Bd. 12, § 9 Rdnr. 21.

744 von Arnauld/Bungenberg/*Ziegler*, Enzyklopädie Europarecht Bd. 12, § 9 Rdnr. 21.

745 von Arnauld/Bungenberg/*Ziegler*, Enzyklopädie Europarecht Bd. 12, § 9 Rdnr. 23.

746 von Arnauld/Bungenberg/*Ziegler*, Enzyklopädie Europarecht Bd. 12, § 9 Rdnr. 22.

747 von Arnauld/Bungenberg/*Ziegler*, Enzyklopädie Europarecht Bd. 12, § 9 Rdnr. 22.

748 von Arnauld/Bungenberg/*Ziegler*, Enzyklopädie Europarecht Bd. 12, § 9 Rdnr. 22.

Für Materien, die in seinen Anwendungsbereich fallen, sieht das Austrittsabkommen in bestimmten Fällen auch nach Ende der Übergangszeit eine fortgesetzte Zuständigkeit des EuGH vor.[749]

Das VK hat das Recht, in derartigen Vorabentscheidungsverfahren, die von EU-Mitgliedstaaten ausgehen und das VK betreffen, wie ein Mitgliedstaat behandelt zu werden, siehe Art. 161 Abs. 3 lit. a Austrittsabkommen.[750]

Die Konsequenzen des Austritts des VK aus der EU für das Urheberrecht werden unten genauer erläutert.

b) Beziehungen zwischen dem VK und der EU

Das VK und die EU vertraten unterschiedliche Positionen zu den künftigen Beziehungen. Diese mussten ausgehandelt und zwischen ihnen ein Kompromiss gefunden werden.[751]

Das VK wollte einen Zugang zum europäischen Markt, ohne an das EU-Recht und die Rechtsprechung des EuGH gebunden zu sein.[752] Der EU war die Integrität des Binnenmarktes wichtig.[753] Darüber hinaus sollte es keine Privilegien für einen bestimmten Drittstaat geben. Das VK solle sich nicht die Vorteile herauspicken können, ohne an die Verpflichtungen des EU-Rechts gebunden zu sein.[754]

Die Positionen der EU und des VK hatten Konsequenzen: Ein Verbleib des VK im Binnenmarkt war – aufgrund dessen Position, nicht mehr an das Recht der EU gebunden sein zu wollen – nicht möglich.[755] Dies folgte auch aus dem Wunsch der EU, den Binnenmarkt integer zu halten und keinen Drittstaat zu übervorteilen.[756]

Es stellte sich die Frage, ob das VK dennoch im Europäischen Wirtschaftsraum verbleibt.[757] Der Verbleib im Europäischen Wirtschaftsraum führt dazu, dass das VK weiter am europäischen Binnenmarkt teilnimmt.[758]

---

749 von Arnauld/Bungenberg/*Ziegler*, Enzyklopädie Europarecht Bd. 12, § 9 Rdnr. 56.
750 von Arnauld/Bungenberg/*Ziegler*, Enzyklopädie Europarecht Bd. 12, § 9 Rdnr. 63.
751 von Arnauld/Bungenberg/*Ziegler*, Enzyklopädie Europarecht Bd. 12, § 9 Rdnr. 12-13.
752 von Arnauld/Bungenberg/*Ziegler*, Enzyklopädie Europarecht Bd. 12, § 9 Rdnr. 13.
753 von Arnauld/Bungenberg/*Ziegler*, Enzyklopädie Europarecht Bd. 12, § 9 Rdnr. 13.
754 von Arnauld/Bungenberg/*Ziegler*, Enzyklopädie Europarecht Bd. 12, § 9 Rdnr. 13.
755 von Arnauld/Bungenberg/*Ziegler*, Enzyklopädie Europarecht Bd. 12, § 9 Rdnr. 13.
756 von Arnauld/Bungenberg/*Ziegler*, Enzyklopädie Europarecht Bd. 12, § 9 Rdnr. 13.
757 Dazu *Schroeter/Nemeczek*, JZ 2017, 713 (713).
758 *Schroeter/Nemeczek*, JZ 2017, 713 (714).

Darüber hinaus ist es weiter an Teile des EU-Rechts gebunden.[759] Das Abkommen über den EWR[760] überführt Teile des sekundären und tertiären EU-Rechts in das EWR-Recht.[761] Ein Verbleib des VK im Binnenmarkt wurde jedoch – wie oben gezeigt – ausgeschlossen; damit blieb das VK auch nicht im Europäischen Wirtschaftsraum.[762]

Das VK ist, wie oben gezeigt, rechtlich von der EU getrennt. Es ist von nun an ein Drittstaat. Die Beziehungen zwischen VK und der EU bestimmen sich nach völkerrechtlichen Verträgen.

Als gemeinsame rechtliche Grundlage wurden das Abkommen über Handel und Zusammenarbeit (TCA) sowie das Abkommen über die Zusammenarbeit auf dem Gebiet der sicheren und friedlichen Nutzung der Kernenergie[763] und das Abkommen zu Sicherheitsverfahren für Verschlusssachen[764] geschaffen.[765] Die Basis der künftigen Beziehungen bildet in erster Linie das TCA.[766] Im Folgenden wird daher auf dieses näher eingegangen.

Die Abkommen unterscheiden sich vom EU-Recht dadurch, dass es sich bei ihnen nicht um supranationales Recht handelt.[767] Es sind „einfache" völkerrechtliche Verträge – also Verträge, wie sie zwischen zwei und mehreren Staaten oder zwischen der EU und einem Drittstaat geschlossen werden.[768]

---

759 *Schroeter/Nemeczek,* JZ 2017, 713 (714).

760 Abkommen über den Europäischen Wirtschaftsraum v. 01.01.1993, EG ABl. 1994 L 1, 3 (zit.: EWR-Abk).

761 *Schroeter/Nemeczek,* JZ 2017, 713 (714).

762 von Arnauld/Bungenberg/*Ziegler,* Enzyklopädie Europarecht Bd. 12, § 9 Rdnr. 13, 66, 73-77.

763 Abkommen zwischen der Regierung des Vereinigten Königreichs Großbritannien und Nordirland und der Europäischen Atomgemeinschaft über die Zusammenarbeit auf dem Gebiet der friedlichen und sicheren Nutzung der Kernenergie v. 30.12.2020, EU ABl. 2021 L 150, 1.

764 Abkommen zwischen der Europäischen Union und dem Vereinigten Königreich Großbritannien und Nordirland betreffend Sicherheitsverfahren für den Austausch und den Schutz von Verschlusssachen v. 30.12.2020, EU Abl. 2021 L 149, 2540.

765 von Arnauld/Bungenberg/*Ziegler,* Enzyklopädie Europarecht Bd. 12, § 9 Rdnr. 18.

766 von Arnauld/Bungenberg/*Ziegler,* Enzyklopädie Europarecht Bd. 12, § 9 Rdnr. 64; *Terhechte,* NJW 2021, 417 (417, 419).

767 Kübek/Tams/*Terhechte/Karpenstein,* Handels- und Zusammenarbeitsabkommen EU/VK, § 2 Rdnr. 37.

768 Kübek/*Tams/*Terhechte, Handels- und Zusammenarbeitsabkommen EU/VK, § 4 Rdnr. 14.

Das TCA ist im Lichte seiner Ziele und Zwecke nach den gewohnheitsrechtlichen Regeln des Völkerrechts und insbesondere nach den Regeln des Wiener Übereinkommens über das Recht der Verträge auszulegen, Art. 4 Abs. 1 TCA. Die Auslegungsregeln des EU-Rechts finden darauf keine Anwendung.[769]

Innerhalb der Unionsrechtsordnung stehen diese Abkommen im Rang zwischen den EU-Verträgen und sekundärem Unionsrecht – sie gehen also dem sekundären Unionsrecht vor, aber stehen im Rang unter dem primären Unionsrecht.[770] Das Abkommen über Handel und Zusammenarbeit bindet nur die Vertragsparteien, also die EU und das VK, und gewährt den Bürgern in den Vertragsstaaten keine subjektiven Rechte (Art. 5 Abs. 1 Alt. 1 TCA). Es entfaltet keine unmittelbare Wirkung innerhalb der Rechtsordnungen der EU und des VK (Art. 5 Abs. 1 Alt. 2 TCA).

Bei dem Abkommen über Handel und Zusammenarbeit handelt es sich um ein Freihandelsabkommen, das ein paar Besonderheiten aufweist.[771]

Zwischen dem VK und der EU bestehen keine Zölle, Art. 21 und 22 TCA.[772] Das VK ist aber nicht mehr Teil der Zollunion in der EU – gegenüber Drittstaaten bestehen damit unterschiedliche Zollsätze.[773]

Eine Besonderheit weist das Abkommen über Handel und Zusammenarbeit deshalb auf, weil in der Regel Freihandelsabkommen geschlossen werden, um eine stärkere Verbindung der Märkte von zwei Staaten zu erzielen.[774]

Hier war aber das VK in die EU eingebunden und ist ausgetreten. Das Abkommen stellt somit eine Schwächung gegenüber der vorherigen Rechtslage dar.[775] Darüber hinaus enthält das Abkommen über Handel und Zusammenarbeit zusätzlich eine Vielzahl von Regelungen über Materi-

---

769 Kübek/*Tams*/Terhechte, Handels- und Zusammenarbeitsabkommen EU/VK, § 4 Rdnr. 13-14.

770 Kübek/Tams/*Terhechte/Karpenstein,* Handels- und Zusammenarbeitsabkommen EU/VK, § 2 Rdnr. 24.

771 von Arnauld/Bungenberg/*Ziegler,* Enzyklopädie Europarecht Band 12, § 9 Rdnr. 66; Kübek/*Tams*/Terhechte, Handels- und Zusammenarbeitsabkommen EU/VK, § 4 Rdnr. 15-19.

772 Kübek/Tams/Terhechte/*Sangi,* Handels- und Zusammenarbeitsabkommen EU/VK § 10 Rdnr. 13-14.

773 von Arnauld/Bungenberg/*Ziegler,* Enzyklopädie Europarecht Band 12, § 9 Rdnr. 73.

774 von Arnauld/Bungenberg/*Ziegler,* Enzyklopädie Europarecht Band 12, § 9 Rdnr. 73-75; Kübek/*Tams*/Terhechte, Handels- und Zusammenarbeitsabkommen, § 4 Rdnr 17.

775 Kübek/*Tams*/Terhechte, Handels- und Zusammenarbeitsabkommen, § 4 Rdnr. 17.

en, die nicht direkt mit seinem Kerngegenstand – dem Handel – zu tun haben.[776] Dies erklärt sich daraus, dass das Abkommen die Grundlage für die künftigen Beziehungen von VK und EU insgesamt bildet. Durch die jahrzehntelange EU-Mitgliedschaft des VK und sein Mitwirken am Europäischen Einigungsprozess[777] war das VK nicht nur wirtschaftlich über den Handel mit den anderen Mitgliedstaaten verbunden. Es war Teil einer Wertegemeinschaft (Art. 2 EUV) und einer Gemeinschaft, die sich zu einer Vielzahl von Zielen – gemeinsame Gesundheitspolitik, Abwehr von Gefahren für die öffentliche Sicherheit und Ordnung und auch das Immaterialgüterrecht – zusammengetan hat.[778]

Daher war es wichtig, auch in diesen Bereichen die künftigen Beziehungen zwischen EU und VK zu regeln.[779]

Es ist eine Art „Auffanglösung“ und Rahmen für die Zusammenarbeit nach dem Austritt des VK.[780] Dabei soll ein engeres Zusammenwirken als bei einem gewöhnlichen Freihandelsabkommen sichergestellt werden, indem sich die Parteien gegenseitig die Wahrung von Werten garantieren, die für das EU-Recht besonders wichtig sind.[781]

Darüber hinaus ist es ein reines EU-Abkommen. Das bedeutet, nur die EU selbst ist Vertragspartei und nicht die Mitgliedstaaten.[782]

Dennoch bestehen beträchtliche Unterschiede zu einer EU-Mitgliedschaft. Staatsbürger des VK können sich in den EU-Mitgliedstaaten nicht mehr auf das Diskriminierungsverbot aus Art. 18 AEUV berufen.[783] Dem-

776 Kübek/*Tams/*Terhechte, Handels- und Zusammenarbeitsabkommen EU/VK, § 4 Rdnr. 18.

777 Zu der rechtlichen Annäherung von Arnauld/Bungenberg/*Ziegler,* Enzyklopädie Europarecht Bd. 12, § 9 Rdnr. 14; dazu auch *Haratsch/Koenig/Pechstein,* Rdnr. 10-29.

778 *Haratsch/Koenig/Pechstein,* Rdnr. 10-29, 235; Kübek/Tams/*Terhechte/Karpenstein,* Handels- und Zusammenarbeitsabkommen EU/VK, § 2 Rdnr. 17; zum Schutz der Werte nach Art. 2 EUV https://www.europarl.europa.eu/factsheets/de/sheet/146/der-schutz-von-artikel-2-euv-in-der-eu (zuletzt abgerufen am 06.02.2024).

779 Zu den Bestimmungen auf diesen Feldern und insbesondere in grundrechtssensiblen Bereichen *Terhechte,* NJW 2021, 417 Rdnr. 20, 18-30.

780 Kübek/Tams/*Terhechte/Karpenstein,* Handels-und Zusammenarbeitsabkommen EU/VK, § 2 Rdnr. 2.

781 Kübek/Tams/*Terhechte/Karpenstein,* Handels-und Zusammenarbeitsabkommen EU/VK, § 2 Rdnr. 2, 12, 17.

782 von Arnauld/Bungenberg/*Ziegler,* Enzyklopädie Europarecht Bd. 12, § 9 Rdnr. 65; *Kübek/Tams/Terhechte,* Handels- und Zusammenarbeitsabkommen EU/VK, § 1 Rdnr. 5.

783 Kübek/Tams/Terhechte/*Hetmank/Lauber-Rönsberg,* Handels- und Zusammenarbeitsabkommen EU/VK, § 18 Rdnr. 19.

nach hängt der Schutz nunmehr von fremdenrechtlichen Vorgaben der Mitgliedstaaten ab.[784] Zudem sollen zwar keine Handelshemmnisse aufgebaut werden, dennoch ist das VK nicht mehr Teil des EU-Binnenmarkts und auch nicht mehr Teil des Europäischen Wirtschaftsraums.[785]

3. Auswirkungen auf das Urheberrecht

Nachdem die Folgen des Austritts des VK aus der EU im Allgemeinen aufgezeigt wurden, wird nun beleuchtet, wie sich der Austritt des VK auf den urheberrechtlichen Schutz von Werken und Gegenständen verwandter Schutzrechte in der EU und im VK auswirkt.

Zunächst wird auf den Wegfall des Diskriminierungsverbots aus Art. 18 AEUV zwischen EU und VK eingegangen. Anschließend werden die Vorgaben des TCA und der Staatsverträge für den Schutz des Urheberrechts und der verwandten Schutzrechte in der EU und im VK dargestellt. Schließlich wird aufgezeigt, welche Folgen der Wegfall der Bindungswirkung von EuGH-Urteilen auf das Urheberrecht im VK hat.

a) Keine Anwendbarkeit des Diskriminierungsverbotes aus Art. 18 AEUV

Da das VK mit Austritt zu einem Drittstaat geworden ist, findet das Diskriminierungsverbot aus Art. 18 AEUV zwischen den EU-Mitgliedstaaten und dem VK keine Anwendung mehr.[786] Das VK ist nicht mehr verpflichtet, Angehörige von EU-Mitgliedstaaten wie eigene Staatsangehörige zu behandeln und umgekehrt.[787]

Für das Urheberrecht ist diese Folge wichtig. Wie oben gezeigt, hat das Diskriminierungsverbot – im Zusammenwirken mit Art. 10 Abs. 2 Schutzdauerrichtlinie – dazu geführt, dass eine Vielzahl von Werken und

784 Kübek/Tams/Terhechte/*Hetmank/Lauber-Rönsberg*, Handels- und Zusammenarbeitsabkommen EU/VK, § 18 Rdnr. 19.

785 von Arnauld/Bungenberg/*Ziegler*, Enzyklopädie Europarecht Bd. 12, § 9 Rdnr. 13, 66, 73-77.

786 *Grünberger*, ZUM 2021, 257 (258); Kübek/Tams/Terhechte/*Hetmank/Lauber-Rönsberg*, Handels- und Zusammenarbeitsabkommen EU/VK, § 18 Rdnr. 19.

787 *Grünberger*, ZUM 2021, 257 (258).

Schutzgegenständen, die gemeinfrei geworden waren, wieder unter Schutz stehen.[788]

Vor allem Tonaufnahmen waren im VK schon früh für einen längeren Zeitraum geschützt, als in anderen Mitgliedstaaten.[789] Aufgrund von Art. 18 AEUV kamen Angehörige anderer Mitgliedstaaten im VK in einen viel längeren Genuss der Rechte an ihren Tonaufnahmen. Deswegen fanden auch die Fristen der Schutzdauerrichtlinie – nun in der gesamten EU – auf diese Aufnahmen Anwendung, Art. 10 Abs. 2 Schutzdauerrichtlinie.[790]

An dieser Rechtsfolge ändert der Austritt des VK nichts. Erst ab dem Inkrafttreten des Austrittsabkommens, also ab dem 01.02.2020,[791] finden die Verträge gem. Art. 50 Abs. 3 EUV auf das VK keine Anwendung mehr.[792] Ab diesem Zeitpunkt ist das VK nicht mehr zur Gleichbehandlung von Angehörigen der EU-Mitgliedstaaten verpflichtet und umgekehrt.[793] Das bedeutet, dass für die Zukunft Angehörige der EU-Mitgliedstaaten im VK und Angehörige des VK in den Mitgliedstaaten nicht mehr denselben urheberrechtlichen Schutz genießen wie Inländer.

Der Schutz von Angehörigen des VK in den EU-Mitgliedstaaten und umgekehrt richtet sich von nun an in erster Linie nach den Staatsverträgen auf dem Gebiet des Urheberrechts und der verwandten Schutzrechte.[794] Auf diese wird im Folgenden eingegangen.

---

788 *Gaster*, ZUM 1996, 261 (272-273); *Geller*, in: *ders. (Hrsg.)*, International Copyright Law and Practice, INT-1 (INT-131-INT-132); *Jorna/Martin-Prat*, EIPR Bd. 16 (1994), 145 (149-150).

789 *von Lewinski*, GRUR Int 1992, 724 (727).

790 Schricker/Loewenheim/*Katzenberger/Metzger*, UrhG § 137f Rdnr. 6.

791 https://commission.europa.eu/strategy-and-policy/relations-non-eu-countries/relations-united-kingdom/eu-uk-withdrawal-agreement_de (zuletzt abgerufen am 07.02.2024).

792 Kramme/Baldus/Schmidt-Kessel/*Bullinger*, Brexit, § 22 Rdnr. 2.

793 *Grünberger*, ZUM 2021, 257 (258).

794 *Grünberger*, ZUM 2021, 257 (258).

b) Auswirkungen des Austritts eines Mitgliedstaats auf das Urheberrecht und die verwandten Schutzrechte

Nach Austritt des VK aus der EU richten sich die Beziehungen zwischen EU und VK hinsichtlich des Urheberrechts und der verwandten Schutzrechte nach dem TCA sowie weiteren Staatsverträgen.[795]

Das TCA gibt einen gewissen Rahmen vor, in dem sich die Gesetzgeber in der EU und im VK halten müssen. Es macht bestimmte Vorgaben für den künftigen Schutz des Urheberrechts und der verwandten Schutzrechte in EU und VK.[796] Hierbei garantiert es Mindestrechte (Art. 225 lit. a-d TCA) und eine Mindestschutzdauer in Art. 230 TCA, hinter denen nicht zurückgeblieben werden darf.[797] Dies dient dazu, das mit der Harmonisierung in der EU erreichte Schutzniveau zu sichern.[798]

Als völkerrechtlicher Vertrag ist das TCA Teil eines Netzwerks von Verträgen.[799] Es steht nicht außerhalb, sondern fügt sich innerhalb der Ordnung dieser Verträge ein und gestaltet die Beziehungen von EU und VK innerhalb des Völkerrechts.[800] Dies kommt in Art. 222 TCA zum Ausdruck.[801] Hiernach verpflichten sich EU und VK dazu, die Vorgaben der Staatsverträge auf dem Gebiet des Immaterialgüterrechts einzuhalten. Für das Urheberrecht von Bedeutung sind die RBÜ, das Rom-Abkommen, TRIPS, der WCT, WPPT und das Marrakesch-Abkommen[802], Art. 222 Abs. 1 lit. a-e, h TCA.[803]

---

795 Kübek/Tams/Terhechte/*Hetmank/Lauber-Rönsberg*, Handels- und Zusammenarbeitsabkommen EU/VK, § 18 Rdnr. 4, 8; *Grünberger*, ZUM 2021, 257 (258).

796 Kübek/Tams/Terhechte/*Hetmank/Lauber-Rönsberg*, Handels- und Zusammenarbeitsabkommen EU/VK, § 18 Rdnr. 4, 21, 22 a.E.

797 Kübek/Tams/Terhechte/*Hetmank/Lauber-Rönsberg*, Handels- und Zusammenarbeitsabkommen EU/VK, § 18 Rdnr. 4, 21, 22 a.E.

798 Kübek/Tams/Terhechte/*Hetmank/Lauber-Rönsberg*, Handels- und Zusammenarbeitsabkommen EU/VK, § 18 Rdnr. 4.

799 Kübek/*Tams*/Terhechte, Handels- und Zusammenarbeitsabkommen EU/VK, § 4 Rdnr. 2, 23, 35, 37.

800 Kübek/*Tams*/Terhechte, Handels- und Zusammenarbeitsabkommen EU/VK, § 4 Rdnr. 35, 37.

801 Kübek/Tams/Terhechte/*Hetmank/Lauber-Rönsberg*, Handels- und Zusammenarbeitsabkommen EU/VK, § 18 Rdnr. 8.

802 Vertrag von Marrakesch zur Erleichterung des Zugangs zu veröffentlichten Werken für blinde, sehbehinderte und anderweitig lesebehinderte Personen v. 27.06.2013, EU ABl. 2018 L 48, 3 (zit.: Marrakesch-Abkommen).

803 Kübek/Tams/Terhechte/*Hetmank/Lauber-Rönsberg*, Handels- und Zusammenarbeitsabkommen EU/VK, § 18 Rdnr. 8.

Das TCA und die RBÜ, das Rom-Abkommen, TRIPS, WCT, WPPT und das Marrakesch-Abkommen finden somit nebeneinander Anwendung.[804]

In der Beziehung der EU zum VK garantiert das TCA einen höheren Schutz als die Staatsverträge und führt dazu, dass der mit Harmonisierung der Schutzdauer und bestimmter Aspekte des Urheberrechts und der verwandten Schutzrechte in der EU erreichte, hohe Schutzstandard zum Teil erhalten bleibt.[805]

Im Folgenden werden zunächst die Auswirkungen auf das Urheberrecht und dann auf die verwandten Schutzrechte erläutert.

aa) Auswirkungen auf das Urheberrecht

Der Schutz des Urheberrechts bleibt für Angehörige des VK in der EU auch nach dem Austritt des VK weitgehend erhalten. Angehörige des VK genießen in allen Mitgliedstaaten der EU (die alle auch Verbandsstaaten der RBÜ sind) gem. Art. 5 Abs. 1 RBÜ Inländerbehandlung, es sei denn, in der RBÜ sind Ausnahmen vorgesehen.[806] Auch nach Art. 224 Abs. 1 TCA sind EU und VK beim Urheberrecht – vorbehaltlich der in der RBÜ vorgesehenen Ausnahmen – zur Inländerbehandlung verpflichtet.[807]

Eine solche Ausnahme ist der Schutzfristenvergleich aus Art. 7 Abs. 8 RBÜ.[808] Für das VK und die EU bestimmt Art. 230 Abs. 1 TCA, dass sowohl das VK, als auch die EU eine Mindestschutzdauer von 70 Jahren post mortem auctoris gewährleisten müssen (was der Schutzdauer in der EU entspricht). Damit bleibt für Angehörige des VK in den EU-Mitgliedstaaten der Schutz für dieselbe Dauer erhalten wie bisher, und umgekehrt. Die Vertragsparteien können aber gem. Art. 230 Abs. 8 TCA eine längere Schutzfrist vorsehen.

In diesem Zusammenhang ist auch Art. 7 Abs. 1 Schutzdauerrichtlinie zu beachten.

---

804 Kübek/Tams/Terhechte/*Hetmank/Lauber-Rönsberg,* Handels- und Zusammenarbeitsabkommen EU/VK, § 18 Rdnr. 8.

805 Kübek/Tams/Terhechte/*Hetmank/Lauber-Rönsberg,* Handels- und Zusammenarbeitsabkommen EU/VK, § 18 Rdnr 4.

806 Kübek/Tams/Terhechte/*Hetmank/Lauber-Rönsberg,* Handels- und Zusammenarbeitsabkommen EU/VK, § 18 Rdnr. 9; *Schack,* Rdnr. 1060.

807 Kübek/Tams/Terhechte/*Hetmank/Lauber-Rönsberg,* Handels- und Zusammenarbeitsabkommen EU/VK, § 18 Rdnr. 9.

808 *Schack,* Rdnr. 1060, 1065.

Beim Schutz des Urheberrechts wird die RBÜ durch das TRIPS und den WCT ergänzt.[809] TRIPS und WCT stellen insbesondere klar, dass auch Computerprogramme und Sammelwerke dem Schutz des Urheberrechts unterfallen, siehe Art. 10 TRIPS, Art. 4, 5 WCT.[810]

Darüber hinaus schaffen TRIPS und WCT – zusätzlich zum Schutz aus der RBÜ – weitere Mindestrechte, zum Beispiel das Verbreitungsrecht gem. Art. 6 WCT oder das Vermietrecht nach Art. 7 WCT.[811] Als Sonderabkommen können sie nach Art. 20 RBÜ den Schutz durch die RBÜ nur erweitern, aber nicht beschränken.[812] Auch das TCA erweitert den Schutz der Urheber, siehe die Mindestrechte in Art. 225 lit. a-d TCA und die Mindestschutzdauer aus Art. 230 TCA.

Bei Miturheberschaft, dem gemeinsamen Schaffen bei Musikkompositionen mit Text und der Urheberschaft bei Filmwerken legt Art. 230 Abs. 2 TCA keine Standards für die Berechnung der Schutzdauer fest. Die Vertragsparteien (EU und VK) können selbst entscheiden, wie die Schutzdauer berechnet werden soll. Hierbei muss aber die Schutzdauer von 70 Jahren pma gewahrt werden.

Hierdurch können sich Unterschiede gegenüber der bisherigen Rechtslage ergeben, nach der die Berechnung der Schutzdauer bei Miturheberschaft und für diese Werkarten in der EU harmonisiert war (für Miturheberschaft: Art. 1 Abs. 2 Schutzdauerrichtlinie, für Musikkompositionen mit Text: Art. 1 Abs. 7 Schutzdauerrichtlinie, für Filmwerke: Art. 2 Abs. 2 Schutzdauerrichtlinie).

Auf diese möglichen Unterschiede bei der Berechnung der Schutzdauer wird im Folgenden eingegangen.

bb) Auswirkungen auf die verwandten Schutzrechte

(1) Verwandte Schutzrechte, die in der EU harmonisiert wurden und für die Abkommen bestehen

Der Schutz der ausübenden Künstler, Tonträgerhersteller und Sendeunternehmen in der EU und im VK richtet sich nach dem Rom-Abkommen,

809 *Schack*, Rdnr. 1100, 1108.
810 *Schack*, Rdnr. 1100, 1108.
811 *Schack*, Rdnr. 1100, 1108-1109.
812 *Schack*, Rdnr. 1108-1109.

dem WPPT, TRIPS und dem TCA.[813] Das TCA ergänzt und präzisiert die Pflichten aus anderen Staatsverträgen, Art. 220 Abs. 1 TCA.[814] Im TCA ist in Art. 230 Abs. 4, 5 und 6 eine Mindestschutzdauer für die Rechte von ausübenden Künstlern und Tonträgerherstellern vorgesehen, die der Schutzdauer in der EU entspricht.[815] Beide Vertragsparteien können gem. Art. 230 Abs. 8 TCA für diese verwandten Schutzrechte einen längeren Schutz vorsehen.[816]

Zudem sind in Art. 226-229 TCA bestimmte Verwertungsrechte als Mindestrechte für ausübende Künstler, Tonträgerhersteller und Sendeunternehmen garantiert. Diese entsprechen für ausübende Künstler und Tonträgerhersteller den durch das WPPT und die EU-Richtlinien garantierten Verwertungsrechten.[817] Die Vertragsparteien können gem. Art. 220 Abs. 2 TCA über den Schutz dieser Verwertungsrechte hinausgehen.[818]

Daneben bestehen die Mindestrechte aus den übrigen Staatsverträgen weiter. Besonders hervorzuheben ist das Künstlerpersönlichkeitsrecht aus Art. 5 Abs. 1 WPPT.[819] Auch für die Rechte der ausübenden Künstler, Hersteller von Tonträgern und Sendeunternehmen besteht eine Verpflichtung zur Inländerbehandlung nach den Übereinkommen: Dem TCA (Art. 224 Abs. 1 S. 2 TCA), dem WPPT (Art. 4 Abs. 1 WPPT), TRIPs (Art. 3 Abs. 1 S. 2 TRIPs) und dem Rom-Abkommen (Art. 2, 4-6 Rom-Abk). Im Unterschied zum Urheberrecht besteht die Verpflichtung zur Inländerbehandlung für diese verwandten Schutzrechte nach allen Übereinkommen nur für die in dem jeweiligen Abkommen gewährten Rechte, siehe Art. 224 Abs. 1 S. 2 TCA, Art. 4 Abs. 1 WPPT, Art. 3 Abs. 1 S. 2 TRIPs, Art. 2 Abs. 2 Rom-Abk.[820]

---

813 Kübek/Tams/Terhechte/*Hetmank/Lauber-Rönsberg,* Handels- und Zusammenarbeitsabkommen EU/VK, § 18 Rdnr. 1-4, 8.

814 S. dazu Kübek/Tams/Terhechte/*Hetmank/Lauber-Rönsberg,* Handels- und Zusammenarbeitsabkommen EU/VK, § 18 Rdnr. 4, 58.

815 Kübek/Tams/Terhechte/*Hetmank/Lauber-Rönsberg,* Handels- und Zusammenarbeitsabkommen EU/VK, § 18 Rdnr. 21.

816 Kübek/Tams/Terhechte/*Hetmank/Lauber-Rönsberg,* Handels- und Zusammenarbeitsabkommen EU/VK, § 18 Rdnr. 22.

817 Kübek/Tams/Terhechte/*Hetmank/Lauber-Rönsberg,* Handels- und Zusammenarbeitsabkommen EU/VK, § 18 Rdnr. 21.

818 Kübek/Tams/Terhechte/*Hetmank/Lauber-Rönsberg,* Handels- und Zusammenarbeitsabkommen EU/VK, § 18 Rdnr. 21.

819 *Schack,* Rdr. 1110.

820 Kübek/Tams/Terhechte/*Hetmank/Lauber-Rönsberg,* Handels- und Zusammenarbeitsabkommen EU/VK, § 18 Rdnr. 9; *Schack,* Rdnr. 1099 (TRIPS), 1110 (WPPT).

Im TRIPs besteht auch für ausübende Künstler, Tonträgerhersteller und Sendeunternehmen eine Pflicht zur Meistbegünstigung, Art. 4 S. 1 TRIPs. Diese ist jedoch sehr eingeschränkt – sie ist nach Art. 4 lit. c TRIPs begrenzt auf Rechte aus TRIPs (s. Art. 14 TRIPs) – ausgeschlossen sind gem. Art. 4 lit. b TRIPs Vergünstigungen und Vorteile nach der RBÜ und dem RA, die anstatt von der Inländerbehandlungen von der in einem anderen Land gewährten Behandlung abhängig gemacht werden.[821]

Im Vergleich zur Inländerbehandlung von Urhebern nach der RBÜ ist der Schutz von ausübenden Künstlern, Tonträgerherstellern und Sendeunternehmern in den Staatsverträgen schwächer ausgestaltet. EU und VK sind in eingeschränkterem Maß verpflichtet, Angehörige des jeweils anderen nach ihrer Rechtsordnung zu schützen.[822]

(2) Verwandte Schutzrechte, die in der EU harmonisiert wurden und für die keine internationalen Abkommen bestehen

Nicht für alle verwandten Schutzrechte, die in der EU harmonisiert wurden, haben die EU und das VK Bestimmungen über den weiteren Schutz getroffen. Für das Recht des Filmherstellers, Art. 3 Abs. 3 Schutzdauerrichtlinie,[823] Art. 3 Abs. 1 lit. d, Art. 2 Abs. 1 lit. c Vermiet- und Verleihrechtrichtlinie, das Recht des Herausgebers nachgelassener Werke nach Art. 4 Schutzdauerrichtlinie sowie das Recht des Datenbankherstellers nach Art. 7 Datenbank-Richtlinie bestehen keine Bestimmungen im TCA und anderen völkerrechtlichen Verträgen.[824]

Für diese Rechte richtet sich der Schutz von Angehörigen des VK in den EU-Mitgliedstaaten nach Austritt des VK nach dem nationalen Fremdenrecht der Mitgliedstaaten einschließlich fremdenrechtlicher Vorschriften, die in Umsetzung von EU-Richtlinien geschaffen wurden. Die Rechte von EU-Bürgern im VK richten sich ausschließlich nach dem Recht des VK.

Für die Rechte des Datenbankherstellers bestimmt Art. 58 Abs. 1 des Austrittsabkommens, dass bis zum Ablauf des Übergangszeitraums entstandene Rechte an einer Datenbank gemäß Art. 7 Datenbankrichtlinie[825] erhalten

821 *Schack*, Rdnr. 1099.
822 *Schack*, Rdnr. 1075, 1079, 1110.
823 Dreier/*Schulze*, UrhG § 94 Rdnr. 2.
824 Zu Letzterem Kübek/Tams/Terhechte/*Hetmank*/*Lauber-Rönsberg*, Handels- und Zusammenarbeitsabkommen EU/VK, §18 Rdnr. 25.
825 RL 96/9/EG v. 11.03.1996, ABl. 1996 L 77, 20 (zit.: Datenbankrichtlinie).

bleiben. Das VK ist verpflichtet, für diese Datenbanken im VK ein entsprechendes, verwandtes Schutzrecht vorzusehen. Der Schutz muss mindestens bis zum Ablauf der Schutzdauer nach dem EU-Recht bestehen bleiben.

Das TCA sieht aber keine Bestimmungen für das Datenbankherstellerrecht vor. Für die Zeit nach Ende der Übergangszeit haben EU und VK folglich keine besondere Vereinbarung zum Schutz einfacher Datenbanken getroffen. Auch eine Gegenseitigkeitsvereinbarung, wie sie laut Art. 11 Abs. 3 Datenbankrichtlinie zum Schutz von Personen aus Drittstaaten erforderlich ist, haben die EU und das VK bislang nicht geschlossen.[826] Damit sind Datenbanken aus dem VK bzw. von Angehörigen des VK , die nach dem 01.01.2021 geschaffen wurden, in den EU-Mitgliedstaaten nur noch dann geschützt, wenn die Voraussetzungen von Art. 11 Abs. 1 oder 2 Datenbankrichtlinie erfüllt sind.[827] Da diese sehr eng sind, hat der Austritt des VK damit einschneidende Folgen für die Rechte von Datenbankherstellern aus dem VK in der EU.[828]

Nach Ablauf des Übergangszeitraums kann das VK zudem vom EU-Recht abweichende Vorschriften über den Schutz des Herstellers von Datenbanken treffen.

Für die verwandten Schutzrechte des Filmherstellers (s. Art. 3 Abs. 3 Schutzdauerrichtlinie, Art. 3 Abs. 1 lit. d Vermiet- und Verleihrechtsrichtlinie) und des Herausgebers von nachgelassenen Werken, Art. 4 Schutzdauerrichtlinie sieht das TCA keine Mindestschutzdauer vor. Weder das TCA noch das Austrittsabkommen treffen Bestimmungen über diese Rechte. Ein Recht des Filmherstellers ergibt sich auch nicht aus den völkerrechtlichen Verträgen.[829]

Der Schutz dieser Rechte für Angehörige des VK in den Mitgliedstaaten und für Angehörige eines Mitgliedstaats im VK bestimmt sich nun nach dem jeweiligen, nationalen Fremdenrecht.[830]

---

826 Kübek/Tams/Terhechte/*Hetmank/Lauber-Rönsberg,* Handels- und Zusammenarbeitsabkommen EU/VK, §18 Rdnr. 2.

827 Kübek/Tams/Terhechte/*Hetmank/Lauber-Rönsberg,* Handels- und Zusammenarbeitsabkommen EU/VK, §18 Rdnr. 2.

828 Kübek/Tams/Terhechte/*Hetmank/Lauber-Rönsberg,* Handels- und Zusammenarbeitsabkommen EU/VK, § 18 Rdnr. 26.

829 Müller-Graff/*Loschelder,* Enzyklopädie Europarecht Bd. 4, § 21 Rdnr. 157.

830 Kübek/Tams/Terhechte/*Hetmank/Lauber-Rönsberg,* Handels- und Zusammenarbeitsabkommen EU/VK, § 18 Rdnr. 19.

Das VK ist nun ein Drittstaat, seine Angehörigen sind Drittstaatsangehörige.[831] Für die Dauer des Schutzes des Filmherstellers als ein Angehöriger des VK ist in der EU damit Art. 7 Abs. 2 Schutzdauerrichtlinie maßgeblich.

Das VK kann in Zukunft selbst entscheiden, ob es diese Leistungen schützt und welche Schutzdauer es für diese Leistungen vorsieht.[832] Es kann Regelungen treffen, die von der Schutzdauerrichtlinie und dem EU-Recht abweichen.[833]

Was die Rechte von Filmherstellern betrifft, haben aber sowohl die EU als auch die Mitgliedstaaten als auch das VK den Beijing Treaty unterzeichnet.[834] Dieser stellt einen ersten Versuch dar, auf internationaler Ebene eine Vereinbarung über audiovisuelle Leistungen zu treffen.[835] Er ist jedoch bislang weder für die EU noch für das VK in Kraft getreten.[836] Im TCA haben sich die EU und das VK gem. Art. 222 TCA darauf verständigt, auf eine möglichst schnelle Ratifikation dieses Abkommens hinzuwirken.[837] In Zukunft wird dieses Abkommen für den Schutz von Filmherstellern zwischen der EU und dem VK maßgeblich sein.[838]

c) Wegfall der Bindung an EuGH-Rechtsprechung

Wie oben gezeigt, ist mit dem Austritt des VK aus der EU die Rechtsprechung des EuGH für das VK nur noch eingeschränkt bindend.

Dies hat auf dem Gebiet des Urheberrechts große Konsequenzen.

---

831 Kramme/Baldus/Schmidt-Kessel/*Bullinger*, Brexit, § 22 Rdnr. 2.

832 Kramme/Baldus/Schmidt-Kessel/*Bullinger*, Brexit, § 22 Rdnr. 7.

833 Kramme/Baldus/Schmidt-Kessel/*Bullinger*, Brexit, § 22 Rdnr. 7.

834 https://www.wipo.int/wipolex/en/treaties/ShowResults?search_what=C&treaty_id=841 (zuletzt abgerufen am 07.02.2024).

835 Reinbothe/*von Lewinski*, The WIPO Treaties on Copyright, Part IV Rdnr. 15.0.1; *dies.*, GRUR Int 2013, 12 (18-19).

836 https://www.wipo.int/wipolex/en/treaties/ShowResults?search_what=C&treaty_id=841 (zuletzt abgerufen am 12.10.2023); *Schack*, Rdnr. 1111.

837 Kübek/Tams/Terhechte/*Hetmank/Lauber-Rönsberg*, Handels- und Zusammenarbeitsabkommen EU/VK, § 18 Rdnr. 8.

838 Kübek/Tams/Terhechte/*Hetmank/Lauber-Rönsberg*, Handels- und Zusammenarbeitsabkommen EU/VK, § 18 Rdnr. 8.

Viele der für den Schutz des Urheberrechts und der verwandten Schutzrechte maßgeblichen Begriffe wurden durch den EuGH harmonisiert.[839] Hervorzuheben ist der Werkbegriff.[840]

Bei der Auslegung des Werkbegriffs in den urheberrechtlichen Richtlinien und den Umsetzungsgesetzen des nationalen Rechts ist ein unionsautonomer Begriff zugrunde zu legen.[841]

Ein Werk ist nach unionsautonomem Verständnis eine eigene, geistige Schöpfung des Urhebers, in der seine Persönlichkeit zum Ausdruck kommt, siehe a. ErwG 16 Schutzdauerrichtlinie.[842]

Damit ist – zusätzlich zu den Richtlinien – eine Rechtsvereinheitlichung erzielt worden.[843]

Im VK besteht traditionell ein anderer Ansatz zur Bestimmung der Werkqualität eines Gegenstands.[844] Es besteht ein abschließender Katalog von Werkkategorien, die geschützt sein können.[845] Damit urheberrechtlicher Schutz entsteht, ist unbedingt erforderlich, dass die Voraussetzungen für eine dieser Werkkategorien erfüllt sind.[846] Teilweise wird vertreten, diese Werkkategorien seien nicht mit der Rechtsprechung des EuGH vereinbar.[847] Der Werkbegriff des EuGH siehe dem gegenüber keine abschließenden Werkkategorien vor und sei insoweit offener.[848] Dafür stelle der EuGH erhöhte Anforderungen an die Originalität: Ein Werk liege danach vor,

---

839 Für den Werkbegriff EuGH, Urt. v. 12.09.2019, Rs. C-683/17, Rdnr. 29-48 GRUR 2019, 1185 (1186-1187); EuGH, Urt. v. 16.07.2009, Rs. C-5/08, Rdnr. 34-48, GRUR 2009, 1041 (1044); für den Begriff des ausübenden Künstlers EuGH, Urt. v. 08.09.2020, Rs. C-265/19, Rdnr. 51-53, NJW 2021, 371 (373); Müller-Graff/*Loschelder,* Enzyklopädie Europarecht Bd. 4, § 21 Rdnr. 5-6; Schricker/Loewenheim/*Leistner,* UrhG § 2 Rdnr. 3-11.

840 Kübek/Tams/Terhechte/*Hetmank/Lauber-Rönsberg,* Handels- und Zusammenarbeitsabkommen EU/VK, § 18 Rdnr. 23; Müller-Graff/*Loschelder,* Enzyklopädie Europarecht Bd. 4, § 21 Rdnr. 5-6.

841 EuGH, Urt. v. 12.09.2019, Rs. C-683/17, Rdnr. 29, GRUR 2019, 1185 (1186); *Leistner,* GRUR 2019, 1114 (1114).

842 EuGH, Urt. v. 12.09.2019, Rs. C-683/17, Rdnr. 29, GRUR 2019, 1185 (1186); *Schack,* Rdnr. 184.

843 *Laskowska-Litak,* GRUR Int 2019, 1117 (1121-1122); *Lee,* IIC 2021, 319 (327); Müller-Graff/*Loschelder,* Enzyklopädie Europarecht Bd. 4, § 21 Rdnr. 5-6.

844 *Laskowska-Litak,* GRUR Int 2019, 1117 (1117).

845 *Laskowska-Litak,* GRUR Int 2019, 1117 (1117).

846 *Laskowska-Litak,* GRUR Int 2019, 1117 (1117).

847 *Laskowska-Litak,* GRUR Int 2019, 1117 (1117).

848 *Laskowska-Litak,* GRUR Int 2019, 1117 (1124).

wenn der Schöpfer in dem Gegenstand seine Individualität zum Ausdruck bringt.[849]

Auch, wenn im Recht des VK – im Unterschied zum EU-Recht – keine erhöhten Anforderungen an die Originalität gestellt werden, stellen die obersten Gerichte des VK für einige der Werkkategorien erhöhte Anforderungen an die Ästhetik.[850] Dies wiederum widerspricht der Rechtsprechung des EuGH, wonach sich die Eigenschaft als Werk nicht nach ästhetischen Kriterien bemessen darf.[851] Erstinstanzliche Gerichte des VK haben – in Kenntnis der EuGH-Entscheidungen – nicht von den beschriebenen Präzedenzurteilen Abstand genommen.[852]

Trotz der beschriebenen Unterschiede zwischen dem Werkbegriff nach dem Recht des VK und dem unionsautonomen Werkbegriff haben sich die oberen Gerichte des VK und der EuGH oftmals „in der Mitte" getroffen. In vielen Fällen kamen die Gerichte am Ende zum selben Ergebnis.[853]

Es ist unklar, ob für die Zukunft die obersten Gerichte des VK stärker vom europäischen Verständnis abrücken und zum Verständnis des Rechts des VK zurückkehren werden,[854] oder ob sie sich – obwohl sie nicht mehr daran gebunden sind – weiter an der Rechtsprechung des EuGH orientieren werden.[855]

4. Zwischenergebnis

Mitgliedstaat i.S.v. Art. 10 Abs. 2 Schutzdauerrichtlinie ist jeder Staat, der am 01.07.1995 Mitglied der EU gewesen ist, auch wenn dieser Staat später aus der EU austritt. Damit ist das VK ein Mitgliedstaat im Sinne der Norm.

849 EuGH, Urt. v. 12.09.2019, Rs. C-683/17, Rn. 29, GRUR 2019, 1185 (1186); EuGH, Urt. v. 16.07.2009, Rs. C-5/08, Rdnr. 34-48, GRUR 2009, 1041 (1044); *Laskowska-Litak,* GRUR Int 2019, 1117 (1121-1122, 1124).

850 *Lee,* IIC 2021, 319 (323-324).

851 EuGH, Urt. v. 12.09.2019, Rs. C-683/17, Rn. 53, GRUR 2019, 1185 (1188); *Lee,* IIC 2021, 319 (323-324).

852 *Lee,* IIC 2021, 319 (323).

853 *Laskowska-Littak,* GRUR Int 2019, 1117 (1117, 1124).

854 Kübek/Tams/Terhechte/*Hetmank/Lauber-Rönsberg,* Handels- und Zusammenarbeitsabkommen EU/VK, § 18 Rdnr. 23; so *Lee,* IIC 2021, 319 (323-324, 327-328).

855 Kübek/Tams/Terhechte/*Hetmank/Lauber-Rönsberg,* Handels- und Zusammenarbeitsabkommen EU/VK, § 18 Rdnr. 24; in diese Richtung deutet *Laskowska-Litak,* GRUR Int. 2019, 1117 (1117, 1124); zum Ganzen *Lee,* IIC 2021, 319 (327-328).

Mit Austritt aus der EU ist das VK auch nicht mehr Teil des EWR und des EU-Binnenmarkts.[856] Das hat für das Urheberrecht weitreichende Folgen, da Werke und andere Gegenstände nicht materiell sind und daher überall zirkulieren können.[857]

Große Veränderungen für den Schutz des Urheberrechts und der verwandten Schutzrechte im VK und in der EU ergeben sich auch aus dem Wegfall der Anwendbarkeit des Diskriminierungsverbots aus Art. 18 Abs. 1 AEUV zwischen den EU-Mitgliedstaaten und dem VK.[858] Der Austritt des VK aus der EU ändert nichts an dem Umstand, dass infolge des Diskriminierungsverbots aus Art. 18 Abs. 1 AEUV in Kombination mit Art. 10 Abs. 2 Schutzdauerrichtlinie eine Vielzahl von Werken und Schutzgegenständen, die gemeinfrei geworden waren, wieder unter Schutz stehen.

Der Austritt und damit der Wegfall von Art. 18 Abs. 1 AEUV im VK wirkt erst für die Zukunft.[859] In Zukunft können sich Staatsbürger des VK in den Mitgliedstaaten nicht mehr auf das Diskriminierungsverbot berufen und umgekehrt.[860]

Der Schutz britischer Staatsangehöriger in den EU-Mitgliedstaaten und umgekehrt richtet sich jetzt nach den zwischen der EU oder den Mitgliedstaaten und dem VK geschlossenen Staatsverträgen. Hierzu zählen das TCA, die RBÜ, das Rom-Abkommen, WCT und WPPT sowie TRIPs.[861]

Für das Urheberrecht ergeben sich wenig Unterschiede, da die Staaten nach Art. 5 Abs. 1 RBÜ zur Inländerbehandlung verpflichtet sind. Art. 230 Abs. 1 TCA legt als Mindestschutzdauer für das Urheberrecht 70 Jahre nach dem Tod des Urhebers fest.[862] Der mit der Harmonisierung erreichte Schutzstandard und die Schutzdauer von 70 Jahren nach dem Tod des Urhebers sind damit gesichert, das VK und die EU können nicht hinter der

856 von Arnauld/Bungenberg/*Ziegler*, Enzyklopädie Europarecht Bd. 12, § 9 Rdnr. 13, 66, 73-77; *Terhechte*, NJW 2021, 417 (424).

857 Kübek/Tams/Terhechte/*Hetmank/Lauber-Rönsberg*, Handels- und Zusammenarbeitsabkommen EU/VK, § 18 Rdnr. 1; Müller-Graff/*Loschelder*, Enzyklopädie Europarecht Bd. 4, § 21 Rdnr. 4; *Schack*, Rdnr. 1006.

858 *Grünberger*, ZUM 2021, 257 (258).

859 von Arnauld/Bungenberg/*Ziegler*, Enzyklopädie Europarecht Bd. 12 § 9 Rdnr. 1.

860 *Grünberger*, ZUM 2021, 257 (258).

861 *Grünberger*, ZUM 2021, 257 (258); Kramme/Baldus/Schmidt-Kessel/*Bullinger*, Brexit, § 22 Rdnr. 17; Kübek/Tams/Terhechte/*Hetmank/Lauber-Rönsberg*, Handels- und Zusammenarbeitsabkommen EU/VK, § 18 Rdnr. 1, 4, 21-22, ; Müller-Graff/*Loschelder*, Enzyklopädie Europarecht Bd. 4, § 21 Rdnr. 10.

862 Kübek/Tams/Terhechte/*Hetmank/Lauber-Rönsberg*, Handels- und Zusammenarbeitsabkommen EU/VK, § 18 Rdnr. 22.

mit der Harmonisierung der Schutzfristen erreichten Schutzdauer zurückbleiben.[863]

Eine wichtige Neuerung ergibt sich bei der Berechnung der Schutzdauer, wenn mehrere Urheber gemeinsam ein Werk schaffen. Nach Art. 230 Abs. 2 TCA kann die Berechnung der Schutzdauer im Fall von Miturheberschaft, bei Filmwerken, Musikkompositionen mit Text, anonymen und pseudonymen Werken von der EU und dem VK eigenständig bestimmt werden. Das bedeutet, die Vorgaben der Schutzdauerrichtlinie für die Berechnung der Schutzdauer sind in diesen Fällen nicht mehr bindend für das VK. Hier können sich in Zukunft Unterschiede in der Schutzdauer zwischen EU und VK ergeben.

Über die Rechte von ausübenden Künstlern, Herstellern von Tonträgern und Sendeunternehmen trifft das TCA Bestimmungen (Art. 224, 226-228, 230 Abs. 3-6 TCA) und es bestehen weitere völkerrechtliche Verträge.[864] Wie oben gezeigt, ist der Schutz dieser verwandten Schutzrechte nach diesen Staatsverträgen schwächer ausgestaltet als der Schutz des Urheberrechts nach dem TCA und der RBÜ.[865]

Für die Rechte von Filmherstellern, Herausgebern nachgelassener Werke und Datenbankherstellern richtet sich der Schutz nunmehr nach den nationalen Vorschriften der EU-Mitgliedstaaten und des VK.[866]

Die EU-Richtlinien auf dem Gebiet des Urheberrechts und der verwandten Schutzrechte machen teilweise Vorgaben für den Schutz im Verhältnis zu Drittstaaten, zum Beispiel Art. 7 Abs. 2 Schutzdauerrichtlinie für die Dauer der verwandten Schutzrechte nach Art. 3 Schutzdauerrichtlinie (also auch die Dauer der Rechte von Filmherstellern) sowie Art. 11 Abs. 3 Datenbankrichtlinie[867] für die Rechte von Datenbankherstellern.[868] Diese Vorgaben sind nun auch gegenüber dem VK zu beachten.[869]

---

863 Kübek/Tams/Terhechte/*Hetmank/Lauber-Rönsberg,* Handels- und Zusammenarbeitsabkommen EU/VK, § 18 Rdnr. 4, 22, 58.

864 Kübek/Tams/Terhechte/*Hetmank/Lauber-Rönsberg,* Handels- und Zusammenarbeitsabkommen EU/VK, § 18 Rdnr. 21.

865 *Schack,* Rdnr. 1075, 1079.

866 Für die Rechte von Filmherstellern *Dreier/Schulze,* UrhG § 94 Rdnr. 2; für die Rechte des Datenbankherstellers Kübek/Tams/Terhechte/*Hetmank/Lauber-Rönsberg,* Handels- und Zusammenarbeitsabkommen EU/VK, § 18 Rdnr. 25-26.

867 Richtlinie 96/9/EG v. 11.03.1996, ABl. 1996 L 77/20 (zit.: Datenbankrichtlinie).

868 Zu Art. 7 Schutzdauerrichtlinie *Walter/*von Lewinski, Term Directive Art. 10 Rdnr. 8.10.26, Art. 7 Rdnr. 8.7.24-8.7.39.

869 Für Art. 11 Abs. 3 Datenbankrichtlinie Kübek/Tams/Terhechte/*Hetmank/Lauber-Rönsberg,* Handels- und Zusammenarbeitsabkommen EU/VK, § 18 Rdnr. 25-26.

Der Wegfall der Bindungswirkung von EuGH-Urteilen könnte ebenfalls große Bedeutung erlangen.[870] Der EuGH hat auf dem Gebiet des Urheberrechts unionsautonome Begriffe geschaffen, wie den Werkbegriff und die Definition der Inhaber und Gegenstände verwandter Schutzrechte.[871] Es bleibt zu beobachten, ob die obersten Gerichte des VK nun zum traditionellen Ansatz des VK zurückkehren werden, der mehrere Werkkategorien vorsieht, oder ob sie sich weiter an der Rechtsprechung des EuGH orientieren werden.[872]

V. Rechteinhaberschaft und Schutz des Vertrauens der Nutzer

Art. 10 Abs. 3 Schutzdauerrichtlinie gibt den Mitgliedstaaten auf, die notwendigen Bestimmungen zu treffen, um insbesondere die erworbenen Rechte Dritter zu schützen. Nutzungshandlungen, die vor dem 01.07.1995 stattgefunden haben, sollen von der Richtlinie unberührt bleiben. In Umsetzung dieser Vorschrift bestimmt § 137f Abs. 3 S. 2 UrhG, dass eine vor dem 01.07.1995 begonnene Nutzungshandlung in dem vorgesehenen Rahmen fortgesetzt werden kann. Nach § 137f Abs. 3 S. 3 UrhG muss für die Nutzung ab diesem Zeitpunkt aber eine angemessene Vergütung gezahlt werden.

Im Folgenden wird zunächst auf die Inhaberschaft an den wieder auflebenden Rechten eingegangen. Im Anschluss wird skizziert, welche Vorgaben Art. 10 Abs. 3 Schutzdauerrichtlinie für den Schutz der erworbenen Rechte Dritter macht und wie weit der Ermessensspielraum geht, den diese Bestimmung vorsieht. Schließlich wird die Bestimmung über die Zulässigkeit fortgesetzter Nutzungen aus § 137f Abs. 3 S. 2 und 3 UrhG genauer untersucht.

---

870 *Lee,* IIC 2021, 319 (327).

871 EuGH, Urt. v. 08.09.2020, Rs. C-265/19, Rdnr. 48, 50-53, NJW 2021, 371 (372-373); EuGH, Urt. v. 12.09.2019, Rs. C-683/17, Rdnr. 29, GRUR 2019, 1185 (1186); EuGH, Urt. v. 16.07.2009, Rs. C-5/08, Rdnr. 34-48, GRUR 2009, 1041 (1044); Kübek/Tams/Terhechte/*Hetmank/Lauber-Rönsberg,* Handels- und Zusammenarbeitsabkommen EU/VK, § 18 Rdnr. 23-24; *Laskowska-Litak,* GRUR Int 2019, 1117 (1121-1122) (zum Werkbegriff); *Lee,* IIC 2021, 319 (327-328); Müller-Graff/*Loschelder,* Enzyklopädie Europarecht Band 4, § 21 Rdnr. 71, 79-87.

872 Kübek/Tams/Terhechte/*Hetmank/Lauber-Rönsberg,* Handels- und Zusammenarbeitsabkommen EU/VK, § 18 Rdnr. 23-24; *Lee,* IIC 2021, 319 (327-328).

1. Inhaber des wiederauflebenden Rechts

Wenn Rechte nach Art. 10 Abs. 2 Schutzdauerrichtlinie wieder aufleben stellt sich die Frage, wem die wieder auflebenden Rechte zufallen. Bis auf Ausnahmefälle, trifft die Richtlinie hierüber keine Bestimmungen.[873]

Im Folgenden werden die Vorschriften der Schutzdauerrichtlinie über die Rechteinhaberschaft erläutert. Hierbei wird dargelegt, in welchen Fällen die Richtlinie Vorgaben über die Rechteinhaberschaft macht und mit welchen Rechtsfolgen. Auf den unionsautonomen Werkbegriff wird eingegangen. Anschließend ist darzulegen, in welchen Fällen es infolge unterschiedlicher Bestimmungen über die Urheberschaft in den Mitgliedstaaten zu einer verschiedenen Zuordnung der Rechte kommen kann. Die Untersuchung fokussiert sich auf den Unterschied zwischen Copyright und Urheberrecht, die Möglichkeit, das Urheberrecht originär einer juristischen Person zuzusprechen, die Miturheberschaft und das Übertragen von Rechten. Besonderheiten bei den verwandten Schutzrechten werden berücksichtigt.

a) Bestimmungen der Richtlinie

Mit der Richtlinie war bezweckt worden, nach Möglichkeit nur die für die Schutzfristenangleichung unmittelbar notwendigen Aspekte auf EU-Ebene zu harmonisieren.[874] Über die Inhaberschaft am Urheberrecht und den verwandten Schutzrechten sollten in der Richtlinie keine Bestimmungen getroffen werden.[875]

In der Begründung des ersten Richtlinienvorschlags betont die *Kommission,* die Inhaberschaft am Urheberrecht und den verwandten Schutzrech-

---

873 Schricker/*Loewenheim/Peifer,* UrhG § 7 Rdnr. 1.

874 Vorschlag für eine Richtlinie des Rates zur Harmonisierung der Schutzdauer des Urheberrechts und bestimmter verwandter Schutzrechte (von der Kommission vorgelegt) v. 23.03.1992, KOM(92)33 endg. – Syn 395, Begründung S. 27-31 Rdnr. 54-61; *von Lewinski,* in: *Möhring/Schulze/Ulmer/Zweigert (Hrsg.),* Quellen des Urheberrechts, Loseblatt (Stand: Mai 1994), Europ. GemeinschaftsR/II/4 S. 3.

875 Vorschlag für eine Richtlinie des Rates zur Harmonisierung der Schutzdauer des Urheberrechts und bestimmter verwandter Schutzrechte (von der Kommission vorgelegt) v. 23.03.1992, KOM(92)33 endg. – Syn 395, Begründung S. 27-28 Rdnr. 55; *Walter*/von Lewinski, Term directive Art. 1 Rdnr. 8.1.41.

ten werde von den nationalen Rechtsordnungen bestimmt.[876] Es werde nicht der Anspruch erhoben, über Fragen der Urheberschaft und des materiellen Rechts zu entscheiden.[877]

Nur vereinzelt trifft die Schutzdauerrichtlinie Bestimmungen über die Urheberschaft und die Inhaberschaft an einem verwandten Schutzrecht, etwa über die Urheberschaft eines Filmwerks nach Art. 2 Abs. 1 S. 1 Schutzdauerrichtlinie sowie über die Inhaberschaft an dem Recht an einem nachgelassenen Werk gem. Art. 4 S. 1 Hs. 1 Schutzdauerrichtlinie.[878]

Die Richtlinie klammert die Frage, wann Miturheberschaft vorliegt, ebenfalls aus. Art. 1 Abs. 2 Schutzdauerrichtlinie sieht vor, dass im Fall von Miturheberschaft die Frist mit dem Tod des am längsten lebenden Miturhebers beginnt.[879] Die Voraussetzungen der Miturheberschaft werden hiermit aber nicht festgelegt.[880] Diese wurden auf Europäischer Ebene noch nicht harmonisiert und ergeben sich aus dem nationalen Recht der Mitgliedstaaten.[881]

Obwohl die Berechnung der Frist bei der Miturheberschaft gem. Art. 1 Abs. 2 Schutzdauerrichtlinie vereinheitlicht worden ist, wirken sich die Unterschiede in der Beurteilung, ob Miturheberschaft vorliegt oder nicht, auf die Schutzdauer von Werken und Gegenständen aus.[882] Sofern Miturheberschaft vorliegt, wird die Schutzdauer gem. Art. 1 Abs. 2 Schutzdauerrichtlinie nach dem Tod des Längstlebenden berechnet. Lag dagegen keine Miturheberschaft vor, berechnete sich die Schutzdauer für die einzelnen Beiträge, sofern sie Werkqualität besaßen, nach dem Tod ihres Schöpfers.[883]

---

876 Vorschlag für eine Richtlinie des Rates zur Harmonisierung der Schutzdauer des Urheberrechts und bestimmter verwandter Schutzrechte (von der Kommission vorgelegt) v. 23.03.1992, KOM(92)33 endg. – Syn 395, Begründung S. 27 Rdnr. 55.

877 Vorschlag für eine Richtlinie des Rates zur Harmonisierung der Schutzdauer des Urheberrechts und bestimmter verwandter Schutzrechte (von der Kommission vorgelegt) v. 23.03.1992, KOM(92)33 endg. – Syn 395, Begründung S. 27-28 Rdnr. 55; *Walter*/von Lewinski, Term Directive Art. 1 Rdnr. 8.1.41.

878 *Walter*/von Lewinski, Term Directive Art. 1 Rdnr. 8.1.41; *Emilianides*, EIPR 2004, 538 (541).

879 *Walter*/von Lewinski, Term Directive Art. 1 Rdnr. 8.1.39.

880 *Walter*/von Lewinski, Term Directive Art. 1 Rdnr. 8.1.39, 8.1.44; *Benabou*, S. 374.

881 Schricker/*Loewenheim/Peifer*, UrhG § 7 Rdnr. 1, § 8 Rdnr. 5; *Walter*/von Lewinski, Term Directive Art. 1 Rdnr. 8.1.39, 8.1.41; *Ellins*, S. 298; *Reindl*, in: *Koppensteiner (Hrsg.)*, Österreichisches und europäisches Wirtschaftsprivatrecht Teil 2, 256 (381).

882 Schricker/Loewenheim/*Katzenberger/Metzger*, UrhG § 65 Rdnr. 13; *Flechsig*, ZUM 2012, 227 (232-233).

883 Schricker/Loewenheim/*Katzenberger/Metzger*, UrhG § 65 Rdnr. 13; *Flechsig*, ZUM 2012, 227 (232-233).

Die Schutzdauer konnte also zwischen den Mitgliedstaaten unterschiedlich sein.[884]

Über die Möglichkeit des Übertragens von Rechten sowie darüber, wem für den Fall, dass ein Recht vor seinem Erlöschen übertragen worden ist, das wieder aufgelebte Recht zusteht, schweigt die Schutzdauerrichtlinie.[885]

Art. 10 Abs. 2 und 3 Schutzdauerrichtlinie enthalten keine Vorgaben darüber, wer Inhaber der wieder auflebenden Rechte ist.[886]

Zusammenfassend kann festgehalten werden, dass die Inhaberschaft am Urheberrecht und an verwandten Schutzrechten im Fall, dass die Rechte aufgrund von Art. 10 Abs. 2 Schutzdauerrichtlinie wieder aufleben, überwiegend nicht durch die Schutzdauerrichtlinie bestimmt werden soll. Die Schutzdauerrichtlinie trifft hierüber nur punktuelle Bestimmungen für bestimmte Werkarten und verwandte Schutzrechte. Diese Fragen werden vom nationalen Recht beantwortet.[887]

b) Unionsautonomer Werkbegriff

Die europäischen Richtlinien enthalten bislang keine Bestimmungen der ersten Urheberschaft.[888]

Die Mitgliedstaaten bestimmten den Werkbegriff in unterschiedlicher Weise, da einige dem Copyright-System und andere dem Droit d`auteur-System folgten.[889] Gleichwohl bestanden zwischen den Mitgliedstaaten bei Inkrafttreten der Schutzdauerrichtlinie gemeinsame Grundlagen.[890]

Die Mitgliedstaaten hatten die RBÜ unterzeichnet[891] und damit waren die Vorgaben aus der RBÜ für sie bindend. In Art. 2 Abs. 1 RBÜ wird umschrieben, was ein Werk der Literatur und Kunst sein kann.

---

884 Schricker/Loewenheim/*Katzenberger/Metzger*, UrhG § 65 Rdnr. 13; *Flechsig*, ZUM 2012, 227 (232-233).

885 *Antill/Coles*, EIPR 1997, 379 (381); *Beier*, S. 218-219; *von Lewinski*, in: *Möhring/Schulze/Ulmer/Zweigert (Hrsg.)*, Quellen des Urheberrechts, Loseblatt (Stand: Mai 1994), Europ. GemeinschaftsR/II/4, S. 16.

886 *Beier*, S. 218; *Antill/Coles*, EIPR 1996, 379 (381); *Emilianides*, EIPR 2004, 538 (541).

887 Schricker/*Loewenheim/Peifer*, UrhG § 7 Rdnr. 1.

888 Schricker/Loewenheim/*Peifer*, UrhG § 7 Rdnr. 1.

889 *Ellins*, S. 86-88.

890 *von Lewinski*, in: *Möhring/Schulze/Ulmer/Zweigert (Hrsg.)*, Quellen des Urheberrechts, Loseblatt (Stand: Mai 1994), Europ. GemeinschaftsR/II/4, S. 2.

891 *WIPO*, WIPO-Administered Treaties. Contracting Parties, Berne Convention, Paris Act (1971), url: https://www.wipo.int/treaties/en/ActResults.jsp?act_id=26 (zu-

Art. 1 Abs. 1 Schutzdauerrichtlinie verweist für Werke der Literatur und Kunst auf Art. 2 Abs. 1 RBÜ.

Für bestimmte Werkarten waren die Voraussetzungen bei Inkrafttreten der Schutzdauerrichtlinie in EU-Richtlinien definiert, beispielsweise für Computerprogramme, Art. 1 Abs. 2, 3 Computerprogramm-Richtlinie[892].[893] Nach Art. 1 Abs. 3 Computerprogramm-Richtlinie werden Computerprogramme geschützt, wenn sie individuelle Werke in dem Sinne darstellen, dass sie das Ergebnis der eigenen geistigen Schöpfung ihres Urhebers sind. Andere Kriterien dürfen zur Bestimmung ihrer Schutzfähigkeit nicht angewendet werden, Art. 1 Abs. 3 S. 2 Computerprogramm-Richtlinie. Die ihnen zugrunde liegenden Ideen und Grundsätze sind nicht schutzfähig, Art. 1 Abs. 2 S. 2 Computerprogramm-Richtlinie.

Für Fotografien findet sich darüber hinaus in Art. 6 S. 1-2 Schutzdauerrichtlinie die Definition eines Werks. Hiernach sind Fotografien als Werke geschützt, wenn sie das Ergebnis der eigenen geistigen Schöpfung ihres Urhebers sind, Art. 6 S. 1 Schutzdauerrichtlinie. Andere Kriterien dürfen nicht angewandt werden, Art. 6 S. 2 Schutzdauerrichtlinie. Die Voraussetzungen entsprechen also denjenigen für Computerprogramme in Art. 1 Abs. 2, 3 Computerprogramm-Richtlinie. In ErwG 16 Schutzdauerrichtlinie wird betont, dass die Fotografie als Werk geschützt ist, wenn in ihr die Persönlichkeit ihres Urhebers zum Ausdruck kommt.

Inzwischen hat sich ein unionsautonomer, europäischer Werkbegriff herausgebildet.[894] Dieser lehnt sich auch an diese Vorschriften, insbesondere Art. 6 Schutzdauerrichtlinie,[895] an. Ein Werk liegt hiernach vor, wenn hier-

---

letzt abgerufen am 21.07.2021); Belgien und Irland waren an die Brüsseler Fassung gebunden, *WIPO,* Berne Notification No. 62. Berne Convention for the Protection of Literary and Artistic Works, Ratification by the Kingdom of Belgium of the Stockholm Act (with the exception of Articles 1 to 21 and of the Protocol Regarding Developing Countries), url: https://www.wipo.int/treaties/en/notifications/berne/treaty_berne_62.html (zuletzt abgerufen am 21.07.2021); *WIPO,* Berne Notification No. 26. Berne Convention for the Protection of Literary and Artistic Works, Ratification by Ireland of the Stockholm Act (with the exception of Articles 1 to 21 and of the Protocol Regarding Developing Countries), url: https://www.wipo.int/treaties/en/notifications/berne/treaty_berne_26.html (zuletzt abgerufen am 21.07.2021).

892 Richtlinie 2009/24/EG v. 23.04.2009, ABl. 2009 L 111, 16-22 (zit.: Computerprogramm-Richtlinie).

893 Dazu *Ellins,* S. 257-258.

894 EuGH, Urt. v. 01.12.2011, Rs. C-145/10, Rdnr. 87-89, GRUR 2012, 166 (168); EuGH, Urt. v. 16.07.2009, Rs. C-5/08 Rdnr. 35, 37, GRUR 2009, 1041 (1044); Schricker/Loewenheim/*Peifer,* UrhG § 7 Rdnr. 1.

895 EuGH, Urt. v. 01.12.2011, Rs. C-145/10, Rdnr. 87-89, GRUR 2012, 166 (168).

in eine eigene geistige Schöpfung liegt, in der die Persönlichkeit ihres Schöpfers zum Ausdruck kommt.[896] Maßgeblich ist, ob der Urheber beim Schaffen einen Gestaltungsspielraum hatte und seine schöpferischen Fähigkeiten so zum Ausdruck bringen konnte.[897] Diese Definition ist auf alle Werkarten anzuwenden.[898] In den meisten Fällen, in denen das Urheberrecht nach Art. 10 Abs. 2 Schutzdauerrichtlinie wieder auflebt, steht es demzufolge in den Mitgliedstaaten derselben Person zu.

Es können sich aber dennoch zwischen den Mitgliedstaaten Unterschiede bei der Zuordnung der wieder aufgelebten Urheberrechte ergeben. Diese Unterschiede können bestehen zwischen Staaten, die die Rechte stets dem Schöpfer zusprechen und Staaten, in denen das Urheberrecht originär zugunsten einer juristischen Person entstehen kann.[899] Sie können daraus folgen, dass die Miturheberschaft nicht harmonisiert worden ist.[900] Schließlich können sich Differenzen dadurch ergeben, dass einige Rechtsordnungen die Übertragung des Urheberrechts bzw. Copyright als Ganzes oder in Teilen erlauben, und andere nicht.[901]

Die unterschiedlichen Herangehensweisen im anglo-amerikanischen Copyright-System und der kontinentaleuropäischen Rechtstradition haben dazu geführt, dass die Inhaberschaft an Rechten unterschiedlich eingeordnet wird. Daher sind im Folgenden das anglo-amerikanische Copyright-System und die kontinentaleuropäische Rechtstradition (Droit d`auteur-System) einander gegenüberzustellen.

Anschließend werden die oben aufgezeigten Situationen genauer untersucht.

---

896 EuGH, Urt. v.01.12.2011 - Rs. C-145/10, Rdnr. 88-89, GRUR 2012, 166 (168); EuGH, Urt. v. 22.12.2010, Rs. C-393/09, Rdnr. 45, GRUR 2011, 220 (222); EuGH, Urt. v. 16.07.2009, Rs. C-5/08, Rdnr. 34-38, GRUR 2009, 1041 (1044); Schricker/Loewenheim/*Peifer,* UrhG § 7 Rdnr. 1.

897 EuGH, Urt. v. 01.12.2011, Rs. C-145/10, Rdnr. 89-90, GRUR 2012, 166 (168).

898 EuGH, Urt. v. 01.12.2011, Rs. C-145/10, Rdnr. 95-98, GRUR 2012, 166 (169).

899 Für Deutschland und das Vereinigte Königreich *Ellins,* S. 127-131.

900 *Walter*/von Lewinski, Term Directive Art. 1 Rdnr. 8.1.39; *Reindl,* in: *Koppensteiner (Hrsg.),* Österreichisches und europäisches Wirtschaftsprivatrecht Teil 2, 249 (381); zum Unterschied zwischen deutschem und französischem Recht *Schricker,* GRUR Int 2001, 1015 (1015).

901 *Ellins,* 156-157.

c) Copyright und Droit d`auteur-System

Bei der Frage der Rechteinhaberschaft macht sich der Unterschied des Copyright-Systems zum kontinentaleuropäischen Urheberrecht bemerkbar. Beide Systeme haben ihren Ursprung in unterschiedlichen Vorstellungen. Beim Copyright-System steht das zu schützende Werk im Vordergrund.[902] Dies verdeutlicht der Name, denn „copy“ bezieht sich auf ein Exemplar oder eine Kopie des Werkes.[903] Es geht darum, den wirtschaftlichen Wert des Werkes zu schützen sowie denjenigen, die in seine Verwertung investieren, die Früchte aus dieser zu sichern.[904] Der Schutz ist ein Investitionsschutz.[905]

Dagegen steht im kontinentaleuropäischen Urheberrecht die Persönlichkeit des Urhebers im Mittelpunkt (daher auch die Bezeichnung Urheberrecht, oder im Französischen droit d`auteur).[906] Es geht von der Prämisse aus, dass das Urheberrecht dem Schöpfer des Werkes zusteht.[907] Zwischen demjenigen, der ein Werk geschaffen hat und dem Werk besteht ein unauflösbares Band (siehe für das deutsche Recht: § 11 S. 1 UrhG).[908] Der Schöpfer drückt in dem Werk seine Persönlichkeit aus.[909] Er soll in seinen gesamten geistigen Beziehungen zum Werk und in seinen finanziellen Interessen in Bezug auf dieses geschützt werden.[910]

Die Unterscheidung hat Konsequenzen für die Rechteinhaberschaft: In Staaten, die dem Copyright-System folgen, kann das Urheberrecht auch originär einer juristischen Person zustehen.[911] Dieses geht nicht von einem naturrechtlichen Verständnis aus, vielmehr ist das Urheberrecht als solches hiernach positiv gesetztes Recht und steht damit nicht zwangsläufig demjenigen zu, der das Werk geschaffen hat.[912] Beispielsweise kann nach dem Recht des VK das Urheberrecht an einem in einem Arbeitsverhältnis ge-

---

902 *Ellins,* S. 76-77.
903 *Schack,* Rdnr. 28.
904 *Ellins,* S. 77-78; *Schack,* Rdnr. 28-29.
905 *Ellins,* S. 77-78; *Schack,* Rdnr. 28-29.
906 *Schack,* Rdnr. 313.
907 Schricker/*Loewenheim/Peifer,* UrhG § 7 Rdnr. 2; *Ellins* S. 76.
908 *Ellins,* S. 78; *Schack,* Rdnr. 353.
909 Schricker/*Loewenheim/Peifer,* UrhG § 7 Rdnr. 2; *Ellins,* S. 76, 78.
910 *Ellins,* S. 78; *Schack,* Rdnr. 353, 357.
911 *Ellins,* S. 77; *Schack,* Rdnr. 28.
912 *Ellins,* S. 76.

schaffenen Werk gem. s 11(2) Copyright, Designs and Patents Act 1988 originär dem Arbeitgeber zustehen.[913]

Mit dem kontinentaleuropäischen Verständnis geht einher, dass Rechteinhaber und Urheber nur die natürliche Person sein kann, die das Werk geschaffen hat.[914] Das Urheberrecht kann nach diesem Verständnis nicht originär zugunsten einer juristischen Person entstehen.[915] Ferner wirkt sich der Unterschied auch bei der Übertragbarkeit von Rechten aus.[916] Während das Urheberrecht als solches etwa in Deutschland gem. § 29 Abs. 1 UrhG nicht übertragbar ist, kann es in Rechtsordnungen, die dem Copyright-System folgen, übertragen werden.[917]

d) Juristische Personen als Rechteinhaber

aa) Arbeitsverhältnis

Unterschiede ergeben sich vor allem in Fällen, in denen Werke in einem Arbeitsverhältnis, im Auftrag für einen anderen oder für ein Unternehmen geschaffen wurden. Einige Rechtsordnungen, zum Beispiel das Recht des VK gem. s 11(2) Copyright, Designs and Patents Act 1988 sowie der Niederlande gem. Art. 7 Auteurswet van 1912, ordnen das Urheberrecht in einem solchen Fall originär dem Arbeitgeber zu.[918] In den USA setzt das Anwenden der „works made for hire"-Regel gem. 17 U.S. Code § 201b-1 nicht zwangsläufig voraus, dass das Werk in einem bestehenden Arbeitsverhältnis geschaffen wurde.[919] Das Urheberrecht kann auch dann dem Auftraggeber zugeordnet werden, wenn der Auftragnehmer es selbstständig in einem Werkvertrag für einen anderen geschaffen hat.[920]

Nach dem deutschen Recht hingegen verbleibt das Urheberrecht auch in diesem Fall gem. § 43 UrhG beim Arbeitnehmer.[921] Der Arbeitgeber,

---

913 *Schack*, Rdnr. 1227.

914 Schricker/*Loewenheim/Peifer*, UrhG § 7 Rdnr. 2-3; *Ellins*, S. 109; *Schack*, Rdnr. 27, 313-314.

915 Schricker/*Loewenheim/Peifer*, UrhG § 7 Rdnr. 2; *Schack*, Rdnr. 27.

916 *Ellins*, S. 156-158.

917 *Ellins*, S. 156-158.

918 *Schack*, Rdnr. 1227.

919 *Walter*/von Lewinski, Term Directive Art. 1 Rdnr. 8.1.68.

920 *Walter*/von Lewinski, Term Directive Art. 1 Rdnr. 8.1.68.

921 Schricker/*Loewenheim/Peifer*, UrhG § 7 Rdnr. 4; *Ellins*, S. 132-134; *Schack*, Rdnr. 314, 316.

der institutionell dazu beiträgt, dass das Werk entstehen kann, wird über das Einräumen von Nutzungsrechten an dem Werk geschützt.[922] Oftmals wird die Verpflichtung zum Einräumen von Nutzungsrechten bereits im Arbeitsvertrag festgeschrieben.[923]

Im Ergebnis kann es dazu kommen, dass beim Schaffen von Werken in einem Arbeitsverhältnis in einigen Mitgliedstaaten der Arbeitnehmer Inhaber der Rechte ist und in anderen der Arbeitgeber.[924]

bb) Rechtsfolgen des Urheberrechts zugunsten von juristischen Personen

Für den Fall, dass in einem Mitgliedstaat das Urheberrecht originär einer juristischen Person zugeordnet wird oder im Fall spezieller Regelungen für Kollektivwerke, trifft Art. 1 Abs. 4 Schutzdauerrichtlinie eine besondere Bestimmung.[925] Hiernach wird die Schutzdauer in diesen Fällen nach Art. 1 Abs. 3 Schutzdauerrichtlinie berechnet. Diese Regel findet jedoch keine Anwendung, sofern die natürlichen Personen, die das Werk als solches geschaffen haben, in den der Öffentlichkeit zugänglich gemachten Fassungen des Werks als solche identifiziert sind.[926] In diesen Fällen bestimmt sich die Schutzdauer nach Art. 1 Abs. 1 und Abs. 2 Schutzdauerrichtlinie. Der Schutz erlischt damit 70 Jahre nach dem Tod desjenigen, der das Werk tatsächlich geschaffen hat, und zwar unabhängig davon, ob das nationale Recht der Mitgliedstaaten dieser Person das Urheberrecht tatsächlich zuweist oder es einer juristischen Person zuweist.[927]

Ist die natürliche Person, die das Werk tatsächlich geschaffen hat, nicht identifiziert, so bestimmt sich die Berechnung der Schutzdauer nach den Regeln über anonyme und pseudonyme Werke, Art. 1 Abs. 3 Schutzdauerrichtlinie. Hiernach endet der Schutz 70 Jahre, nachdem das Werk erlaubterweise der Öffentlichkeit zugänglich gemacht worden ist. Nach Art. 1 Abs. 6 Schutzdauerrichtlinie erlischt jedoch der Schutz, wenn das Werk

922 *Schack*, Rdnr. 316-317.

923 Schricker/*Loewenheim*/*Peifer*, UrhG § 7 Rdnr. 3.

924 *Walter*/von Lewinski, Term Directive Art. 1 Rdnr. 8.1.67; *Schack*, Rdnr. 27-28, 1227-1228.

925 *Walter*/von Lewinski, Term Directhive Art. 1 Rdnr. 8.1.72-8.1.73.

926 *Walter*/von Lewinski, Term Directhive Art. 1 Rdnr. 8.1.74.

927 *Walter*/von Lewinski, Term Directhive Art. 1 Rdnr. 8.1.74.

nicht innerhalb von 70 Jahren nach seiner Schaffung der Öffentlichkeit zugänglich gemacht worden ist.[928]

e) Miturheberschaft

Soweit mehrere Personen an einem Werk beteiligt sind, stellt sich die Frage, wie ihr Zusammenwirken einzuordnen ist und ob die Personen Miturheber des Werkes sind. Dies hat Einfluss auf die Zuordnung der nach Art. 10 Abs. 2 Schutzdauerrichtlinie wieder auflebenden Rechte.

Wie bereits dargelegt, bestimmt sich die Miturheberschaft nach dem Recht der Mitgliedstaaten. Das Vorliegen von Miturheberschaft wird von den Mitgliedstaaten sehr unterschiedlich beurteilt.[929] So ist im deutschen Recht entscheidend, dass sich die Beiträge nicht gesondert verwerten lassen, § 8 Abs. 1 UrhG.[930] Gehören die Beiträge verschiedenen Werkgattungen an, beispielsweise bei einem Lied die Musik und der Text, dann liegt in der Regel keine Miturheberschaft vor.[931]

Im Französischen Recht hingegen kommt es im Rahmen des Art. L113-3 Code de la propriété intellectuelle auf ein Zusammenwirken im Sinne einer „participation concertée" an.[932] Die Werkschaffenden müssen im Hinblick auf das Werk zusammenwirken, ihre Beiträge müssen ein einheitliches Ganzes bilden.[933] Ob die Beiträge gesondert verwertbar sind, spielt hierfür keine Rolle.[934] Im Gegensatz zum deutschen Recht ist es hier beispielsweise möglich, dass der Komponist der Filmmusik Miturheber des Filmwerkes ist. Dies wird sogar nach Art. L113-3 alinéa 4 Code de la propriété intellectuelle vermutet.[935] Sofern ein Textdichter und ein Komponist gemeinsam ein Lied schreiben, kann nach französischem Recht Miturheberschaft zwischen den beiden Autoren bestehen.[936]

928 *Walter*/von Lewinski, Term Directive Art. 1 Rdnr. 8.1.73.

929 *Walter*/von Lewinski, Term Directive Art. 1 Rdnr. 8.1.35-8.1.38; zur participation concertée nach französischem Urheberrecht *Lucas/Lucas,* Rdnr. 189-194.

930 Dazu Schricker/*Loewenheim/Peifer,* UrhG § 8 Rdnr. 5-7.

931 Schricker/*Loewenheim/Peifer,* UrhG § 8 Rdnr. 6.

932 *Lucas/Lucas,* Rdnr. 189; *Schricker,* GRUR Int 2001, 1015 (1015).

933 *Walter*/von Lewinski, Term Directive Art. 1 Rdnr. 8.1.36; *Lucas/Lucas,* Rdnr. 189-190.

934 *Walter*/von Lewinski, Term Directive Art. 1 Rdnr. 8.1.36; *Poll,* GRUR Int 2003, 290 (297); *Schricker,* GRUR Int 2001, 1015 (1015).

935 *Lucas/Lucas,* Rdnr. 192; *Poll,* GRUR Int 2003, 290 (296).

936 *Walter*/von Lewinski, Term Directive Art. 1 Rdnr. 8.1.44; *Schricker,* GRUR Int 2001, 1015 (1015).

Wie oben gezeigt, können die Unterschiede auf dem Gebiet der Miturheberschaft zwischen dem Recht der einzelnen Mitgliedstaaten dazu führen, dass bei Werken, an denen mehrere mitwirken, weiterhin große Unterschiede in der Schutzdauer bestehen.[937] Dies spielt für Künstler und Verwerter eine wichtige Rolle, da im Bereich der Musik und der Künste die Schöpfer über Ländergrenzen hinweg zusammenarbeiten. Die Musikszene ist kosmopolitisch. Es kommt regelmäßig vor, dass Künstler, die zusammenwirken, aus unterschiedlichen Staaten kommen.

Insoweit wurde das Bedürfnis nach einer Harmonisierung der Miturheberschaft geäußert.[938] Eine solche ist insgesamt bislang[939] nicht erfolgt. Teilweise sind jedoch Bestimmungen getroffen worden, um die Unterschiede in der Schutzdauer zwischen den Mitgliedstaaten bei der Schöpfung durch mehrere einzuebnen, siehe Art. 1 Abs. 7, Art. 2 Abs. 2 Schutzdauerrichtlinie.[940]

Einen besonders wichtigen Fall stellen Filmwerke dar.[941] Bei diesen sind eine große Vielzahl an Personen beteiligt – vom Regisseur, Drehbuchautor, Komponisten der Filmmusik bis hin zum Kameramann und Cutter.[942] Die Beiträge der Einzelnen sind vielfältig.[943] Welcher dieser Beiträge als Teil des Filmwerks und welche dieser Personen Miturheber an dem Filmwerk ist, wird in den Mitgliedstaaten unterschiedlich beurteilt.[944] Vor dem Hintergrund der Vielzahl der beteiligten Personen und der Diversität der Beiträge ist die Frage schwierig zu beantworten, ob im Einzelnen Miturheberschaft oder eine Werkverbindung vorliegt.

937 *Walter*/von Lewinski, Term Directive Art. 1 Rdnr. 8.1.44.

938 *Walter*/von Lewinski, Term Directive Art. 1 Rdnr. 8.1.46.

939 Stand: 05. Februar 2024.

940 Zu Filmwerken *Walter*/von Lewinski, Term Directive Art. 2 Rdnr. 8.2.5; *Maier*, RdMuE Bd. 2 1994, 49 (70); *von Lewinski*, in: *Möhring/Schulze/Ulmer/Zweigert (Hrsg.)*, Quellen des Urheberrechts, Loseblatt (Stand: Mai 1994), Europ. GemeinschaftsR/II/4, S 8.

941 *Benabou*, S. 379; *von Lewinski*, in: *Möhring/Schulze/Ulmer/Zweigert (Hrsg.)*, Quellen des Urheberrechts, Loseblatt (Stand: Mai 1994), Europ. GemeinschaftsR/II/4, S. 8; *Maier*, RdMuE Bd. 2 (1994), 49 (66, 70).

942 *Walter*/von Lewinski, Term Directive Art. 2 Rdnr. 8.2.6.

943 *Poll*, GRUR Int 2003, 290 (295).

944 Vorschlag für eine Richtlinie des Rates zur Harmonisierung der Schutzdauer des Urheberrechts und bestimmter verwandter Schutzrechte (von der Kommission vorgelegt) v. 23.03.1992, KOM(92)33 endg. – Syn 395, Begründung Rdnr. 55 S. 27-28; *Walter*/von Lewinski, Term Directive Art. 2 Rdnr. 8.2.6.

In der EU ist, wie oben gezeigt, in Art. 2 Abs. 1 S. 1 und 2 Schutzdauerrichtlinie eine teilweise Harmonisierung der Urheberschaft am Filmwerk erzielt worden.[945] Das Urheberrecht an dem Filmwerk steht gem. Art. 2 Abs. 1 S. 1 Schutzdauerrichtlinie dem Hauptregisseur zu. Dies gilt über den Anwendungsbereich der Schutzdauerrichtlinie hinaus insgesamt in der EU.[946] Daneben können die Mitgliedstaaten gem. Art. 2 Abs. 1 S. 2 Schutzdauerrichtlinie vorsehen, dass weitere Personen als Urheber benannt werden.[947]

Allerdings findet diese Vorschrift nicht auf alle Filmwerke Anwendung, die am 01.07.1995 nach dem Gesetz eines Mitgliedstaates geschützt waren. Die Mitgliedstaaten brauchen Art. 2 Abs. 1 Schutzdauerrichtlinie (der die Urheberschaft des Hauptregisseurs festlegt) gem. Art. 10 Abs. 4 Schutzdauerrichtlinie nicht auf vor dem 01.07.1994 geschaffene Filmwerke anzuwenden.[948] Damit haben die Mitgliedstaaten die Wahl, ob sie erst bei ab dem 01.07.1994 geschaffenen Werken den Hauptregisseur als Urheber schützen, oder schon bei davor geschaffenen Werken. Die Mitgliedstaaten konnten bei Umsetzung der Schutzdauerrichtlinie festlegen, ab wann die Bestimmung über die Urheberschaft des Hauptregisseurs (Art. 2 Abs. 1 Schutzdauerrichtlinie) gelten sollte, siehe Art. 10 Abs. 5 der ursprünglichen Fassung der Richtlinie.[949] Dieser Zeitpunkt durfte aber nicht nach dem 01.07.1997 liegen.[950]

Die Mitgliedstaaten hatten nach Art. 10 Abs. 4 Schutzdauerrrichtlinie zu bestimmen, ob für den Fall, dass nach Art. 10 Abs. 2 Schutzdauerrichtlinie bereits erloschene Rechte an einem Filmwerk wieder auflebten, der Hauptregisseur als Urheber galt oder nicht.[951] Der Anknüpfungspunkt für die Schutzfristenberechnung wurde gem. Art. 2 Abs. 2 Schutzdauerrichtlinie

945 Schricker/Loewenheim/*Katzenberger/N. Reber,* UrhG Vor §§ 88 ff. Rn. 57; *Obergfell,* Anm. zu EuGH, Urt. v. 09.02.2012, Rs. C-277/10, GRUR 2012, 494 (494-495).

946 EuGH, Urt. v. 09.02.2012, Rs. C-277/10, Rdnr. 43-48, GRUR 2012, 489 (490-491); *Obergfell,* Anm. zu EuGH, Urt. v. 09.02.2012, Rs. C-277/10, GRUR 2012, 494 (494-495); *Reindl,* in: *Koppensteiner (Hrsg.),* Österreichisches und europäisches Wirtschaftsprivatrecht Teil 2, 256 (383-384).

947 S. Schricker/Loewenheim/*Katzenberger/Reber,* Vor §§ 88 ff. UrhG Rdnr. 57; *Walter/*von Lewinski, Term Directive Art. 2 Rdnr. 8.2.4; *Obergfell,* Anm. zu EuGH, Urt. v. 09.02.2012, Rs. C-277/10, 494 (494).

948 *Walter/*von Lewinski, Term Directive Art. 10 Rdnr. 8.10.32; *ders.,* Schutzdauerrichtlinie, Art. 10 Rdnr. 27.

949 Art. 10 Abs. 5 Richtlinie 93/98/EWG v. 29.10.1993, ABl. 1993 L 290, 9 (12-13).

950 Art. 10 Abs. 5 Richtlinie 93/98/EWG v. 29.10.1993, ABl. 1993 L 290, 9 (12-13).

951 *Walter/*von Lewinski, Term Directive Art. 10 Rdnr. 8.10.31.

von der Filmurheberschaft getrennt, um eine einheitliche Schutzdauer an Filmwerken zu erreichen.[952] Die Schutzfrist beträgt hiernach 70 Jahre nach dem Tod einer der dort genannten Personen, und zwar unabhängig davon, ob diese als Miturheber zu betrachten sind.

Auf diese Vorschrift findet Art. 10 Abs. 4 Schutzdauerrichtlinie keine Anwendung, da die Norm nur auf Art. 2 Abs. 1 Schutzdauerrichtlinie verweist. Für sie gelten Art. 10 Abs. 1, 2 Schutzdauerrichtlinie. Die Frist des Art. 2 Abs. 2 Schutzdauerrichtlinie ist auf alle Filmwerke anwendbar, die am 01.07.1995 zumindest in einem Mitgliedstaat noch geschützt waren.[953]

Wenn Rechte an einem Filmwerk nach Art. 10 Abs. 2 Schutzdauerrichtlinie wieder aufleben, richtet sich die Urheberschaft nach dem Recht der Mitgliedstaaten. An dieser Stelle besteht eine Harmonisierungslücke.[954] Da die Schutzdauer unabhängig von der Rechteinhaberschaft berechnet wird, ist sie innerhalb der EU einheitlich.

Eine andere Art von Werken, bei denen sehr häufig Mehrere zusammenwirken, sind dramatisch-musikalische Werke und Lieder.[955] Ob Textdichter und Komponist Miturheber sind, oder ob Text und Musik zwei eigenständige verbundene Werke sind, wird in den Mitgliedstaaten unterschiedlich beurteilt, siehe dazu ErwG 18 Schutzdaueränderungsrichtlinie[956].[957]

Die daraus resultierenden Schutzfristenunterschiede für dramatisch-musikalische Werke und Lieder hatten große Auswirkungen auf den europäischen Binnenmarkt, da diese in besonders großer Vielzahl verbreitet wer-

952 *Benabou*, S. 381; *Juranek*, S. 34; *Maier*, RdMuE Bd. 2 (1994), 49 (70); *Reindl*, in: *Koppensteiner (Hrsg.)*, Österreichisches und europäisches Wirtschaftsprivatrecht Teil 2: Geistiges Eigentum, 249 (384).

953 *Walter*/von Lewinski, Term Directive Art. 10 Rdnr. 8.10.22; *Walter*, Schutzdauerrichtlinie Art. 10 Rdnr. 27.

954 Vorschlag für eine Richtlinie des Rates zur Harmonisierung der Schutzdauer des Urheberrechts und bestimmter verwandter Schutzrechte (von der Kommission vorgelegt) v. 23.03.1992, KOM(92)33 endg. – Syn 395, Begründung Rdnr. 55 S. 27-28; *Walter*/von Lewinski, Term Directive Art. 2 Rdnr. 8.2.6.-8.2.7, 8.2.12; *von Lewinski*, in: *Möhring/Schulze/Ulmer/Zweigert (Hrsg.)*, Quellen des Urheberrechts, Loseblatt (Stand: Mai 1994), S. 9; *Maier*, RdMuE Bd. 2 (1994), 49 (70).

955 Schricker/Loewenheim/*Katzenberger/Metzger*, UrhG § 65 Rdnr. 13; *Walter*/von Lewinski, Term Directive Art. 1 Rdnr. 8.1.44-8.1.46.

956 Richtlinie 2011/77/EU v. 27.09.2011, EU ABl. 2011 L 265/1- L 265/5, ber. EU ABl. 2013 L 117/23 (zit.: Schutzdaueränderungsrichtlinie).

957 Schricker/Loewenheim/*Katzenberger/Metzger*, UrhG § 65 Rdnr. 13; *Flechsig*, ZUM 2012, 227 (230-233).

den.[958] Darüber hinaus kommt es häufig vor, dass der Komponist der Musik und der Verfasser des Textes aus unterschiedlichen Staaten stammen.

Die Harmonisierungslücken an dieser Stelle konnten den freien Waren- und Dienstleistungsverkehr und damit den Binnenmarkt beeinträchtigen, siehe ErwG 18, 19 Schutzdaueränderungsrichtlinie.[959]

Der Bedarf nach einer Harmonisierung war hier also besonders groß.[960] Dies wurde erkannt und mit der Schutzdaueränderungsrichtlinie wurde der Anknüpfungspunkt für die Berechnung der Schutzdauer bei dramatisch-musikalischen Werken vereinheitlicht. Die Dauer des Schutzes richtet sich nach dem am längsten Lebenden von Verfasser des Textes und Komponist der Musikkomposition (gemeint ist ein Musikwerk)[961], vorausgesetzt, beide Beiträge wurden eigens für die betreffende Musikkomposition mit Text geschaffen, Art. 1 Abs. 7 Schutzdauerrichtlinie.

Wie Art. 1 Abs. 7 Schutzdauerrichtlinie klarstellt, sagt dies aber nichts darüber aus, wer Miturheber der Musikkomposition mit Text ist.[962] In der deutschen Umsetzungsvorschrift wird dies besonders deutlich, siehe § 65 Abs. 3 S. 2 UrhG. Die Entscheidung hierüber wurde den Mitgliedstaaten überlassen.[963]

Die Bestimmung bei Musikkompositionen mit Text führt dazu, dass die Schutzfrist in der EU unter den in Art. 1 Abs. 7 Schutzdauerrichtlinie genannten Voraussetzungen nun in allen Mitgliedstaaten zum gleichen Zeitpunkt endet.

Art. 10 Abs. 6 UAbs. 1 Schutzdauerrichtlinie (umgesetzt in § 137m Abs. 2 S. 1 UrhG) bestimmt, dass die Schutzfrist auf Musikkompositionen mit Text Anwendung findet, bei denen die Musikkomposition oder der Text mindestens in einem Mitgliedstaat am 1. November 2013 geschützt war. Hiernach konnten also Rechte, die zuvor an der Musikkomposition oder dem Text bestanden hatten, an der Musikkomposition mit Text als Ganzes wieder aufleben.[964] Art. 10 Abs. 6 UAbs. 2 bestimmt, in Anlehnung an Art. 10 Abs. 3 Schutzdauerrichtlinie, dass vor dem maßgeblichen Zeitpunkt

958 Vgl. *Flechsig*, ZUM 2012, 227 (228-229).

959 *Flechsig*, ZUM 2012, 227 (233); *Gaillard*, GRUR 2013, 1099 (1102).

960 *Flechsig*, ZUM 2012, 227 (233); *Gaillard*, GRUR 2013, 1099 (1102).

961 Schricker/Loewenheim/*Katzenberger/Metzger*, UrhG § 65 Rdnr. 14.

962 Schricker/Loewenheim/*Katzenberger/Metzger*, UrhG § 65 Rdnr. 14; *Gaillard*, GRUR 2013, 1099 (1102-1103).

963 Schricker/Loewenheim/*Katzenberger/Metzger*, UrhG § 65 Rdnr. 14; *Gaillard*, GRUR 2013, 1099 (1102-1103).

964 *Gaillard*, GRUR 2013, 1099 (1102).

erfolgte Nutzungshandlungen unberührt bleiben und die Mitgliedstaaten die notwendigen Bestimmungen treffen, um insbesondere die erworbenen Rechte Dritter zu schützen.

f) Übertragbarkeit von Rechten

Darüber hinaus besteht in Staaten mit Copyright-System die Möglichkeit, das Urheberrecht als solches zu übertragen.[965] Hintergrund ist der Gedanke, dass es sich hierbei um positiv gesetztes Recht handelt und nicht um ein Naturrecht, das dem Urheber zusteht.[966] Der Rechteinhaber kann hierüber frei verfügen. Hierbei wird auch die große Anerkennung für die Vertragsfreiheit und die Vorstellung vom Geistesgut als Ware in Staaten mit Copyright-System deutlich.[967]

Im VK kann das Urheberrecht als solches uneingeschränkt sowohl vollständig als auch teilweise übertragen werden.[968] Es wird als reines Vermögensrecht betrachtet. Die persönlichkeitsrechtlichen Interessen des Urhebers sind hiervon unabhängig geschützt.[969]

In Staaten, in denen das Urheberrecht an die Person des Urhebers und die Verbindung des Schöpfers zu seinem Werk anknüpft, ist die Veräußerung des Rechts wegen der persönlichkeitsrechtlichen Bestandteile des Urheberrechts problematisch.[970] In Deutschland ist das Urheberrecht wegen des Schöpferprinzips, des Urheberpersönlichkeitsrechts sowie der monistischen Theorie unveräußerlich.[971] Nach dem Schöpferprinzip liegt der urheberrechtliche Schutz in der Verbindung des Schöpfers zu dem von ihm geschaffenen Werk begründet.[972] Das Urheberpersönlichkeitsrecht schützt die persönlich-geistigen Beziehungen des Schöpfers zu seinem Werk, es bewirkt die unauflösliche Bindung des Urheberrechts an den Werkschöpfer.[973] Der monistischen Theorie zufolge bilden vermögensrechtliche und persönliche Aspekte des Urheberrechts ein einheitliches Ganzes und lassen

---

965 *Ellins,* S. 78, 157 (für das Vereinigte Königreich).
966 *Ellins,* S. 76-78, 137-139.
967 *Ellins,* S. 81.
968 *Ellins,* S. 157-158.
969 *Ellins,* S. 157-158.
970 *Ellins,* S. 78.
971 *Ellins,* S. 133, *Schack,* Rdnr. 357-358.
972 *Schack,* Rdnr. 1228.
973 *Ellins,* S. 78; *Schack,* Rdnr. 27, 358, 368.

sich nicht trennen, es existiert nur ein Urheberrecht.[974] Dieses kann nicht übertragen werden, es können lediglich Nutzungsrechte eingeräumt werden.[975] In Deutschland findet dies in § 29 Abs. 1 UrhG seinen Ausdruck. Das Urheberrecht kann nach § 29 Abs. 1 UrhG nicht übertragen werden, die wieder auflebenden Rechte stehen gem. § 137f Abs. 3 S. 1 UrhG dem Urheber zu.[976]

In Staaten, in denen das Urheberrecht übertragen werden kann, stellt sich bei einem Wiederaufleben von Rechten die Frage, wem die wieder auflebenden Rechte zustehen.[977] Auch hierüber hat die Schutzdauerrichtlinie keine Regelungen getroffen.[978] Aus ErwG 24 Schutzdauerrichtlinie geht hervor, dass es den Mitgliedstaaten freisteht, über die Auslegung, Anpassung und weitere Erfüllung von Verträgen über die Nutzung geschützter Werke oder sonstiger Gegenstände zu entscheiden. Hieraus kann der Schluss gezogen werden, die Rechtsfolgen von Verträgen über Immaterialgüterrechte fallen in die Entscheidungshoheit der Mitgliedstaaten.[979] Sie bestimmen, wem die Rechte zuzuordnen sind.[980]

Es besteht die Möglichkeit, die Rechte dem Urheber zuzusprechen.[981] Sie können dem ersten Inhaber des Urheberrechts (first owner of copyright) zufallen, sofern dieser nicht mit dem Urheber identisch ist.[982] Schließlich können sie demjenigen zustehen, der zuletzt Inhaber des Rechts war, bevor das Werk frei geworden ist.[983] Hier wurden unterschiedliche Ansätze gewählt. Im VK stehen die wieder auflebenden Rechte demjenigen zu, der das Recht zuletzt vor dem Freiwerden inne hatte, d. h. dem letzten Erwer-

---

974 *Ellins*, S. 78; *Schack*, Rdnr. 357.
975 *Ellins*, S. 78; *Schack*, Rdnr. 358, 360.
976 *Beier*, S. 219.
977 *Antill/Coles*, EIPR 1996, 379 (381); *Beier*, S. 218-219.
978 *Beier*, S. 218-219; *von Lewinski*, in: *Möhring/Schulze/Ulmer/Zweigert (Hrsg.)*, Quellen des Urheberrechts, Loseblatt (Stand: Mai 1994), Europ. GemeinschaftsR/II/4 S. 16.
979 *von Lewinski*, in: *Möhring/Schulze/Ulmer/Zweigert (Hrsg.)*, Quellen des Urheberrechts, Loseblatt (Stand: Mai 1994), Europ. GemeinschaftsR/II/4, S. 16.
980 *Antill/Coles*, EIPR 1996, 379 (381); *Beier*, S. 218; *von Lewinski*, in: *Möhring/Schulze/Ulmer/Zweigert (Hrsg.)*, Quellen des Urheberrechts, Loseblatt (Stand: Mai 1994), Europ. GemeinschaftsR/II/4 S. 16.
981 *Antill/Coles*, EIPR 1996, 379 (381).
982 *Antill/Coles*, EIPR 1996, 379 (381).
983 *Antill/Coles*, EIPR 1996, 379 (381).

ber.[984] In Irland hingegen werden die Rechte dem Urheber und dessen Rechtsnachfolgern zugeordnet.[985]

Bei diesen Bestimmungen ist jedoch wichtig, ein ausgewogenes Verhältnis zwischen dem Schutz der Rechteinhaber und den Interessen der Kulturindustrie zu wahren.[986] Hierbei sind die Ziele der Schutzdauerrichtlinie besonders zu berücksichtigen. Ziel der Schutzdauerrichtlinie ist es, ein hohes Schutzniveau zugunsten der Autoren sicherzustellen, siehe ErwG 11 Schutzdauerrichtlinie.[987] Den Urhebern sollte ein längerer Schutz gewährt werden, siehe ErwG 10-12 Schutzdauerrichtlinie.[988] Geistig Schaffende sollen unterstützt und gestärkt werden, damit sie schöpferisch tätig werden können.[989] Die Entwicklung der Kreativität und künstlerischen Wirkens in der EU soll gefördert werden.[990] Dies kann nur erreicht werden, wenn die Autoren und Urheber an der Verlängerung der Schutzdauer und dem Wiederaufleben der Rechte teilhaben und von den Gewinnen hieraus profitieren.[991] Zudem soll die Schutzdauer von 70 Jahren post mortem auctoris dem Urheber und zwei Generationen seiner Erben zugutekommen.[992] Dies setzt aber voraus, dass diese tatsächlich in der Lage sind, aus der Länge der Schutzdauer einen Nutzen zu ziehen.[993]

Als Rechteinhaber kommt schließlich derjenige in Betracht, der das Recht zuletzt erworben hat, bevor das Werk gemeinfrei geworden ist.[994] Der letzte Erwerber des Rechts hat in den Erwerb investiert. Dies ging mit der Erwartung einher, dass er das Werk zu der Zeit, zu der es gemeinfrei geworden ist, weiter werde verwerten können.[995]

---

984 *Antill/Coles,* EIPR 1996, 379 (381).

985 *Beier,* S. 219.

986 *Walter/*von Lewinski, Term Directive Art. 10 Rdnr. 8.10.37.

987 *Walter/*von Lewinski, Term Directive Art. 10 Rdnr. 8.10.37.

988 *Walter/*von Lewinski, Term Directive Art. 10 Rdnr. 8.10.37.

989 *Walter/*von Lewinski, Term Directive Art. 10 Rdnr. 8.1.8, 8.10.37; *Dietz,* GRUR Int 1995, 670 (671-672).

990 *Walter/*von Lewinski, Term Directive Art. 10 Rdnr. 8.1.8.; *Dietz,* GRUR Int 1995, 670 (672).

991 *Walter/*von Lewinski, Term Directive Art. 10 Rdnr. 8.10.37.

992 *Dietz,* GRUR Int 1992, 670 (671); *von Lewinski,* in: *Möhring/Schulze/Ulmer/Zweigert (Hrsg.),* Quellen des Urheberrechts, Losebl. (Stand: Mai 1994), Europ. GemeinschaftsR/II/4, S. 4.

993 *Walter/*von Lewinski, Term Directive Art. 10 Rdnr. 8.10.37.

994 *Antill/Coles,* EIPR 1996, 379 (381).

995 *Antill/Coles,* EIPR 1996, 379 (381).

Der Vereinbarung der Parteien ist in einem solchen Fall darüber hinaus in der Regel zu entnehmen, dass das Recht zumindest bei einer vollständigen Übertragung endgültig auf den Erwerber übergehen sollte. Ähnlich dem Eigentum an einer beweglichen Sache,[996] wird das Werk dem Erwerber und nicht mehr dem Urheber zugeordnet.[997] Die Interessen desjenigen, der zuletzt, bevor das Werk gemeinfrei geworden ist, das Urheberrecht erworben hat, müssen gem. Art. 10 Abs. 3 S. 2, ErwG 10 S. 1, 2 Schutzdauerrichtlinie in den Umsetzungsvorschriften der Mitgliedstaaten ebenfalls berücksichtigt werden.[998] In Staaten, in denen die Möglichkeit besteht, das Urheberrecht als solches zu übertragen, kann es sachgerecht sein, dem letzten Erwerber die wieder auflebenden Rechte zuzusprechen.[999]

Im Ergebnis können die wieder auflebenden Rechte in den einzelnen Mitgliedstaaten unterschiedlichen Personen zufallen, je nachdem, ob sie in einzelnen Mitgliedstaaten dem Urheber, dem ersten Inhaber des Werks oder dem letzten Erwerber zugewiesen werden.[1000]

g) Verwandte Schutzrechte

Ebenso, wie beim Urheberrecht schweigt Art. 10 Abs. 2 Schutzdauerrichtlinie auch bei den verwandten Schutzrechten zu der Frage, wer Inhaber der wieder auflebenden Rechte ist.[1001]

Teilweise werden die Voraussetzungen für den Schutz und die Inhaberschaft an verwandten Schutzrechten in EU-Richtlinien festgeschrieben. Beispielsweise wurde das Recht an einem nachgelassenen Werk in Art. 4 Schutzdauerrichtlinie eingeführt. Rechteinhaber ist derjenige, der ein zuvor unveröffentlichtes Werk, dessen urheberrechtlicher Schutz abgelaufen ist, erstmals erlaubterweise veröffentlicht bzw. erlaubterweise öffentlich wiedergibt, Art. 4 S. 1 Schutzdauerrichtlinie. Die Voraussetzungen für die Inhaberschaft an diesem Recht wurden unionsweit einheitlich festgelegt. Auch für den Hersteller einer Datenbank wurde der Schutz in der EU harmonisiert, Art. 7 Abs. 1 Datenbankrichtlinie.

---

996 Zum Copyright als Eigentums- und Vermögensrecht *Ellins*, S. 157-158.
997 Für das Vereinigte Königreich *Ellins*, S. 165.
998 *Antill/Coles*, EIPR 1996, 379 (381).
999 Dazu *Antill/Coles*, EIPR 1996, 379 (381); *Beier*, S. 219.
1000 *Beier*, S. 219.
1001 *Emilianides*, EIPR 2004, 538 (541).

Bei Inkrafttreten der Schutzdauerrichtlinie gab es auch auf dem Gebiet der verwandten Schutzrechte gemeinsame Grundlagen. Die meisten Mitgliedstaaten hatten das Rom-Abkommen unterzeichnet.[1002] Hierin fanden sich in Art. 7, 10 Rom-Abk Vorgaben für den Schutz bestimmter verwandter Schutzrechte, siehe auch die Präambel des Rom-Abkommens.[1003] In Art. 3 lit. a Rom-Abk findet sich eine Definition des Begriffs „ausübender Künstler". Mindestrechte ausübender Künstler, welche die Vertragsstaaten garantieren müssen, bestimmt Art. 7 Rom-Abk. Für das Recht der Tonträgerhersteller enthält Art. 3 lit. b, c Rom-Abk Definitionen der Begriffe „Tonträger" und „Tonträgerhersteller". Es erfolgte also eine Definition sowohl des Schutzgegenstands als auch des Rechteinhabers der Leistungsschutzrechte des ausübenden Künstlers und des Tonträgerherstellers. Wie oben (Kap. C.III.5.b) bereits gezeigt, haben sich auch auf dem Gebiet verwandter Schutzrechte unionsautonome Begriffe herausgebildet. Diese sind für das Bestimmen der Erstinhaberschaft an einem Leistungsschutzrecht maßgeblich. Dies führt dazu, dass in vielen Fällen in den Mitgliedstaaten die gleichen Personen Inhaber des Leistungsschutzrechts sind.

Darüber hinaus ist es nach kontinentaleuropäischen Rechtsordnungen für bestimmte Leistungsschutzrechte möglich, dass das Recht originär einer juristischen Person zusteht.[1004] So kann der Tonträgerhersteller nach deutschem Recht eine juristische Person sein.[1005] Damit ist sie originär Inhaberin des verwandten Schutzrechts. Dies wäre auf dem Gebiet des Urheberrechts wegen des Schöpferprinzips gem. § 7 UrhG nicht möglich.[1006]

Da es in den meisten Mitgliedstaaten möglich ist, verwandte Schutzrechte wie das Tonträgerherstellerrecht originär einer juristischen Person zuzusprechen, sind die Unterschiede zwischen den Mitgliedstaaten hinsichtlich der Inhaberschaft an verwandten Schutzrechten eingeebnet.

Im Ergebnis sind auch bei den verwandten Schutzrechten noch Fragen offen. Bei der Frage, was geschieht, wenn ein Rechteinhaber das Leistungsschutzrecht als Ganzes oder Nutzungsrechte übertragen hat, macht die

---

1002 *WIPO,* WIPO-Administered Treaties. Contracting Parties, Rome Convention, url: https://www.wipo.int/treaties/en/ShowResults.jsp?lang=en&treaty_id=17 (zuletzt abgerufen am 06.02.2024).

1003 *Walter*/von Lewinski, Term Directive Art. 3 Rdnr. 8.3.4, 8.3.6, 8.3.8, 8.3.13.

1004 Für das deutsche Recht *Schack,* Rdnr. 314, 770.

1005 *Schack,* Rdnr. 770.

1006 *Schack,* Rdnr. 314.

Richtlinie keine Vorgaben.[1007] Ähnlich wie beim Urheberrecht, richtet sich die Inhaberschaft an dem Leistungsschutzrecht, wenn es wieder auflebt, nach dem Recht der Mitgliedstaaten.[1008]

h) Zwischenergebnis

Die Inhaberschaft am Urheberrecht und den Leistungsschutzrechten ist in der EU noch nicht harmonisiert worden. Einige Vorschriften in den EU-Richtlinien sehen jedoch Bestimmungen über die Rechteinhaberschaft für bestimmte Werkarten und Leistungsschutzrechte vor, zum Beispiel Art. 2 Abs. 1 S. 1 Schutzdauerrichtlinie für die Urheberschaft des Hauptregisseurs am Filmwerk oder Art. 4 S. 1 Schutzdauerrichtlinie für das Leistungsschutzrecht an nachgelassenen Werken.

In der EU hat sich aber ein unionsautonomer Werkbegriff herausgebildet.[1009] Auch für die verwandten Schutzrechte und deren Inhaber (zum Beispiel ausübende Künstler und Tonträgerhersteller) bestehen inzwischen unionsautonome Begriffe. Dies führt dazu, dass in vielen Fällen Inhaber der Rechte in den unterschiedlichen Mitgliedstaaten dieselbe Person ist.

Es kann jedoch nach wie vor zu Unterschieden in der Rechteinhaberschaft zwischen den Mitgliedstaaten kommen. Diese Unterschiede hängen vielfach zusammen mit dem Gegensatz vom kontinentaleuropäischen Droit d`auteur- und dem anglo-amerikanischen Copyright-System.[1010] Unterschiede treten dort auf, wo juristische Personen als erste Rechteinhaber in Betracht kommen, was insbesondere in Staaten mit Copyright-System vorkommt. Die Mitgliedstaaten nehmen zudem nicht unter denselben Voraussetzungen Miturheberschaft an.[1011] Schließlich lassen einige Rechtsordnungen das Übertragen des Urheberrechts und der Leistungsschutzrechte zu. In anderen Rechtsordnungen ist das Urheberrecht als solches nicht übertragbar.[1012]

1007 Für das Urheberrecht *Beier,* S. 218-219, in Bezug auf verwandte Schutzrechte ist die Bestimmung in Art. 10 Abs. 2 Schutzdauerrichtlinie identisch.

1008 Vgl. *Antill/Coles,* EIPR 1996, 379 (383); *Emilianides,* EIPR 2004, 538 (541).

1009 EuGH, Urt. v. 01.12.2011, Rs. C-145/10, Rdnr. 87-89, GRUR 2012, 166 (168); EuGH, Urt. v. 16.07.2009, Rs. C-5/08 Rdnr. 35, 37, GRUR 2009, 1041 (1044); Schricker/Loewenheim/*Peifer,* UrhG § 7 Rdnr. 1.

1010 Dazu *Schack,* Rdnr. 27-28.

1011 *Walter*/von Lewinski, Term Directive Art. 1 Rdnr. 8.1.35-8.1.38.

1012 *Antill/Coles,* EIPR 1996, 379 (381); *Beier,* 218-219.

2. Schutz vorher erfolgter Nutzungshandlungen nach Art. 10 Abs. 3 Schutzdauerrichtlinie

a) Maßgeblicher Zeitpunkt

Art. 10 Abs. 3 S. 1 Schutzdauerrichtlinie bestimmt, dass vor dem 01.07.1995 erfolgte Nutzungshandlungen unberührt bleiben. Die Vorschrift stellt auf den 01.07.1995 ab, das heißt auf den Zeitpunkt, bis zu dem die Mitgliedstaaten die Schutzdauerrichtlinie in nationales Recht umsetzen mussten.[1013] Bis zu diesem Zeitpunkt erfolgte Nutzungshandlungen werden von der Richtlinie damit nicht beeinflusst, Nutzern dürfen hieraus keine Nachteile entstehen.

aa) Umsetzung vor dem 01.07.1995

Einige Mitgliedstaaten haben die Richtlinie aber bereits vor dem 01.07.1995 umgesetzt. Für diese Mitgliedstaaten gilt es zu untersuchen, ab welchem Zeitpunkt Nutzungshandlungen von Dritten erfasst werden.[1014]

Teilweise wird vertreten, in diesen Fällen sei es den Mitgliedstaaten freigestellt, ob sie nur Nutzungshandlungen, die vor dem Umsetzungszeitpunkt erfolgt sind, von den Wirkungen der nationalen Vorschriften ausnehmen oder auch solche, die zwar nach der Umsetzung, aber vor dem 01.07.1995 erfolgt sind.[1015]

Hierfür spreche der Zweck von Art. 10 Abs. 3 S. 1 Schutzdauerrichtlinie. Dieser schütze das Vertrauen der Nutzer in die Gemeinfreiheit des Werks oder Schutzgegenstands.[1016] Wenn ein Dritter ein Werk oder einen sonstigen Schutzgegenstand verwertet habe, nachdem die Vorschriften der Richtlinie in das nationale Recht seines Heimatstaats umgesetzt wurden, könne

1013 *Walter*/von Lewinski, Term Directive Art. 10 Rdnr. 8.10.27.

1014 *Walter*/von Lewinski, Term Directive Art. 10 Rdnr. 8.10.28; *von Lewinski*, in: *Möhring/Schulze/Ulmer/Zweigert (Hrsg.)*, Quellen des Urheberrechts, Loseblatt (Stand: Mai 1994), Europ. GemeinschaftsR/II/4 S. 16.

1015 So *Walter*/von Lewinski, Term Directive Art. 10 Rdnr. 8.10.28; *von Lewinski*, in: *Möhring/Schulze/Ulmer/Zweigert (Hrsg.)*, Quellen des Urheberrechts, Loseblatt (Stand: Mai 1994), Europ. GemeinschaftsR/II/4 S. 16.

1016 *von Lewinski*, in: *Möhring/Schulze/Ulmer/Zweigert (Hrsg.)*, Quellen des Urheberrechts, Loseblatt (Stand: Mai 1994), Europ. GemeinschaftsR/II/4 S. 16.

er nicht mehr auf die vorher bestehende Rechtslage vertrauen.[1017] Art. 10 Abs. 3 S. 1 Schutzdauerrichtlinie sei ferner Ausprägung des Grundsatzes, dass Recht nur ab dem Beginn seiner Gültigkeit Anwendung finde.[1018] Sofern die Richtlinie früher als zum 01.07.1995 in das nationale Recht eines Mitgliedstaats umgesetzt wurde, war das Umsetzungsgesetz bereits früher gültig

Art. 10 Abs. 3 Schutzdauerrichtlinie ist jedoch von seinem Wortlaut eindeutig. Hiernach bleiben Nutzungshandlungen unberührt, die vor dem 01.07.1995 erfolgt sind. Die Vorschrift enthält keine Ausnahme.[1019] Darüber hinaus sind Art. 10 Abs. 3 S. 1 Schutzdauerrichtlinie und Art. 10 Abs. 2 Schutzdauerrichtlinie im Zusammenhang zueinander zu sehen. Art. 10 Abs. 2 Schutzdauerrichtlinie schafft das Wiederaufleben der Urheber- und Leistungsschutzrechte und bestimmt als maßgeblichen Zeitpunkt hierfür den 01.07.1995 (den in Absatz 1 genannten Zeitpunkt). Nach Art. 10 Abs. 3 S. 1 Schutzdauerrichtlinie sollen vor dem Wiederaufleben der Rechte erfolgte Nutzungshandlungen unberührt bleiben.

Entscheidend für die Auslegung ist an dieser Stelle aber die Frage, zu welchem Zeitpunkt die Rechte wieder aufgelebt sind: Ob zu dem Zeitpunkt, in dem die Vorschriften der Richtlinie in nationales Recht umgesetzt worden sind, oder erst am 01.07.1995.

Insoweit ist der Wortlaut der Richtlinie klar: Sie findet gem. Art. 10 Abs. 2 Schutzdauerrichtlinie auf alle Werke oder Gegenstände Anwendung, die zu dem in Art. 10 Abs. 1 Schutzdauerrichtlinie genannten Zeitpunkt in mindestens einem Mitgliedstaat geschützt waren. Vor diesem Zeitpunkt erfolgte Nutzungshandlungen bleiben gem. Art. 10 Abs. 3 S. 1 Schutzdauerrichtlinie unberührt.

Die besseren Gründe sprechen somit dafür, dass die Rechte in der EU erst ab dem 01.07.1995 wieder aufgelebt sind und nicht in einzelnen Mitgliedstaaten davor, wenn diese Mitgliedstaaten die Vorschriften bereits früher in nationales Recht umgesetzt haben. Diese Mitgliedstaaten waren zudem auch verpflichtet, die Übergangsvorschriften des Art. 10 Abs. 2 und 3 Schutzdauerrichtlinie in nationales Recht umzusetzen.

1017 *von Lewinski*, in: *Möhring/Schulze/Ulmer/Zweigert (Hrsg.)*, Quellen des Urheberrechts, Loseblatt (Stand: Mai 1994), Europ. GemeinschaftsR/II/4 S. 16.

1018 *Walter*/von Lewinski, Term Directive Art. 10 Rdnr. 8.10.27.

1019 *Maier*, RdMUE Bd. 2 (1994), 49 (78).

Dies zeigt auch das deutsche Umsetzungsgesetz in § 137f Abs. 2 UrhG, wonach die Vorschriften des UrhG auf Werke anzuwenden sind, deren Schutz nach diesem Gesetz vor dem 1. Juli 1995 abgelaufen ist.

Darüber hinaus stellt Art. 10 Abs. 3 Schutzdauerrichtlinie für den Schutz Dritter, die das Werk oder den Gegenstand genutzt haben, auf den Zeitpunkt des Ablaufs der Umsetzungsfrist ab, siehe Art. 13 Abs. 1 UAbs. 1 Schutzdauerrichtlinie a.F.[1020] Zu diesem Zeitpunkt war die Richtlinie aber bereits im Amtsblatt veröffentlicht (die Veröffentlichung erfolgte am 24.11.1993),[1021] so dass die Nutzer von ihr Kenntnis haben konnten.[1022] Teilweise wird in Zweifel gezogen, ob ihr Vertrauen nach der Veröffentlichung im Amtsblatt noch schutzwürdig ist.[1023] Dennoch hat der EU-Gesetzgeber sich für diesen Zeitpunkt entschieden.

Dies spricht dafür, auch bei vorher erfolgter Umsetzung an diesem Zeitpunkt festzuhalten.

Schließlich führt es nicht zu einer schnelleren Harmonisierung, wenn in denjenigen Staaten, in denen die Richtlinie bereits früher umgesetzt wurde, Nutzungshandlungen ab dem Umsetzungszeitpunkt erfasst werden. Die Mitgliedstaaten haben die Richtlinie zu unterschiedlichen Zeitpunkten umgesetzt. Stellt man für jeden Mitgliedstaat auf den Zeitpunkt der Umsetzung ab für die Frage, welche Nutzungshandlungen noch unberührt bleiben und welche einen Eingriff in Rechte darstellen, führt dies zu Unterschieden im Schutz des Urheberrechts und der verwandten Schutzrechte.

Die besseren Gründe sprechen dafür, dass Art. 10 Abs. 3 S. 1 Schutzdauerrichtlinie die Mitgliedstaaten verpflichtet Nutzungshandlungen unberührt zu lassen, die vor dem 01.07.1995 erfolgt sind. Dies ohne Ausnahme und auch in dem Fall, dass ein Mitgliedstaat die Schutzdauerrichtlinie vor diesem Zeitpunkt in nationales Recht umgesetzt hat.

Art. 10 Abs. 3 S. 1 Schutzdauerrichtlinie ist Teil der Schutzdauerrichtlinie und die Mitgliedstaaten sind zu seiner Umsetzung verpflichtet, Art. 288 Abs. 3 AEUV.[1024] Damit müssen auch in den Mitgliedstaaten, die die Richtlinie frühzeitiger umgesetzt haben, nach dem nationalen Recht Nutzungshandlungen, die vor dem 01.07.1995 erfolgt sind, erlaubt bleiben. Bei der Nutzung dürfen die Verwerter, die gemeinfrei gewordene Werke und ande-

1020 Richtlinie 93/98/EWG v. 29.10.1993, ABl. 1993 L 290/9.
1021 Richtlinie 93/98/EWG v. 29.10.1993, ABl. EG 1993 L 290/9 v. 24.11.1993.
1022 Wandtke/Bullinger/*Jani*, UrhG § 137f Rdnr. 11.
1023 Wandtke/Bullinger/*Jani*, UrhG § 137f Rdnr. 11.
1024 *Oppermann/Classen/Nettesheim*, S. 131-132 Rdnr. 91.

re Schutzgegenstände vor dem 01.07.1995 verwertet haben, nicht benachteiligt werden.

bb) Verspätete Umsetzung

Einige Mitgliedstaaten haben die Schutzdauerrichtlinie aber deutlich später als zum 01.07.1995 umgesetzt, beispielsweise Frankreich zum 28.03.1997.[1025] Für diese Staaten stellt sich die Frage, bis zu welchem Zeitpunkt Nutzungshandlungen nach Art. 10 Abs. 3 S. 1 Schutzdauerrichtlinie unberührt bleiben – ob bis zum 01.07.1995 oder bis zu dem Zeitpunkt, in dem die Richtlinie in nationales Recht umgesetzt wurde.

(1) Unmittelbare Wirkung von Art. 10 Abs. 2, 3 Schutzdauerrichtlinie

Wenn Mitgliedstaaten es versäumt haben, die Schutzdauerrichtlinie fristgerecht in nationales Recht umzusetzen, könnten Art. 10 Abs. 2 Schutzdauerrichtlinie und Art. 10 Abs. 3 S. 1 Schutzdauerrichtlinie in den betreffenden Mitgliedstaaten unmittelbare Wirkung gehabt haben.

Richtlinien der EU richten sich an die Mitgliedstaaten und nicht an die Bürger, sie sind hinsichtlich ihres Ziels verbindlich und lassen den Mitgliedstaaten die Wahl der Mittel, Art. 288 Abs. 3 AEUV.[1026]

Ausnahmsweise können Bestimmungen einer Richtlinie aber unmittelbare Wirkung in einem Mitgliedstaat entfalten, wenn dieser Mitgliedstaat die Umsetzungsfrist hat verstreichen lassen sowie die Bestimmung inhaltlich hinreichend genau und unbedingt ist.[1027]

Für die Mitgliedstaaten, die die Schutzdauerrichtlinie nicht fristgerecht umgesetzt haben, ist zu prüfen, ob Art. 10 Abs. 2 und Abs. 3 S. 1 Schutzdauerrichtlinie nach Ablauf der Umsetzungsfrist unmittelbare Wirkung entfaltet haben. Hierzu müssten diese Bestimmungen inhaltlich hinreichend genau und unbedingt sein.

1025 *Benabou*, S. 411.

1026 *Haratsch/Koenig/Pechstein*, Rdnr. 366; *Oppermann/Classen/Nettesheim*, § 9 Rdnr. 82, 90-94.

1027 EuGH, Urt. v. 19.11.1991, Rs. C-6/90, C-9/90, Rdnr. 11, NJW 1992, 165 (165); *Haratsch/Koenig/Pechstein*, Rdnr. 371-373; *Oppermann/Classen/Nettesheim*, § 9 Rdnr. 100-106.

Eine Bestimmung ist inhaltlich hinreichend genau, wenn sie deutlich formuliert und der Inhalt klar umrissen wird.[1028] Die Bestimmung ist unbedingt, wenn den Mitgliedstaaten kein Entscheidungsspielraum dahin gehend eingeräumt wird, ob sie tätig werden und keine weiteren Entscheidungsträger zwischengeschaltet sind.[1029]

Art. 10 Abs. 2 Schutzdauerrichtlinie bestimmt, dass die in dieser Richtlinie vorgesehene Frist auf alle Werke und Gegenstände verwandter Schutzrechte Anwendung findet, die am 01.07.1995 in mindestens einem Mitgliedstaat geschützt waren, oder die zu diesem Zeitpunkt die Schutzkriterien der Vermiet- und Verleihrechtsrichtlinie erfüllten.

Es ist nicht eindeutig, wer Inhaber der erfassten Rechte ist.[1030] Die Entscheidung hierüber wurde den Mitgliedstaaten überlassen.[1031] Im Übrigen bestimmt Art. 10 Abs. 2 Schutzdauerrichtlinie deutlich die Voraussetzungen, unter denen die Schutzfristen Anwendung finden. Einige Tatbestandsmerkmale sind auslegungsbedürftig, zum Beispiel das Tatbestandsmerkmal der Gegenstände und der Verweis auf die Schutzkriterien der Vermiet- und Verleihrechtsrichtlinie. Dass eine Bestimmung noch Auslegungsspielräume enthält, schließt es aber nicht aus, dass sie unmittelbare Anwendung findet.[1032] Der Regelungsinhalt von Art. 10 Abs. 2 Schutzdauerrichtlinie ist deutlich formuliert und klar umrissen, die Vorschrift ist somit hinreichend bestimmt.

Zudem gibt Art. 10 Abs. 2 Schutzdauerrichtlinie die Anwendung der Schutzfristen auf Werke und andere Schutzgegenstände vor, ohne dass die Mitgliedstaaten einen Entscheidungsspielraum haben. Es ist auch nicht das Handeln von weiteren Entscheidungsträgern erforderlich, damit eine sinnvolle Entscheidung ergehen kann. Art. 10 Abs. 2 Schutzdauerrichtlinie ist somit inhaltlich hinreichend klar bestimmt und unbedingt. Damit erfüllt die Vorschrift die inhaltlichen Voraussetzungen für die unmittelbare Anwendbarkeit einer Richtlinienbestimmung.

Art. 10 Abs. 3 S. 1 Schutzdauerrichtlinie bestimmt, dass Nutzungshandlungen, die vor dem 01.07.1995 erfolgt sind, von der Richtlinie unberührt bleiben. Er schränkt den Anwendungsbereich der Schutzdauerrichtlinie ein

---

1028 *Haratsch/Koenig/Pechstein,* Rdnr. 371-373; *Oppermann/Classen/Nettesheim,* § 9 Rdnr. 104, 106.

1029 *Haratsch/Koenig/Pechstein,* Rdnr. 371-373; *Oppermann/Classen/Nettesheim,* § 9 Rdnr. 105.

1030 *Antill/Coles,* EIPR 1996, 379 (381); *Beier,* 218; *Emilianides,* EIPR 2004, 538 (541).

1031 *Beier,* S. 218; *Emilianides,* EIPR 2004, 538 (541).

1032 Pechstein/Nowak/Häde/*Gundel,* AEUV Art. 288 Rdnr. 41.

und nimmt hiervon Nutzungshandlungen aus, die vor diesem Zeitpunkt erfolgt sind. Der Inhalt ist klar und eindeutig, die Vorschrift ist damit genau bestimmt. Sie belässt den Mitgliedstaaten keinen Entscheidungsspielraum, diese dürfen in der Umsetzung der Schutzdauerrichtlinie deren Anwendungsbereich nicht auf solche Nutzungshandlungen erstrecken. Die Vorschrift ist somit auch unbedingt.

Sowohl Art. 10 Abs. 2 als auch Art. 10 Abs. 3 S. 1 Schutzdauerrichtlinie erfüllen inhaltlich die Voraussetzungen für eine unmittelbare Anwendbarkeit.

Es ist zu untersuchen, ob Art. 10 Abs. 2, Abs. 3 S. 1, 2 Schutzdauerrichtlinie auch bezogen auf Nutzungshandlungen, die nach dem 01.07.1995 fortgesetzt oder begonnen wurden, eine hinreichend klare und unbedingte Regelung treffen. Art. 10 Abs. 2 Schutzdauerrichtlinie sagt nur aus, dass die in der Richtlinie vorgesehenen Schutzfristen auf alle Werke oder Gegenstände Anwendung finden, die am 01.07.1995 in mindestens einem Mitgliedstaat geschützt waren. Darüber, was das Wiederaufleben von Rechten für Konsequenzen für vor dem 01.07.1995 begonnene Nutzungshandlungen hat, trifft die Vorschrift keine Aussage. [1033] Art. 10 Abs. 3 S. 1 bezieht sich nur auf Nutzungshandlungen, die bis zum 01.07.1995 erfolgt sind.

Nach Art. 10 Abs. 3 S. 2 Schutzdauerrichtlinie treffen die Mitgliedstaaten die notwendigen Bestimmungen, um insbesondere die erworbenen Rechte Dritter zu schützen. Im Anwendungsbereich dieser Vorschrift liegen auch die Rechte von Nutzern, die eine Nutzungshandlung zu einem Zeitpunkt begonnen haben, als das Werk oder der Schutzgegenstand gemeinfrei war, und die diese nach dem 01.07.1995 fortgesetzt haben.[1034]

Fraglich ist, ob Art. 10 Abs. 3 S. 2 Schutzdauerrichtlinie inhaltlich hinreichend bestimmt und unbedingt ist, um unmittelbare Wirkung zu entfalten. Die Vorschrift müsste hinreichend klar erkennen lassen, wer Begünstigter ist.[1035] Es müsste deutlich werden, welche Maßnahmen die Mitgliedstaaten treffen müssen.

Die Mitgliedstaaten haben keinen Entscheidungsspielraum darüber, ob sie Bestimmungen zum Schutz Dritter treffen. Vielmehr müssen sie han-

---

1033 Vgl. *Generalanwalt am EuGH Georges Cosmas,* Schlussanträge v. 23.03.1999, Rs. C-60/98, Rdnr. 26.

1034 Amended proposal for a Council Directive harmonizing the term of protection of copyright and certain related rights COM (92) 602 final – Syn 395, Explanatory Memorandum commentary on Article 6bis S. 7.

1035 Vgl. EuGH, Urt. v. 19.11.1991, Rs. C-6/90, C-9/90, Rdnr. 12, NJW 1992, 165 (165); *Oppermann/Classen/Nettesheim,* § 9 Rdnr. 106.

deln, um die erworbenen Rechte Dritter zu schützen. Insoweit ist Art. 10 Abs. 3 S. 2 inhaltlich genau.

Was den Kreis der Begünstigten betrifft, spricht Art. 10 Abs. 3 S. 2 Schutzdauerrichtlinie von erworbenen Rechten Dritter. Er ist offen formuliert, aus dieser Formulierung allein wird nicht deutlich, wer begünstigt ist.[1036] Die Vorschrift dient dazu, erworbene Rechte zu wahren und berechtigte Erwartungen zu schützen, siehe ErwG 25 S. 1 Schutzdauerrichtlinie. Sie dient also dem Schutz des Vertrauens in die vorher bestehende Rechtslage – die Gemeinfreiheit der Werke und Schutzgegenstände. In ErwG 25 S. 2 Schutzdauerrichtlinie heißt es hierzu, die Mitgliedstaaten können insbesondere vorsehen, dass unter bestimmten Umständen diejenigen Personen nicht zu Zahlungen verpflichtet werden, die Werke zu einer Zeit gutgläubig verwertet haben, als diese gemeinfrei waren. Dies zeigt, dass Art. 10 Abs. 3 S. 2 Schutzdauerrichtlinie Personen schützt, die ein Werk oder einen Gegenstand verwandter Schutzrechte gutgläubig verwertet haben, als dieses oder dieser gemeinfrei war. Dennoch ist nicht eindeutig, wann ein Dritter ein Recht i.S.v. Art. 10 Abs. 3 S. 2 Schutzdauerrichtlinie erworben hat – wann also eine nach dieser Vorschrift schützenswerte Rechtsposition besteht.[1037] Die Vorschrift bestimmt nicht inhaltlich hinreichend klar und genau, wer von ihr begünstigt wird.

Bezogen auf die zu treffenden Maßnahmen, ist der Wortlaut von Art. 10 Abs. 3 S. 2 Schutzdauerrichtlinie sehr allgemein formuliert,[1038] es ist die Rede von den notwendigen Bestimmungen, um insbesondere die Rechte Dritter zu schützen. In ErwG 25 S. 2 Schutzdauerrichtlinie ist das Freistellen von Zahlungen nur beispielhaft erwähnt, auch hier wird deutlich, dass den Mitgliedstaaten die inhaltliche Ausgestaltung der Bestimmungen zum Schutz Dritter obliegt. Dies entspricht dem Willen des Gesetzgebers: Die Maßnahmen zum Schutz der erworbenen Rechte Dritter sollten im Ermessen der Mitgliedstaaten liegen. Das *Europäische Parlament*, aus dessen Feder die Möglichkeit eines Wiederauflebens des Schutzes stammt, hatte in seinem Änderungsvorschlag eine genauere Übergangsbestimmung vorgesehen. Nach dieser konnten die Mitgliedstaaten die Fortdauer von Nutzungshandlungen nicht ablehnen, die in gutem Glauben vor Inkrafttreten der

1036 *Generalanwalt am EuGH Georges Cosmas,* Schlussanträge v. 23.03.1999, Rs. C-60/98 Rdnr. 27.

1037 *Emilianides,* EIPR Vol. 12 (2004), 538 (541); *Ubertazzi,* GRUR Int 1999, 407 (414).

1038 *Generalanwalt am EuGH Georges Cosmas,* Schlussanträge v. 23.03.1999, Rs. C-60/98 Rdnr. 27.

Schutzdauerrichtlinie begonnen wurden.[1039] Erfasst waren aber keine anderen Nutzungshandlungen als die vorher begonnenen, es sollte eine Vergütungspflicht als Kompensation eingefügt werden.[1040] Diesen Vorschlag hat die *Kommission* nicht übernommen und er findet sich auch nicht im endgültigen Text der Richtlinie.[1041] Dies begründet die *Kommission* damit, dass es angesichts der unterschiedlichen Rechtstraditionen schwierig sei, eine einheitliche Lösung zu finden.[1042] Die Situationen seinen komplex.[1043] Damit seien die Mitgliedstaaten am besten in der Lage, eine angemessene Lösung zu finden, die sowohl die Interessen der Rechteinhaber als auch der Nutzer, die auf die Gemeinfreiheit der Rechte und Schutzgegenstände vertraut haben, gerecht wird.[1044]

Darüber, welche Bestimmungen getroffen werden müssen und über den Inhalt der Bestimmungen trifft Art. 10 Abs. 3 S. 2 Schutzdauerrichtlinie keine Aussage, die Mitgliedstaaten haben insoweit einen weiten Entscheidungsspielraum. Die Vorschrift ist hinsichtlich des Inhalts der zu treffenden Bestimmungen nicht inhaltlich genau und bestimmt.

Art. 10 Abs. 3 S. 2 Schutzdauerrichtlinie lässt weder hinreichend deutlich erkennen, wer Begünstigter ist, noch wird aus der Vorschrift deutlich, welche Maßnahmen die Mitgliedstaaten treffen müssen. Die Vorschrift ist damit nicht inhaltlich hinreichend genau bestimmt und unbedingt. Sie kann daher keine unmittelbare Wirkung entfalten.

1039 *Europäisches Parlament,* Protokoll der Sitzung v. Donnerstag, 19. November 1992, ABl. 1992 C 337, 191 (208).

1040 *Europäisches Parlament,* Protokoll der Sitzung v. Donnerstag, 19. November 1992, ABl. 1992 C 337, 191 (208); *Generalanwalt am EuGH Georges Cosmas,* Schlussanträge v. 23.03.1999, Rs. C-60/98 Rdnr. 24.

1041 Art. 6a Geänderter Vorschlag für eine Richtlinie des Rates zur Harmonisierung der Schutzdauer des Urheberrechts und bestimmter verwandter Schutzrechte, KOM(92)602 endg. – Syn 395, *Walter*/von Lewinski, Term Directive Art. 10 Rdnr. 8.10.29.

1042 Amended proposal for a Council Directive harmonizing the term of protection of copyright and certain related rights COM (92) 602 final – Syn 395, Explanatory Memorandum commentary on Article 6bis S. 7.

1043 Amended proposal for a Council Directive harmonizing the term of protection of copyright and certain related rights COM (92) 602 final – Syn 395, Explanatory Memorandum commentary on Article 6bis S. 7.

1044 Amended proposal for a Council Directive harmonizing the term of protection of copyright and certain related rights COM (92) 602 final – Syn 395, Explanatory Memorandum commentary on Article 6bis S. 7; *Generalanwalt am EuGH Georges Cosmas,* Schlussanträge v. 23.03.1999, Rs. C-60/98 Rdnr. 26.

Im Ergebnis ist Art. 10 Abs. 2 Schutzdauerrichtlinie inhaltlich hinreichend klar bestimmt und unbedingt. Soweit Nutzungshandlungen, die vor dem 01.07.1995 erfolgt sind, von der Richtlinie unberührt bleiben, ist auch Art. 10 Abs. 3 S. 1 Schutzdauerrichtlinie inhaltlich klar bestimmt und unbedingt und erfüllt die inhaltlichen Voraussetzungen für die unmittelbare Wirkung. Für Nutzungshandlungen, die begonnen wurden als ein Werk oder Schutzgegenstand gemeinfrei war und nach dem Wiederaufleben der Rechte daran ab dem 01.07.1995 fortgesetzt werden, treffen Art. 10 Abs. 2, Abs. 3 S. 1 Schutzdauerrichtlinie keine Bestimmung.

Diese Nutzungshandlungen werden vom Anwendungsbereich des Art. 10 Abs. 3 S. 2 Schutzdauerrichtlinie erfasst. Diese Bestimmung verpflichtet die Mitgliedstaaten, tätig zu werden und Maßnahmen zum Schutz der erworbenen Rechte Dritter zu treffen.

Die Ausgestaltung der Maßnahmen belässt die Bestimmung aber den Mitgliedstaaten. Es wird nicht bestimmt, welche Maßnahmen die Mitgliedstaaten zu treffen haben. Die Rechtsfolgen, die die fortgesetzte Nutzung für Dritte hat, werden nicht festgelegt. Vielmehr räumt die Vorschrift den Mitgliedstaaten einen weiten Entscheidungsspielraum ein. Art. 10 Abs. 3 S. 2 Schutzdauerrichtlinie ist daher nicht hinreichend genau bestimmt und unbedingt und kann daher keine unmittelbare Wirkung entfalten.

Über solche Nutzungshandlungen trifft die Schutzdauerrichtlinie damit keine inhaltlich genau bestimmte und unbedingte Regelung, die unmittelbare Wirkung entfalten kann.

(2) Zwischen 01.07.1995 und tatsächlicher Umsetzung erfolgte Nutzungshandlungen

Im Folgenden ist zu beleuchten, ob die Mitgliedstaaten die Wirkungen der Richtlinie auf Nutzungshandlungen erstrecken können, welche zwischen 01.07.1995 und tatsächlicher Umsetzung erfolgt sind.

Im französischen Recht war beispielsweise die Umsetzung deutlich später, als zum 01.07.1995, erfolgt, und das französische Urheberrechtsgesetz sah eine Übergangsfrist von einem Jahr vor.[1045] Stellt man für den Fristbeginn auf den 01.07.1995 ab, so wäre die Frist noch vor Inkrafttreten der französischen Vorschriften abgelaufen.[1046]

1045 *Benabou*, S. 403 Fn. 3, 411.
1046 *Benabou*, S. 411.

Teilweise wird vertreten, dass nur Nutzungshandlungen von den Wirkungen der Richtlinie ausgenommen sind, die vor dem 01.07.1995 erfolgten, auch wenn die Umsetzung wesentlich später erfolgt ist.[1047] Art. 10 Abs. 3 S. 1 Schutzdauerrichtlinie gebe nur vor, Nutzungshandlungen, die vor dem 01.07.1995 erfolgt seien, blieben von der Richtlinie unberührt.

Die Frage, ob darüber hinaus auch Nutzungshandlungen von den Wirkungen der Richtlinie ausgenommen sind, die zwischen dem 01.07.1995 und dem Zeitpunkt der tatsächlichen Umsetzung erfolgt sind, könnte im Ermessen der Mitgliedstaaten liegen.

(a) Nur vor dem 01.07.1995 erfolgte Nutzungshandlungen ausgenommen

Dafür, dass nur solche Nutzungshandlungen von den Wirkungen der Richtlinie auszunehmen sind, die vor dem 01.07.1995 erfolgt sind, spricht der Wortlaut von Art. 10 Abs. 3 S. 1 Schutzdauerrichtlinie. Dieser nimmt Bezug auf den in Absatz 1 genannten Zeitpunkt und stellt demzufolge ausdrücklich nicht auf den Zeitpunkt der tatsächlichen Umsetzung in nationales Recht ab.

Zweck von Art. 10 Abs. 2 Schutzdauerrichtlinie sowie der Richtlinie insgesamt sei es, so schnell wie möglich die Schutzfristen zu harmonisieren.[1048] Die Anwendung der Vorschriften der Schutzdauerrichtlinie erst ab dem Zeitpunkt der Umsetzung auf Nutzungshandlungen in den Mitgliedstaaten könne die Harmonisierung hinauszögern.[1049]

Art. 10 Abs. 3 S. 1, 2 Schutzdauerrichtlinie dienten darüber hinaus dem Schutz des berechtigten Vertrauens der Nutzer. Es sei zu bezweifeln, ob die Nutzer auf diesen Schutz in dem Fall angewiesen seien, in dem ein Mitgliedstaat die Richtlinie verspätet umgesetzt hat.[1050] Nach der Veröffentlichung der Richtlinie im Amtsblatt der EU hätten die Nutzer die Möglich-

---

1047 *Walter*/von Lewinski, Term Directive Art. 10 Rdnr. 8.10.28; Wandtke/Bullinger/*Jani*, UrhG § 137f Rdnr. 11.

1048 EuGH, Urt. v. 29.06.1999, Rs. C-60/98, Rdnr. 20, GRUR Int 1999, 868 (869); *Walter*/von Lewinski, Term Directive, General Remarks and Historical Background oft he Directive, Rdnr. 8.0.1-8.0.2, Art. 10 Rdnr. 8.10.2, 8.10.28.

1049 EuGH, Urt. v. 29.06.1999, Rs. C-60/98, Rdnr. 23, 28, GRUR Int 1999, 868 (869-870); *Walter*/von Lewinski, Term Directive Art. 10 Rdnr. 8.10.28.

1050 *Walter*/von Lewinski, Term Directive Art. 10 Rdnr. 8.10.28; Wandtke/Bullinger/*Jani*, UrhG § 137f Rdnr. 11.

keit gehabt, sich über die anstehenden Gesetzesänderungen zu informieren und ihr Verhalten darauf auszurichten.[1051]

Mit dem Einwand, Nutzungshandlungen von der Richtlinienwirkung bis zur tatsächlichen Umsetzung auszunehmen führe zum längeren Bestehen der Schutzfristenunterschiede, wird aber verkannt, dass die Mitgliedstaaten einen Gestaltungsspielraum haben, Art. 10 Abs. 3 S. 2 Schutzdauerrichtlinie.[1052] Dies führt bereits dazu, dass Unterschiede im Schutz fortbestehen können.

Die Richtlinie ist gem. Art. 288 Abs. 3 AEUV an die Mitgliedstaaten gerichtet, erst mit ihrer Umsetzung sind die Bürger als Adressaten betroffen. Folglich spricht auch der Vertrauensschutz gegen eine Verpflichtung der Mitgliedstaaten, Vorschriften zur Umsetzung der Richtlinie rückwirkend auf alle ab dem 01.07.1995 vorgenommenen Nutzungshandlungen anzuwenden.

(b) Ermessen des nationalen Gesetzgebers

Für ein Ermessen des nationalen Gesetzgebers, ob er die Umsetzungsvorschriften rückwirkend auf alle ab dem 01.07.1995 vorgenommenen Nutzungshandlungen anwendet, spricht, dass der Wortlaut von Art. 10 Abs. 3 S. 2 Schutzdauerrichtlinie weit gefasst ist.[1053] Hiernach treffen die Mitgliedstaaten die notwendigen Bestimmungen, um insbesondere die erworbenen Rechte Dritter zu schützen. Die *Kommission* hat sich bewusst dagegen entschieden, für den Schutz erworbener Rechte genauere Vorgaben zu treffen.[1054] Dies begründet sie mit dem Umstand, die Rechtstraditionen der

---

1051 *Generalanwalt am EuGH Georges Cosmas v. 23.03.1999*, Rs. C-60/98 Rdnr. 31; *Walter*/von Lewinski, Term Directive Art. 10 Rdnr. 8.10.28; Wandtke/Bullinger/*Jani*, UrhG § 137f Rdnr. 11.

1052 Amended proposal for a Council Directive Harmonizing the term of protection of copyright and certain related rights, COM(92)602 Final – Syn 395, Explanatory Memorandum commentary on Art. 6bis S. 7; EuGH, Urt. v. 29.06.1999, Rs. C-60/98 Rdnr. 23, GRUR Int 1999, 868 (869-870); *Generalanwalt am EuGH Georges Cosmas v. 23.03.1999*, Rs. C-60/98 Rdnr. 25-26; *Emilianides*, EIPR 2004, 538 (541).

1053 *Generalanwalt am EuGH Georges Cosmas*, Schlussanträge v. 23.03.1999, Rs. C-60/98 Rdnr. 27.

1054 Amended proposal for a Council Directive Harmonizing the term of protection of copyright and certain related rights, COM(92)602 Final – Syn 395, Explanatory Memorandum commentary on Art. 6bis S. 7; *Generalanwalt am EuGH Georges Cosmas*, Schlussanträge v. 23.03.1999, Rs. C-60/98 Rdnr. 25.

Mitgliedstaaten seien zu verschieden und die Mitgliedstaaten besser in der Lage, Bestimmungen zum Schutz des Vertrauens Dritter zu schaffen.[1055]

Dies zeigt die Intention des Unionsgesetzgebers, den Mitgliedstaaten einen Entscheidungsspielraum bei der Ausgestaltung des Schutzes Dritter einzuräumen, siehe ErwG 25 S. 2 Schutzdauerrichtlinie.[1056] Die besseren Gründe sprechen dafür, dass es in der Hand der Mitgliedstaaten lag, ob erfolgte Nutzungshandlungen bis zum Zeitpunkt der Umsetzung der Schutzdauerrichtlinie in das nationale Recht unberührt bleiben, oder ob die Bestimmungen der Richtlinie ab dem 01.07.1995 auf sie Anwendung finden.[1057]

Zusammenfassend ist festzuhalten, dass es im Ermessen der Mitgliedstaaten liegt, ob Nutzungshandlungen, die zwischen dem 01.07.1995 und der tatsächlichen Umsetzung der Richtlinie erfolgt sind, von den Wirkungen der Richtlinien erfasst werden.

cc) Zwischenergebnis

Soweit die Richtlinie vor dem 01.07.1995 umgesetzt wurde, finden die Vorschriften der Richtlinie erst auf Nutzungshandlungen, die nach diesem Zeitpunkt erfolgt sind, Anwendung. Bei einer verspäteten Umsetzung der Richtlinie entfaltet Art. 10 Abs. 3 S. 2 Schutzdauerrichtlinie keine unmittelbare Wirkung. Die Mitgliedstaaten entscheiden über die Rechtsfolgen des Wiederauflebens von Rechten für die Nutzer.

1055 Amended proposal for a Council Directive Harmonizing the term of protection of copyright and certain related rights, COM(92)602 Final - Syn 395, Explanatory Memorandum commentary on Art. 6bis S. 7.

1056 EuGH, Urt. v. 29.06.1999, Rs. C-60/98, Rdnr. 23, GRUR Int 1999, 868 (869-870); *Generalanwalt am EuGH Georges Cosmas,* Schlussanträge v. 23.03.1999, Rs. C-60/98 Rdnr. 26; *Emilianides,* EIPR 2004, 538 (541).

1057 EuGH, Urt. v. 29.06.1999, Rs. C-60/98, Rdnr. 27, GRUR Int 1999, 868 (870); *Generalanwalt am EuGH Georges Cosmas,* Schlussanträge v. 23.03.1999, Rs. C-60/98 Rdnr 30-31 setzen dies voraus.

b) Vor dem 01.07.1995 erfolgte Nutzungshandlung i.S.v. Art. 10 Abs. 3 S. 1 Schutzdauerrichtlinie

Es stellt sich die Frage, in welchen Fällen eine Nutzungshandlung i.S.v. Art. 10 Abs. 3 S. 1 Schutzdauerrichtlinie vor dem 01.07.1995 erfolgt ist und welche Handlungen damit von den Wirkungen der Richtlinie ausgenommen werden. Dies ist von Bedeutung, wenn die Verwertung eines Werks oder einer Leistung in mehreren Schritten erfolgt.[1058] Wenn zum Beispiel eine gemeinfreie Tonaufnahme vor dem 01.07.1995 auf eine Reihe von Tonträgern überspielt worden ist und diese Tonträger nach diesem Zeitpunkt verbreitet werden sollen,[1059] erscheint klärungsbedürftig, ob das Verbreiten der Exemplare eine vor dem 01.07.1995 erfolgte Nutzungshandlung darstellt.[1060]

Art. 10 Abs. 3 S. 1 Schutzdauerrichtlinie nimmt nur vor dem 01.07.1995 erfolgte Nutzungshandlungen von den Wirkungen der Richtlinie aus. Ab Inkrafttreten – dies verdeutlicht Art. 10 Abs. 2 Schutzdauerrichtlinie – finden die Vorschriften der Schutzdauerrichtlinie Anwendung.[1061] Dies spricht dafür, deutlich zwischen vor dem 01.07.1995 erfolgten Nutzungshandlungen und solchen, welche ab diesem Zeitpunkt fortgesetzt werden, zu differenzieren, sowie für ein enges Verständnis des Art. 10 Abs. 3 S. 1 Schutzdauerrichtlinie.

Die Unterscheidung zwischen Art. 10 Abs. 3 S. 1 Schutzdauerrichtlinie und Art. 10 Abs. 3 S. 2 Schutzdauerrichtlinie macht dies ebenfalls deutlich: Art. 10 Abs. 3 S. 1 Schutzdauerrichtlinie verhindert das rückwirkende Anwenden der Schutzdauerrichtlinie auf vorher erfolgte Nutzungshandlungen. Art. 10 Abs. 3 S. 2 Schutzdauerrichtlinie schützt das Vertrauen noch weiter gehend: Die Mitgliedstaaten werden verpflichtet, erworbene Rechtspositionen Dritter zu schützen.[1062] Diese Verpflichtung ist nicht auf den

1058 Dazu *Antill/Coles,* EIPR 1996, 379 (382); *Nordemann/Mielke,* ZUM 1996, 214 (216-217).

1059 Beispiel bei *Generalanwalt am EuGH Georges Cosmas,* Schlussantrag v. 23.03.1999, Rs. C-60/98, Rdnr. 25, ABl. 1999 I-3941 (3950); *Antill/Coles,* EIPR 1996, 379 (382).

1060 *Antill/Coles,* EIPR 1996, 379 (382).

1061 EuGH, Urt. v. 29.06.1999, Rs. C-60/98, Rdnr. 23-24, GRUR Int 1999, 868 (869-870); *Generalanwalt am EuGH Georges Cosmas,* Schlussanträge v. 23.03.1999 Rs- C-60/98, Rdnr. 25, ABl. 1999 I-3941 (I-3950-I-3951).

1062 EuGH, Urt. v. 29.06.1999, Rs. C-60/98, Rdnr. 21-23, GRUR Int 1999, 868 (869-870); *Walter*/von Lewinski, Term Directive Art. 10 Rdnr. 8.10.29-8.10.30; *von Lewinski,* in: *Möhring/Schulze/Ulmer/Zweigert (Hrsg.),* Quellen des Urheberrechts, Losebl. (Stand: Mai 1994), Europ. GemeinschaftsR/II/4, S. 16.

Schutz vor Rechtsfolgen für Nutzungshandlungen beschränkt, die vor dem 01.07.1995 erfolgt sind.[1063] Sie kann darauf gerichtet sein, das Fortsetzen von Nutzungshandlungen zuzulassen.[1064] Jedoch bleiben in diesem Fall die Vorschriften der Schutzdauerrichtlinie, anders als bei vor dem 01.07.1995 erfolgten Nutzungshandlungen, auf die fortgesetzten Nutzungshandlungen anwendbar.[1065]

Ein Vergleich mit dem Vorschlag des Parlaments, in dem erstmals das Wiederaufleben von Rechten in die Richtlinie eingeführt wurde, verdeutlicht ebenfalls, dass sehr genau zwischen vor dem 01.07.1995 und danach erfolgten Nutzungshandlungen zu unterscheiden ist.[1066] Zwar kann der Rechteinhaber hiernach das Fortsetzen von in gutem Glauben vor Inkrafttreten der Bestimmungen der Richtlinie getätigten Nutzungshandlungen nicht verbieten. Bereits der Vorschlag des Parlaments differenzierte aber zwischen vor dem maßgeblichen Zeitpunkt (damals der 01.07.1994) erfolgten Nutzungshandlungen (Art. 6 Abs 1a des Parlamentsvorschlags)[1067] und solchen, die weiter fortgesetzt werden (Art. 6 Abs. 1b und Abs. 1c des Parlamentsvorschlags)[1068]. Dies spricht ebenfalls für ein enges Verständnis des Begriffs „vorher erfolgte Nutzungshandlungen".

Schließlich wurde der Vorschlag des Parlaments aber nicht genau in dieser Weise in die endgültige Fassung der Schutzdauerrichtlinie aufgenommen.[1069] Nur für Verwertungshandlungen, die vor dem 01.07.1995 erfolgt sind, trifft die Richtlinie eine Bestimmung. Diese sind gem. Art. 10 Abs. 3 S. 1 Schutzdauerrichtlinie von den Wirkungen der Richtlinie ausgenom-

---

1063 *von Lewinski*, in: *Möhring/Schulze/Ulmer/Zweigert (Hrsg.)*, Quellen des Urheberrechts, Losebl. (Stand: Mai 1994), Europ. GemeinschaftsR/II/4, S. 16-17.

1064 *Walter*/von Lewinski, Term Directive Art. 10 Rdnr. 8.10.29-8.10.30; *von Lewinski*, in: *Möhring/Schulze/Ulmer/Zweigert (Hrsg.)*, Quellen des Urheberrechts, Losebl. (Stand: Mai 1994), Europ. GemeinschaftsR/II/4, S. 16-17.

1065 EuGH, Urt. v. 29.06.1999, Rs. C-60/98, Rdnr. 23-25, GRUR Int 1999, 868 (869-870); *Generalanwalt am EuGH Georges Cosmas*, Schlussanträge v. 23.03.1999, Rdnr. 25 ABl. 1999 I 3941 (I-3950 I-3951); *von Lewinski*, in: *Möhring/Schulze/Ulmer/Zweigert (Hrsg.)*, Quellen des Urheberrechts, Losebl. (Stand: Mai 1994), Europ. GemeinschaftsR/II/4, S. 16-17.

1066 *Generalanwat am EuGH Georges Cosmas*, Schlussanträge v. 23.03.1999, Rdnr. 25 ABl. 1999 I 3941 (I-3950 I-3951).

1067 *Europäisches Parlament*, Protokoll der Sitzung v. Donnerstag, 19. November 1992, ABl. 1992 C 337, 184 (208) Änderung Nr. 12 Art. 6 Abs. 1a.

1068 *Europäisches Parlament*, Protokoll der Sitzung v. Donnerstag, 19. November 1992, ABl. 1992 C 337, 184 (208) Änderung Nr. 12 Art. 6 Abs. 1b, Abs. 1c.

1069 Generalanwalt am EuGH Georges *Cosmas*, Schlussanträge v. 23.03.1999, Rdnr. 25 ABl. 1999 I 3941 (I-3950).

men. Die Richtlinie trifft aber – anders als der Vorschlag des Parlaments, Art. 6 Abs. 1b, 1c des Parlamentsvorschlags[1070] – keine Vorgaben für nach dem 01.07.1995 fortgesetzte Nutzungshandlungen.[1071] Für solche Nutzungshandlungen legt sie die Verantwortung für den Schutz der Erwartungen der Nutzer gem. Art. 10 Abs. 3 S. 2 Schutzdauerrichtlinie in die Hände der Mitgliedstaaten.[1072] Dies zeigt, dass nach dem 01.07.1995 fortgesetzte Nutzungshandlungen von den Wirkungen der Richtlinie erfasst werden. Die Rechtsfolgen, die das Wiederaufleben von Rechten für diese trifft, gestaltet das Recht der Mitgliedstaaten.[1073] Im Ergebnis ist Art. 10 Abs. 3 S. 1 Schutzdauerrichtlinie eng zu verstehen. Vorher erfolgte Nutzungshandlungen im Sinne der Norm liegen nur dann vor, wenn die Nutzungshandlungen vor der Rechtsänderung vollständig abgeschlossen waren.

Im Folgenden wird dargelegt, ob Verwertungshandlungen, die in mehreren Schritten erfolgen, im Zusammenhang zu sehen sind, oder ob jede einzelne Teilhandlung für sich genommen zu betrachten ist.

Wenn die Verwertung in mehreren Etappen erfolgt – wenn beispielsweise eine Bildagentur Fotografien in ihr Archiv nimmt, diese anbietet und es schließlich zu einem Vertrag mit einem Interessenten kommt[1074] – können die einzelnen Handlungen auch für sich stehen und sind ohne die übrigen logisch denkbar.[1075] Jede Handlung stellt für sich genommen eine einzelne Verwertungshandlung dar.[1076]

Im deutschen Urheberrecht zeigt sich das deutlich bei den Verwertungsrechten des Urhebers (§§ 15-22 UrhG): Das Recht, das Werk in körperlicher Form zu verwerten, umfasst insbesondere das Vervielfältigungsrecht (§ 16 UrhG) und das Verbreitungsrecht (§ 17 UrhG). Das Recht, das Werk in unkörperlicher Form öffentlich wiederzugeben, umfasst unter anderem das Vortrags-, Aufführungs- und Vorführungsrecht (§ 19 UrhG) und das Recht der öffentlichen Zugänglichmachung (§ 19a UrhG). Mit jeder einzelnen dieser Handlungen; das heißt, wenn der Urheber ein Werk vervielfältigt,

---

1070 *Europäisches Parlament,* Protokoll der Sitzung v. Donnerstag, 19. November 1992, ABl. 1992 C 337, 184 (208) Änderung Nr. 12 Art. 6 Abs. 1b, 1c.

1071 *Generalanwalt am EuGH* Georges *Cosmas,* Schlussanträge v. 23.03.1999, Rdnr. 25 ABl. 1999 I 3941 (I-3950).

1072 *Generalanwalt am EuGH Georges Cosmas,* Schlussanträge v. 23.03.1999, Rdnr. 25-26 ABl. 1999 I 3941 (I-3950-I-3951).

1073 *Generalanwalt am EuGH Georges Cosmas,* Schlussanträge v. 23.03.1999, Rdnr. 25-26 ABl. 1999 I 3941 (I-3950-I-3951).

1074 Beispiel angelehnt an *Nordemann/Mielke,* ZUM 1996, 214 (216-217).

1075 *Heukels,* Intertemporales Gemeinschaftsrecht, S. 103-104.

1076 *Heukels,* Intertemporales Gemeinschaftsrecht, S. 103-104.

es aufführt oder öffentlich zugänglich macht; übt der Urheber jeweils eines seiner Verwertungsrechte aus. Ein Dritter, der eine solche Handlung vornimmt, greift in ein solches Recht ein. Dies zeigt, dass bei einer mehrstufigen Verwertung jeder Schritt eine eigene Verwertungshandlung begründet.

Damit wird der Vorgang nicht im Zusammenhang betrachtet, sondern kann in Teilsachverhalte aufgeteilt werden.[1077]

Es handelt sich bei fortgesetzten Verwertungshandlungen damit nicht um vorher erfolgte Nutzungshandlungen i. S. v. Art. 10 Abs. 3 S. 1 Schutzdauerrichtlinie.

Im Ergebnis liegt eine vorher erfolgte Nutzungshandlung i. S. v. Art. 10 Abs. 3 S. 1 Schutzdauerrichtlinie nur dann vor, wenn sie vor dem 01.07.1995 vollständig abgeschlossen wurde.[1078] Nur diejenigen Verwertungshandlungen, die zeitlich vor diesem Zeitpunkt vollständig abgeschlossen wurden, bleiben nach Art. 10 Abs. 3 S. 1 Schutzdauerrichtlinie von der Richtlinie unberührt.[1079] Das Schicksal aller anderen Verwertungshandlungen, insbesondere von Verwertungshandlungen, die vor dem 01.07.1995 begonnen und danach fortgesetzt wurden – richtet sich nach dem Recht der Mitgliedstaaten, Art. 10 Abs. 3 S. 2 Schutzdauerrichtlinie.

c) Notwendige Bestimmungen zum Schutz der erworbenen Rechte Dritter i.S.v. Art. 10 Abs. 3 S. 2 Schutzdauerrichtlinie

Nach Art. 10 Abs. 3 S. 2 Schutzdauerrichtlinie treffen die Mitgliedstaaten die notwendigen Bestimmungen, um insbesondere die erworbenen Rechte Dritter zu schützen. Um ein besseres Verständnis der Norm zu erzielen wird untersucht, was erworbene Rechte Dritter i.S.v. Art. 10 Abs. 3 S. 2 Schutzdauerrichtlinie sind. In einem zweiten Schritt ist herauszuarbeiten, wie weit das Ermessen der Mitgliedstaaten beim Treffen der notwendigen Bestimmungen im Sinne von Art. 10 Abs. 3 S. 2 Schutzdauerrichtlinie reicht.

1077 *Heukels,* Intertemporales Gemeinschaftsrecht, S. 103-104.

1078 EuGH, Urt. v. 29.06.1999, Rs. C-60/98, Rdnr. 24, GRUR Int 1999, 868 (870); *Generalanwalt am EuGH* Georges *Cosmas,* Schlussanträge v. 23.03.1999, Rdnr. 25 Fn. 15, ABl. 1999 I-3941 (I-3949 – I-3950).

1079 EuGH, Urt. v. 29.06.1999, Rs. C-60/98, Rdnr. 24, GRUR Int 1999, 868 (870); *Generalanwalt am EuGH Cosmas,* Schlussanträge v. 23.03.1999, Rdnr. 25 Fn. 15, ABl. 1999 I-3941 (I-3949 – I-3950).

aa) Erworbene Rechte Dritter

Es fragt sich, was mit erworbenen Rechten Dritter nach Art. 10 Abs. 3 S. 2 Schutzdauerrichtlinie gemeint ist.[1080]

Der Begriff "erworbene Rechte“ deutet auf das Erfordernis einer gefestigten Rechtsposition hin.[1081] Das Charakteristikum des Erwerbs impliziert einen Erwerbsvorgang, etwa in Form eines Vertrags.[1082] Die Formulierung, die Mitgliedstaaten treffen die notwendigen Bestimmungen, um insbesondere die erworbenen Rechte Dritter zu schützen, lässt mehrere Interpretationen zu.

Die Vorschrift ist im Zusammenhang zu sehen: Während Art. 10 Abs. 1 Schutzdauerrichtlinie das Vertrauen der Urheber und Inhaber von verwandten Schutzrechten schützt, siehe ErwG 10 S. 1-2 Schutzdauerrichtlinie, dient Art. 10 Abs. 3 S. 2 Schutzdauerrichtlinie dem Schutz des Vertrauens der Nutzer, siehe ErwG 24 und 25 Schutzdauerrichtlinie.[1083]

Der Schutz der erworbenen Rechte Dritter nach Art. 10 Abs. 3 S. 2 Schutzdauerrichtlinie bezieht sich auf Art. 10 Abs. 2 Schutzdauerrichtlinie und damit auf den Fall, dass eine Schutzfrist verlängert wurde[1084] oder dass Rechte an einem Werk oder Schutzgegenstand wieder aufgelebt sind.[1085] Sowohl Nutzer, denen Verwertungsrechte an einem noch geschützten Werk oder Schutzgegenstand eingeräumt oder übertragen wurden und die deswegen ein Werk oder Schutzgegenstand vor dem 01.07.1995 verwertet haben[1086] als auch solche, die ein gemeinfreies Werk oder einen gemeinfreien Schutzgegenstand vor dem 01.07.1995 verwertet haben, werden von Art. 10 Abs. 3 S. 2 Schutzdauerrichtlinie geschützt (s.a. die Umsetzung in § 137f Abs. 3 und Abs. 4 UrhG im deutschen Recht).[1087] Dies zeigen auch ErwG

1080 *Antill/Coles*, EIPR 1996, 379 (381-382); *Emilianides*, EIPR 2004, 538 (541).

1081 Vgl. dazu *Beier*, S. 189-191; *Heukels*, Intertemporales Gemeinschaftsrecht, S. 56-57.

1082 Vgl. *Ubertazzi*, GRUR Int 1999, 407 (414).

1083 *Dietz*, GRUR Int 1995, 670 (683-684); *von Lewinski*, in: *Möhring/Schulze/Ulmer/Zweigert (Hrsg.)*, Quellen des Urheberrechts, Losebl. (Stand: Mai 1994), Europ. GemeinschaftsR/II/4, S. 14, 16.

1084 Dazu *Beier*, S. 213.

1085 *von Lewinski*, in: *Möhring/Schulze/Ulmer/Zweigert (Hrsg.)*, Quellen des Urheberrechts, Losebl. (Stand: Mai 1994), Europ. GemeinschaftsR/II/4, S. 14-16; *Ubertazzi*, GRUR Int 1999, 407 (415).

1086 Zu diesen *Beier*, S. 213; *Ubertazzi*, GRUR Int 1999, 407 (414).

1087 *Walter*/von Lewinski, Term Directive Art. 10 Rdnr. 8.10.29-8.10.30; *Beier*, S. 219-222; *von Lewinski*, in: *Möhring/Schulze/Ulmer/Zweigert (Hrsg.)*, Quellen des Urheberrechts, Losebl. (Stand: Mai 1994), Europ. GemeinschaftsR/II/4, S. 14, 16.

24 Schutzdauerrichtlinie, wonach es den Mitgliedstaaten freistehen sollte, Bestimmungen über die Auswirkungen der Verlängerung der Schutzdauer auf bestehende Verträge über Nutzungsrechte zu erlassen; und ErwG 25 Schutzdauerrichtlinie, der sich auf den Schutz des Vertrauens von Nutzern bezieht, welche ein ursprünglich gemeinfreies Werk oder einen Gegenstand verwandter Schutzrechte verwertet haben.[1088]

Der systematische Zusammenhang spricht für das Verständnis, Art. 10 Abs. 3 S. 1 und 2 Schutzdauerrichtlinie sollen sowohl das Vertrauen derjenigen schützen, die einen noch geschützten Gegenstand vor dem 01.07.1995 aufgrund einer Lizenz verwertet haben, als auch das Vertrauen derjenigen, die einen vor dem 01.07.1995 gemeinfreien Gegenstand vor diesem Datum verwertet haben.

Der Begriff der Wahrung erworbener Rechte, wie er in Art. 10 Abs. 3 S. 2 Schutzdauerrichtlinie und ErwG 25 Schutzdauerrichtlinie begegnet, stammt aus der Rechtsprechung des EuGH und des EuG.[1089] Diese prüfen einen Eingriff in wohlerworbene Rechte im Rahmen ihrer Urteile zur Rückwirkung.[1090]

Um näher zu bestimmen, wann erworbene Rechte Dritter i.S.v. Art. 10 Abs. 3 S. 2 Schutzdauerrichtlinie vorliegen, wird die Rechtsprechung des EuGH und des EuG zu wohlerworbenen Rechten untersucht. Hieraus werden Merkmale herausgearbeitet, die von den Gerichten wiederholt als Voraussetzung für das Bestehen wohlerworbener Rechte herangezogen werden und die wohlerworbene Rechte charakterisieren.

Der EuGH leitet keine Definition wohlerworbener Rechte her, sondern prüft in jedem Einzelfall, ob eine Handlung in wohlerworbene Rechte eingreift.[1091] Wohlerworbene Rechte liegen nach der Rechtsprechung des EuGH vor, wenn zeitlich vor einer Rechtsänderung ein Tatbestand erfüllt

---

1088 *Walter*/von Lewinski, Term Directive Art. 10 Rdnr. 8.10.36-8.10.37; *Beier*, S. 213; zu ErwG 25 *Beier*, S. 222; *von Lewinski*, in: *Möhring/Schulze/Ulmer/Zweigert (Hrsg.)*, Quellen des Urheberrechts, Losebl. (Stand: Mai 1994), Europ. GemeinschaftsR/II/4, S. 16.

1089 EuG, Urt. v. 14.12.2018, Rs. T-526/16, Rdnr. 44, 52, 85-86, BeckRS 2018, 32185; EuGöD, Urt. v. 16.07.2015, Rs. F-112/14, Rdnr. 59; EuGH, Urt. v. 22.12.2008, Rdnr. 63-65, BeckRS 2008, 141684; *Beier*, S. 189; *Heukels*, Intertemporales Gemeinschaftsrecht, S. 56-57; *Schwarz*, S. 398-399.

1090 EuG, Urt. v. 14.12.2018, Rs. T-526/16, Rdnr. 52, BeckRS 2018, 32185; EuGH, Urt. v. 14.05.1975, Rs. C-74/74, Rdnr. 28-45/4, BeckRS 2004, 73624; *Beier*, S. 189; *Heukels*, Intertemporales Gemeinschaftsrecht, S. 56-57, S. 291-294.

1091 *Beier*, S. 189.

und alle Tatbestandsmerkmale verwirklicht worden sind.[1092] Ferner müsse es sich für ein wohlerworbenes Recht um eine vom Gesetzgeber anerkannte, gefestigte Rechtsposition handeln, eine Anwartschaft reiche nicht aus.[1093] Sie müsse sich aus dem objektiven Recht herleiten lassen.[1094] Ein wohlerworbenes Recht liege nur bei einer unbedingten und unwiderruflichen Rechtsposition vor.[1095]

Die Voraussetzungen, die der EuGH für das Vorliegen wohlerworbener Rechte entwickelt hat, wurden herausgearbeitet. Es fragt sich nun, inwiefern diese vom EuGH entwickelten Voraussetzungen sich auf die Situation in Art. 10 Abs. 3 S. 2 Schutzdauerrichtlinie übertragen lassen.

Obwohl der Begriff der erworbenen Rechte Dritter in Art. 10 Abs. 3 S. 2 Schutzdauerrichtlinie auf die Rechtsprechung des EuGH zur Rückwirkung und im Rahmen dessen auf die Wahrung erworbener Rechte als Rückwirkungsschranke zurückgeht,[1096] handelt es sich bei Art. 10 Abs. 3 S. 2 Schutzdauerrichtlinie um eine eigenständige Bestimmung und der Begriff ist autonom auszulegen. Den Entscheidungen des EuGH können lediglich Indizien und Auslegungshilfestellungen entnommen werden.

Das Erfordernis der Erfüllung aller Tatbestandsmerkmale zeitlich vor einer Rechtsänderung trifft auch für Art. 10 Abs. 3 S. 2 Schutzdauerrichtlinie zu. Der Wortlaut „erworbene Rechte“ macht dies deutlich.

Zudem liegen Sinn und Zweck von Art. 10 Abs. 3 S. 2 Schutzdauerrichtlinie im Schutz des Vertrauens von Personen, die vor der Harmonisierung eine Verwertungshandlung vorgenommen oder Investitionen auf ein Werk oder einen Schutzgegenstand getätigt haben.[1097] Auch im Rahmen von

---

1092 EuG, Urt. v. 14.12.2018, Rs. T-526/16, Rdnr. 52, BeckRS 2018, 32185; EuGH, Urt. v. 22.12.2008, Rs. C-443/07, Rdnr. 63-65, BeckRS 2008, 141684; EuGH, Urt. v. 19.03.1975, Rs. C-28/74, Rdnr. 4/5, BeckRS 2004, 72897; *Schwarz*, S. 399-400.

1093 EuG, Urt. v. 14.12.2018, Rs. T-526/16, Rdnr. 52, 85-86, BeckRS 2018, 32185; EuGH, Urt. v. 22.12.2008, Rs. C-443/07 P, Rdnr. 63-65, BeckRS 2008, 141684; *Heukels*, Intertemporales Gemeinschaftsrecht, S. 56-57; *Schwarz*. S. 400.

1094 *Beier*, S. 190-191 Fn. 1111.

1095 EuG, Urt. v. 14.12.2018, Rs. T-526/16, Rdnr. 86, BeckRS 2018, 32185; EuGH, Urt. v. 22.12.2008, Rs. C-443/07 P, Rdnr. 64-65, BeckRS 2008, 141684; *Beier*, S. 191; *Heukels*, Intertemporales Gemeinschaftsrecht, S. 56-57; *Schwarz*, S. 400.

1096 EuG, Urt. v. 14.12.2018, Rs. T-526/16, Rdnr. 52, BeckRS 2018, 32185; EuGH, Urt. v. 22.12.2008, Rs. C-443/07 P Rdnr. 63-65, BeckRS 2008, 141684; EuGH, Urt. v. 14.05.1975, Rs. C-74/74, Rdnr. 28-44, BeckRS 2004, 73624; *Beier*, S. 189; *Heukels*, Intertemporales Gemeinschaftsrecht, S. 56-57, 291-294.

1097 Amended Proposal for a Council Directive Harmonizing the term of protection of copyright and certain related rights, COM(92)602 final – SYN 395, Explanatory Memorandum commentary on Art. 6bis S. 7; *von Lewinski*, in: *Möhring/Schulze/*

Art. 10 Abs. 3 S. 2 Schutzdauerrichtlinie muss die Vertrauensbetätigung daher vor der Rechtsänderung, also der Harmonisierung der Schutzfristen, verwirklicht worden sein.[1098]

Laut ErwG 25 S. 2 Schutzdauerrichtlinie sind die Wahrung erworbener Rechte und die Berücksichtigung berechtigter Erwartungen Bestandteil der gemeinschaftlichen Rechtsordnung. Aus der Gegenüberstellung der Wahrung erworbener Rechte und der Berücksichtigung berechtigter Erwartungen wird deutlich, dass erworbene Rechte mehr sind als bloß Erwartungen.[1099] In Art. 10 Abs. 3 S. 2 Schutzdauerrichtlinie wird nur das Treffen von Vorschriften zum Schutz der erworbenen Rechte Dritter vorgeschrieben und nicht auch das Treffen von Vorschriften zum Schutz berechtigter Erwartungen.[1100] Dies spricht für ein Verständnis, welches den vom *EuGH* für wohlerworbene Rechte entwickelten Voraussetzungen entspricht, wonach erworbene Rechte mehr als nur Erwartungen sind und es sich um eine verfestigte Rechtsposition handeln muss.

Teilweise wird vertreten, erworbene Rechte Dritter i.S.v. Art. 10 Abs. 3 S. 2 Schutzdauerrichtlinie seien nur dann gegeben, wenn eine Person vom Rechteinhaber ein Leistungsschutzrecht derivativ erworben habe.[1101] Die Bestimmung sei für den Fall anwendbar, dass ein Rechtssubjekt Inhaber des Rechts sei und ein anderes an demselben Gegenstand Rechte erworben habe, die die Rechte des Rechteinhabers einschränken können.[1102] Dies sei nur bei einem derivativen Erwerb eines Leistungsschutzrechts und nur für das Urheber- und Leistungsschutzrecht in Form eines Verbietungsrechts denkbar.[1103]

Das Recht, ein Werk oder einen Gegenstand verwandter Schutzrechte zu verwerten, welches sich aus der allgemeinen wirtschaftlichen Betätigungsfreiheit ableite, könne hingegen keine erworbenen Rechte Dritter begründen.[1104]

Ulmer/Zweigert (Hrsg.), Quellen des Urheberrechts, Losebl. (Stand: Mai 1994), Europ. GemeinschaftsR/II/4, S. 16-17.

1098 *Generalanwalt am EuGH Georges Cosmas,* Schlussanträge v. 23.03.1999, Rs. C-60/98 Rdnr. 25 Fn. 15, ABl. 1999 I-3941 (I-3950).

1099 *Beier,* S. 189; 221-222 Fn. 1315.

1100 *Beier,* S. 189; 221-222 Fn. 1315.

1101 *Ubertazzi,* GRUR Int 1999, 407 (414).

1102 *Ubertazzi,* GRUR Int 1999, 407 (414).

1103 *Ubertazzi,* GRUR Int 1999, 407 (414).

1104 *Ubertazzi,* GRUR Int 1999, 407 (414-415).

Dies wird damit begründet, Art. 10 Abs. 2 Schutzdauerrichtlinie führe zu einem Wiederaufleben des Urheberrechts und der Leistungsschutzrechte als Vollrechte.[1105] Art. 10 Abs. 3 S. 2 Schutzdauerrichtlinie beziehe sich auf Art. 10 Abs. 2 Schutzdauerrichtlinie und eine systematische Auslegung dieser Vorschriften ergebe, ein Recht zur weiteren Verwertung eines zuvor gemeinfrei gewesenen Gegenstandes sei wegen des Wiederauflebens des Rechtes als Vollrecht ausgeschlossen.[1106]

Dem ist zuzugeben, dass Art. 10 Abs. 2 Schutzdauerrichtlinie zu einem Wiederaufleben des Urheberrechts und der Leistungsschutzrechte als Vollrechte führt. Der Schutz erworbener Rechte Dritter nach Art. 10 Abs. 3 S. 2 Schutzdauerrichtlinie darf nicht dazu führen, dass das Wiedererstarken als Vollrecht beeinträchtigt wird.[1107]

Der Wortlaut von Art. 10 Abs. 3 S. 2 Schutzdauerrichtlinie muss jedoch nicht zwingend so verstanden werden, dass erworbene Rechte Dritter nur beim derivativen Erwerb vom Rechteinhaber bestehen können. Die Vorschrift lässt auch andere Interpretationen zu.

Der Anwendungsbereich des Art. 10 Abs. 3 S. 2 Schutzdauerrichtlinie ist nach dem Verständnis, wonach erworbene Rechte Dritter nur beim derivativen Erwerb vom Rechteinhaber bestehen können, sehr eingeengt. Danach ist ausgeschlossen, dass Art. 10 Abs. 3 S. 2 Schutzdauerrichtlinie auf Fälle Anwendung finden kann, in denen Dritte gutgläubig ein Werk oder einen Schutzgegenstand zu einer Zeit verwertet haben, als dieser gemeinfrei war.

Die Gesetzgebungsgeschichte sowie die Erwägungsgründe 24 und 25 und die Begründung des geänderten Richtlinienvorschlags der *Kommission* zeigen aber den Willen des Gesetzgebers, die gutgläubigen Verwerter zu schützen, die während der Gemeinfreiheit des Werks oder Schutzgegenstands diesen verwertet haben.[1108]

Nach dem ursprünglichen Richtlinienvorschlag sollten die Bestimmungen der Schutzdauerrichtlinie auf Werke und Schutzgegenstände Anwendung finden, die zu dem maßgeblichen Zeitpunkt in dem jeweiligen Mitgliedstaat geschützt waren.[1109] Ein Wiederaufleben von Rechten war in die-

---

1105 *Ubertazzi*, GRUR Int 1999, 407 (414).

1106 *Ubertazzi*, GRUR Int 1999, 407 (414-415).

1107 *Generalanwalt am EuGH Georges Cosmas*, Schlussantrag v. 23.03.1999, Rs. C-60/98, Rdnr. 35, ABl. 1999 I-3941 (I-3954-I-3955).

1108 *Beier*, S. 220-222.

1109 *Kommission*, Vorschlag für eine Richtlinie des Rates zur Harmonisierung der Schutzdauer des Urheberrechts und bestimmter verwandter Schutzrechte v. 23.03.1992, KOM(92)33 endg., ABl. 1992 C 92/6 (C 92/9); *Beier*, S. 207; *von Le-*

sem Richtlinienvorschlag nicht vorgesehen, ebenso fehlte eine Bestimmung zum Schutz der erworbenen Rechte Dritter.[1110]

Das Europäische Parlament schlug erstmals ein Wiederaufleben von Rechten vor. Gleichzeitig schlug es eine detaillierte Übergangsbestimmung zum Schutz des Vertrauens der gutgläubigen Verwerter vor. Mit dem Wiederaufleben von Rechten fand also auch die Übergangsbestimmung zum Schutz des Vertrauens Dritter Einzug in die Schutzdauerrichtlinie.[1111] In der abschließenden Fassung übernahm die Kommission das Wiederaufleben von Rechten, ebenso wurde eine Bestimmung zum Schutz Dritter beibehalten. Diese entsprach aber nicht der Bestimmung, die das Parlament vorgeschlagen hatte.[1112] Die Mitgliedstaaten treffen hiernach vielmehr gem Art. 10 Abs. 3 S. 2 Schutzdauerrichtlinie die notwendigen Bestimmungen zum Schutz der erworbenen Rechte Dritter.

Dies erklärt den Zweck von Art. 10 Abs. 3 S. 2 Schutzdauerrichtlinie: Die Vorschrift soll Beeinträchtigungen mildern, die gutgläubigen Verwertern aufgrund des in Art. 10 Abs. 2 Schutzdauerrichtlinie eingeführten Wiederauflebens von Rechten entstehen.[1113] Das setzt aber voraus, dass die Mitgliedstaaten die Befugnis zum Treffen von Bestimmungen zum Schutz erworbener Rechte Dritter gerade auch dann erhalten, wenn Dritte ein Werk oder einen Schutzgegenstand zu einem Zeitpunkt, zu dem keine Rechte daran bestanden, verwertet haben.

ErwG 25 S. 2 Schutzdauerrichtlinie nimmt ebenfalls auf vor dem 01.07.1995 erfolgte Verwertungshandlungen Bezug. Hier heißt es, diejenigen Personen sollen unter Umständen nicht zu Zahlungen verpflichtet werden,

---

winski, in: *Möhring/Schulze/Ulmer/Zweigert (Hrsg.)*, Quellen des Urheberrechts, Losebl. (Stand: Mai 1994), Europ. GemeinschaftsR/II/4, S. 4.

1110 *Kommission*, Vorschlag für eine Richtlinie des Rates zur Harmonisierung der Schutzdauer des Urheberrechts und bestimmter verwandter Schutzrechte v. 23.03.1992, KOM(92)33 endg., ABl. 1992 C 92/6 (C 92/9); *Beier*, S. 220; *von Lewinski*, in: *Möhring/Schulze/Ulmer/Zweigert (Hrsg.)*, Quellen des Urheberrechts, Losebl. (Stand: Mai 1994), Europ. GemeinschaftsR/II/4, S. 4.

1111 *Beier*, S. 220; *von Lewinski*, in: *Möhring/Schulze/Ulmer/Zweigert (Hrsg.)*, Quellen des Urheberrechts, Losebl. (Stand: Mai 1994), Europ. GemeinschaftsR/II/4, S. 14-15.

1112 *Generalanwalt am EuGH Cosmas*, Schlussanträge v. 23.03.1999, Rs. C-60/98, Rdnr. 25, ABl. 1999 I-3941 (I-3950); *Beier*, S. 221.

1113 Amended proposal for a Council Directive harmonizing the term of protection of copyright and certain related rights, COM (92) 602 final - Syn 395, Explanatory Memorandum commentary on Art. 6bis S. 7; *Walter*/von Lewinski, Term Directive Art. 10 Rdnr. 8.10.30; *Beier*, S. 220.

die die Werke zu einer Zeit gutgläubig verwertet haben, als diese gemeinfrei waren.

Es wird zwar nur die Möglichkeit und nicht die Verpflichtung der Mitgliedstaaten erwähnt, gutgläubige Verwerter nicht zu Zahlungen zu verpflichten, die die Werke zu der Zeit verwertet haben, als diese gemeinfrei waren.[1114] Dennoch zeigt dieses Beispiel, dass gutgläubige Verwerter, die einen Schutzgegenstand zum Zeitpunkt von dessen Gemeinfreiheit genutzt haben, in den Schutzbereich von Art. 10 Abs. 3 S. 2 Schutzdauerrichtlinie einbezogen sind.[1115]

Auch in der Begründung des abgeänderten Richtlinienvorschlags v. 07. Januar 1993 *der Kommission* kommt deren Wille zum Ausdruck, diejenigen als Dritte in den Schutzbereich des Art. 10 Abs. 3 S. 2 Schutzdauerrichtlinie einzubeziehen, die Werke oder Schutzgegenstände zu einer Zeit verwertet haben, als diese gemeinfrei waren.[1116] Zusätzlich betont die *Kommission* hier das Bedürfnis, diejenigen zu schützen, die in die Verwertung von Werken und Schutzgegenständen investiert haben.[1117]

Art. 10 Abs. 3 S. 2 Schutzdauerrichtlinie dient dem Vertrauensschutz.[1118] Sofern eine Person vor dem 01.07.1995 gutgläubig Investitionen im Zusammenhang mit einem Werk oder sonstigen Schutzgegenstand getätigt hat, ist ihr Vertrauen besonders schutzwürdig.[1119] Der *EuGH* hat in einem Urteil zum Vertrauensschutz ebenfalls gezeigt, dass Bürger, die im Vertrauen auf

---

1114 *Generalanwalt am EuGH Cosmas,* Schlussanträge v. 23.03.1999, Rs. C-60/98, Rdnr. 25, ABl. 1999 I-3941 (I-3950); *von Lewinski,* in: *Möhring/Schulze/Ulmer/Zweigert (Hrsg.),* Quellen des Urheberrechts, Losebl. (Stand: Mai 1994), Europ. GemeinschaftsR/II/4, S. 16; *Ubertazzi,* GRUR Int 1999, 407 (415).

1115 Vgl. *Walter*/von Lewinski, Term Directive Art. 10 Rdnr. 8.10.30; *von Lewinski,* in: *Möhring/Schulze/Ulmer/Zweigert (Hrsg.),* Quellen des Urheberrechts, Losebl. (Stand: Mai 1994), Europ. GemeinschaftsR/II/4, S. 16; *Maier,* RdMuE Bd. 2 (1994), 49 (78).

1116 Amended proposal for a Council Directive harmonizing the term of protection of copyright and certain related rights, COM (92) 602 final – Syn 395, Explanatory Memorandum commentary on Art. 6bis S. 7; *Beier,* S. 219-220; *Walter*/von Lewinski, Term Directive Art. 10 Rdnr. 8.10.30.

1117 Amended proposal for a Council Directive harmonizing the term of protection of copyright and certain related rights, COM (92) 602 final – Syn 395, Explanatory Memorandum commentary on Art. 6bis S. 7; *Beier,* S. 219-220; *Walter*/von Lewinski, Term Directive Art. 10 Rdnr. 8.10.30.

1118 *von Lewinski,* in: *Möhring/Schulze/Ulmer/Zweigert (Hrsg.),* Quellen des Urheberrechts, Losebl. (Stand: Mai 1994), Europ. GemeinschaftsR/II/4, S. 16.

1119 *Walter*/von Lewinski, Term Directive Art. 10 Rdnr. 8.10.30; *Beier,* S. 219-220.

eine Rechtslage Investitionen getätigt haben und denen aufgrund der Änderung der Rechtslage Nachteile entstehen, geschützt werden sollen.[1120]

Als Resümee lässt sich ziehen, dass Erworbene Rechte Dritter i.S.v. Art. 10 Abs. 3 S. 2 Schutzdauerrichtlinie in folgenden Fällen vorliegen können: Einerseits, wenn ein Nutzer gemeinfreie Werke oder Schutzgegenstände, an denen die Fristen der Schutzdauerrichtlinie am 01.07.1995 noch nicht abgelaufen waren, in gutem Glauben verwertet hat. Andererseits können sie vorliegen, wenn eine Person ein Nutzungsrecht an einem noch geschützten Werk oder Schutzgegenstand erworben hatte und für diesen die Schutzdauer nach dem 01.07.1995 verlängert worden ist.

Art. 10 Abs. 3 S. 2 Schutzdauerrichtlinie gibt den Mitgliedstaaten insbesondere auf, Vorkehrungen zu treffen um diejenigen vor Nachteilen zu bewahren, die im Vertrauen auf die Gemeinfreiheit von Werken und Schutzgegenständen diese verwertet haben oder Investitionen auf diese Werke und Schutzgegenstände getätigt haben.[1121]Dies geht aus dem Normzusammenhang, der Gesetzgebungsgeschichte und Gesetzesbegründung hervor.

Im Übrigen haben die Mitgliedstaaten ein weites Ermessen beim Treffen notwendiger Bestimmungen zum Schutz der erworbenen Rechte Dritter.[1122] Im nachfolgenden Abschnitt wird auf die Grenzen des Ermessens der Mitgliedstaaten beim Treffen notwendiger Bestimmungen zum Schutz erworbener Rechte Dritter eingegangen.

bb) Die notwendigen Bestimmungen

Ferner stellt sich die Frage, was mit den notwendigen Bestimmungen gemeint ist. Art. 10 Abs. 3 S. 2 Schutzdauerrichtlinie gibt vor, die Mitgliedstaaten treffen die notwendigen Bestimmungen, um erworbene Rechte Dritter zu schützen. An dieser Stelle sollen die Grenzen ihres Ermessens abgesteckt werden.

1120 EuGH, Urt. v. 14.05.1975, Rs. C-74/74, LS 4 Rdnr. 41/43, BeckRS 2004, 73624; dazu *Altmeyer,* S. 34-35.

1121 Amended proposal for a Council Directive harmonizing the term of protection of copyright and certain related rights, COM (92) 602 final – Syn 395, Explanatory Memorandum commentary on Art. 6bis S. 7; *Walter*/von Lewinski, Term Directive Art. 10 Rdnr. 8.10.30; *Beier,* S. 219-220.

1122 *Generalanwalt am EuGH Cosmas,* Schlussanträge v. 23.03.1999, Rs. C-60/98, Rdnr. 25-26, ABl. 1999 I-3941 (I-3950-I-3951); *Beier,* S. 221; *von Lewinski,* in: *Möhring/Schulze/Ulmer/Zweigert (Hrsg.),* Quellen des Urheberrechts, Losebl. (Stand: Mai 1994), Europ. GemeinschaftsR/II/4, S. 16.

Der Wortlaut deutet darauf hin, dass die Mitgliedstaaten frei in ihrer Entscheidung sind, welche Bestimmungen sie zum Schutz der erworbenen Rechte Dritter treffen.[1123]

Ein Vergleich von Art. 10 Abs. 3 S. 1 und 2 Schutzdauerrichtlinie zeigt, dass der nationale Gesetzgeber sich in Umsetzung von S. 2 nicht darauf beschränken kann, sicherzustellen, dass vor dem 01.07.1995 erfolgte Nutzungshandlungen von den Vorschriften der Schutzdauerrichtlinie unberührt bleiben.[1124] Diese Rechtsfolge und die Pflicht der Mitgliedstaaten, dies zu gewährleisten, ergibt sich bereits aus S. 1.[1125] Nach Art. 10 Abs. 3 S. 2 Schutzdauerrichtlinie müssen sie darüber hinaus Bestimmungen treffen, um die erworbenen Rechte Dritter zu schützen.[1126]

Nach ErwG 25 S. 2 Schutzdauerrichtlinie können die Mitgliedstaaten insbesondere vorsehen, diejenigen Personen von der Pflicht zu Zahlungen auszunehmen, die die Werke zu einer Zeit gutgläubig verwertet haben, als diese gemeinfrei waren. Die Begründung in ErwG 25 S. 2 Schutzdauerrichtlinie weist in die Richtung, dass nach der Richtlinie ein Mindestmaß an Schutz vorgegeben sein könnte.

Die Formulierungen aus ErwG 25 S. 2 Schutzdauerrichtlinie, die Mitgliedstaaten sollen „insbesondere vorsehen können“ und die Personen können „unter bestimmten Umständen [...] nicht zu Zahlungen“ verpflichtet werden zeigen jedoch die fehlende Verbindlichkeit dieser Vorgaben.[1127] Die Mitgliedstaaten sollen nach dem Willen des EU-Gesetzgebers nicht zu genau dieser Bestimmung verpflichtet werden.[1128]

Das Europäische *Parlament* hatte in seinem Änderungsvorschlag detaillierte Vorgaben zum Schutz der gutgläubigen Verwerter vorgeschlagen, die

---

1123 EuGH, Urt. v. 29.06.1999, Rs. C-60/98, Rdnr. 23, GRUR Int 1999, 868 (869-870); *Generalanwalt am EuGH Georges Cosmas*, Schlussantrag v. 23.03.1999, Rs. C-60/98 ABl. 1999 I-3941 (I-3951-I-3952) Rdnr. 27; *Walter*/von Lewinski, Term Directive Art. 10 Rdnr. 8.10.29; *Benabou*, S. 402.

1124 Vgl. EuGH, Urt. v. 29.06.1999, Rs. C-60/98, Rdnr. 23, GRUR Int 1999, 868 (869-870).

1125 Dazu *Maier*, RdMuE Bd. 2 (1994), 49 (78).

1126 EuGH, Urt. v. 29.06.1999, Rs. C-60/98, Rdnr. 23, GRUR Int 1999, 868 (869-870); *von Lewinski*, in: *Möhring/Schulze/Ulmer/Zweigert (Hrsg.)*, Quellen des Urheberrechts, Loseblatt (Stand: Mai 1994), Europ. GemeinschaftsR/II/4 S. 16.

1127 *Generalanwalt am EuGH Georges Cosmas*, Schlussanträge v. 23.03.1999, Rs. C-60/98, ABl. 1999 I-3941 (I-3950) Rdnr. 25.

1128 *Generalanwalt am EuGH Georges Cosmas*, Schlussanträge v. 23.03.1999, Rs. C-60/98, ABl. 1999 I-3941 (I-3950) Rdnr. 25.

nicht in die endgültige Fassung der Richtlinie übernommen wurden.[1129] Unter anderem hatte es vorgeschlagen, das Fortsetzen von Nutzungshandlungen, die in gutem Glauben an die Gemeinfreiheit eines Werkes oder Schutzgegenstandes begonnen wurden, nicht zu verbieten.[1130] Für die Zeit ab dem 01.07.1995 sollten die Verwerter für die fortgesetzte Nutzung aber den Rechteinhabern eine angemessene Vergütung zahlen.[1131]

Dieser Vorschlag wurde nicht in die endgültige Fassung der Richtlinie aufgenommen.[1132]

Die *Kommission* weist darauf hin, es sei schwierig, in der Gemeinschaft einheitliche Maßnahmen festzulegen, da die Rechtstraditionen der Mitgliedstaaten sich stark voneinander unterscheiden.[1133] Die betroffenen Situationen seien komplex und unterscheiden sich danach, ob Mitgliedstaaten bereits lange Schutzfristen haben oder noch nicht.[1134] Daher seien die Mitgliedstaaten besser in der Lage einzuschätzen, welche Bestimmungen geboten sind, um einen gerechten Ausgleich zwischen den Interessen der Verwerter und den Zielen der Richtlinie[1135] zu schaffen.[1136]

Aus der Begründung der *Kommission* geht der Wille des Unionsgesetzgebers hervor, die Entscheidung über notwendige Maßnahmen zum Schutz der Verwerter den Mitgliedstaaten zu überlassen.[1137]

1129 *Europäisches Parlament,* Protokoll der Sitzung v. Donnerstag, 19. November 1992, ABl. 1992 C 337, 191 (208); *Generalanwalt am EuGH Georges Cosmas,* Schlussanträge v. 23.03.1999, Rs. C-60/98, ABl. 1999 I-3941 (I-3949-I-3951) Rdnr. 24-25.

1130 *Europäisches Parlament,* Protokoll der Sitzung v. Donnerstag, 19. November 1992, ABl. 1992 C 337, 191 (208).

1131 *Europäisches Parlament,* Protokoll der Sitzung v. Donnerstag, 19. November 1992, ABl. 1992 C 337, 191 (208).

1132 *Generalanwalt am EuGH Georges Cosmas,* Schlussanträge v. 23.03.1999, Rs. C-60/98, ABl. 1999 I-3941 (I-3949-I-3951) Rdnr. 24-25; *Walter*/von Lewinski, Term Directive Art. 10 Rdnr. 8.10.29.

1133 Amended proposal for a Council Directive harmonizing the term of protection of copyright and certain related rights, COM (92) 602 final – Syn 395, Explanatory Memorandum commentary on Art. 6bis S. 7.

1134 Amended proposal for a Council Directive harmonizing the term of protection of copyright and certain related rights, COM (92) 602 final – Syn 395, Explanatory Memorandum commentary on Art. 6bis S. 7.

1135 Dazu *Benabou,* S. 402.

1136 *Generalanwalt am EuGH Georges Cosmas,* Schlussanträge v. 23.03.1999, Rs. C-60/98, ABl. 1999 I-3941 (I-3951) Rdnr. 26.

1137 EuGH, Urt. v. 29.06.1999, Rs. C-60/98, Rdnr. 23, GRUR Int 1999, 868 (869-870); *Generalanwalt am EuGH Georges Cosmas,* Schlussanträge v. 23.03.1999, Rs. C-60/98, ABl. 1999 I-3941 (I-3951) Rdnr. 26; *Beier,* S. 220-222; *Benabou,* S. 402; *Maier,* RdMuE Bd. 2 (1994), 49 (78).

Art. 10 Abs. 3 S. 2 Schutzdauerrichtlinie dient der Wahrung erworbener Rechte und dem Berücksichtigen berechtigter Erwartungen, siehe ErwG 25 S. 1 Schutzdauerrichtlinie. Er dient also dem Vertrauensschutz[1138] und dem Gewährleisten von Rechtssicherheit.[1139]

Dies schlägt sich auch, wie bereits gezeigt,[1140] in der Begründung des abgeänderten Richtlinienvorschlags der *Kommission* v. 07. Januar 1993 nieder.[1141] Auch im Vorschlag des *Parlaments* heißt es, die Inhaber des Urheberrechts bzw. verwandter Schutzrechte können die Fortdauer von Nutzungshandlungen nicht ablehnen, die die unmittelbare Folge von Investitionen sind, welche in gutem Glauben vor Inkrafttreten der Bestimmungen dieser Richtlinie getätigt wurden.[1142] Der Vorschlag wurde nicht aus Ablehnung gegenüber dieser Bestimmung verworfen, sondern weil Schwierigkeiten einer Vereinheitlichung aufgrund der sehr unterschiedlichen Rechtslage in den Mitgliedstaaten erkannt wurden.[1143]

Daher kann der Parlamentsvorschlag, was den Schutz von vor Inkrafttreten der Richtlinie getätigten Investitionen betrifft, als Orientierungshilfe dienen.

Die nationalen Gesetzgeber der Mitgliedstaaten haben in Umsetzung von Art. 10 Abs. 3 S. 2 Schutzdauerrichtlinie beim Schaffen von Bestimmungen zum Schutz der erworbenen Rechte Dritter darauf zu achten, dass diesen Grundsätzen genügend Rechnung getragen wird.[1144] Der Vertrauensschutz, Art. 2 S. 1 EUV, verpflichtet die Mitgliedstaaten, alle Bestimmungen zu tref-

---

1138 Vgl. EuGH, Urt. v. 29.06.1999, Rs. C60/98, Rdnr. 25, GRUR Int 1999, 868 (870); *von Lewinski,* in: *Möhring/Schulze/Ulmer/Zweigert (Hrsg.),* Quellen des Urheberrechts, Loseblatt (Stand: Mai 1994), Europ. GemeinschaftsR/II/4, S. 16.

1139 *Benabou,* S. 403.

1140 S. Abschnitt C. V. 2. c) aa).

1141 Amended proposal for a Council Directive harmonizing the term of protection and of copyright and certain related rights, COM (92) 602 final – Syn 395, Explanatory Memorandum commentary on Art. 6bis S. 7.

1142 *Europäisches Parlament,* Protokoll der Sitzung v. Donnerstag, 19. November 1992, ABl. 1992 C 337, 191 (208).

1143 Amended proposal for a Council Directive harmonizing the term of protection and of copyright and certain related rights, COM (92) 602 final – Syn 395, Explanatory Memorandum commentary on Art. 6bis S. 7; *Benabou,* S. 402.

1144 *Generalanwalt am EuGH Georges Cosmas,* Schlussanträge v. 23.03.1999, Rs. C-60/98, ABl. 1999 I-3941 (I-3952) Rdnr. 28; vgl. *Beier,* S. 227-228; *Benabou,* S. 403.

fen, die notwendig sind, damit bereits getätigte Investitionen in das Werk oder den Schutzgegenstand kompensiert werden können.[1145]

Die Richtlinie hat zum Ziel, ein hohes Schutzniveau zu schaffen und die wirtschaftliche Stellung der Urheber und Leistungsschutzberechtigten zu verbessern, siehe ErwG 11 Schutzdauerrichtlinie.[1146] Insgesamt sollen die Rechte von Urhebern und Leistungsschutzberechtigten gestärkt werden.[1147] Dies diene zur Aufrechterhaltung und Entwicklung der Kreativität, siehe ErwG 11 Schutzdauerrichtlinie.[1148]

Bestimmungen zum Schutz Dritter greifen in das Recht des Urhebers ein, sein Werk zu verwerten.[1149] Sie können Dritten die Möglichkeit geben, Verwertungshandlungen ohne eine Vereinbarung mit dem Urheber vorzunehmen, siehe für das deutsche Recht § 137f Abs. 3 S. 2, 3 UrhG.[1150] Diese Vorschriften stellen Ausnahmen zum urheberrechtlichen Schutz dar.[1151]

Um das Ziel, ein hohes Schutzniveau zu gewährleisten, nicht zu behindern, sind diese Vorschriften eng auszulegen.[1152]

Aus dem Eigentum, Art. 17 Abs. 2 EU-Grundrechtecharta, folgt, dass dem Urheber das Ergebnis seiner schöpferischen Leistung zusteht und er die ausschließlichen Rechte hat, dieses zu verwerten.[1153] Der Urheber ist an der wirtschaftlichen Verwertung seines Werks zu beteiligen.[1154] Nur so kann sichergestellt werden, dass er die materielle Grundlage hat, weiter schöpfe-

1145 Amended proposal for a Council Directive harmonizing the term of protection of copyright and certain related rights, COM (92) 602 final - Syn 395, Explanatory Memorandum commentary on Art. 6bis S. 7; *Walter*/von Lewinski, Term Directive Art. 10 Rdnr. 8.10.29; *Beier*, S. 228, 230; vgl. *Ubertazzi*, GRUR Int 1999, 407 (416).

1146 Initiativen zum Grünbuch. Arbeitsprogramm der Kommission auf dem Gebiet des Urheberrechts und der verwandten Schutzrechte, KOM(90) 584 endg., Rdnr. 8.2.5 lit. b; *Beier*, S. 229; *Ubertazzi*, GRUR Int 1999, 407 (410).

1147 *Generalanwalt am EuGH Georges Cosmas*, Schlussanträge v. 23.03.1999, Rs. C-60/98, ABl. 1999 I-3941 (I-3948, I-3954) Rdnr. 22, 34; *Beier*, S. 229-230; *Ubertazzi*, GRUR Int 1999, 407 (410).

1148 *Ubertazzi*, GRUR Int 1999, 407 (410).

1149 *Generalanwalt am EuGH Georges Cosmas*, Schlussanträge v. 23.03.1999, Rs. C-60/98, ABl. 1999 I-3941 (I-3954) Rdnr. 35.

1150 Vgl. *Ubertazzi*, GRUR Int 1999, 407 (415).

1151 *Generalanwalt am EuGH Georges Cosmas*, Schlussanträge v. 23.03.1999, Rs. C-60/98, ABl. 1999 I-3941 (I-3948, I-3954) Rdnr. 22, 35; *Beier*, S. 229; *Ubertazzi*, GRUR Int 1999, 407 (410).

1152 *Beier*, S. 229; *Ubertazzi*, GRUR Int 1999, 407 (410).

1153 BGH, Urt. v. 11.07.2002, Az. I ZR 255/00, MMR 2002, 739 (740); *Schack*, Rdnr. 98.

1154 *Schack*, Rdnr. 98.

risch zu wirken, siehe ErwG 11 Schutzdauerrichtlinie.[1155] Das Zuordnen der wirtschaftlichen Verwertungsrechte zum Urheber ist also von wesentlicher Bedeutung, um das künstlerische und schöpferische Wirken an sich zu fördern und hierfür die materielle Grundlage zu schaffen.[1156]

Auch aus diesem Grund sind Ausnahmen zu den wirtschaftlichen Verwertungsrechten, mit denen in das Urheberrecht eingegriffen und anderen Personen die wirtschaftliche Verwertung zugeordnet wird, eng auszulegen.[1157]

Aus Art. 10 Abs. 3 S. 2 Schutzdauerrichtlinie folgt damit die Vorgabe für die Mitgliedstaaten, die Vorschriften zum Schutz der erworbenen Rechte Dritter zu begrenzen.

Für eine enge Fassung von Vorschriften zum Schutz erworbener Rechte Dritter spricht zudem das Ziel der Richtlinie, eine möglichst schnelle Harmonisierung der Schutzfristen in den Mitgliedstaaten herbeizuführen und diesen zu unmittelbarer Geltung zu verhelfen, siehe ErwG 10 Schutzdauerrichtlinie.[1158]

Dieses Ziel folgt aus dem Rechtsstaatsprinzip, wonach Vorschriften einen unter ihre Tatbestandsvoraussetzungen fallenden Sachverhalt mit Wirkung ex nunc regeln und Gesetzesänderungen auf die künftigen Wirkungen von unter dem alten Recht eingetretenen und noch nicht abgeschlossenen Sachverhalten Anwendung finden.[1159]

Die unmittelbare Anwendung der Schutzfristen soll durch Vorschriften zum Schutz der erworbenen Rechte Dritter nicht behindert wer-

---

1155 *Walter*/von Lewinski, Term Directive Art. 1 Rdnr. 8.1.7-8.1.9; *Dietz*, GRUR Int 1995, 670 (671-672).

1156 *Walter*/von Lewinski, Term Directive Art. 1 Rdnr. 8.1.9; *Dietz*, GRUR Int 1995, 670 (671-672); für das deutsche Recht *Schack*, Rdnr. 98.

1157 *Generalanwalt am EuGH Georges Cosmas*, Schlussanträge v. 23.03.1999, Rs. C-60/98, ABl. 1999 I-3941 (I-3948, I-3954) Rdnr. 22, 35; BGH, Urt. v. 11.07.2002 – I ZR 255/00, MMR 2002, 739 (740-741); *Schack*, Rdnr. 98; *Ubertazzi*, GRUR Int 1999, 407 (410).

1158 EuGH, Urt. v. 29.06.1999, Rs. C-60/98, Rdnr. 20, 28 GRUR Int 1999, 868 (869-870); *Dreier*/Schulze, UrhG § 137f Rdnr. 6; *Beier*, S. 207-208, 230; *von Lewinski*, in: *Möhring/Schulze/Ulmer/Zweigert (Hrsg.)*, Quellen des Urheberrechts, Losebl. (Stand: Mai 1994), Europ. GemeinschaftsR/II/4 S. 15; *Maier*, RdMuE Bd. 2 (1994), 49 (76).

1159 EuGH, Urt. v. 29.06.1999, Rs. C-60/98, Rdnr. 24, GRUR Int 1999, 868 (870); *Generalanwalt am EuGH Georges Cosmas*, Schlussanträge v. 23.03.1999, Rs. C-60/98, ABl. 1999 I-3941 (I-3950) Rdnr. 25 Fn. 15; *Ubertazzi*, GRUR Int 1999, 407 (411).

den,[1160] Übergangsvorschriften müssen daher zeitlich-gegenständlich begrenzt sein.[1161] Ein zeitlich nicht begrenzter, weiterer Schutz von Rechten Dritter würde die wieder auflebenden Urheberrechte und Leistungsschutzrechte aushöhlen.[1162]

Dies entspricht dem Charakter des Übergangsrechts allgemein. Das Übergangsrecht hebt materiellrechtliche Neuregelungen nur zum Zweck des Schutzes berechtigten Vertrauens und nur für einen befristeten Zeitraum und eine bestimmte Zahl begrenzter Sachverhalte auf.[1163]

Im Ergebnis haben die Mitgliedstaaten einen weiten Entscheidungsspielraum, welche Bestimmungen zum Schutz der erworbenen Rechte Dritter sie schaffen.[1164] Sie müssen aber – über das unangetastet bleiben von vor dem 01.07.1995 erfolgten Verwertungshandlungen i.S.v. Art. 10 Abs. 3 S. 1 Schutzdauerrichtlinie hinaus – tätig werden. Hierbei muss dem Vertrauensschutz und dem Bedürfnis nach Rechtssicherheit der gutgläubigen Verwerter genügend Rechnung getragen werden.[1165] Es müssen die notwendigen Bestimmungen getroffen werden, um vor dem 01.07.1995 gutgläubig getätigte Investitionen zu schützen.[1166]

Auf der anderen Seite dürfen Übergangsvorschriften zum Schutz erworbener Rechte Dritter nicht das Erreichen der Ziele der Richtlinie behindern.[1167] Diese sind ein hohes Schutzniveau für die Urheber und Leistungsschutzberechtigten, ErwG 11 Schutzdauerrichtlinie,[1168] die möglichst schnelle Harmonisierung der urheberrechtlichen Schutzfristen und die unmittelbare Geltung der neuen Regelungen, ErwG 10 S. 3 Schutzdauerricht-

1160 EuGH, Urt. v. 29.06.1999, Rs. C-60/98, Rdnr. 25, GRUR Int 1999, 868 (870); *Generalanwalt am EuGH Georges Cosmas,* Schlussanträge v. 23.03.1999, Rs. C-60/98, ABl. 1999 I-3941 (I-3954-I-3955) Rdnr. 34-37.

1161 EuGH, Urt. v. 29.06.1999, Rs. C-60/98, Rdnr. 28, GRUR Int 1999, 868 (870).

1162 EuGH. Urt. v. 29.06.1999, Rs. C-60/98, Rdnr. 28, GRUR Int 1999, 868 (870); *Generalanwalt am EuGH Georges Cosmas,* Schlussanträge v. 23.03.1999, Rs. C-60/98, ABl. 1999 I-3941 (I-3954) Rdnr. 34.

1163 *Ubertazzi,* GRUR Int 1999, 407 (410).

1164 *Walter*/von Lewinski, Term Directive Art. 10 Rdnr. 8.10.29; *Benabou,* S. 402; *von Lewinski,* in: *Möhring/Schulze/Ulmer/Zweigert (Hrsg.),* Quellen des Urheberrechts, Loseblatt (Stand: Mai 1994), Europ. GemeinschaftsR/II/4, S. 16.

1165 *Benabou,* S. 403; *von Lewinski,* in: *Möhring/Schulze/Ulmer/Zweigert (Hrsg.),* Quellen des Urheberrechts, Losebl. (Stand: Mai 1994), Europ. GemeinschaftsR/II/4 S. 16.

1166 *Walter*/von Lewinski, Term Directive Art. 10 Rdnr. 8.10.29; *Beier,* S. 230.

1167 EuGH, Urt. v. 29.06.1999, Rs. C-60/98, Rdnr. 24, 28, GRUR Int 1999, 868 (870); *Beier,* S. 226.

1168 Dazu *Walter*/von Lewinski, Term Directive Art. 1 Rdnr. 8.1.7-8.1.9.

linie.[1169] Die Übergangsvorschriften müssen somit zeitlich und inhaltlich begrenzt sein.[1170] Ein zeitlich unbegrenzter Schutz erworbener Rechte ist mit Art. 10 Abs. 3 S. 2 Schutzdauerrichtlinie nicht vereinbar. Bestimmungen zum Schutz erworbener Rechte Dritter dürfen die wieder auflebenden Rechte und jetzt gültigen Schutzfristen nicht aushöhlen.[1171]

3. Fortsetzung von Nutzungshandlungen im vorgesehenen Rahmen gem. § 137f Abs. 3 UrhG

Im Folgenden soll die Umsetzung von Art. 10 Abs. 3 S. 2 Schutzdauerrichtlinie in das deutsche Recht betrachtet werden.

Lebt nach § 137f Abs. 2 UrhG der Schutz eines Werkes im Geltungsbereich des Urheberrechtsgesetzes wieder auf, so stehen die wiederauflebenden Rechte dem Urheber oder Leistungsschutzberechtigten (§ 137f Abs. 3 S. 4 UrhG) zu.[1172] Nach § 137f Abs. 3 S. 2 UrhG darf eine vor dem 01.07.1995 begonnene Nutzungshandlung im vorgesehenen Rahmen fortgesetzt werden.

Hierbei ist auf die Frage einzugehen, wann eine Nutzungshandlung vorher begonnen wurde und was das Fortsetzen der Nutzungshandlung im vorgesehenen Rahmen beinhaltet.

1169 *von Lewinski*, in: *Möhring/Schulze/Ulmer/Zweigert (Hrsg.)*, Quellen des Urheberrechts, Loseblatt (Stand: Mai 1994), Europ. GemeinschaftsR/II/4, S. 15; *Maier*, RdMuE Bd. 2 (1994), 49 (76).

1170 EuGH, Urt. v. 29.06.1999, Rs. C-60/98, Rdnr. 25, 28 GRUR Int 1999, 868 (870); *Generalanwalt am EuGH Georges Cosmas*, Schlussanträge v. 23.03.1999, Rs. C-60/98, ABl. 1999 I-3941 (I-3954-I-3955) Rdnr. 34-35.

1171 EuGH, Urt. v. 29.06.1999, Rs. C-60/98, Rdnr. 25, 28, GRUR Int 1999, 868 (870); *Generalanwalt am EuGH Georges Cosmas*, Schlussanträge v. 23.03.1999, Rs. C-60/98, ABl. 1999 I-3941 (I-3954) Rdnr. 34; *Beier*, S. 229-230.

1172 S. Dazu *Dreier*/Schulze, UrhG § 137f Rdnr. 11; Schricker/Loewenheim/*Katzenberger/Metzger*, UrhG § 137f Rdnr. 7.

a) Konkrete Vorbereitungshandlungen

Eine vorher begonnene Nutzungshandlung könnte bereits dann vorliegen, wenn vor dem 01.07.1995 konkrete Vorbereitungshandlungen im Hinblick auf die spätere Nutzung getätigt wurden.[1173]

Für dieses Verständnis sprechen Sinn und Zweck des § 137f Abs. 3 S. 2 UrhG, die im Vertrauensschutz liegen.[1174] Nach der Begründung des geänderten Richtlinienvorschlags sollen Nutzer, die Investitionen im Hinblick auf ein Werk oder einen Schutzgegenstand getätigt haben, geschützt werden.[1175]

Nutzer betätigen auch dann ihr Vertrauen, wenn sie im Vorfeld einer Nutzung konkrete Vorbereitungen unternehmen.[1176] In solchen Fällen liegen oftmals Investitionen auf das Werk vor. Zum Beispiel haben Musiker, die vor dem 01.07.1995 für eine nach dem 01.07.1995 geplante Aufführung eines gemeinfreien Stücks proben, Zeit und Arbeitskraft investiert.[1177]

In diesen Fällen erscheint das Vertrauen der Nutzer ebenso schutzwürdig, als wenn mit der Nutzung an sich bereits begonnen wurde. Somit liegt eine vorher begonnene Nutzungshandlung i.S.v. § 137f Abs. 3 S. 2 UrhG auch dann vor, wenn konkrete Vorbereitungshandlungen im Hinblick auf eine bevorstehende Nutzung getätigt worden sind.

b) Fortsetzen im vorgesehenen Rahmen

Weiter fragt sich, was das Fortsetzen der vorher begonnenen Nutzungshandlung im vorgesehenen Rahmen beinhaltet.

Die Formulierung ‚vorgesehen' impliziert, dass das Fortsetzen der Nutzung nach dem 01.07.1995 bereits vor dem 01.07.1995 konkret geplant gewesen sein muss.

1173 Götting/*Lauber-Rönsberg*/Rauer, UrhG § 137f Rdnr. 12 (online, Stand: 01.05.2023); Nordemann/Mielke ZUM 1996, 214 (216-217).

1174 Vgl *Beier*, S. 219-220, *von Lewinski*, in: *Möhring/Schulze/Ulmer/Zweigert (Hrsg.)*, Quellen des Urheberrechts, Losebl. (Stand: Mai 1994), Europ. GemeinschaftsR/II/4, S. 16.

1175 Amended proposal for a Council Directive harmonizing the term of protection of copyright and certain related rights, COM (92) 602 final – Syn 395, Explanatory Memorandum commentary on Art. 6bis S. 7; s. dazu *Beier*, S. 228.

1176 Götting/*Lauber-Rönsberg*/Rauer, UrhG § 137f Rdnr. 12 (online, Stand: 01.05.2023); s. die Beispiele von *Nordemann/Mielke*, ZUM 1996, 214 (216-217).

1177 Ein ähnliches Beispiel findet sich bei *Nordemann/Mielke*, ZUM 1996, 214 (217).

§ 137f Abs. 3 S. 2 UrhG dient der Umsetzung von Art. 10 Abs. 3 S. 2 Schutzdauerrichtlinie und ist richtlinienkonform auszulegen.[1178] Ziel und Zweck der Schutzdauerrichtlinie ist, dass die Schutzfristen der Richtlinie möglichst unmittelbar zur Anwendung kommen.[1179] Das Urheberrecht und die Leistungsschutzrechte leben als Vollrechte wieder auf.[1180] Es sollte ein hohes Schutzniveau dieser Rechte gewährleistet und die Rechte sollten gestärkt werden.[1181]

Vorschriften zum Schutz der erworbenen Rechte Dritter i.S.v. Art. 10 Abs. 3 S. 2 Schutzdauerrichtlinie dürfen daher nicht die unmittelbare Anwendbarkeit der Schutzfristen und das Wiedererstarken der Rechte als Vollrechte unterlaufen.[1182] Sie müssen von ihrem Inhalt nur so weit gehen, wie es notwendig ist, um die erworbenen Rechte Dritter zu schützen.[1183] Hieraus folgt, dass § 137f Abs. 3 S. 2 UrhG restriktiv auszulegen ist.[1184] Das Fortsetzen der Nutzung muss im Vorhinein absehbar gewesen sein.[1185]

In der Begründung des geänderten Richtlinienvorschlags betont die *Kommission,* es sollen Nutzer geschützt werden, die in gutem Glauben Investitionen in die Nutzung getätigt haben.[1186] Für das Fortsetzen von Nutzungshandlungen im vorgesehenen Rahmen i.S.v. § 137f Abs. 3 S. 2 UrhG bedeutet dies insbesondere, dass es den Nutzern möglich sein muss, weiter

---

1178 *Beier,* S. 226-227.

1179 ErwG 25 Richtlinie 93/98/EWG v. 29.10.1993, ABl. 1993 L 290, 9 (11); *Europäisches Parlament,* Protokoll der Sitzung v. Donnerstag, 19. November 1992, ABl. 1992 C 337, 191 (206); *Dreier*/Schulze, UrhG § 137f Rdnr. 6; Schricker/Loewenheim/*Katzenberger/Metzger,* UrhG § 64 Rdnr. 38-39.

1180 *Maier,* RdMuE Bd. 2 (1994), 49 (78).

1181 ErwG 11 Richtlinie 2006/116/EG v. 12.12.2006, ABl. 2006 L 372, 12 (12); Initiativen zum Grünbuch. Arbeitsprogramm der Kommission auf dem Gebiet des Urheberrechts und der verwandten Schutzrechte, KOM(90)584 endg., GRUR Int 1991, 359 (359) Ziff. 1.3.; *Dietz,* GRUR Int 1995, 670 (671-672).

1182 EuGH, Urt. v. 29.06.1999, Rs. C-60/98, Rdnr. 25, GRUR Int 1999, 868 (870); *Generalanwalt am EuGH Cosmas,* Schlussantrag v. 23.03.1999, Rs. C-60/98 ABl. 1999 I-3941 (I-3954-I-3955) Rdnr. 35-36; *Beier,* S. 230; *Maier,* RdMuE Bd. 2 (1994), 49 (78).

1183 EuGH, Urt. v. 29.06.1999, Rs. C-60/98, Rdnr. 27-28, GRUR Int 1999, 868 (870); *Generalanwalt am EuGH Cosmas,* Schlussantrag v. 23.03.1999, Rs. C-60/87, ABl. 1999 I-3941 (I-3954-I-3955) Rdnr. 35-36; *Beier,* S. 229-230.

1184 *Beier,* S. 229-230; Wandtke/Bullinger/*Jani,* UrhG § 137f Rdnr. 11.

1185 Wandtke/Bullinger/*Jani,* UrhG § 137f Rdnr. 11.

1186 Amended proposal for a Council Directive harmonizing the term of protection of copyright and certain related rights, COM (92) 602 final – Syn 395, Explanatory Memorandum commentary on Art. 6bis S. 7.

Nutzungshandlungen vorzunehmen, im Vertrauen auf deren künftige Vornahme sie vor dem 01.07.1995 Investitionen getätigt haben.[1187]

Hat beispielsweise eine Person eine Anzahl von Tonträgern mit dem Ziel vervielfältigt, diese weiter zu veräußern, so muss ihr der Verkauf dieser Tonträger (gegen Zahlung einer angemessenen Vergütung an den Urheber, § 137f Abs. 3 S. 3 UrhG) möglich sein.[1188]

Die Vorschrift dient dem Vertrauensschutz.[1189] Das Fortsetzen der Nutzungshandlungen kann daher nur insoweit erlaubt sein, als der Nutzer auf eine Rechtslage vertraut hat, welche die Richtlinie geändert hat.[1190]

Fraglich ist, bis zu welchem Zeitpunkt die Nutzer auf die Gemeinfreiheit von Werken und Schutzgegenständen vertrauen durften und ab wann das Vertrauen nicht mehr schutzwürdig ist. Teilweise wird vertreten, ein schutzwürdiges Vertrauen sei nach der Veröffentlichung der Schutzdauerrichtlinie im Amtsblatt der EU ausgeschlossen.[1191] Zu diesem Zeitpunkt sei Gutgläubigkeit einer Person, die ein Werk oder einen Schutzgegenstand nutzt, kaum möglich gewesen.[1192] Es wird der Vergleich zum Einigungsvertrag zwischen der Bundesrepublik Deutschland und der DDR gezogen, in dem auf den Zeitpunkt der Wirtschafts- und Währungsunion und nicht auf das Inkrafttreten des Einigungsvertrags abgestellt wurde.[1193]

Dafür spricht, dass ab der Veröffentlichung der Richtlinie im Amtsblatt jeder Unionsbürger die Möglichkeit hatte, die Richtlinie einzusehen und sich über ihre Geltung zu informieren. Die Veröffentlichung der Richtlinie im Amtsblatt dient dazu, den Betroffenen Gelegenheit zu geben, sich auf die neue Rechtslage einzustellen.[1194]

1187 So auch *Beier*, S. 230; vgl. für die entsprechende Vorschrift in § 2 des Einigungsvertrags zwischen der Bundesrepublik Deutschland und der DDR: Erläuterungen zu den Anlagen zum Vertrag zwischen der Bundesrepublik Deutschland und der Deutschen Demokratischen Republik über die Herstellung der Einheit Deutschlands v. 31. August 1990 - Einigungsvertrag – Entn. aus BT-Drucks. 11/7817, 1-184 (auszugsweise), GRUR 1990, 897 (928); *Katzenberger*, GRUR Int 1993, 2 (9).

1188 Vgl. Götting/*Lauber-Rönsberg*/Rauer, UrhG § 137f Rdnr. 12 (online, Stand: 01.05.2023).

1189 *Walter*/von Lewinski, Term Directive Art. 10 Rdnr. 8.10.30; *von Lewinski*, in: *Möhring/Schulze/Ulmer/Zweigert (Hrsg.)*, Quellen des Urheberrechts, Loseblatt (Stand: Mai 1994), Europ. GemeinschaftsR/II/4 S. 16.

1190 *Dreier*/Schulze, UrhG § 137f Rdnr. 11; Wandtke/Bullinger/*Jani*, UrhG § 137f Rdnr. 11.

1191 Wandtke/Bullinger/*Jani*, UrhG § 137f Rdnr. 11.

1192 Wandtke/Bullinger/*Jani*, UrhG § 137f Rdnr. 11.

1193 Wandtke/Bullinger/*Jani*, UrhG § 137f Rdnr. 11.

1194 *Oppermann/Classen/Nettesheim*, § 11 Rdnr. 88, 96.

Gegen dieses Verständnis spricht jedoch, dass Art. 10 Abs. 1, Abs. 3 S. 1, 2 Schutzdauerrichtlinie auf den 01.07.1995, den Zeitpunkt des Ablaufs der Umsetzungsfrist,[1195] abstellen. Von der Richtlinie wird dieser Zeitpunkt als maßgeblich vorgegeben und nicht der Zeitpunkt der Veröffentlichung der Richtlinie. In Umsetzung von Art. 10 Abs. 3 S. 2 Schutzdauerrichtlinie stellt auch § 137f Abs. 3 S. 2 UrhG auf diesen Zeitpunkt ab. Es entspricht damit den Vorgaben der Richtlinie, alle Nutzungshandlungen, die vor dem 01.07.1995 erfolgt sind, in den Schutzbereich von § 137f Abs. 3 S. 2 UrhG einzubeziehen.

Auch ist die Richtlinie nicht an die Bürger, sondern an die Mitgliedstaaten adressiert.[1196] Erst mit Umsetzung der Richtlinie in nationales Recht wird diese für die Unionsbürger verbindlich und werden diese direkt betroffen, vorher sind sie nicht in der Lage, die neue Rechtslage in Gänze einzuschätzen.[1197]

Es erscheint vorzugswürdig, als vorher begonnene Nutzungshandlungen alle Handlungen zu schützen, die vor dem 01.07.1995 und damit vor dem Zeitpunkt des Ablaufs der Umsetzungsfrist erfolgt sind. Der Umstand, dass eine Person nach der Veröffentlichung der Richtlinie im Amtsblatt der EU ein Werk oder einen Schutzgegenstand verwertet hat, kann beim Beantworten der Frage berücksichtigt werden, in welchem Ausmaß der Nutzer diese Nutzungshandlung nach dem 01.07.1995 fortsetzen darf.

Beim Vertrauensschutz gilt ferner zu beachten, dass der Gesetzgeber die Freiheit hat, Bestimmungen zu ändern.[1198] Ein unbegrenztes Vertrauen auf den Fortbestand einer Rechtslage ist nicht schutzwürdig.[1199] Die Nutzer konnten folglich nicht darauf vertrauen, die Werke und Schutzgegenstände unbegrenzt weiter nutzen zu dürfen.

Schließlich ist die Frage zu untersuchen, ob das Fortsetzen der Nutzungshandlungen nach § 137f Abs. 3 S. 2 UrhG auch für einen unbegrenzten Zeitraum zulässig sein kann.

1195 Art. 13 Abs. 1 UAbs. 1 Richtlinie 93/98/EWG v. 29.10.1993, ABl. 1993 L 290, 9 (13).

1196 Pechstein/Nowak/Häde/*Gundel*, AEUV Art. 288 Rdnr. 18; *Haratsch/Koenig/Pechstein*, Rdnr. 366; *Oppermann/Classen/Nettesheim*, § 9 Rdnr. 82, 89.

1197 *Haratsch/Koenig/Pechstein*, Rdnr. 368.

1198 *Generalanwalt am EuGH Cosmas*, Schlussanträge v. 23.03.1999, Rs. C-60/98 Rdnr. 36, ABl. 1999 I-3941 (I-3955).

1199 EuG Urt. v. 9.2.2022, Rs. T-317/19, Rdnr. 84, BeckRS 2022, 1401; EuGH Urt. v. 7.5.1992, Rs. C-258/90, Rdnr. 34, BeckRS 2004, 75756; *Generalanwalt am EuGH Cosmas*, Schlussanträge v. 23.03.1999, Rs. C-60/98 Rdnr. 36, ABl. 1999 I-3941 (I-3955); *Schwarz*, S. 494 Fn. 23.

Der Wortlaut der Vorschrift lässt dies zu. Ziel und Zweck von Art. 10 Abs. 2, 3 Schutzdauerrichtlinie sind aber, wie gerade beschrieben, die sofortige Harmonisierung der Schutzfristen und ein Wiederaufleben des Urheberrechts und der Leistungsschutzrechte als Vollrechte.[1200] Vorschriften zum Schutz erworbener Rechte Dritter, welche die sofortige, vollständige Harmonisierung der Schutzfristen und das Wiedererstarken als Vollrechte unterlaufen, sind mit Art. 10 Abs. 3 S. 2 Schutzdauerrichtlinie nicht zu vereinbaren.[1201] Bei einer unbegrenzten, weiteren Nutzungsmöglichkeit aufgrund von § 137f Abs. 3 S. 2 UrhG wäre das wieder auflebende Urheber- und Leistungsschutzrecht auf Dauer eingeschränkt und das Wiederaufleben als Vollrecht würde unterlaufen.[1202] Ein Verständnis, wonach § 137f Abs. 3 S. 2 UrhG zu einem zeitlich unbegrenzten Nutzungsrecht führen kann, wäre damit nicht mit Ziel und Zweck von Art. 10 Abs. 3 S. 2 Schutzdauerrichtlinie vereinbar. § 137f Abs. 3 S. 2 UrhG ist somit einschränkend dahin gehend auszulegen, dass eine zeitlich unbegrenzte Nutzungsmöglichkeit nicht in Betracht kommt.[1203]

c) Zwischenergebnis

Als Resümee lässt sich ziehen, dass vorher begonnene Nutzungshandlungen auch dann vorliegen können, wenn konkrete Vorbereitungshandlungen mit Blick auf eine künftige Nutzung getätigt wurden und dass das Fortsetzen von Nutzungshandlungen im vorgesehenen Rahmen i.S.v. § 137f Abs. 3 S. 2 UrhG restriktiv auszulegen ist. Nutzungshandlungen dürfen nur insoweit fortgesetzt werden, wie die Nutzer auf die weitere Nutzungsmöglichkeit vertraut haben und vertrauen durften. Hieran sind strenge Maßstäbe zu setzen, das Fortsetzen der Nutzung muss bereits im Vorhinein konkret ins Auge gefasst worden sein. Jedoch gibt Art. 10 Abs. 3 S. 2 Schutzdauerrichtlinie vor, Nutzungshandlungen bis zum 01.07.1995 vom Schutzbereich zu erfassen. Nutzungshandlungen, die nach der Veröffentlichung der Richt-

1200 Schricker/Loewenheim/*Katzenberger/Metzger*, UrhG § 137f Rdnr. 39, 41; *Dietz*, GRUR Int 1995, 670 (681-682); *von Lewinski*, in: *Möhring/Schulze/Ulmer/Zweigert (Hrsg.)*, Quellen des Urheberrechts, Loseblatt (Stand: Mai 1994), Europ. GemeinschaftsR/II/4, S. 14-15.

1201 *Generalanwalt am EuGH Cosmas*, Schlussanträge v. 23.03.1999, ABl. I-3941 (I-3954) Rdnr. 34; *Beier*, S. 230.

1202 *Generalanwalt am EuGH Cosmas*, Schlussanträge v. 23.03.1999, ABl. I-3941 (I-3954) Rdnr. 34; *Beier*, S. 230.

1203 So auch *Beier*, S. 230.

linie, aber vor dem Ablauf der Umsetzungsfrist am 01.07.1995 getätigt wurden, unterfallen ebenfalls dem Schutzbereich des Art. 10 Abs. 3 S. 2 Schutzdauerrichtlinie, § 137f Abs. 3 S. 2 UrhG. Gegebenenfalls kann der Umstand, dass eine Nutzungshandlung nach Veröffentlichung der Richtlinie getätigt wurde, bei der Entscheidung berücksichtigt werden, inwieweit eine Fortsetzung der Nutzungshandlung nach § 137f Abs. 3 S. 2 UrhG erlaubt ist. Insbesondere muss es möglich sein, Nutzungshandlungen fortzusetzen, mit Blick auf welche vor dem 01.07.1995 Investitionen getätigt wurden. § 137f Abs. 3 S. 2 UrhG ist jedoch insoweit einschränkend auszulegen, als ein zeitlich unbegrenztes Fortsetzen der Nutzungshandlung nicht möglich ist.

D. Zusammenfassung der wesentlichen Ergebnisse in Thesen

Die wichtigsten Ergebnisse der Untersuchung sind thesenhaft wie folgt zusammenzufassen:

I.

Art. 10 Abs. 2 Schutzdauerrichtlinie ist auf Werke und Gegenstände verwandter Schutzrechte anwendbar, an denen in einem oder mehreren Mitgliedstaaten zu keinem Zeitpunkt Urheber- bzw. Leistungsschutzrechte bestanden haben. § 137f Abs. 2 UrhG auf Werke oder Gegenstände verwandter Schutzrechte anzuwenden, die in Deutschland zu keinem Zeitpunkt geschützt waren, scheitert am eindeutigen Wortlaut der Norm. Da § 137f Abs. 2 UrhG der Umsetzung des Art. 10 Abs. 2 Schutzdauerrichtlinie in deutsches Recht dient, klammert die Norm entgegen ihrem Zweck folglich eine Situation aus ihrem Anwendungsbereich aus, die von ihr eigentlich umfasst werden soll. Diese Regelungslücke ist im Wege der richtlinienkonformen Rechtsfortbildung zu schließen. Mithin findet § 137f Abs. 2 UrhG über seinen Wortlaut hinaus auf Werke und Gegenstände verwandter Schutzrechte Anwendung, an denen der Schutz in Deutschland zu keinem Zeitpunkt bestand.[1204]

II.

Die Staatsverträge auf dem Gebiet des Urheberrechts und der verwandten Schutzrechte, vor allem die RBÜ und das Rom-Abkommen, differenzieren zwischen dem Schutz von Angehörigen des Staates, in dem der Schutz begehrt wird, und Angehörigen von Drittstaaten. Diese Ungleichbehandlungen stellen Diskriminierungen aus Gründen der Staatsangehörigkeit i. S. v. Art. 18 AEUV dar und sind im Verhältnis mehrerer EU-Mitgliedstaaten untereinander untersagt.[1205]

1204 Abschnitt C.II.
1205 Abschnitt C.III.2.

Die Wirkungen des Verbots einer Diskriminierung aus Gründen der Staatsangehörigkeit gem. Art. 18 AEUV waren zur Wahrung des Vertrauensschutzes und der Rechtssicherheit gem. Art. 2 S. 1 EUV zeitlich zu begrenzen. Künstler und andere Verwerter führten vielfach im guten Glauben an die Gültigkeit der Staatsverträge auf dem Gebiet des Urheberrechts und der verwandten Schutzrechte Werke auf und verwerteten Werke sowie Gegenstände auf andere Weise. Eine rückwirkende Anwendung des Diskriminierungsverbots gem. Art. 18 AEUV belastete sie daher sehr. Dementsprechend war für Rechteinhaber die Möglichkeit auszuschließen, auf Verwertungshandlungen der Nutzer gestützte Ansprüche geltend zu machen, die vor Verkündung des Urteils des EuGH aus dem Jahr 1993 „Phil Collins“[1206] entstanden sind. Eine Ausnahme war für Ansprüche vorzusehen, die bereits vor dem Erlass des Urteils im Wege der Klage geltend gemacht worden sind.[1207]

III.

In primärrechtskonformer Auslegung ist Art. 10 Abs. 2 Schutzdauerrichtlinie dahingehend zu verstehen, dass die Schutzfristen der Schutzdauerrichtlinie auf Werke und Gegenstände anwendbar sind, die am 01.07.1995 nach dem Gesetz eines später beigetretenen Mitgliedstaates geschützt waren. Die Anwendbarkeit der Schutzfristen könnte auf Werke und Gegenstände begrenzt sein, die am 01.07.1995 in einem der zum damaligen Zeitpunkt der EU angehörenden Staaten geschützt waren, oder die Schutzfristen könnten nur diejenigen Werke und Gegenstände aus einem später beigetretenen Staat erfassen, welche zum Zeitpunkt des Beitritts von Letzterem zur EU noch geschützt waren. Diese Verständnisse benachteiligen Angehörige der Staaten, die später der EU beigetreten sind. Sie stellen eine mittelbare Diskriminierung aus Gründen der Staatsangehörigkeit dar und verstoßen gegen das Diskriminierungsverbot gem. Art. 18 Abs. 1 AEUV.[1208]

1206 EuGH, Urt. v. 20.10.1993, Rs. C- 92/92 und C-326/92, GRUR 1994, 280-283.
1207 Abschnitte C.III.1.-2.
1208 Abschnitt C.III.3.

IV.

Soweit die Kriterien für den Schutz von Werken und Gegenständen verwandter Schutzrechte in der Vermiet- und Verleihrechtsrichtlinie selbst definiert werden, wie beispielsweise für Filme in Art. 2 Abs. 1 lit. c Vermiet- und Verleihrechtsrichtlinie, sind diese Kriterien im Rahmen des Art. 10 Abs. 2 Alt. 2 Schutzdauerrichtlinie zu berücksichtigen. Die Vermiet- und Verleihrechtsrichtlinie erfasst neben dem Urheberrecht die Rechte der ausübenden Künstler, Tonträgerhersteller, Hersteller der erstmaligen Aufzeichnung eines Films und Sendeunternehmen. Werke und Gegenstände verwandter Schutzrechte, die von der Vermiet- und Verleihrechtsrichtlinie erfasst werden, sind nach unionsautonomem Verständnis zu bestimmen. In zeitlicher Hinsicht umfasst der Anwendungsbereich der Richtlinie Werke und Gegenstände, an denen die in der ursprünglichen Fassung der Richtlinie enthaltenen Mindestschutzfristen noch nicht abgelaufen waren. Für die Anwendbarkeit der Richtlinie gilt daher im Hinblick auf das Urheberrecht gem. Art. 11 Vermiet- und Verleihrechtsrichtlinie a.F. die in der RBÜ vorgesehene Schutzdauer von 50 Jahren nach dem Tod des Urhebers. Für die verwandten Schutzrechte gelten gem. Art. 12 Vermiet- und Verleihrechtsrichtlinie a.F die entsprechenden Fristen des Rom-Abkommens.[1209]

Konstellationen, in denen ausschließlich die Schutzkriterien der Vermiet- und Verleihrechtsrichtlinie i. S. v. Art. 10 Abs. 2 Alt. 2 Schutzdauerrichtlinie erfüllt waren, ohne dass zugleich der Schutz in einem Mitgliedstaat bestand, sind nicht denkbar. Es bedarf folglich keiner richtlinienkonformen Auslegung des § 137f Abs. 2 S. 1 UrhG, welcher nur auf das Bestehen des Schutzes in einem Mitgliedstaat abstellt.

Der Verweis auf die Vermiet- und Verleihrechtsrichtlinie aus Art. 10 Abs. 2 Alt. 2 Schutzdauerrichtlinie erfüllt zwei Funktionen. Zum einen stellt er klar, dass die harmonisierten Schutzfristen auch in dem Fall Anwendung finden, in dem bestimmte verwandte Schutzrechte in einzelnen Mitgliedstaaten noch nicht bestanden haben. Zum anderen sichert er eine einheitliche Interpretation von Schutzdauerrichtlinie und Vermiet- und Verleihrechtsrichtlinie.[1210]

1209 Abschnitt C.III.4.
1210 Abschnitt C.III.4.c).

V.

Art. 10 Abs. 2 Schutzdauerrichtlinie findet nur auf verwandte Schutzrechte Anwendung, deren Schutz die Schutzdauerrichtlinie ausdrücklich vorsieht. Auf die Rechte an kritischen und wissenschaftlichen Ausgaben gem. Art. 5 S. 1 Schutzdauerrichtlinie sowie an einfachen Lichtbildern gem. Art. 6 S. 3 Schutzdauerrichtlinie sind die Fristen der Schutzdauerrichtlinie gem. Art. 10 Abs. 2 Schutzdauerrichtlinie nicht anwendbar, da der Schutz dieser Leistungen im Ermessen der Mitgliedstaaten steht und diese Rechte nicht zwingend vorgegeben sind.[1211]

Die Begriffe „ausübender Künstler", „Tonträgerhersteller", „Filmhersteller", „Sendeunternehmen" und „Herausgeber nachgelassener Werke" sind nach den Kriterien des Unionsrechts zu bestimmen.

Für den Begriff „ausübender Künstler" ist auf die Definition in Art. 2 lit. a WPPT zu rekurrieren.[1212] Aufführungen von Zirkusartisten und Varietékünstlern erfüllen die Voraussetzungen des Art. 2 lit. a WPPT, wenn es sich bei diesen Aufführungen um Darbietungen von Werken oder Ausdrucksformen der Volkskunst handelt. Dies ist jedoch nicht bei jeder dieser Aufführungen gegeben. Sofern ein Mitgliedstaat Zirkusartisten und Varietékünstlern das verwandte Schutzrecht als ausübende Künstler unabhängig davon zuspricht, ob diese Künstler ein Werk oder eine Ausdrucksform der Volkskunst darbieten, sind die vereinheitlichten Schutzfristen zur Wahrung des Vertrauensschutzes gem. Art. 2 S. 1 EUV auf diese Rechte anwendbar. In den übrigen Mitgliedstaaten, die keine Ausnahme nach Art. 9 Rom-Abk für Zirkusartisten und Varietékünstler vorsehen, ist der Begriff „ausübender Künstler" im Sinne von Art. 2 lit. a WPPT auszulegen.[1213]

Sendungen sind gem. Art. 7 Abs. 2 Vermiet- und Verleihrechtsrichtlinie unabhängig davon zu schützen, ob die Sendung drahtlos oder drahtgebunden, durch Kabel oder Satellit vermittelt wird. Als Sendeunternehmen werden nur Unternehmen geschützt, welche die Erstsendung vornehmen. Weiterverbreitungsdienste sind hiervon ausgenommen, und zwar unabhängig davon, ob es sich um Kabelunternehmen oder um sonstige Sendeunternehmen handelt. Idealerweise sollte der europäische Gesetzgeber tätig

---

1211 Abschnitte C.III.5.a) sowie C. III.5.b)bb).

1212 Abschnitt C. III. 5. b) aa) (1) (b).

1213 Abschnitt C. III. 5. b) aa) (1) (d).

werden und dies in Art. 7 Abs. 2, 3 Vermiet- und Verleihrechtsrichtlinie klarstellen.[1214]

VI.

Art. 7 und Art. 10 Schutzdauerrichtlinie betreffen zwei unterschiedliche Regelungsbereiche. Während Art. 7 Schutzdauerrichtlinie den Schutz von Werken und Gegenständen verwandter Schutzrechte im Verhältnis zu Drittstaaten regelt, bestimmt Art. 10 Abs. 2 Schutzdauerrichtlinie die zeitliche Anwendbarkeit der Schutzdauerrichtlinie. Art. 7 Schutzdauerrichtlinie und Art. 10 Abs. 2 Schutzdauerrichtlinie finden mithin nebeneinander Anwendung. Art. 10 Abs. 2 Schutzdauerrichtlinie verweist auf die gesamten Rechtsordnungen der Mitgliedstaaten unter Einschluss des Fremdenrechts. Im Hinblick auf die Anwendbarkeit der Schutzfristenregelungen auf ein Werk oder einen Gegenstand verwandter Schutzrechte bezieht sich Art. 10 Abs. 2 Schutzdauerrichtlinie auf alle Vorschriften der Schutzdauerrichtlinie einschließlich des Art. 7. Zunächst ist zu prüfen, ob die Schutzfristen nach Art. 10 Abs. 2 Schutzdauerrichtlinie in zeitlicher Hinsicht auf ein Werk oder einen Gegenstand anwendbar sind. Sodann ist die Schutzdauer zu bestimmen, dabei ist Art. 7 Schutzdauerrichtlinie zu berücksichtigen. Dieses Verständnis vermeidet Widersprüche innerhalb der Richtlinie und verhilft Art. 7 Schutzdauerrichtlinie zur Geltung.[1215]

VII.

Das VK zählt zu den Mitgliedstaaten i.S.v. Art. 10 Abs. 2 Schutzdauerrichtlinie, auch wenn es aus der EU ausgetreten ist.[1216] Der Austritt des VK aus der EU bewirkt für das Urheberrecht kaum Veränderungen, da gem. Art. 224 Abs. 1 S. 1 TCA eine Pflicht zur Inländerbehandlung besteht und die Mindestschutzdauer nach dem TCA gem. Art. 230 Abs. 1 TCA wie auch nach Art. 1 Abs. 1 Schutzdauerrichtlinie 70 Jahre ab dem Tod des Urhebers beträgt. Beim Werkschaffen durch mehrere, d. h. im Fall von Miturheberschaft, bei dramatisch-musikalischen Werken und Filmwerken, können sich in Zukunft Schutzfristenunterschiede zwischen der EU und dem VK

1214 Abschnitt C. III. 5. B) aa) (4).
1215 Abschnitt C. III. 6.
1216 Abschnitt C. IV. 1.

ergeben, da das TCA die Berechnung der Schutzdauer in diesen Fällen gem. Art. 230 Abs. 2 S. 1 TCA der EU und dem VK überlässt.

Auf dem Gebiet der verwandten Schutzrechte wird es in mehr Fällen zu Unterschieden im Schutzumfang und in der Schutzdauer für Gegenstände kommen, da die gegenseitigen Verpflichtungen zum Schutz aus Staatsverträgen geringer sind, als im Urheberrecht, und für die Rechte von Filmherstellern und Herausgebern nachgelassener Werke zum jetzigen Zeitpunkt keine internationalen Verträge bestehen.[1217]

Abzuwarten bleibt, ob sich die Gerichte des VK weiterhin am europäischen Werkbegriff orientieren werden, oder ob sie künftig von diesem abweichen werden. Da die obersten Gerichte des VK mit dessen Austritt aus der EU nicht mehr an die Rechtsprechung des EuGH gebunden sind, könnten sie auf den Werkbegriff nach dem traditionellen Verständnis des VK zurückgreifen. Dieser setzt im Gegensatz zum europäischen Werkbegriff keine eigene geistige Schöpfung voraus.[1218] Es besteht stattdessen ein Katalog von Werkkategorien, deren Voraussetzungen erfüllt sein müssen. Diese sind mit denjenigen des europäischen Werkbegriffs nicht deckungsgleich. Nach dem Verständnis des VK bedarf es etwa für einige Werkkategorien eines ästhetischen Niveaus. In den meisten Fällen führt die Anwendung beider Begriffe zu demselben Ergebnis.[1219]

VIII.

Die Inhaberschaft an dem wieder auflebenden Urheberrecht und den wieder auflebenden verwandten Schutzrechten richtet sich nach dem Recht der Mitgliedstaaten. In Einzelfällen trifft die Schutzdauerrichtlinie Bestimmungen über die Inhaberschaft an Rechten, z. B. gilt der Hauptregisseur eines Filmwerks oder audiovisuellen Werks gem. Art. 2 Abs. 1 S. 1 Schutzdauerrichtlinie als dessen Urheber.

Die Harmonisierung des Werkbegriffs auf Unionsebene führt dazu, dass in den meisten Fällen die gleichen Personen in den einzelnen Mitgliedstaaten wieder auflebende Urheberrechte innehaben. Unterschiede bei der Inhaberschaft des Urheberrechts resultieren daraus, dass einige Mitgliedstaaten das Urheberrecht originär einer juristischen Person zuweisen, während

1217 Abschnitt C. IV. 2.-3. b).
1218 Abschnitt C. IV. 3.c).
1219 Abschnitt C. IV. 3.c).

in anderen Mitgliedstaaten ausschließlich natürliche Personen Urheber sein können. Weiterhin folgen Unterschiede aus den verschiedenen Ansätzen zur Übertragbarkeit des Urheberrechts. In Rechtsordnungen, in denen das Urheberrecht als solches übertragen werden kann, kommen als mögliche Rechteinhaber der Urheber, der erste Inhaber des Rechts sowie der letzte Erwerber in Betracht.[1220] Die Entscheidung hierüber obliegt den Mitgliedstaaten, wobei aus dem Ziel, das Urheberrecht zu stärken, folgt, dass der Urheber und seine Nachkommen von der Verlängerung der Schutzdauer profitieren müssen.[1221]

Die obigen Ausführungen zu der Inhaberschaft am wieder auflebenden Urheberrecht gelten entsprechend für die verwandten Schutzrechte. Für Letztere fallen die Unterschiede beim Zuordnen des Rechts zu einer juristischen Person geringer aus, da auch Mitgliedstaaten, die dem droit d`auteur-System folgen, die Entstehung verwandter Schutzrechte zugunsten von juristischen Personen vorsehen.[1222]

IX.

Auch wenn ein Mitgliedstaat die Richtlinie bereits vor dem 01.07.1995 umgesetzt hat, werden Nutzungshandlungen gem. Art. 10 Abs. 2, Abs. 3 S. 1 Schutzdauerrichtlinie erst ab dem 01.07.1995 von den Wirkungen der Richtlinie erfasst, wie der Wortlaut von Art. 10 Abs. 2, Abs. 3 S. 1 Schutzdauerrichtlinie zeigt.

Im Fall einer verspäteten Umsetzung findet Art. 10 Abs. 3 S. 1 Schutzdauerrichtlinie, wonach vor dem 01.07.1995 erfolgte Nutzungshandlungen von der Richtlinie unberührt bleiben, unmittelbare Anwendung. Für alle Nutzungshandlungen, die nach diesem Zeitpunkt erfolgen, räumt Art. 10 Abs. 3 S. 2 Schutzdauerrichtlinie den Mitgliedstaaten ein Ermessen ein. Folglich entscheiden die Mitgliedstaaten gem. Art. 10 Abs. 3 S. 2 Schutzdauerrichtlinie, wie sie diejernigen Nutzer schützen, die ein Werk oder einen Gegenstand nach dem 01.07.1995, aber vor der Umsetzung der Richtlinie in das nationale Recht gutgläubig verwertet haben.[1223]

1220 Abschnitt C. V. 1. f).
1221 Abschnitt C. V. 1.
1222 Abschnitt C. V. 1. g).
1223 Abschnitt C. V. 2. a) bb).

Unter den in Art. 10 Abs. 3 S. 1 Schutzdauerrichtlinie genannten „Nutzungshandlungen, die vor dem in Absatz 1 genannten Zeitpunkt erfolgt sind" i.S.v. Art. 10 Abs. 3 S. 1 Schutzdauerrichtlinie sind solche Nutzungshandlungen zu verstehen, die vor dem 01.07.1995 vollständig abgeschlossen waren. Erfolgen Verwertungshandlungen in mehreren Schritten, so ist jede Verwertungshandlung für sich genommen zu betrachten und der Vorgang ist in Teilsachverhalte aufzugliedern. Allein diejenigen Verwertungshandlungen, die zeitlich vor dem 01.07.1995 vollständig abgeschlossen waren, stellen vorher erfolgte Nutzungshandlungen i.S.v. Art. 10 Abs. 3 S. 1 Schutzdauerrichtlinie dar.[1224]

Erworbene Rechte Dritter i.S.v. Art. 10 Abs. 3 S. 2 Schutzdauerrichtlinie liegen vor, wenn eine Person ein Nutzungsrecht an einem am 01.07.1995 noch geschützten Werk oder Gegenstand erworben hatte, für welches die Schutzdauer verlängert worden war. Sie liegen ebenfalls dann vor, wenn eine Person in gutem Glauben ein gemeinfreies Werk oder einen gemeinfreien Gegenstand vor dem 01.07.1995 verwertet hat, an dem am 01.07.1995 Rechte wieder aufgelebt waren.

Für das Vorliegen erworbener Rechte ist erforderlich, dass die betroffene Person ihr Vertrauen bereits betätigt hat. Bloße Erwartungen reichen für das Vorliegen eines erworbenen Rechts nicht aus.[1225] Der Vertrauensschutz verlangt von den Mitgliedstaaten beim Treffen notwendiger Bestimmungen zum Schutz der erworbenen Rechte nach Art. 10 Abs. 3 S. 2 Schutzdauerrichtlinie, alle Bestimmungen zu treffen, die notwendig sind, damit die von Nutzern getätigten Investitionen in das Werk oder den Schutzgegenstand kompensiert werden können. Das Ermessen der Mitgliedstaaten ist jedoch insoweit begrenzt, als sie das Wiedererstarken des Urheberrechts als Vollrecht nicht durch den Erlass von Bestimmungen zum Schutz der erworbenen Rechte Dritter beeinträchtigen dürfen.

X.

Eine vor dem 01.07.1995 begonnene Nutzungshandlung i.S.v. § 137f Abs. 3 S. 2 UrhG liegt auch dann vor, wenn vor dem 01.07.1995 konkrete Vorbereitungshandlungen im Hinblick auf die spätere Nutzung getätigt wurden.[1226]

1224 Abschnitt C. V. 2. b).
1225 Abschnitt C. V. 2. c) aa).
1226 Abschnitt C. V. 3. a).

Ferner muss das Vertrauen der Nutzer schutzwürdig sein. Dies ist nur der Fall, soweit der Nutzer auf eine Rechtslage vertraut hat, welche die Richtlinie geändert hat.[1227]

Ein schutzwürdiges Vertrauen kommt auch noch nach der Veröffentlichung der Schutzdauerrichtlinie im Amtsblatt der EU in Betracht. Der Umstand, dass ein Nutzer ein Werk oder einen Gegenstand nach der Veröffentlichung der Schutzdauerrichtlinie im Amtsblatt, aber vor dem 01.07.1995 verwertet hat, kann bei der Frage berücksichtigt werden, in welchem Ausmaß er diese Nutzungshandlungen fortsetzen darf.[1228] § 137f Abs. 3 S. 2 UrhG ist einschränkend dahin gehend auszulegen, dass eine zeitlich unbegrenzte Möglichkeit, Nutzungshandlungen fortzusetzen, unzulässig ist. Ein zeitlich unbegrenzter Schutz würde das Wiederaufleben des Urheberrechts als Vollrecht verhindern und eine schnelle Harmonisierung gefährden.[1229]

1227 Abschnitt C. V. 3. b).
1228 Abschnitt C. V. 3. b).
1229 Abschnitt C. V. 3.

E. Ausblick

Das Wiederaufleben von Rechten gem. Art. 10 Abs. 2 Schutzdauerrichtlinie und § 137f Abs. 2 UrhG wird die Rechteinhaber und Verwerter, wie oben gezeigt,[1230] noch für eine lange Zeit beschäftigen. Die Verwertung älterer Werke und Gegenstände nimmt stetig zu. Die Entwicklungen im Bereich Künstlicher Intelligenz verdeutlichen dies. Um Programme, welche Musik und andere Kunstwerke produzieren, zu trainieren, bedarf es einer großen Menge an Trainingsdaten. Die Klarstellung, in welchen Fällen Rechte wieder aufgelebt sind, verschafft Entwicklern von KI-Systemen und Rechteinhabern Sicherheit darüber, an welchen Werken und Schutzgegenständen Rechte bestehen. Gleichfalls hilft sie Pädagogen, Lehrern, Interpreten und anderen Personen, die im Bildungsbereich tätig sind, indem sie Aufschluss über die Frage gibt, ob ein Werk oder Gegenstand noch geschützt ist.

Die Stärkung des Binnenmarktes und Beseitigung von Hindernissen für den freien Waren- und Dienstleistungsverkehr stehen im Fokus des Schaffens des Unionsgesetzgebers. Die Harmonisierung des Urheberrechts und der verwandten Schutzrechte nimmt zu, wie die gestiegene Anzahl der Richtlinien auf diesen Gebieten seit Inkrafttreten der Schutzdauerrichtlinie demonstriert.[1231] Wie gezeigt, war das Wiederaufleben von Rechten nach Art. 10 Abs. 2 Schutzdauerrichtlinie bereits Vorbild für das Wiederaufleben von Rechten nach Art. 10 Abs. 6 UAbs. 1 Schutzdauerrichtlinie. Es steht zu erwarten, dass der Europäische Gesetzgeber diese Regelungstechnik zunehmend einsetzen wird, wenn Fristen harmonisiert werden. Die Ergebnisse dieser Untersuchung, zum Beispiel die Anwendbarkeit der Schutzfristen auf Werke und Gegenstände aus Staaten, die nach dem maßgeblichen Zeitpunkt der EU beigetreten waren, helfen dabei, entsprechende EU-Vorschriften besser zu verstehen.

Die Bedeutung des Wiederauflebens von Rechten, welches zu Recht als sehr komplex gilt, steigt. Hierüber bedarf es der Klarheit.

1230 S. A. Einleitung.

1231 *Schack*, Rdnr. 145-147, 148, 155-159.

Literaturverzeichnis

Altmeyer, Sabine, Vertrauensschutz im Recht der Europäischen Union und im deutschen Recht. Analyse und Vergleich anhand der Rechtsprechung des EuGH und der deutschen Fachgerichte, Baden-Baden 2003.

Antill, Justine/Coles, Peter, Copyright duration. The European Community Adopts `Three Score Years and Ten`, EIPR 1996, S. 379-383.

von Arnauld, Andreas, Rechtssicherheit, Tübingen 2006.

von Arnauld, Andreas/Bungenberg, Marc (Hrsg.), Enzyklopädie Europarecht Band 12: Europäische Außenbeziehungen, 2. Auflage Baden-Baden 2022.

Beier, Nils, Die Urheberrechtliche Schutzfrist, München 2001.

Beining, Anke, Der Schutz ausübender Künstler im internationalen und supranationalen Recht, Baden-Baden 2000.

Benabou, Valérie-Laure, Droits d`auteur, droits voisins et droit communautaire, Brüssel 1997.

Bongers, Anne, Strategien der Rechtsvereinheitlichung am Beispiel des Urheberrechts, Baden-Baden 2008.

Braun, Thorsten, Schutzlücken-Piraterie: Der Schutz ausländischer Künstler in Deutschland vor einem Vertrieb von bootlegs, Baden-Baden 1995.

Braun, Thorsten, Das Diskriminierungsverbot des Art. 7 Abs. 1 EWGV und das internationale Urheber- und Leistungsschutzrecht, Anmerkung zu EuGH, Urt. v. 20.10.1993, Rs. C-92/92 und C-326/92, IPRax 1994, S. 263-266.

Calliess, Christian/Ruffert, Matthias, EUV/AEUV. Das Verfassungsrecht der Europäischen Union mit Europäischer Grundrechtecharta, 6. Auflage München 2022.

Dietz, Adolf, Die Schutzdauer-Richtlinie der EU, GRUR Int 1995, S. 670-686.

Dittrich, Robert, Die österreichische Urheberrechtsgesetznovelle 1972, GRUR Int 1973, S. 627-633.

Dreier, Thomas/Schulze, Gernot, Urheberrechtsgesetz. Verwertungsgesellschaftengesetz Kunsturhebergesetz, 7. Auflage München 2022.

Drexl, Josef, Nach „GATT“ und „WIPO“: Das TRIPs-Abkommen und seine Anwendung in der Europäischen Gemeinschaft, GRUR Int 1994, S. 777-788.

Dreyer, Gunda/Kotthoff, Jost/Meckel, Astrid/Hentsch, Christian-Henner, Urheberrecht, 4. Auflage Heidelberg 2018.

Dünnwald, Rolf, Die Neufassung des künstlerischen Leistungsschutzes, ZUM 2004, S. 161-182.

Ellins, Julia, Copyright Law, Urheberrecht und ihre Harmonisierung in der Europäischen Gemeinschaft. Von den Anfängen bis ins Informationszeitalter, Berlin 1997.

Emilianides, Achilles C., The Author Revived: Harmonisation without Justification, EIPR Vol. 12 (2004), S. 538-541.

Everling, Ulrich, Probleme der Rechtsangleichung zur Verwirklichung des europäischen Binnenmarktes, in: *Baur, Jürgen F./Hopt, Klaus J./Mailänder, K. Peter (Hrsg.),* Festschrift für Ernst Steindorff zum 70. Geburtstag am 13. März 1990, Berlin 1990, S. 1155-1173.

Ficsor, Mihály, Guide to the Copyright and Related Rights Treaties administered by WIPO and Glossary of Copyright and Related Rights Terms, Genf (WIPO), 2004, DOI: 10.34667/tind.28722 (zuletzt abgerufen am 05.02.2024).

Firsching, Ansgar, Der Schutz ausübender Künstler aus europäischer Perspektive im Hinblick auf das „Phil-Collins"-Urteil des Europäischen Gerichtshofs, UFITA Bd. 133 (1997), S. 131-247.

Fischer, Oliver, Perspektiven für ein Europäisches Urheberrecht, Baden-Baden 2014.

Flechsig, Frederike B., Harmonisierung der Schutzdauer für musikalische Kompositionen mit Text. Materielle Harmonisierung europäischen Urheberrechts als Folge der Schutzfristenangleichung durch die Richtlinie 2011/77/EU, ZUM 2012, S. 227-235.

Flechsig, Norbert/Klett, Alexander, Europäische Union und europäischer Urheberschutz. Ende der internationalen Urheberschutzregeln und der nationalen Ausländerschutzregeln in Europa?, ZUM 1994, 685-698.

Frau, Robert, Das Brexit-Abkommen und Europarecht, Baden-Baden 2020.

Fromm, Friedrich Karl/Nordemann, Wilhelm, Urheberrecht, 12. Auflage Stuttgart 2018.

Gaillard, Raphael, Die Schutzdauerverlängerungen in der Urheberrechtsnovelle 2013, Köln 2016.

Gaillard, Raphael, Das Neunte Gesetz zur Änderung des Urheberrechtsgesetzes – Überblick und Analyse, GRUR 2013, S. 1099-1105.

Gaster, Jens, Anmerkungen zum Arbeitsdokument der Kommissionsdienststellen über die Folgen des Phil-Collins-Urteils des EuGH für den Bereich des Urheberrechts und der Leistungsschutzrechte, ZUM 1996, S. 261-274.

Geller, Paul Edward, International Copyright: An Introduction, in: *Geller, Paul Edward (Hrsg.),* International Copyright Law and Practice, Vol. 1, New York 1997, S. INT-1 – INT-259.

Götting, Horst-Peter/Lauber-Rönsberg, Anne/Rauer, Nils, Beck'scher Online-Kommentar Urheberrecht (online, Stand: 40. Edition 01.11.2023).

Grabitz, Eberhard/Hilf, Meinhard/Nettesheim, Martin, Das Recht der Europäischen Union (Loseblatt, Stand: 80. Ergänzungslieferung August 2023).

Groeben, Hans von der/Schwarze, Jürgen/Hatje, Armin, Europäisches Unionsrecht, Band I – Art. 1-55 EUV, Art. 1-54 GRC, Art. 1-66 AEUV, 7. Auflage Baden-Baden 2015.

Grünberger, Michael, Das Interpretenrecht, Köln 2005.

Grünberger, Michael, Die Entwicklung des Urheberrechts im Jahr 2020, ZUM 2021, 257.

Haratsch, Andreas/Koenig, Christian/Pechstein, Matthias, Europarecht, 13. Auflage Tübingen 2023.

Hegyi, Gabor, Das neue ungarische Urhheberrechtsgesetz (Gesetz LXXVI/1999), GRUR Int 2000, S. 325-346.

Heukels, Ton, Intertemporales Gemeinschaftsrecht. Rückwirkung, Sofortwirkung und Rechtsschutz in der Rechtsprechung des Gerichtshofes der Europäischen Gemeinschaften, Baden-Baden 1990 (Zit.: *Heukels,* Intertemporales Gemeinschaftsrecht).

Hillers, Henning, Gleiches Recht für alle Darbietungen?, Baden-Baden 2007.

Höpfner, Clemens, Die systemkonforme Auslegung. Zur Auflösung einfachgesetzlicher, verfassungsrechtlicher und europarechtlicher Widersprüche im Recht, Tübingen 2008.

Hoeren, Thomas, Anmerkung zu BVerfG, Urt. v. 23.01.1990, Az. 1 BvR 306/86, CR 1990, S. 612-613.

Jehoram, Herman Cohen, The EC Copyright Directives, Economics and Authors` Rights, IIC 1994, S. 821-839.

Jorna, Kerstin/Martin-Prat, Maria, New Rules for the Game in the European Copyright Field and Their Impact on Existing Situations, EIPR Vol. 16 (1994), S. 145-153.

Juranek, Johannes, Die Richtlinie der Europäischen Union zur Harmonisierung der Schutzfristen im Urheber- und Leistungsschutzrecht, Wien 1994.

Juranek, Johannes, Ausgewählte Probleme der Schutzfristenberechnung, in: *Dittrich, Robert (Hrsg.),* Beiträge zum Urheberrecht V, Wien 1997, S. 41-52.

Karnell, Gunnar, Wer liebt Phil Collins?. "Die EG ist ein gewaltiges Unternehmen, an dem alle Bürger Europas als Einzelne teilhaben können." (Generalanwalt F.G. Jacobs in seinen Schlussanträgen vor dem EuGH am 30.06.1993), GRUR Int 1994, S. 733-741.

Katzenberger, Paul, TRIPS und das Urheberrecht, GRUR Int 1995, S. 447-468.

Katzenberger, Paul, Neue Urheberrechtsprobleme der Photographie, GRUR Int 1989, S. 116-119.

Klett, Alexander R./Flechsig, Frederike B., Europäischer Leistungsschutz in den Grenzen des Binnenmarktes – zur Schutzdauer der Rechte des Tonträgerherstellers im Lichte der Richtlinie 2006/116/EG, GRUR Int 2009, S. 895-901.

Klutmann, Albrecht, Tonträgerherstellerrechte an vor Inkrafttreten des Urheberrechtsgesetzes erschienenen Musikaufnahmen, ZUM 2006, S. 535-543.

Koenig, Christian/Schreiber, Kristina, Europäisches Wettbewerbsrecht, Tübingen 2010.

Kramme, Malte/Baldus, Christian/Schmidt-Kessel, Martin (Hrsg.), Brexit. Privat- und wirtschaftsrechtliche Folgen, 2. Auflage Baden-Baden 2020.

Kübek, Gesa/Tams, Christian J./Terhechte, Jörg Philipp (Hrsg.), Handels- und Zusammenarbeitsabkommen EU/VK. Handbuch, Baden-Baden 2022.

Laskowska-Litak, Ewa, Between Scylla and Charybdis: A comparative look at copyright`s protected subject matter and the (CJ)EU harmonization, GRUR Int 2019, S. 1117-1124.

Lee, Yin Harn, United Kingdom Copyright Decisions and Post-Brexit Copyright Developments 2020, IIC 2021, S. 319-328.

Lewinski, Silke von, Europäische Integration jenseits der Union. Geistiges Eigentum im Netzwerk intereuropäischer Beziehungen, in: *Straus, Joseph (Hrsg.),* Aktuelle Herausforderungen des geistigen Eigentums. Festgabe von Freunden und Mitarbeitern für Friedrich-Karl Beier zum 70. Geburtstag, Köln 1996, S. 607-617.

Lewinski, Silke von, Urheberrecht als Gegenstand des Internationalen Wirtschaftsrechts, GRUR Int 1996, S. 630-641.

Lewinski, Silke von, Der EG-Richtlinienvorschlag zur Harmonisierung der Schutzdauer im Urheber- und Leistungsschutzrecht, GRUR Int 1992, S. 724-733.

Lewinski, Silke von, 2. Richtlinie des Rates vom 19. November 1993 zum Vermietrecht und Verleihrecht sowie zu bestimmten dem Urheberrecht verwandten Schutzrechten im Bereich des geistigen Eigentums. Einführung, in: *Möhring, Philipp/Schulze, Erich/Ulmer, Eugen/Zweigert, Konrad,* Quellen des Urheberrechts. Gesetze aller Länder mit deutschen Übersetzungen, systematischen Einführungen und Tabellarischen Übersichten. Europäisches Gemeinschaftsrecht. Texte der multilateralen Abkommen, Bd. 6, Loseblatt, München 2005, Europ.GemeinschaftsR/II/2 S. 1-16.

Lewinski, Silke von, 4. Richtlinie des Rates vom 19. Oktober 1993 zur Harmonisierung der Schutzdauer des Urheberrechts und bestimmter verwandter Schutzrechte. Einführung, in: *Möhring, Philipp/Schulze, Erich/Ulmer, Eugen/Zweigert, Konrad,* Quellen des Urheberrechts. Gesetze aller Länder mit deutschen Übersetzungen, systematischen Einführungen und Tabellarischen Übersichten. Europäisches Gemeinschaftsrecht. Texte der multilateralen Abkommen, Bd. 6, Loseblatt, München 2005, Europ.GemeinschaftsR/II/4 S. 1-17.

Limperg, Theodore, Duration of copyright protection, RIDA Bd. 103 (1980), S. 53-91.

Loewenheim, Ulrich, Intellectual Property before the European Court of Justice, IIC 1995, S. 829-850.

Loewenheim, Ulrich, Gemeinschaftsrechtliches Diskriminierungsverbot und nationales Urheberrecht, Anmerkung zu EuGH, Urt. v. 20.10.1993, Rs. C-92/92, NJW 1994, S. 1046-1048.

Loewenheim, Ulrich, Der Schutz ausübender Künstler aus anderen Mitgliedstaaten der Europäischen Gemeinschaft im deutschen Urheberrecht. Zur Anwendbarkeit des Art. 7 Abs. 1 EWGV auf die Regelung des § 125 UrhG, GRUR Int 1993, S. 105-115.

Lucas, André/Lucas, Henri-Jacques/Lucas-Schloetter, Agnès/Bernault, Carine, Traité de la propriété littéraire et artistique, 5e édition, Paris 2017 [zit.: *Lucas/Lucas*].

Maier, Pierre, L`harmonisation de la durée de protection du droit d`auteur et de certains droits voisins, Revue du marché unique européen Bd. 2 1994, S. 49-81.

Meier, Patrick/Jocham, Felix, Wie man Argumente gewinnt. Die Kunst, dogmatisch und überzeugend zu argumentieren, JuS 2015, S. 490-496.

Melichar, Ferdinand, Übergangsregelung bei Veränderung der Schutzdauer (1993), in: *Ders. (Hrsg.),* Urheberrecht in Theorie und Praxis. Beiträge zum Urheberrecht 1975-1998, Tübingen 1999, S. 98-106.

Mestmäcker, Ernst-Joachim, Schutz der ausübenden Künstler und EWG-Diskriminierungsverbot, GRUR Int 1993, S. 532-536.

Mizaras, Vytautas, Das Urheberrecht in der Republik Litauen, GRUR Int 2002, S. 303-314.

Montier, Jean-Pierre, Cartier-Bresson, Henri, in : *Beyer, Andreas / Savoy, Bénédicte / Tegethoff, Wolf (Hrsg.),* Allgemeines Künstlerlexikon - Internationale Künstlerdatenbank - Online, Berlin u.a. 2021, https://www.degruyter.com/database/AKL/entry/_10154948/html (zuletzt abgerufen am 15.01.2024).

Müller-Graff, Christian (Hrsg.), Enzyklopädie Europarecht Band 4: Europäisches Binnenmarkt- und Wirtschaftsordnungsrecht, 2. Auflage Baden-Baden 2021.

Nordemann, Axel/Mielke, Lothar, Zum Schutz von Fotografien nach der Reform durch das dritte Urheberrechts-Änderungsgesetz, ZUM 1996, S. 214-218.

Nordemann, Wilhelm, Stillstand oder Fortschritt?. Bemerkungen zur Reform des Urheberrechts in der Schweiz, UFITA Bd. 81 (1978), S. 1- 21.

Oppermann, Thomas/Classen, Claus Dieter/Nettesheim, Martin, Europarecht, 9. Auflage München 2021.

Pechstein, Matthias/Nowak, Carsten/Häde, Ulrich, Frankfurter Kommentar zu EUV, GRC und AEUV, Band 4, AEUV Art. 216-358, 2. Auflage 2023.

Poll, Günter, Die Harmonisierung des europäischen Filmurheberrechts aus deutscher Sicht, GRUR Int 2003, S. 290-301.

Raitz von Frentz, Wolfgang/Masch, Christian, Technologieneutralität der Weitersendung. Auswirkungen der Urheberrechtsnovelle auf den Erwerb der Weitersenderechte (und Kabelweitersenderechte) gemäß §§ 20, 20b, 87 UrhG, ZUM 2022, S. 96-105.

Rehbinder, Manfred/Peukert, Alexander, Urheberrecht und verwandte Schutzrechte: ein Studienbuch, 19. Auflage München 2023.

Reinbothe, Jörg/Lewinski, Silke von, The WIPO Treaties on Copyright, 2. Auflage Oxford 2015 [zit.: *Reinbothe/von Lewinski,* The WIPO Treaties on Copyright].

Reinbothe, Jörg/Lewinski, Silke von, The E.C. directive on rental and lending rights and on piracy, London 1993 [zit.: *Reinbothe/von Lewinski,* Rental and lending rights].

Reindl, Andreas, Der Einfluss des Gemeinschaftsrechts auf das Österreichische Urheberrecht, in: *Koppensteiner, Hans-Georg (Hrsg.),* Österreichisches und europäisches Wirtschaftsprivatrecht Teil 2: Geistiges Eigentum, Wien 1996, S. 248-422.

Rengeling, Hans-Werner/Middeke, Andreas/Gellermann, Martin (Hrsg.), Handbuch des Rechtsschutzes in der Europäischen Union, 3. Auflage München 2014.

Rhein, Monika, Phil Collins und das dritte Gesetz zur Änderung des Urheberrechtsgesetzes. Zum Einfluß der Rechtsprechung des EuGH auf den europäischen Urheberschutz in Deutschland, in: *Erdmann, Willi (Hrsg.),* Festschrift für Henning Piper zum 65. Geburtstag, München 1996, S. 755-768.

Ricketson, Sam, The Copyright Term, IIC 1992, S. 753-785.

Ricketson, Sam/Ginsburg, Jane, International Copyright and neighbouring rights: The Berne Convention and beyond, Vol. 1, 3rd Edition Oxford 2022.

Riesenhuber, Karl (Hrsg.), Europäische Methodenlehre, 4. Auflage Berlin 2021.

Säcker, Franz Jürgen / Rixecker, Roland / Oetker, Hartmut u.a. (Hrsg.), Münchener Kommentar zum Bürgerlichen Gesetzbuch, Band 13, Internationales Privatrecht II, 8. Auflage München 2021.

Schack, Haimo, Urheber- und Urhebervertragsrecht, 10. Auflage Tübingen 2021.

Schack, Haimo, Anm. zu EuGH, Urt. v. 06.06.2002, Rs. C-360/00, JZ 2002, S. 887-888.

Schack, Haimo, Schutzfristenchaos im europäischen Urheberrecht, GRUR Int 1995, S. 310-314.

Schricker, Gerhard, Musik und Wort. Zur Urheberrechtsschutzfrist dramatisch-musikalischer Werke und musikalischer Kompositionen mit Text, GRUR Int 2001, S. 1015-1017.

Schricker Gerhard, Zur Harmonisierung des Urheberrechts in der Europäischen Wirtschaftsgemeinschaft, in: *Baur, Jürgen F./Hopt, Klaus/Mailänder, K. Peter (Hrsg.),* Festschrift für Ernst Steindorff zum 70. Geburtstag am 13. März 1990, Berlin 1990, S. 1437-1453.

Schricker, Gerhard/Loewenheim, Ulrich, Urheberrecht, 6. Auflage München 2020.

Schroeter, Ulrich/Nemeczek, Heinrich, „Brexit", aber „rEEAmain"? Die Auswirkungen des EU-Austritts auf die EWR-Mitgliedschaft des Vereinigten Königreichs, JZ 2017, S. 713-718.

Schulze, Reiner (Hrsg.), Bürgerliches Gesetzbuch Handkommentar, 11. Auflage Baden-Baden 2022.

Schulze, Gernot/Bettinger, Torsten, Wiederaufleben des Urheberrechtsschutzes bei gemeinfreien Fotografien, GRUR 2000, S. 12-18.

Schwarz, Kyrill-A., Vertrauensschutz als Verfassungsprinzip. Eine Analyse des nationalen Rechts, des Gemeinschaftsrechts und der Beziehungen zwischen beiden Rechtskreisen, Baden-Baden 2002.

Terhechte, Jörg Philipp, All`s well that ends well? – Das EU/VK-Handels- und Kooperationsabkommen, NJW 2021, S. 417-424.

Ubertazzi, Luigi Carlo, Der Fall „Butterfly" – Schutzdauer der verwandten Schutzrechte und Übergangsrecht, GRUR Int 1999, S. 407-416.

Vogel, Martin, Die Umsetzung der Richtlinie zur Harmonisierung der Schutzdauer des Urheberrechts und bestimmter verwandter Schutzrechte, ZUM 1995, S. 451-458.

Walter, Michel M., Die neue Schutzdauer für Musikwerke mit Text, in: *Bullinger, Winfried / Grunert, Eike / Ohst, Claudia / Wöhrn, Kirsten-Inger (Hrsg.),* Festschrift für Artur-Axel Wandtke zum 70. Geburtstag am 26. März 2013, Berlin 2013, S. 357-372.

Walter, Michel M., Anmerkung zu EuGH, Urt. v. 20.01.2009, Rs. C-240/07, MR 2009, S. 87-88.

Walter, Michel M., Europäisches Urheberrecht. Kommentar, Wien 2001.

Walter, Michel M./Lewinski, Silke von, European Copyright Law. A Commentary, Oxford 2010.

Wandtke, Artur-Axel/Bullinger, Winfried, Praxiskommentar Urheberrecht, 6. Auflage München 2022.

Wandtke, Artur-Axel (Hrsg.), Urheberrecht in Mittel- und Osteuropa. Handbuch mit Einführungen und Rechtstexten, Teil I: Bulgarien, Polen, Rumänien, Russische Föderation, Slowenien, Berlin 1997.

Wandtke, Artur-Axel (Hrsg.), Urheberrecht in Mittel- und Osteuropa. Handbuch mit Einführungen und Rechtstexten, Teil II: Estland, Lettland, Litauen, Tschechien, Ukraine, Ungarn, Berlin 2002.

Sämtliche Abkürzungen sind entnommen:

Kirchner, Hildebert/Böttcher, Eike, Abkürzungsverzeichnis der Rechtssprache, 10. Auflage, Berlin, 2021.

Stichwortverzeichnis